BIBLIOTHÈQUE
DE PHILOSOPHIE CONTEMPORAINE

LA
PSYCHOLOGIE INCONNUE

INTRODUCTION ET CONTRIBUTION
A
L'ÉTUDE EXPÉRIMENTALE DES SCIENCES PSYCHIQUES

PAR

ÉMILE BOIRAC

Correspondant de l'Institut
Recteur de l'Académie de Dijon

3291

Quod semel accidit semper
evenire potest.

LEIBNITZ.

PARIS
FÉLIX ALCAN, ÉDITEUR
LIBRAIRIES FÉLIX ALCAN ET GUILLAUMIN RÉUNIES
108, BOULEVARD SAINT-GERMAIN, 108

1908

LA

PSYCHOLOGIE INCONNUE

LIBRAIRIE FÉLIX ALCAN

DU MÊME AUTEUR

L'idée du phénomène, 1 vol. in-8° de la *Bibliothèque de philosophie contemporaine*. . . . . 5 francs.

LA
PSYCHOLOGIE INCONNUE

INTRODUCTION ET CONTRIBUTION

À

L'ÉTUDE EXPÉRIMENTALE DES SCIENCES PSYCHIQUES

PAR

ÉMILE BOIRAC

Correspondant de l'Institut,
Recteur de l'Académie de Dijon.

Quod semel accidit semper
evenire potest.
LEIBNITZ.

PARIS
FÉLIX ALCAN, ÉDITEUR
LIBRAIRIES FÉLIX ALCAN ET GUILLAUMIN RÉUNIES
108, BOULEVARD SAINT-GERMAIN, 108
—
1908

LA
PSYCHOLOGIE INCONNUE

INTRODUCTION

—

Quelques-uns des chapitres de ce livre ont déjà paru sous forme d'articles épars dans un certain nombre de revues spéciales, *Revue philosophique*, *Revue scientifique*, *Revue de l'hypnotisme*, *Annales des sciences psychiques*, *Nouvelle revue*, etc. Ils ont tous été composés pendant une période qui va de 1893 à 1903. En les publiant à nouveau, remaniés et complétés par un certain nombre d'articles inédits, nous déférons, bien tardivement sans doute, au vœu du regretté Dr Dumontpallier qui nous avait souvent exprimé le désir de voir réunis en un volume nos différents travaux sur des questions de psychologie expérimentale, dont il appréciait, sans doute trop favorablement, l'intérêt philosophique et scientifique. Qu'il nous soit permis de dédier respectueusement ce livre à sa mémoire !

Cependant, nous n'avons pas voulu faire un simple recueil. Le lecteur s'apercevra, nous l'espérons, qu'une même pensée pénètre toutes les parties de notre œuvre et lui imprime une véritable unité. Nous allons essayer ici de la dégager et d'en faire saillir les traits essentiels.

. .

Est-il possible d'étudier scientifiquement tout cet ensemble

de phénomènes que l'on réunit volontiers aujourd'hui sous
le nom, d'ailleurs très mal approprié, de *phénomènes psychiques*? Il semble, à certains indices, que la plupart des
savants contemporains soient moins systématiquement résolus
que ceux du siècle dernier à les exclure pour toujours du
domaine de la science. Mais les conditions dans lesquelles il
convient d'entreprendre et de poursuivre cette étude restent
encore indéterminées. Les faits se multiplient et s'accumulent,
mais la question de méthode attend encore sa solution. Or
tant qu'elle n'aura pas été résolue, non pas seulement en
théorie, comprenons-le bien, mais dans la pratique, c'est-à-
dire tant que les phénomènes psychiques seront observés et
expérimentés au hasard, on piétinera sur place et il sera toujours possible aux nouveaux chercheurs de mettre en doute
la validité des résultats obtenus par leurs devanciers.

Les phénomènes psychiques, en effet, indépendamment de
leur caractère mystérieux et de leur apparence merveilleuse,
sont extraordinairement divers et compliqués. Ils constituent
une sorte de labyrinthe où l'on peut entrer par mille portes
différentes et où cependant l'on ne peut marcher sûrement que
si on a pris la bonne voie dès l'origine.

Le premier problème à résoudre est donc celui de l'*ordre* à
suivre dans l'étude de ces phénomènes ; et c'est pourquoi,
après les avoir définis et caractérisés, nous nous sommes
efforcés d'en donner une classification.

Dans cette classification, ils se trouvent rangés par ordre
de complexité et de difficulté croissantes, de telle sorte que
la connaissance des premiers soit tout ensemble la condition
indispensable et l'efficace instrument de l'étude des suivants.

On peut y distinguer trois grands embranchements ou,
pour mieux dire, trois étages.

1° *Phénomènes hypnoïdes*, qui n'impliquent l'hypothèse
d'aucun agent encore inconnu, d'aucune cause distincte des
causes déjà admises par la science, mais qui semblent pouvoir s'expliquer par les agents déjà connus, par les causes
déjà admises, opérant seulement dans des conditions nou-

velles encore mal ou incomplètement définies. A ce premier groupe appartiennent les phénomènes d'hypnotisme et de suggestion, que les savants du XVIII° siècle avaient d'abord niés, que ceux du XIX° ont peu à peu fini par admettre, et qui sont maintenant considérés comme scientifiques. Ils appartiennent à ce que M. Grasset, dans un livre récent, appelle l'occultisme d'hier[1].

2° *Phénomènes magnétoïdes*, qui semblent impliquer l'hypothèse de causes encore inconnues, non cataloguées, mais de nature *physique* et plus ou moins analogues aux forces rayonnantes de la physique, lumière, chaleur, électricité, magnétisme, etc. A cet étage se placent tous les phénomènes du *magnétisme animal* et de la *télépathie*, du moins en tant que distincts des phénomènes d'hypnotisme et de suggestion.

3° *Phénomènes spiritoïdes*, qui semblent impliquer l'hypothèse d'agents encore inconnus, mais, cette fois, de nature *psychologique*, plus ou moins analogues aux intelligences humaines, peut-être même situées en dehors de notre monde habituel, dans un plan de la réalité extérieur à celui où nous vivons. Sous cette rubrique se classent tous les phénomènes dits de *spiritisme*, dans la mesure où ils ne paraissent pas pouvoir se ramener à ceux des embranchements précédents.

A l'heure présente, la science a pris à peu près complètement possession du premier étage, et, bien qu'un assez grand nombre de questions particulières y restent encore à résoudre, cependant on peut dire que l'essentiel y est maintenant connu. C'est même sans doute la raison pour laquelle beaucoup de savants voudraient borner là les recherches, oubliant que la défiance qu'ils professent à l'égard de tous les phénomènes situés en dehors de ces limites est identique à celle dont furent autrefois rebutés tous ceux qui s'aventuraient sur le terrain où ils sont eux-mêmes installés aujourd'hui.

Ce qu'il faut toutefois leur accorder, c'est qu'avant d'en-

1. *L'Occultisme hier et aujourd'hui*, par le D' J. Grasset. Paris, 1907.

treprendre l'étude des deux autres cycles, il est absolument nécessaire de connaître à fond le premier, car, très certainement, les phénomènes du premier cycle se retrouvent dans les deux autres, et la grande difficulté, c'est précisément de déterminer avec exactitude dans quelle mesure ceux-ci ne se ramènent pas entièrement à ceux-là. Mais d'autre part il n'est pas moins indispensable d'avoir sans cesse à l'esprit les principales espèces de faits comprises dans les deux derniers embranchements avec leur innombrable complexité, pour n'être point tenté de croire *a priori* qu'ils sont immédiatement réductibles à ceux du premier embranchement, ou que cette réduction peut se faire par une méthode purement abstraite, c'est-à-dire par une discussion exclusivement logique et non par un recours incessant à l'expérience.

En effet, une des principales causes pour lesquelles jusqu'ici les progrès ont été si lents et si incertains dans cet ordre de recherches, c'est que parmi les hommes qui s'en sont occupés, les uns, se cantonnant systématiquement dans l'étude des phénomènes du premier groupe, ignoraient à peu près entièrement ceux des groupes suivants ou ne les connaissaient que d'une façon vague et superficielle, en tout cas ne les avaient jamais soumis à leurs investigations personnelles, tandis que les autres, dépourvus de l'instruction et de la discipline scientifiques nécessaires pour analyser des phénomènes aussi complexes, étaient sans doute en possession d'un très grand nombre de faits appartenant aux deuxième et troisième groupes qu'ils avaient observés et expérimentés personnellement, mais étaient en même temps incapables d'y voir la part souvent prépondérante qu'il convenait d'y faire à ceux du premier. Ainsi il n'y avait pas pour ainsi dire de communication entre les *savants* d'une part, obstinément enfermés dans la seule considération des phénomènes hypnoïdes, et les *magnétiseurs, occultistes, spirites*, etc., d'autre part, très au courant d'une multitude de faits magnétoïdes et spiritoïdes fort intéressants, mais aussi très mal préparés pour les étudier méthodiquement.

Néanmoins, dans ces derniers temps, l'attention de quelques savants s'est portée sur les phénomènes de télépathie et de spiritisme, et le monde scientifique dans son ensemble commence, ce semble, à admettre qu'il puisse y avoir quelque chose de sérieux et d'intéressant dans l'étude de ces phénomènes. Le moment semble donc approcher où la science prendra possession de ce domaine jusqu'ici considéré comme interdit à ses recherches, et entreprendra de l'explorer selon ses procédés habituels.

Il nous paraît cependant que les premiers pas déjà faits sur ce terrain ne sont pas orientés dans le bon sens. On se préoccupe surtout d'étudier les phénomènes les plus extraordinaires, ceux qui, au plus haut degré, excitent la curiosité et frappent l'imagination, c'est-à-dire d'une part les phénomènes spiritoïdes sous leurs formes les plus étranges, tels qu'on les voit rapportés par William Crookes, de Rochas, Richet, etc., et d'autre part ceux des phénomènes magnétoïdes dont le mécanisme est le plus obscur et vraisemblablement le plus compliqué, à savoir les phénomènes de télépathie, que la *Société des Recherches psychiques*, tant en Angleterre qu'en Amérique, a collectionnés avec une si minutieuse patience. Or ces mêmes phénomènes présentent en outre ce caractère commun d'être à peu près exclusivement des phénomènes spontanés, qu'on peut bien observer sans doute quand l'occasion s'en présente, mais qu'on ne peut provoquer à volonté, qu'on ne peut modifier que très rarement et qui par suite échappent à l'expérimentation. Nous comparerions volontiers la situation des savants devant tous les phénomènes de cette sorte à celle de sauvages, d'ailleurs fort intelligents, qui se trouveraient en présence de nos appareils électro-magnétiques les plus complexes, télégraphe, téléphone, etc., et qui essaieraient de se rendre compte de leur fonctionnement par la seule observation de leurs effets, dans une ignorance complète des lois élémentaires de l'électricité et du magnétisme.

Ainsi, selon nous, il faudrait tout d'abord ajourner l'étude systématique des phénomènes du troisième ordre jusqu'au moment où ceux du second ordre auront été eux-mêmes suffisamment explorés et où on aura réussi à en déterminer les causes véritables et les principales lois. Ce qui ne veut pas dire, remarquons-le bien, qu'on doive s'abstenir d'observer et de noter avec le plus grand soin ces phénomènes toutes les fois que l'occasion s'en présentera ; mais on ne considérera pas cette sorte d'enquête préliminaire comme ayant une véritable portée scientifique, et surtout on ne pensera pas qu'elle puisse jamais suffire à susciter et justifier une explication rationnelle de tout cet ordre de faits.

C'est donc surtout, pour ne pas dire exclusivement, la région des phénomènes magnétoïdes qui doit retenir tout l'effort des chercheurs.

Actuellement, les savants sont presque accoutumés à la traiter comme non-existante ; même ceux dont l'esprit est le plus ouvert, ceux qui sont le plus favorablement disposés pour l'étude des phénomènes dits psychiques, ignorent ou méconnaissent cet intermédiaire obligé entre l'hypnotisme, qui leur est plus ou moins familier, et le spiritisme, qu'ils commencent à entrevoir et à aborder.

Cela tient sans doute au préjugé créé et entretenu par les écoles de Paris et de Nancy contre le magnétisme animal, à savoir qu'il n'y a rien de plus dans les phénomènes décrits par Mesmer et ses continuateurs que dans ceux étudiés par Braid et Charcot ou par Liébeault et Bernheim. En d'autres termes, presque tous admettent comme un axiome que la découverte de l'hypnotisme faite par Braid et celle de la suggestion faite par Liébeault ont définitivement ruiné l'hypothèse du magnétisme animal.

Or, comme nous essayons de le montrer dans les principaux chapitres de ce livre, rien n'est plus faux que ce prétendu axiome. Les expériences nécessaires pour le prouver n'ont jamais été faites, et nous avons nous-même vérifié que lorsque l'on entreprend de faire ces expériences, elles prouvent justement le contraire, à savoir que le magnétisme animal a ses effets propres et réels, dans des conditions expérimentales d'où l'hypnotisme et la suggestion ont été rigoureusement exclus.

Il est vrai que toute une branche des phénomènes magnétoïdes a été dans ces derniers temps, ainsi que nous l'avons déjà remarqué, l'objet de nombreuses recherches. Mais les phénomènes *télépathiques*, pris en eux-mêmes, c'est-à-dire abstraction faite du rapport qui les unit aux phénomènes généraux du magnétisme animal, échappent absolument à toute investigation scientifique, en ce sens qu'on peut bien les observer et en collectionner les relations à l'infini, mais qu'il est impossible de les expérimenter, impossible même d'imaginer comment il serait possible de les soumettre à l'expérimentation.

La besogne la plus urgente, celle qu'il faut d'abord achever sous peine de se condamner à une définitive impuissance, c'est donc la revision complète, impartiale, absolue du procès du magnétisme animal. Là, et là seulement, est la clef de tous les problèmes ultérieurs (télépathie, suggestion mentale, extériorisation de la sensibilité et de la motricité, phénomènes dits physiques du spiritisme).

.•.

Comment cette revision doit-elle se faire?

Si nous examinons la façon dont les savants ont jusqu'ici traité la question, nous voyons qu'en général ils se sont abstenus de faire eux-mêmes des observations et des expériences pour contrôler l'hypothèse niée par eux. Ils ont toujours attendu qu'on leur apportât les faits au lieu de les chercher eux-mêmes. Ces faits, ils ne les ont presque toujours connus que d'une manière indirecte, par des témoignages, non par des constatations personnelles; parfois même, quand on leur a proposé de faire ces constatations, ils s'y sont refusés, ou, s'ils ont constaté dès l'abord un résultat négatif, ils se sont hâtés de conclure qu'il était inutile d'aller plus loin. En tout cas, à ces faits, ils ont opposé, non d'autres faits, mais des objections purement abstraites, *a priori*.

Rien n'est plus contraire à la véritable méthode scientifique : dans aucune des branches de la science le progrès n'eût été possible si on lui avait appliqué pareil traitement. C'est donc par des expériences et non par des raisonnements qu'il faut désormais refaire *ab integro* toute l'étude du magnétisme animal.

Cette étude est soumise à des conditions toutes spéciales.

En premier lieu, elle a, pourrait-on dire, ses précautions à garder, et c'est là un point sur lequel on ne saurait trop insister. En effet, la plupart des phénomènes magnétoïdes sont, pour les appeler comme Durand (de Gros) *polyétiques* : ils illustrent d'une façon tout à fait typique ce que nous avons appelé nous-même l'*intersuppléance des causes*. Il importe donc dans toutes les expériences qui les concernent de prendre soigneusement toutes les mesures nécessaires pour exclure ou éliminer les causes suppléantes.

De ces causes, la principale, la plus insidieuse, la plus difficile à chasser, du moins dans les expériences faites avec des sujets humains, est la suggestion. Aussi tout le dispositif expérimental des expériences portant sur le magnétisme animal doit-il être avant tout *asuggestif*, ou, pour mieux dire, *antisuggestif*. On verra plus loin dans notre livre les règles générales à suivre pour obtenir ce résultat. A ce point de vue, rien de plus différent des expériences faites par les hypnotiseurs de l'école de Paris ou les suggestionneurs de l'école de Nancy, que les expériences telles que nous les concevons et telles que nous les avons faites nous-même pour la preuve et le développement de l'hypothèse du magnétisme animal. Ceux-ci, à leur insu ou sciemment, emploient la suggestion comme principal ou même comme unique ressort ; or *non seulement nous n'employons pas volontairement la suggestion*, mais notre préoccupation constante est de boucher toutes les issues par où elle pourrait se glisser.

En second lieu, la principale caractéristique de la méthode

à suivre dans tout cet ordre de recherches est, selon nous, l'emploi continuel et régulier de l'hypothèse expérimentale et du raisonnement expérimental, tels qu'ils ont été définis par Claude Bernard dans son *Introduction à l'étude de la médecine expérimentale*. Jusqu'ici la plupart des soi-disant expériences faites dans ce domaine aussi bien par les savants que par les magnétiseurs n'ont été en réalité que des *observations*, qu'ils avaient sans doute plus ou moins provoquées, mais auxquelles manquait l'élément essentiel de l'expérimentation véritable, à savoir l'organisation préalable des observations ainsi provoquées en vue de la vérification immédiate d'une hypothèse. Ce qui constitue en effet la vraie méthode expérimentale, ce qui la distingue de la *méthode empirique*, avec laquelle on la confond trop souvent, ce n'est pas seulement, ni même surtout, comme on est tenté de le croire, l'intervention personnelle du chercheur dans les phénomènes qu'il observe, c'est la présence dans l'esprit du chercheur d'une idée préconçue qu'il s'agit de contrôler dans des conditions suffisamment précises pour que les faits puissent en quelque sorte répondre par oui ou par non à la question qu'on leur pose. Une telle méthode fait donc à la réflexion et à la déduction une part aussi importante qu'à l'observation proprement dite, mais c'est toujours à l'observation qu'elle donne le dernier mot.

Dans l'espèce, l'hypothèse qu'il s'agit de contrôler est celle du magnétisme animal. — Mais il s'en faut que nous comprenions cette hypothèse comme l'ont fait jusqu'ici ses partisans, depuis Mesmer jusqu'à ceux de nos contemporains qui se réclament de sa tradition. Pour eux cette hypothèse est une théorie plus ou moins construite *a priori*, à peu près entièrement systématisée, dans laquelle ils cherchent l'explication d'un plus ou moins grand nombre de faits déjà connus. Pour nous, c'est simplement une idée directrice, très générale, très indéterminée, qui doit uniquement nous servir à imaginer des expériences nouvelles afin d'aller en quelque sorte au-devant de faits encore inconnus. Nous n'essayons donc pas

de l'arrêter d'avance jusque dans les moindres détails, car
c'est de l'expérience que nous attendons pour elle des déter-
minations progressives. Nous la laissons au début dans l'état
même où l'expérience nous la suggère, c'est-à-dire sous la
forme de cette simple supposition : « L'organisme humain est
susceptible d'exercer à distance sur d'autres organismes,
peut-être même sur des objets matériels, une influence plus
ou moins analogue à celle des forces physiques rayonnantes, telles que la chaleur, la lumière et l'électricité. »

On pourrait, il est vrai, essayer de préciser logiquement
cette hypothèse en utilisant la connaissance scientifique que
nous possédons déjà de ces forces physiques rayonnantes et
en concluant par analogie de leurs propriétés à celles du
magnétisme animal. Mais si cette méthode peut avoir
quelque utilité, c'est justement à la condition de n'être employée que subsidiairement, au fur et à mesure des étapes successives de la recherche expérimentale, et dans le but
exclusif de suggérer des raisonnements nouveaux aboutissant
à des expériences nouvelles.

En effet, l'hypothèse générale du magnétisme animal, pour
jouer un rôle vraiment expérimental, doit se décomposer en
une multitude d'hypothèses de plus en plus particulières, telles
que chacune d'elles puisse être immédiatement soumise au
contrôle d'une expérimentation appropriée. Ce sont ces hypothèses spéciales, seules intéressantes pour le savant parce que
seules susceptibles d'être vérifiées, dont l'élaboration résul-
tera presque nécessairement du concours de ces deux fac-
teurs, d'une part les faits, qui se manifesteront de plus en
plus divers et précis au cours des observations et des expériences, et dont chacun aiguillera en quelque sorte les investigations dans un sens de plus en plus déterminé, d'autre part
les lois déjà connues de la physique et sans doute aussi de
la physiologie, dont on pourra tirer par analogie des applications déductives, d'un caractère hypothétique, il est vrai,
mais suggestives d'expériences et contrôlables par elles.

En cette matière, moins encore qu'en toute autre, le savant

ne doit jamais perdre de vue cette grande vérité qui domine toute la logique des sciences expérimentales :

« Un fait n'a de valeur scientifique qu'autant qu'il suggère une hypothèse ou qu'il la contrôle, et réciproquement une hypothèse n'a de valeur scientifique qu'autant qu'elle est suggérée par les faits et contrôlable par eux.

∴

Est-ce à dire que de l'ensemble des faits recueillis par nous au cours de nos expériences personnelles ne résulte pas déjà une conception un peu moins vague, un peu moins conjecturale du magnétisme animal? — Non sans doute, et c'est ce résultat même qui nous encourage à solliciter l'attention des savants et du public.

Tout d'abord il convient de rappeler ici ce que nous nommerions volontiers les deux expériences *cardinales* du magnétisme animal, expériences qui prouvent, la première l'existence, la seconde la conductibilité de la force magnétique ou psychique.

PREMIÈRE EXPÉRIENCE. — Un sujet, à qui on a bandé les yeux, est prévenu qu'il devra, sans qu'on l'interroge, annoncer tous les contacts qu'il pourra ressentir et, d'une manière générale, toutes les sensations qu'il pourra éprouver. Un opérateur, en silence, présente sa main devant une partie quelconque du corps du sujet, à 5 ou 10 centimètres de distance. Une tierce personne, en silence, percute avec une baguette le corps du sujet en toutes sortes de points, y compris le point visé par la main de l'opérateur. Au bout d'un temps assez court (trente à soixante secondes) le sujet continue à annoncer les percussions faites sur tous les points, hormis le point visé par la main. — Que si on substitue à l'opérateur un individu neutre (n'exerçant pas l'action magnétique ou psychique), celui-ci présentant sa main dans les mêmes conditions, même après cinq, dix, etc. minutes, ne produira aucun effet; en d'autes termes, le sujet continuera à annoncer indifféremment toutes les percussions.

Il résulte de cette première expérience, au moins à titre de conclusion hypothétique à contrôler par des expériences ultérieures : 1° que l'organisme humain rayonne à distance, au moins par la main, une influence capable d'agir sur un autre organisme, au moins celui d'un sujet, et d'y produire une modification observable, à savoir une anesthésie; 2° que cette influence n'émane pas de tous les organismes humains, ou du moins n'émane pas de tous avec une force suffisante pour produire un effet observable.

DEUXIÈME EXPÉRIENCE. — Un sujet étant placé dans les mêmes conditions que précédemment, un individu neutre opère sur lui comme il a été dit dans l'expérience précédente. Quand il a été bien constaté que l'influence de cet individu est apparemment nulle, c'est-à-dire ne produit aucun effet observable, un opérateur se met en contact avec cet individu, soit en lui prenant la main, soit de toute autre façon. On constate alors qu'après trente à soixante secondes, ou un peu plus, le sujet cesse d'annoncer les percussions faites sur le point visé par la main de l'individu neutre.

Il résulte de cette seconde expérience, du moins à titre de conclusion hypothétique à contrôler par des expériences ultérieures : 1° que la force rayonnée par les individus actifs est effectivement reçue par les individus neutres et qu'elle traverse leur organisme, bien qu'elle ne s'y manifeste par aucun effet observable; 2° qu'elle est transmise au dehors par ces individus neutres et qu'elle conserve après les avoir traversés la propriété d'influer sur les sujets et d'y produire un effet observable, à savoir une anesthésie.

Nous n'essayerons pas ici de montrer toutes les conséquences que l'on peut déduire de cette double expérience. Nous nous contenterons d'indiquer les principales.

Tout d'abord notre conception du magnétisme animal se trouve non seulement confirmée, au moins jusqu'à preuve du contraire, mais encore éclaircie et précisée. Nous sommes en effet autorisés à penser que si cette force existe, elle n'existe pas au même degré chez tous les individus de l'espèce humaine, à tel point que chez beaucoup d'entre eux elle paraît être absente. De plus, nous sommes amenés à la concevoir comme extraordinairement diffusible, puisqu'elle traverse instantanément presque tous les corps sans y produire d'effet appréciable, et nous pouvons par cela même en conclure sa parfaite conductibilité, puisqu'elle est conduite des opérateurs aux sujets par l'intermédiaire des individus neutres (et peut-être aussi, comme d'autres expériences pourront le vérifier, par tous les corps quelconques dans lesquels elle se diffuse).

Nous pouvons aussi déduire de cette double expérience une sorte de classification des êtres humains au point de vue particulier du magnétisme animal. Il est évident en effet qu'ils peuvent se répartir en trois classes : 1° les *opérateurs* ou *actifs* ou *rayonnants*, c'est-à-dire tous ceux qui émettent régulièrement la force psychique ; 2° les *neutres* ou *non-rayonnants* et *conducteurs*, qui n'émettent pas la force psychique, mais la laissent passer et peuvent la transmettre sans modification appréciable ; 3° les *sujets*, ou *passifs*, *non-rayonnants* et *non-conducteurs* ou *isolants*, qui, n'émettant pas la force psychique, la reçoivent et en manifestent les effets, sans doute parce qu'ils l'arrêtent, l'accumulent, peut-être même la transforment en la concentrant.

Supposons tout ce qui précède résumé dans le tableau suivant :

1° *Rayonnants-conducteurs* : Opérateurs.

2° *Non-rayonnants-conducteurs* : Neutres.

3° *Non-rayonnants-isolateurs* : Sujets.

Le raisonnement nous montre qu'il est possible de concevoir une quatrième classe, qui serait celle des rayonnants-isolateurs. Or, comme on le verra au chapitre du *Rayonnement humain*, cette classe semble correspondre dans la pratique à celle des *Médiums* à effets physiques, en supposant, bien entendu, que ces effets soient authentiquement prouvés.

Nécessairement, toutes ces déductions soulèvent elles-mêmes un nombre infini de questions secondaires qui ne peuvent être résolues que par de longues séries d'expériences nouvelles. Par exemple :

A quoi tient la différence entre les opérateurs et les neutres ? Quel est, dans l'émission de la force magnétique, le rôle du système nerveux, celui du cerveau, celui des nerfs, celui de la peau, celui de la circulation sanguine, de la respiration, de la nutrition, de la transpiration ? etc., etc. L'émission radiante se fait-elle également par toutes les parties du corps ? A-t-elle des sièges d'élection ? Peut-on l'augmenter ou la diminuer par la volonté ? Peut-elle être modifiée artificiellement soit par des drogues ou des actions physiques, soit à l'aide de multiplicateurs ou de condensateurs externes (influence de l'eau, de l'air sec, de l'air humide, de l'électricité, du magnétisme minéral, etc.) ? Varie-t-elle avec la santé et la maladie, l'âge, le sexe, etc. ? Est-elle égale chez tous ceux qui la possèdent, et s'il est vraisemblable que non, comment peut-on la mesurer ? Est-il possible d'additionner et combiner les activités radiantes de deux ou plusieurs opérateurs ? etc., etc.

Des problèmes analogues se posent à propos des neutres et des sujets. Comment se fait la conduction de la force ? A travers l'organisme tout entier, ou seulement à la surface ? Quel rôle y jouent les nerfs, la peau ? etc., etc. De même, à quoi tient l'imperméabilité relative des sujets à l'égard de la force magnéto-psychique ? Peut-on la produire, la supprimer, la modifier artificiellement ? etc., etc.

Si maintenant nous envisageons non plus seulement les phénomènes du second ordre, mais l'ensemble des phénomènes dits psychiques, et surtout ceux du troisième ordre, un problème très général va se poser à nous, à savoir celui de *l'unité de la force psychique.*

On peut et on doit en effet se demander si ce n'est pas une seule et même force qui intervient, de façons diverses, mais connexes entre elles, à la fois dans les phénomènes d'hypnotisme et de sug_estion, de magnétisme animal et de télépathie, et finalement de spiritisme ou médianisme?

Comme tous les autres, ce problème ne peut être résolu que par un long et patient emploi de la méthode expérimentale. Mais cette méthode exige elle-même que nous commencions par lui donner une solution provisoire et hypothétique. La solution qui semble jusqu'ici suggérée par les faits (surtout par ceux du second et du troisième groupe) et qui est d'ailleurs la plus favorable aux investigations expérimentales futures, c'est que cette force est unique, bien que susceptible de se présenter sous des modalités diverses.

En ce cas il y aurait lieu de distinguer méthodiquement ces diverses sortes de modalités et de déterminer les conditions sous lesquelles la force psychique peut passer des unes aux autres. Travail immense, que nous recommandons aux travailleurs de l'avenir!

Tout ce qu'on peut dire aujourd'hui, c'est qu'il y a sans doute lieu de distinguer entre les principales modalités suivantes :

1° Modalités *internes*, où la force psychique re_te enfermée dans l'intérieur de l'organisme, et qui correspondent aux phénomènes du premier groupe (hypnotisme et suggestion);

2° Modalités *internes-externes*, où la force psychique s'extériorise pour passer d'un organisme à un autre et qui correspondent aux phénomènes du deuxième groupe (magnétisme animal et télépathie);

3° Modalités *externes*, où la force psychique s'extériorise hors de l'organisme dans des objets matériels ou crée elle-même de tels objets, et qui correspondent aux phénomènes du troisième groupe (médianisme).

Ce qu'on peut supposer aussi, c'est qu'à ces différents degrés d'extériorisation correspondent des degrés corrélatifs de condensation de la force psychique; et c'est l'hypothèse que nous avons nous-même ébauchée dans le chapitre du *Rayonnement humain*. — De l'état de fluidité et de diffusibilité absolues, qui serait son point de départ, la force psychique arriverait par des transformations successives à une condensation assez intense pour devenir, dans des conditions encore inconnues, non seulement visible et tangible, mais effectivement matérielle.

Quoi qu'il en soit de toutes ces hypothèses, il n'y a aucun danger, il y a même tout profit à les évoquer, pourvu qu'on ne s'en serve que comme d'instruments pour des expériences futures. Encore une fois, il n'y a pas de méthode expérimentale sans hypothèse.

Notre tâche est terminée. Voilà le champ circonscrit et défriché. Souhaitons que les laboureurs n'y manquent pas. La moisson promet d'être assez belle pour qu'il vaille la peine d'y travailler.

PREMIÈRE PARTIE

LES PRINCIPES, LA MÉTHODE
ET
LA CLASSIFICATION DES FAITS

CHAPITRE PREMIER

LES PHÉNOMÈNES CRYPTOIDES

Bacon, dans son *Novum Organum*[1], recommande au savant d'observer indifféremment tous les faits qui se présentent à lui, mais de réserver en quelque sorte son intérêt et son attention pour les faits vraiment significatifs et instructifs auxquels il donne le nom de faits privilégiés ou prérogatifs (*prærogativæ instantiarum*); et parmi ces faits, dont il compte, non sans excès, vingt-sept espèces, il place presque en première ligne les faits ostensifs (*instantiæ ostensivæ*), qu'il nomme aussi *coups de lumière*[2] ou exemples de prédominance. Ce sont ceux dans lesquels la propriété ou la cause que l'on étudie se montre à nu, affranchie de tous les obstacles, au plus haut degré de sa puissance. Bacon en donne comme exemple l'aimant, où la force attractive est ainsi mise en relief; et il oppose à ces faits ceux qu'il appelle faits clandestins ou de crépuscule (*instantiæ clandestinæ et crepusculi*). « Ce sont ceux où la propriété cherchée se présente à son plus bas degré et comme à son berceau, faisant ses premières tentatives et ses premiers essais, mais comme masquée et vaincue par son contraire », et il en donne comme exemple la cohésion dans les liquides.

Il nous semble qu'en se plaçant à un point de vue plus général encore on pourrait diviser tous les phénomènes de la nature en deux grandes classes auxquelles conviendraient

1. *Novum Organum*, liv. II, part. XXI et suivants.
2. C'est ainsi que M. Rabier traduit le mot *elucescentias* dans le passage de sa *Logique* où il rappelle cette théorie de Bacon.

assez bien les noms d'*ostensifs* et de *clandestins*, pourvu seulement qu'on en élargit le sens, ainsi que nous allons l'expliquer tout à l'heure, et il nous semble aussi que cette distinction, dans l'état actuel de nos connaissances et de nos recherches, aurait une très grande portée scientifique et philosophique, comme nous nous efforcerons de le démontrer.

I

On a souvent critiqué, au nom de la science, cet anthropocentrisme de l'intelligence humaine qui s'est pendant longtemps imaginée que toutes choses avaient été faites spécialement pour l'usage de l'homme et la satisfaction de ses besoins. Cependant les mêmes savants, qui se plaisaient à montrer combien était illusoire cette prétendue finalité de la nature à l'égard de notre activité pratique, ne se doutaient pas qu'ils étaient dupes d'une illusion du même genre lorsqu'ils considéraient la nature comme nécessairement préordonnée en vue de la science elle-même. Les choses existent pour être connues, et même pour être connues scientifiquement par l'homme : c'est ce qu'on pourrait appeler le postulat initial de la science humaine ; et dans ce postulat, quand on l'examine sans parti pris, on reconnaît une application du principe de finalité tout aussi naïve que celle qui sert de base aux religions primitives de l'humanité : la terre, centre du monde et l'homme, but de la création.

Il faut avouer d'ailleurs que ce postulat nous est presque inévitablement imposé par notre constitution mentale. D'une part, l'intelligence obéit sans doute, comme toutes les forces de la nature, à cette loi de conservation dont Spinoza a donné la célèbre formule : « Tout ce qui est tend à persévérer dans son être. » Mais pour elle, persévérer dans son être c'est exercer son action propre, à savoir la connaissance, et l'exercer indéfiniment. De là sa confiance dans l'intelligibilité uni-

verselle. « Tout être, dit excellemment M. Rabier[1], toute force
consciente est naturellement pleine de confiance en elle-même.
L'intelligence, qui s'est déjà rendu intelligibles un certain
nombre de phénomènes, peut croire, doit croire naturellement
que tout pourra lui être rendu intelligible, qu'elle tient le secret
de tout, la clef de tout, que le monde est fait pour elle et qu'elle
pourra se l'assimiler. Elle croit alors spontanément à ce principe (de l'universelle intelligibilité), parce que naturellement
elle croit en elle-même. Ainsi, comme dit Aristote, le jeune
homme, avant que l'expérience de la vie ait humilié ses prétentions, est plein de vastes espérances. Ainsi l'oiseau qui
vient de faire l'épreuve de ses ailes pourra s'imaginer qu'il
volera jusqu'aux étoiles. »

D'autre part, l'intelligence trouve dans l'organisme un certain nombre d'instruments naturels qui lui paraissent avoir
été faits d'avance et comme préparés pour la mettre en relation avec les choses et lui en donner la connaissance immédiate : nous voulons parler des sens. Ne semble-t-il pas en
effet que le goût, l'odorat, l'ouïe et surtout le toucher et la vue
aient été combinés par la bienveillante nature pour nous révéler l'existence et les diverses propriétés de tous les objets qui
nous entourent ? Tout ce qu'on peut voir et toucher existe
réellement, et ce qui n'est ni visible ni tangible n'a aucune
existence réelle : voilà deux propositions qui passent certainement auprès de la plupart des hommes pour des vérités de
sens commun ; et cependant ces prétendus axiomes ont tous
les titres du monde à figurer en première ligne dans cette
vaste classe de préjugés naturels et universels que Bacon
nomme *idola tribus*.

Nos sens, il est vrai, ont été produits et façonnés par les
choses mêmes ; et à ce point de vue, il n'est pas très exact
de considérer avec Descartes toutes les perceptions qu'ils
nous procurent comme entièrement subjectives et arbitraires.
Avec d'autres sens, dit-on souvent, nous percevrions les

1. *Leçons de philosophie. Psychologie*, p. 400.

choses tout autrement. Mais, peut-être, ne pourrions-nous avoir d'autres sens que si les choses elles-mêmes étaient autres ; et en ce cas, il serait tout simple qu'elles fussent pour nous l'objet d'autres perceptions. Cependant quelque part que les choses aient prise à la genèse de nos sens, le principal facteur de cette évolution a été certainement l'utilité, non intellectuelle, mais vitale.

« Les sens, dit M. Fouillée dans sa *Psychologie des idées-forces* (t. I, p. 5), ont été organisés, par voie d'adaptation progressive, non pour servir à des connaissances intellectuelles et spéculatives, comme celles dont parle Platon, mais pour répondre aux besoins très pratiques de l'appétit et du « vouloir-vivre ». Les yeux ne se sont pas formés pour contempler, mais pour avertir d'un danger et faciliter la prise d'une proie ; on ne peut même pas dire qu'ils se soient formés pour voir, mais plutôt pour pressentir la peine ou la jouissance et pour agir. Tous les organes des sens sont des moyens de faire accomplir les mouvements de fuite ou de poursuite, qui eux-mêmes ont pour but dernier la fuite de la douleur et la poursuite du plaisir. »

C'est pourquoi la prédominance d'un sens sur un autre dans telle ou telle espèce animale, et par exemple la prédominance de la vue et du toucher sur tous les autres sens dans l'espèce humaine, peut n'avoir aucun rapport avec la valeur de ce sens comme instrument de la connaissance scientifique des choses, et tenir à quelque particularité de la structure de cette espèce ou à quelque accident de son évolution. Supposez une race d'êtres aussi intelligents que l'homme chez lesquels l'odorat fût le sens prédominant, comme il paraît l'être chez le chien. C'est l'odorat qui dans cette race serait vraisemblablement la mesure de la réalité ; et on y admettrait couramment en axiome que tout ce qui n'a pas d'odeur n'existe pas.

L'erreur du vulgaire a été d'ailleurs partagée par les plus grands philosophes. Ainsi Aristote enseigne que si nous avons cinq sens, c'est parce qu'il y a dans les objets cinq propriétés distinctes et irréductibles qu'il appelle les sensibles propres et dont chacune correspond à un de nos sens : la couleur, le son, l'odeur, la saveur et la tangibilité, de là son célèbre aphorisme : un sens de moins, une science de moins. Jusqu'à Descartes la doctrine d'Aristote a régné sans contradiction en philosophie. Qu'une chose puisse exister sans pouvoir se manifester à aucun de nos sens, c'était là une supposition qu'un docteur du moyen âge eût déclarée absurde *a priori*; et c'était un principe universellement admis dans l'École, un de ces principes dont il était interdit de discuter, qu'entre ce qui n'existe pas et ce qui n'apparaît pas la différence est nulle : *eadem est ratio non entis ac non apparentis*.

Nous nous laissons encore aujourd'hui guider plus ou moins inconsciemment par ce vieux préjugé. Phénomène est pour nous synonyme de fait ou d'événement naturel, comme si rien ne se faisait ni n'arrivait dans la nature qui ne fût susceptible de nous apparaître, de se montrer à nous de quelque façon, et nous commençons à peine à soupçonner avec certains penseurs contemporains que « dans des régions inabordables de l'espace, autour de nous, en nous peut-être, se produisent des ordres de phénomènes sur lesquels aucun jour ne nous est ouvert, que nulle sagacité ne saurait pressentir, et dont l'intelligence serait pourtant nécessaire pour avoir l'explication juste des choses[1] ».

II

Toutefois une sorte de révolution semble se préparer de notre temps dans la conception générale que les savants se faisaient jusqu'ici des phénomènes de la nature; et cette révolution consistera à admettre deux ordres de phénomènes, les uns, ostensifs, pour leur appliquer le mot de Bacon, mais avec un sens plus général, ou *phanéroïdes*, si l'on nous permet ce

1. L. Bourdeau, *Théorie des sciences*, t. II, p. 624 (F. Alcan). Cf. Ch. Richet : « Il est mille fois certain que nous passons, sans les voir, à côté de phénomènes qui sont éclatants et que nous ne savons ni observer ni provoquer. » *Revue scientifique*, 1890, II.

néologisme, que la nature paraît avoir prédestinés à servir d'objets à notre connaissance et à notre étude, les seuls, ou peu s'en faut, que les savants aient considérés jusqu'ici ; les autres, qu'on peut appeler clandestins ou *cryptoïdes*, que la nature semble au contraire avoir dérobés systématiquement à nos moyens habituels d'investigation, et dont il faut cependant que nous nous accoutumions désormais à concevoir et à admettre la réalité.

Deux sortes de causes contribuent à ce changement dans les idées.

La première, ce sont les découvertes extraordinaires qui se multiplient coup sur coup dans la seconde moitié du XIX⁰ siècle et qui nous dévoilent soudainement des phénomènes inconnus, dans des régions de la nature que nous pouvions croire entiè- rement explorées et pour ainsi dire percées à jour ; la seconde c'est l'influence des doctrines philosophiques issues de Des- cartes de Leibnitz et de Kant qui ont de plus en plus fami- liarisé les esprits avec les notions métaphysiques de l'infinité de l'univers et de la relativité de la connaissance humaine.

Le commencement du XIX⁰ siècle a vu se constituer défi- nitivement presque toutes les sciences de la nature, enfin en possession de leurs objets et de leurs méthodes ; et aussi longtemps qu'a duré cette première phase d'organisation et d'établissement, les savants ont pu croire qu'il ne restait plus qu'à développer régulièrement les résultats déjà acquis : tous les cadres, pensait-on, étaient tracés ; il s'agissait simple- ment de les remplir ; mais on ne supposait pas que ces cadres ne pussent suffire à recevoir et à contenir tous les accrois- sements futurs de la science. La curiosité de l'esprit humain paraissait pour toujours circonscrite entre certaines barrières que l'on prenait de très bonne foi pour les bornes mêmes de la réalité. Aucun savant vers 1830 ou 1848, n'aurait eu un seul instant l'idée d'écrire des lignes comme celles-ci, qui datent de 1892 et qui montrent bien à quel point l'esprit scientifique a été s'élargissant dans la seconde moitié du XIX⁰ siècle :

« Il faut songer que la physique générale, qui est peut-être la base de toutes les sciences, se renouvelle incessamment, qu'elle est dans un état de perpétuel devenir, et que nous ne pouvons regarder comme le dernier mot des connaissances humaines ni la théorie dynamique de la chaleur et de l'électricité, ni la théorie de la permanence de la force, ni la théorie de l'attraction. Ce sont de grandes et admirables lois ; mais sans tomber dans la rêverie, on peut supposer qu'elles seront un jour détrônées par des lois plus générales encore et qui en différeront. En effet, rien ne nous autorise à admettre que nous connaissons toutes les lois de la nature. Loin de là, il est vraisemblable que quelques forces seulement nous sont connues, tandis que les autres nous restent cachées. Que saurions-nous de l'électricité si Galvani et Volta n'avaient pas fait leurs expériences? Que pourrions-nous dire du magnétisme, si l'aimant n'existait pas? Il y a donc presque certainement dans la nature des forces cachées que nous ne savons pas voir et que le hasard ou le génie d'un homme finiront par découvrir.[1] »

Comment en effet cette conviction ne s'imposerait-elle pas à tout savant qui réfléchit, lorsqu'il voit, par exemple, toutes les sciences médicales renouvelées de fond en comble par la découverte de Pasteur que nul médecin ne pressentait avant 1860 et qui, à son apparition, trouva dans le monde savant infiniment moins de partisans que d'adversaires? L'existence des microbes était à peine soupçonnée : on sait aujourd'hui qu'ils sont partout et que la nature n'a pas d'agents plus énergiques.

Faut-il rappeler la transformation de l'astronomie opérée par la découverte de l'analyse spectrale, grâce à laquelle nous connaissons la constitution chimique des astres les plus reculés plus exactement que celle de notre propre planète? La découverte plus récente encore des rayons Rœntgen a ouvert tout à coup devant les physiciens une porte inaperçue jusque-là derrière laquelle se cachait tout un ensemble de phénomènes

1. Ch. Richet. *Dans cent ans* (*Revue scientifique*, 12 mars 1892).

qu'on n'eût pas hésité la veille à déclarer impossibles *a priori*.
Enfin nous venons d'apprendre que l'air dont la composition
avait été si souvent analysée par tant de savants recèle
cependant quatre gaz absolument inconnus, l'argon, le cryp-
ton, le néon et le métargon; et on ne peut affirmer que la
liste soit irrévocablement close[1].

III

D'un autre côté, la philosophie moderne est arrivée, par
diverses voies, à cette conclusion que le connaissable n'est pas
la réalité tout entière, mais seulement une partie, ou pour
mieux dire, un aspect de la réalité.

Descartes accorde sans doute une valeur absolue à la connaissance rationnelle fondée sur les idées claires et distinctes,
mais il professe nettement la relativité de la connaissance sensible. Nos sens, selon lui, ne nous font nullement saisir la
vraie nature des choses, laquelle est entièrement géométrique
et mécanique : ils ne nous renseignent que sur leurs propres
modifications ; et par cela même ils ne nous donnent des
phénomènes du monde extérieur qu'une connaissance indirecte et incomplète. De l'infinité des figures et des mouvements que l'étendue matérielle est susceptible de recevoir, ils
ne nous révèlent qu'une infiniment petite partie sous les apparences illusoires du son, de la lumière, de la chaleur, en un
mot des différentes qualités sensibles. La matière, n'ayant de
bornes assignables ni dans l'espace ni dans le temps, réalise
infiniment plus de phénomènes que nous ne pouvons en
observer, que nous ne pouvons même en concevoir; et c'est
pourquoi le champ des possibilités naturelles est pour Descartes illimité : notre imagination ne saurait inventer de prodige
que le mécanisme de la nature soit impuissant à exécuter[2].

1. Depuis que ces lignes ont été écrites, la découverte sensationnelle du
radium est encore venue étonner le monde.

2. Voir les *Principes de la philosophie*, IV, 116, 187.

Spinoza semble au premier abord nous promettre la science intégrale et absolue de l'être : ne prétend-il pas déduire mathématiquement toutes les vérités des trois définitions de la substance, de l'attribut et du mode? Mais, comme la substance est infinie, elle contient nécessairement une infinité d'attributs infiniment modifiés; et cependant de tous ces attributs de la substance, en nombre infini, deux seulement nous sont connus, l'étendue et la pensée. Donc parallèlement à ce monde des corps et des âmes où nous vivons, le seul qui soit ouvert à nos regards, d'autres existent à l'infini qui nous sont absolument fermés et dont les modes n'en sont pas moins inséparables de ceux du nôtre dans l'indivisible unité de la substance universelle. Ainsi se creuse au centre même du système de Spinoza un abîme sur lequel l'esprit ne peut se pencher sans vertige.

Descartes et Spinoza placent en somme l'infini hors de nous-mêmes : Leibnitz le fait entrer en nous; il l'intériorise, pourrait-on dire. Chaque âme, chaque monade, chaque élément des choses enveloppe en soi l'universalité des phénomènes passés, présents et à venir. Pas de point de l'univers qui ne soit en communication active, dynamique avec tous les autres. Sans sortir de ma sphère individuelle, il me suffirait de descendre assez profondément en moi pour y voir se dérouler le drame entier de la vie universelle. Qu'est-ce à dire sinon que ma conscience expresse et distincte, mon *aperception*, n'éclaire que la surface de mon être, et qu'un monde de perceptions latentes fourmille derrière celles que j'aperçois? Par là s'introduit en philosophie la notion paradoxale, sinon même en apparence contradictoire, de sensations qu'on ne sent pas, de pensées qu'on a sans le savoir; et du même coup les perspectives de la psychologie reculent, en quelque sorte, à l'infini : bornées jusqu'alors aux premiers plans de la vie consciente, elles se prolongent désormais à perte de vue dans les mystérieuses régions de la subconscience et de l'inconscience.

A un autre point de vue encore, Leibnitz peut être compté parmi l'un des plus importants promoteurs de cette nouvelle façon d'envisager les choses. Nous voulons parler de son hypothèse des monades, à laquelle semblent revenir beaucoup de penseurs contemporains comme à la dernière ressource de l'esprit humain, en quête d'une explication fondamentale de l'univers[1]. Tandis que l'atomisme nous invite à concevoir les principes cachés des phénomènes de la nature avec les mêmes caractères que les phénomènes eux-mêmes, c'est-à-dire étant comme eux étendus, figurés, matériels, et en somme visibles et tangibles (au moins pour notre imagination, sinon pour nos sens), le monadisme nous contraint à les supposer absolument hétérogènes à l'égard du monde matériel, sans étendue, sans figure, sans aucune des propriétés grâce auxquelles les choses nous deviennent sensibles ou imaginables, de sorte que nous ne devons pas même essayer de nous les représenter objectivement, de les voir ou de les toucher même en pensée, sous peine de les faire immédiatement s'évanouir. Mais si cela seul est connaissable au point de vue scientifique qui peut tout à la fois être construit intellectuellement dans les cadres de l'espace et du temps, et vérifié expérimentalement par les sens de la vue et du toucher, l'hypothèse leibnitzienne des monades ne revient-elle pas à dire que les derniers éléments des choses, les *choses en elles-mêmes*, sont impossibles à connaître scentifiquement, d'une connaissance vraiment objective et universelle? Cette conclusion, Kant n'a pas hésité à la tirer; il a résolument transformé les monades en noumènes.

De la *Critique de la raison pure*, la thèse de la relativité de la connaissance humaine est passée dans l'usage courant de la philosophie et de la science contemporaines : elle est presque devenue un des lieux communs de la pensée de notre siècle; et c'est ainsi que Spencer l'a mise à la base du système où il s'est efforcé de contenir en une colossale synthèse tous les résultats acquis ou même simplement espérés du travail scientifique jusqu'à ce jour. Sous les formes infiniment

---

1. Hannequin. *Essai critique sur l'hypothèse des atomes dans la science contemporaine* (F. Alcan).

variés des phénomènes se cache une réalité inconnaissable, substance et cause de l'universelle évolution.

Toutefois cette conception métaphysique de l'inconnaissable, du noumène ou de la *chose en soi*, si elle a pu ouvrir la voie à celle des phénomènes cryptoïdes, en diffère essentiellement, précisément parce qu'elle est métaphysique et non scientifique; parce qu'elle se rapporte à des réalités absolues, à des entités transcendantales, et non à des faits ou phénomènes, de même nature au fond que tous les autres, appartenant comme eux au domaine de la science positive, quoique situés dans une partie de ce domaine infiniment moins accessible à nos procédés habituels d'investigation. En d'autres termes, la science contemporaine est en train de s'assimiler le concept métaphysique de l'inconnaissable, mais en l'adaptant à son propre objet, qui est et demeure le monde phénoménal; et par cela même, de l'inconnaissable absolu des métaphysiciens elle fait un inconnaissable relatif : entre les phénomènes cryptoïdes et les autres, la différence est dans les circonstances, non dans l'essence. En même temps qu'elle limite ce concept, elle l'emplit : à ce qui n'était jusque-là qu'une notion purement formelle, négative et vide, elle donne, comme nous le montrerons tout à l'heure, un contenu positif et concret.

IV

On pourrait alléguer, il est vrai, que nos contemporains ne font par là que retrouver et remettre en honneur une conception déjà très ancienne, mais obstinément méconnue et dédaignée jusqu'ici par les savants aussi bien que par les philosophes, par tous ceux du moins qui prétendent représenter la science et la philosophie véritables, nous allions dire officielles et classiques. N'y a-t-il pas eu presque de tous temps des mystiques, théosophes, magiciens, etc., faux philosophes et faux savants, au dire des premiers, pour soutenir l'existence dans la nature de tout un ordre de phéno-

mènes spéciaux, surnaturels même en un sens, que la science
en tout cas ne peut ni connaître ni maîtriser par ses méthodes
ordinaires d'observation et d'expérimentation, phénomènes
essentiellement mystérieux, occultes, qui constituent comme
un monde à part dans le monde universel des phénomènes,
auxquels doit correspondre par conséquent un ordre de
sciences distinctes, l'ordre des sciences dites *occultes*, à côté
et au-dessus des sciences dites positives?

Nous ne savons si les imaginations et les prétentions des
occultistes ont eu en effet quelque influence sur l'élargissement
des conceptions de la science contemporaine; mais quand
cela serait vrai, il ne s'ensuit nullement que nous assistions
aujourd'hui à une pure et simple réhabilitation des soi-disant
sciences *occultes*. Le même travail de transformation que la
science opère sur la notion métaphysique de l'inconnaissable,
elle l'opère aussi, pourrait-on dire, sur la notion mystique de
l'occulte : l'une et l'autre, sous son influence, tendent à
devenir rationnelles et positives. Il ne s'agit donc nullement
de restaurer l'astrologie, l'alchimie et autres pseudo-sciences
de l'antiquité et du moyen âge : il s'agit simplement d'agrandir
les vraies sciences, les sciences modernes, fondées sur l'expérience et le calcul, de manière à y faire entrer tous les
ordres de phénomènes, visibles ou invisibles, ostensifs ou
clandestins. Peut-être en effet, la science, en s'agrandissant
ainsi, reconnaîtra-t-elle la réalité de certains phénomènes
qu'elle avait autrefois considérés comme imaginaires et chimériques, mais ce ne sera certainement qu'après les avoir
soumis à ses sûres et rigoureuses méthodes d'investigation et
de contrôle. Rien ne nous empêche de souscrire, sous cette
réserve, aux judicieuses réflexions que Mme de Staël exprimait
dès 1814 dans son livre *De l'Allemagne* sur les modifications
probables des idées scientifiques au cours du xixe siècle :

« Ce que nous appelons des erreurs et des superstitions
tenait peut-être à des lois de l'univers qui nous sont encore
inconnues. Les rapports des planètes avec les métaux, l'influence de ces rapports, les oracles mêmes et les présages ne

pourraient-ils pas avoir pour cause des puissances occultes
dont nous n'avons plus aucune idée? Et qui sait s'il n'y a
pas un germe de vérité caché dans tous les apologues, dans
toutes les croyances qu'on a flétris du nom de folie? Il ne
s'ensuit pas assurément qu'il faille renoncer à la méthode
expérimentale, si nécessaire dans les sciences, mais pourquoi
ne donnerait-on pas pour guide à cette méthode une philosophie plus étendue qui embrasserait l'univers dans son
ensemble et ne mépriserait pas le *côté nocturne* de la nature,
en attendant qu'on puisse y répandre de la clarté? »

Si donc on entend par phénomènes occultes des phénomènes miraculeux, surnaturels, qui ne seraient pas liés d'une
manière constante et régulière à l'ensemble des forces et des
lois qui constitue notre univers, mais composeraient comme
une seconde nature en marge de l'autre, de celle où se sont
mues jusqu'ici la physique, la chimie, la biologie, en un mot
toutes les sciences expérimentales, il est évident qu'admettre
la réalité de tels phénomènes, ce n'est pas reculer les limites
de la science, mais bien plutôt sortir de son domaine. Si des
phénomènes de cette sorte étaient possibles, ils seraient pour la
science non une porte ouverte sur de nouveaux espaces à
parcourir, mais au contraire un mur fermé et infranchissable.
Nous devons concevoir les phénomènes cryptoïdes comme
obéissant à la loi universelle et suprême de tous les phénomènes, c'est-à-dire à la loi de causalité; quelque insaisissables
et capricieux qu'ils puissent nous paraître, ils sont eux aussi
enserrés dans le réseau du déterminisme naturel. Le flux et
le reflux des mêmes conditions les apporte et les emporte avec
une invariable régularité. C'est par rapport à nous, non en
eux-mêmes, qu'ils diffèrent des phénomènes les plus sensibles et les plus constants.

V

Mais il ne suffit pas sans doute de caractériser d'une
manière générale les phénomènes cryptoïdes : il faut essayer

en même temps de dénombrer et de classer leurs principales espèces. En un sujet si neuf et si délicat, nous ne proposons ce qui va suivre que comme une ébauche encore très incomplète et très grossière.

On peut admettre tout d'abord dans un premier groupe des phénomènes qui existent actuellement, qui se produisent avec une très grande fréquence ou même perpétuellement dans notre univers, mais qui sont cependant pour nous comme s'ils n'existaient pas, faute d'un réactif ou d'un révélateur spécial, parce que nous n'avons normalement aucun moyen de les enregistrer ou même de les percevoir.

La pesanteur de l'air rentrait pour les anciens dans cette catégorie. Tel était aussi le cas de l'électricité, tant que l'homme n'a pas connu les moyens de la produire et de l'accumuler artificiellement, comme nous le montrerons dans le chapitre suivant.

Si le hasard n'avait pas placé dans le laboratoire du physicien Rœntgen des corps d'une certaine sorte dans un certain ordre à proximité d'une ampoule de Crookes traversée par un courant électrique, nous ignorerions encore l'existence des rayons X et la propriété qu'ils possèdent de passer à travers tous les corps opaques, sauf les métaux.

Un exemple plus simple peut se tirer des rayons du spectre situés dans les régions de l'ultra-rouge et de l'infra-violet, lesquels ne nous sont connus qu'indirectement par quelques-uns de leurs effets chimiques et physiologiques.

La photographie est tout entière fondée sur ce fait que des images d'abord invisibles et fugitives peuvent être imprimées sur certaines substances, puis rendues visibles et permanentes au moyen d'autres substances réagissant sur les premières. Le professeur allemand Möser, dans une communication faite à l'Académie des Sciences en 1842[1], a prétendu que deux corps quelconques impriment constamment leurs images l'un sur l'autre, même lorsqu'ils sont placés

1. *Comptes rendus de l'Académie des Sciences*, 1842, t. XV. Cf. les expériences et hypothèses récentes relatives à la radio-activité des corps.

dans une obscurité complète. Ainsi les gravures encadrées sous une glace laisseraient souvent sur le verre une reproduction de ce qu'elles représentent ; pour que ce transport d'image devienne visible, il suffit de projeter sur le verre une vapeur quelconque, par exemple la vapeur d'eau contenue dans le souffle humain, des vapeurs de mercure, d'iode, de chlore, etc.

Dans l'ordre des phénomènes physiologiques et psychologiques, les cas de ce genre abondent.

C'est ainsi que toutes nos émotions, toutes nos volontés, toutes nos pensées mêmes s'accompagnent dans nos muscles de mouvements fibrillaires imperceptibles qui les traduisent fidèlement au fur et à mesure qu'elles se déroulent et se modifient : nous n'en n'avons pas en général le moindre soupçon, mais des expériences comme celle du pendule de Chevreul mettent immédiatement le fait en évidence. Un physiologiste contemporain, M. Gley a pu l'étudier minutieusement grâce à l'emploi d'appareils d'enregistrement spéciaux, et l'on sait comment il a été utilisé pour produire le phénomène en apparence inexplicable de la transmission ou de la lecture des pensées. .

Voici une malade, une hystérique, qui paraît n'éprouver aucune sensation lorsqu'on touche, lorsqu'on pique, lorsqu'on pince, etc. une certaine partie de son corps ; on fait exécuter différents mouvements à sa main, à son bras, etc., et si elle ne peut s'en rendre compte par la vue, elle semble n'en avoir aucune conscience. Cependant par un ingénieux emploi de ce révélateur spécial, *l'écriture automatique*, M. Pierre Janet nous démontre que ces sensations ont été réellement éprouvées, que ces mouvements ont été réellement perçus par la conscience, mais les uns et les autres étaient devenus cryptoïdes, pareils à ces cours d'eau qui semblent tout à coup s'évanouir, mais qui n'en continuent pas moins à couler souterrainement à des profondeurs où l'art savant des ingénieurs ne peut qu'à grand'peine les retrouver et les atteindre.

On peut aussi remarquer que les effets de manœuvres dites

magnétiques ou hypnotiques sont souvent cryptoïdes en ce sens qu'ils ne se révèlent qu'après coup, à l'aide de certains révélateurs spéciaux dont le plus ordinaire est la suggestion par la parole ou par le geste. Voici un exemple de ce fait emprunté au livre du professeur Ch. Richet : *L'homme et l'intelligence* [1]. « Telle personne que j'ai essayé d'endormir n'a en apparence rien ressenti des passes pratiquées pendant dix minutes. Elle était complètement réveillée et raillait l'inefficacité de mes efforts. Mais, après que je lui eus tendu le bras, il lui fut impossible de le plier. De même, je pus contracturer le sterno-mastoïdien, les muscles moteurs du globe oculaire, les fléchisseurs des doigts, etc. Elle se comparait à une poupée articulée ; car ses membres raidis ne pouvaient accomplir que des mouvements saccadés. »

Il en est souvent de même des effets du procédé braidique (fixation prolongée d'un objet brillant ou d'un point de mire quelconque) comme l'a si bien montré Durand (de Gros) dans le passage qu'on va lire [2].

« La méthode de Braid a pour effet immédiat de faire tomber le sujet dans un état d'anomalie physiologique *sui generis* qui peut bien parfois se traduire spontanément par l'anesthésie et le sommeil, comme aussi par l'hyperesthésie et par tous les troubles de la sensibilité et de la mobilité ; mais le plus souvent cet état singulier est purement *latent*, et constitue une disposition psycho-physiologique toute spéciale à la faveur de laquelle il devient possible d'agir sur toutes les fonctions individuellement et de les modifier dans le sens voulu, et cela en produisant une impression préalable sur le moral du sujet, impression qui consiste à le persuader, à lui faire *croire* que la modification cherchée se trouve actuellement réalisée. Et le moyen le plus pratique d'obtenir cette merveilleuse persuasion, c'est d'assurer le fait d'un ton catégorique et péremptoire. »

Ainsi, dans ce cas particulier, le révélateur spécial de l'état

1. *Loc. cit.*, p. 175.
2. *Le merveilleux scientifique*. Paris, 1894, p. 78.

cryptoïde inconnu produit par le procédé de Braid, état auquel Durand (de Gros) a donné le nom *d'hypotaxie*, c'est la suggestion verbale, ou, comme l'appelle le même auteur, *l'idéoplastie*, dont il compare l'effet à celui de la lumière sur une glace préalablement sensibilisée.

« L'individu, dit-il, que vous voulez soumettre à l'hypnotisation est une glace photographique. L'application du procédé usuel de Braid le *sensibilise*. Mais que pour les objets que voulez photographier y gravent leur image, il ne suffit pas d'avoir rendu la plaque sensible et de la conserver ensuite précieusement dans l'obscurité. Non, il faut l'installer dans la chambre noire de l'appareil, et puis enlever l'obturateur de la lunette, afin que la lumière réfléchie par les objets puisse accomplir son ouvrage. Or ce deuxième temps de l'opération photographique est représenté dans l'hypnotisation par la phase idéoplastique, où l'impression mentale ou parole suggestive joue le rôle de rayons lumineux [1]. »

Il est probable, d'ailleurs, que cet état hypotaxique peut être produit par bien d'autres causes, ou même qu'il existe spontanément chez un certain nombre d'individus, mais faute d'employer les procédés spéciaux qui nous le révéleraient, nous ignorons son existence. C'est ainsi que, selon le professeur Bernheim, « on observe très souvent dans la fièvre typhoïde le phénomène que voici : soulevez doucement un bras et abandonnez-le à lui-même, il reste en l'air dans la position donnée. Soulevez ensuite l'autre bras, il y reste comme le premier. C'est de la *catalepsie*. Elle est plus ou moins accentuée. Quelques malades, au bout de quelques secondes, laissent tomber, après plus ou moins d'hésitation, le membre soulevé. D'autres essaient quelques mouvements avec les doigts ou la main, laissant le reste du membre immobile ; d'autres le gardent tout entier cataleptisé pendant plusieurs minutes ou indéfiniment. Cette catalepsie est quelquefois molle : une légère impulsion donnée au membre le fait retomber. Plus

---

1. *Revue de l'hypnotisme*, février 1896.

souvent elle est rigide ou élastique », etc. Ce sont là, au dire du professeur Bernheim, des faits « *intéressants* et fréquents, à côté desquels les cliniciens passent journellement sans les constater, faute de les rechercher », et en les caractérisant ainsi, il en donne presque la définition que nous avons nous-même donnée des phénomènes cryptoïdes.

Tout le monde a plus ou moins entendu parler des faits bizarres et encore controversés que M. de Rochas a décrits sous le nom *d'extériorisation de la sensibilité* et que le Dr Paul Joire, de Lille, a reproduits et vérifiés. Ils consistent en ce que chez certains individus plongés dans un état hypnotique profond la sensibilité disparaît de la surface du corps et semble se projeter au dehors, à des distances plus ou moins grandes de la peau, ou même se fixer dans les objets tenus en contact avec ces individus pendant un certain temps.

On a objecté à ces expériences — du moins nous avons personnellement entendu faire l'objection par un médecin éminent, très expert dans toutes les choses de l'hypnotisme — que si l'extériorisation de la sensibilité se produisait en effet spontanément dans les états profonds de l'hypnose, il était bien surprenant qu'on ne l'eût jamais constatée avant M. Rochas, au cours de tant d'expériences où d'innombrables sujets avaient été sans doute plongés dans des états de somnambulisme profond. Mais le phénomène, pourrait-on dire, est justement un de ceux que l'on ne constate qu'à la condition de lui appliquer son révélateur propre, lequel dans ce cas consiste en une excitation brusque et quasi-instantanée (pincement ou piqûre) localisée en un certain point à distance de l'organisme. En pinçant ou piquant à même la peau, l'expérimentateur traverse certainement la couche sensible, et cependant aucun effet apparent ne se produit.

S'il nous est permis de parler ici d'expériences auxquelles nous avons personnellement assisté, nous avons pu constater le fait au cours d'expériences où on se proposait d'étudier un phénomène tout différent. Il s'agissait en effet d'observer les modifications produites dans la sensibilité cutanée d'un sujet par la présentation de la main d'un expérimentateur vis-à-vis de telle ou telle partie de son corps, à 8 ou 10 centimètres de la peau. Le sujet (un jeune homme d'une vingtaine d'années) n'était pas même endormi : on s'était contenté de lui bander les yeux de façon à être bien sûr qu'il ne pouvait rien voir de ce qui se passait autour de lui, et tous les assistants, sans exception, observaient un silence absolu, afin d'écarter toute possibilité de suggestion. Or, dans ces conditions, on observait qu'après 30 ou 40 secondes de présentation, il se produisait une anesthésie nettement localisée dans les parties visées par la main, et dans ces parties seulement. Du moins le sujet déclarait spontanément tous les contacts pratiqués sur les autres points de son corps et restait muet chaque fois que le contact avait lieu au point visé par la main de l'expérimentateur. Nous eûmes alors l'idée de pincer brusquement l'air à quelque distance au-dessus du point anesthésié, sans prévenir personne de notre intention ; et aussitôt tout le monde put voir la main du sujet (où se trouvait le point anesthésié) faire un brusque mouvement, tandis que les plus forts pincements pratiqués à même la peau n'avaient provoqué jusque-là aucune réaction ; et, chose singulière, le mouvement quasi-réflexe de la main ne s'accompagna d'aucune sensation consciente pour le sujet, qui me parut pas en avoir la moindre perception. Le même phénomène fut vérifié dans d'autres séances, à plusieurs reprises.

On pourrait aller plus loin encore. Supposé que l'extériorisation de la sensibilité soit un phénomène authentique et réel (non le résultat d'une illusion des observateurs), rien ne nous autorise à prétendre que ce soit un phénomène rare, accidentel, anormal, qui ait besoin pour se produire d'un état hypnotique particulier. (En fait, comme on vient de le voir, nous l'avons constaté chez un sujet à l'état de veille.) Peut-être, au contraire, est-ce un phénomène normal universel, mais cryptoïde, c'est-à-dire que l'on ne sait pas encore mettre en évidence au moyen d'un révélateur approprié.

Voici en tout cas des expériences dont nous avons été

témoin, qui, toutes réserves faites sur la possibilité d'erreurs d'observation inaperçues, sembleraient appuyer cette hypothèse.

En premier lieu l'expérimentateur tient pendant un certain temps (cinq minutes environ) un verre à moitié plein d'eau entre ses deux mains, l'une soutenant le verre, l'autre posée au-dessus, puis il se porte vers le sujet, lequel est à l'autre extrémité de la salle, en état de somnambulisme, et les yeux hermétiquement bandés ; il lui donne le verre d'eau à tenir d'une main, en lui recommandant d'y plonger un ou deux doigts de l'autre main : cela fait, il revient à son poste et fait signe à l'un des assistants, sans prononcer une parole, de le pincer ou le piquer à la main qu'il avait posée au-dessus du verre. A chaque fois que l'expérimentateur est piqué ou pincé, le sujet tressaille et déclare spontanément qu'il se sent piqué ou pincé à la partie correspondante de sa propre main.

En second lieu, l'expérimentateur, après avoir tenu quelque temps un verre d'eau entre ses mains comme dans l'expérience précédente, le pose sur une table à la portée d'un des assistants ; puis il se rend à l'autre extrémité de la salle, vers le sujet mis préalablement en somnambulisme, les yeux hermétiquement bandés, et il prend une de ses mains dans les siennes. A partir de ce moment, chaque fois que l'assistant pratique un pincement, une piqûre, un contact quelconque sur l'eau du verre ou sur l'air placé au-dessus, le sujet tressaille et accuse spontanément des sensations correspondantes.

Tout ne se passe-t-il pas dans ces deux expériences comme si l'expérimentateur, ayant extériorisé sa sensibilité dans un objet matériel, restait en communication avec cet objet par des espèces de lignes de force telles que toute impression faite sur son système nerveux se répercutait immédiatement sur l'objet et réciproquement toute impression faite sur l'objet se répercutait immédiatement sur son système nerveux, le sujet servant simplement de réactif ou de révélateur en raison de son impressionnabilité infiniment plus délicate ? Si telle est bien l'interprétation qu'il convient de donner de ces expériences singulières, on reste confondu de la quantité d'actions subtiles, insaisissables, que nous devons à chaque instant exercer sur tous les objets qui nous entourent et vraisemblablement aussi sur nos semblables ou que nous devons en recevoir et qui nous restent absolument inconnues, insoupçonnées, faute de révélateurs appropriés. Que de lignes, que de courants croisés en tous sens, mais non cependant enchevêtrés, dans les fourmillantes profondeurs de l'éther ! Qui sait si le poète n'accusait pas injustement la nature lorsqu'il s'écriait :

Nature au front serein, comme vous oubliez !
Et comme vous brisez dans vos métamorphoses
Les invisibles fils où nos cœurs sont liés !

Qui sait s'il ne faut voir qu'une boutade dans cette parole d'un savant contemporain (n'est-ce pas Berthelot ?) qu'il serait peut-être encore possible, à l'heure où nous sommes, de retrouver et de photographier l'image d'Alexandre sous quelque roche où il aura dormi quelques instants, pendant son expédition à travers l'Asie ?

VI

Il serait intéressant, pour compléter l'étude de cette première catégorie de phénomènes, d'étudier aussi les différentes sortes de réactifs ou de révélateurs.

Il semble que dans certains cas il suffise, pour révéler un phénomène, d'interrompre, de suspendre un autre phénomène qui annule le premier en l'empêchant de se manifester directement à nos sens ou tout au moins de produire quelque effet sensible. On sait en effet — et nous essaierons nous-mêmes de le montrer plus loin — que les causes naturelles peuvent s'interférer, et dans ce cas, ou bien elles se neutralisent mutuellement, ou bien l'une d'elles est complètement éclipsée par l'autre. Ce qui a si longtemps empêché les anciens de connaître la pesanteur de l'air, c'est que les pressions de toutes les molécules de l'atmosphère se faisant mutuellement contrepoids, il n'était possible d'en manifester les effets sur un point qu'à la condition de les supprimer sur un autre, comme l'ont fait Torricelli et Pascal. La lumière des étoiles ne devient visible en plein jour que si on se place dans des conditions où elle parvient directement à l'œil (par exemple au fond d'un puits de mine), sans être interceptée par la lumière du soleil.

Dans d'autres cas, le révélateur ne fait pas autre chose qu'arrêter au passage et rendre sensible, en la retardant, en la redoublant sur elle-même, une action qui partout ailleurs traverse trop rapidement, trop librement tous les milieux pour qu'il soit possible de la saisir. C'est ainsi que sans les corps isolants ou mauvais conducteurs nous n'aurions jamais pu nous rendre compte de l'existence de l'électricité. Un de nos plus pénétrants philosophes contemporains, M. Bergson, semble avoir placé dans une action d'arrêt de ce genre l'explication de la perception extérieure telle qu'il la conçoit. Il s'agit selon lui d'expliquer[1] « non comment la perception naît, mais comment elle se limite, puisqu'elle serait en droit l'image du tout, et qu'elle se réduit en fait à ce qui nous intéresse ». En effet, « ce qui est donné, c'est la totalité des images du monde matériel avec la totalité de leurs éléments intérieurs. Mais si vous supposez des centres d'activité véritable, c'est-à-dire spontanée, les rayons qui y parviennent et qui intéresseraient cette activité, *au lieu de les traverser*, paraîtront revenir dessiner les contours de l'objet qui les envoie », et plus loin, « si l'on considère un lieu quelconque de l'univers, on peut dire que l'action de la matière y passe sans résistance et sans déperdition, et que la photographie du tout est translucide : il manque derrière la plaque un écran noir sur lequel se détacherait l'image. Nos *zones d'indétermination* (ce sont les êtres vivants et conscients qui sont ainsi

1. *Matière et mémoire*, p. 29. Paris, F. Alcan.

désignés) « joueraient en quelque sorte le rôle d'écran ». Nous croyons, pour notre part, que ce mode de *révélation* est beaucoup plus fréquent dans la nature qu'on ne le pense, et qu'en particulier ce qui distingue les personnes sensibles aux actions dites magnétiques, télépathiques, etc., du commun de l'espèce humaine, c'est que leur système nerveux est relativement imperméable à ces actions qu'il arrête et accumule au passage, tandis qu'elles traversent instantanément « sans résistance et sans déperdition » les systèmes nerveux de la grande majorité des autres hommes.

Souvent aussi le révélateur opère en continuant, pour ainsi dire, et reproduisant le phénomène qu'il nous révèle. Il se fait comme une sorte d'adhérence entre l'un et l'autre ; et nous pouvons lire plus ou moins facilement toutes les variations de celui-ci dans les variations de celui-là. C'est le cas de l'aimant et de la limaille de fer, ou encore des vibrations sonores (pour lesquelles d'ailleurs la nature nous a donné le révélateur de l'ouïe) et du sable étalé sur les plaques vibrantes, etc., etc. Les appareils enregistreurs rentrent dans cette catégorie, où il conviendrait sans doute de ranger dans un groupe spécial ceux qui ne reproduisent pas seulement les variations d'un phénomène, mais qui les amplifient, les multiplient en même temps.

Ces quelques exemples suffiront peut-être pour donner une idée de la diversité des moyens par lesquels des phénomènes plus ou moins rebelles à nos procédés ordinaires de perception pourraient nous devenir manifestes. Tous doivent en somme aboutir à ce résultat de mettre les phénomènes en rapport avec notre système nerveux, lequel reste en dernière analyse le révélateur suprême ; mais s'il est, dans certaines circonstances, le plus délicat de tous, c'est aussi le plus facile à fausser ; et voilà pourquoi toutes les recherches où on ne peut lui donner le complément de révélateurs artificiels tels que les appareils de la physique ou les réactifs de la chimie sont condamnées presque indéfiniment à l'incertitude. Nous ne sommes pas beaucoup plus avancés à leur égard au

moment où nous sommes que du temps où Laplace écrivait :
« De tous les instruments que nous pouvons employer pour
connaître les agents de la nature, les plus sensibles sont les
nerfs, surtout lorsque leur sensibilité est exaltée par des
circonstances particulières. C'est par leur moyen que l'on
a découvert la faible électricité que développe le contact de
deux métaux hétérogènes, ce qui a ouvert un champ vaste
aux recherches des physiciens et des chimistes. Les phénomènes singuliers qui résultent de l'extrême sensibilité des
nerfs dans quelques individus ont donné naissance à diverses
opinions sur l'existence d'un nouvel agent que l'on a nommé
magnétisme animal, sur l'action du magnétisme ordinaire,
sur l'influence du soleil et de la lune dans quelques affections
nerveuses ; enfin sur les impressions que peut faire éprouver
la proximité des métaux ou d'une eau courante. Il est naturel
de penser que l'action de ces causes est très faible et peut
facilement être troublée par un grand nombre de causes accidentelles. Ainsi, de ce que dans certains cas elle ne s'est pas
manifestée, il ne faut pas rejeter son existence. » Non, sans
doute, mais aura-t-on le droit d'affirmer catégoriquement
qu'elle existe, tant qu'on n'aura pas réussi à lui trouver un
révélateur moins inconstant et moins obscur ?

VII

Le second embranchement des phénomènes cryptoïdes
pourrait comprendre tous les phénomènes que la nature, dans
le cours ordinaires de ses opérations, ne produit que très rarement ou même jamais, et qui sont cependant enveloppés dans
ses lois à l'état de possibilités certaines. Ils ne sont pas par
conséquent cryptoïdes dans le même sens que les précédents,
car, lorsqu'ils se réalisent, soit spontanément, soit parce que
nous les avons nous-mêmes provoqués, ils tombent immédiatement sous nos sens, et nous n'avons en général aucune
peine à les observer ; mais ce sont bien cependant des phéno-

mènes cachés et relativement inaccessibles, puisqu'ils n'apparaissent que très exceptionnellement, tant que nous n'allons pas pour ainsi dire jusqu'à eux en posant nous-mêmes les conditions nécessaires et suffisantes de leur réalisation. Aussi, la plupart du temps, pourraient-ils être qualifiés de *paradoxaux*, en ce sens que, ne les ayant jamais observés, la plupart des hommes sont disposés à les déclarer d'avance invraisemblables, impossibles, jusqu'au jour où la science aura trouvé le moyen de les produire et reproduire à volonté sous leurs yeux. Ils demandent en effet, non plus comme les précédents, des révélateurs, mais, si l'on nous permet cette expression, des *réalisateurs* spéciaux, faute desquels ils demeurent non pas seulement invisibles, mais inexistants. En revanche, aussitôt que ces réalisateurs sont donnés, soit, comme on dit par un effet du hasard, soit parce que la science, qui les a enfin découverts, peut les faire agir à son gré, on voit ces phénomènes surgir brusquement du fond des possibilités latentes de la nature, pareils à ces génies des contes de l'Orient qui apparaissent tout à coup, prêts à obéir, dès qu'a été prononcée la parole magique qui les évoque [1].

Dans la pratique, il n'est pas toujours très facile de distinguer ces phénomènes de ceux du groupe précédent ; car la différence qui sépare le révélateur de l'excitateur ou réalisateur n'est parfois qu'une nuance. Soient, par exemple, des souvenirs extrêmement lointains (comme dans l'exemple devenu classique de la jeune malade qui récitait des textes hébreux, grecs et latins, entendus presque sans conscience plusieurs années auparavant). Ici la maladie a-t-elle simplement révélé un état déjà existant, ou a-t-elle réalisé une virtualité cachée? D'une manière générale, si l'on admet que toute impression, toute pensée, même la plus légère et la plus fugitive, laisse une trace dans notre organisme et dans notre esprit, chacun de nous contient un monde de phéno-

1. C'est vraisemblablement à cette catégorie qu'appartient le phénomène de l'apparition de nouvelles espèces vivantes par voie de transformation d'espèces déjà existantes.

mêmes cryptoïdes qu'on pourrait presque indifféremment ranger dans l'un ou dans l'autre embranchement.

Il peut d'ailleurs parfaitement arriver qu'un même phénomène appartienne simultanément à l'un et à l'autre, et c'est le cas de beaucoup de ceux que nous avons signalés. Nous avons vu comment les effets des passes ou du procédé braidique restent souvent inaperçus, si on ne leur applique pas le révélateur de la suggestion ou de la contraction musculaire volontairement provoquée chez les sujets ; mais à un autre point de vue, qui pourrait croire, tant qu'il n'en a pas fait lui-même l'expérience, qu'il suffit d'exécuter ainsi certains mouvements avec les mains devant la figure de certaines personnes ou de leur faire fixer un point de mire pendant un certain temps, pour réaliser chez elles des phénomènes naturellement aussi exceptionnels et extraordinaires que le somnambulisme, la léthargie, la catalepsie et les formes les plus variées d'anesthésie, d'hyperesthésie, d'amnésie, d'hypermnésie etc. ? Par là s'explique la persistante incrédulité que ces phénomènes ont pendant si longtemps rencontrée chez les savants aussi bien que dans le vulgaire ; et l'on comprend que le professeur Bernheim ait pu faire, il y a dix ans à peine, la réflexion que voici :

« Ce qui frappe toujours d'étonnement les confrères qui nous font l'honneur de venir à notre clinique, c'est la singulière facilité avec laquelle on peut hypnotiser l'immense majorité des sujets de tout âge, de tout sexe, de tout tempérament. Ils s'imaginaient que l'état hypnotique est l'apanage exclusif de quelques rares névropathes, et ils voient maintenant tomber successivement sous l'empire de la suggestion tous ou presque tous les malades d'une salle. Comment, disent-ils, a-t-on pu passer pendant des siècles à côté de cette vérité si aisée à démontrer, sans la découvrir ? »

Notre conviction profonde, que nous nous sommes efforcé de justifier par tout ce qui précède, c'est que, plus la science poursuivra ses recherches, plus se multiplieront devant elle ces vérités, à la fois éclatantes et cachées, à côté desquelles les hommes passent depuis des siècles sans les voir.

CHAPITRE II

LES PARADOXES DE LA CAUSALITÉ

L'étude des conditions de la connaissance humaine et des progrès de la science nous a conduits à admettre l'existence de tout un ordre de phénomènes réels et pourtant inaccessibles à nos moyens ordinaires d'investigation.

L'étude de la méthode expérimentale et des difficultés particulières que rencontre l'application de ses axiomes habituels à tous les ordres de phénomènes un peu complexes, tels que les phénomènes biologiques, psychologiques et sociaux, va nous conduire par une voie différente à une conclusion identique.

I

Que le principe de causalité soit la base et le pivot de la méthode expérimentale, tous les théoriciens de cette méthode l'admettent d'un commun accord ; et sur ce point Stuart-Mill, Taine, Claude Bernard, tiennent le même langage. Ils veulent dire par là, non pas seulement avec MM. Ravaisson et Lachelier, que le principe de causalité légitime et garantit l'opération à laquelle cette méthode tend comme à son terme naturel, à savoir l'induction, mais encore qu'il suscite et dirige toutes les opérations intermédiaires qui préparent cette opération finale, à savoir l'observation, l'hypothèse et l'expérimentation.

On sait en effet que la méthode expérimentale — dont Claude Bernard a fait une analyse qui, vraisemblablement, ne sera jamais surpassée — se compose essentiellement de ces quatre opérations disposées dans cet ordre : *observation* d'abord ; puis *hypothèse* ; puis *expérimentation* ; enfin *induction*. L'ordre ici a une telle importance que si, conservant les mêmes éléments, on les dispose d'une autre façon, l'ensemble ainsi obtenu n'est plus la méthode expérimentale, mais une méthode toute différente. On peut observer, on peut faire des hypothèses, on peut expérimenter, on peut induire sans pratiquer pour cela la méthode expérimentale, si ces opérations ne se suivent pas dans cet ordre même et ne s'enchaînent pas, ne se conditionnent pas les unes les autres selon des rapports dont cet ordre est justement l'expression.

Ainsi l'observation, en méthode expérimentale, n'a qu'un but, qui est de rendre possible l'hypothèse, comme l'hypothèse n'a qu'un but, qui est de rendre possible l'expérimentation, comme l'expérimentation n'a qu'un but, qui est de rendre possible l'induction.

Observer pour supposer, supposer pour expérimenter, expérimenter pour induire, telle est la succession, telle est la surbordination nécessaire des procédés de la méthode expérimentale.

Remarquons cependant que si l'on devait les ranger d'après leurs affinités de nature, on serait plutôt tenté de mettre ensemble dans un premier groupe l'observation et l'expérimentation, qui sont l'une et l'autre des procédés d'information, de constatation, relatifs aux faits particuliers, et dans un second groupe, l'hypothèse et l'induction, qui sont l'une et l'autre des procédés d'interprétation, de raisonnement, relatifs aux lois générales. Et c'est ainsi, en somme, que les rangeaient Bacon et Stuart-Mill qui n'ont jamais réussi à distinguer la *méthode empirique* (si l'on nous permet de l'appeler ainsi) de la vraie méthode expérimentale.

L'originalité de la méthode expérimentale vient de ce qu'elle *entre-croise* les procédés de constatation et les procédés d'interprétation, de façon qu'ils se provoquent et se complètent ou se contrôlent successivement les uns les autres.

On pourrait la résumer tout entière dans cette formule :

Premier moment : constatation préparatoire (observation) ;

Second moment : interprétation provisoire (hypothèse) ;

Troisième moment : constatation décisive (expérimentation ;

Quatrième et dernier moment : interprétation définitive (induction).

Or, à tous ces moments, le savant invoque le principe de causalité, mais surtout au second et au troisième.

En effet l'hypothèse, qu'une première observation lui suggère et qui va lui permettre d'expérimenter est nécessairement relative à la cause ou aux causes des phénomènes observés ; car il admet *a priori* que les phénomènes ne peuvent pas ne pas avoir de cause, et que la cause qui les a produits *hic et nunc* est capable de les reproduire partout et toujours.

Pareillement, les expériences qu'il institue pour vérifier cette hypothèse sont, en quelque sorte, déduites des formules qui définissent les caractères auxquels se reconnaît la cause véritable d'un phénomène, formules pour lesquelles nous proposerions volontiers le nom *d'axiomes de la causalité.*

Or la cause d'un phénomène présente un triple caractère : En premier lieu, par sa présence, elle suscite ce phénomène ; en second lieu, par son absence, elle le supprime ; en troisième lieu, par ses variations, elle le fait varier.

De là les trois axiomes de la causalité.

PREMIER AXIOME : Posez la cause, l'effet se produit. *Posita causa ponitur effectus.*

DEUXIÈME AXIOME : Otez la cause, l'effet cesse de se produire. *Sublata causa tollitur effectus.*

TROISIÈME AXIOME : Faites varier la cause, l'effet varie. *Variata causa, variatur effectus.*

De là aussi, les trois tables de Bacon : table de présence, table d'absence et table de degrés ; et les trois méthodes de Stuart-Mill : méthode de concordance, méthode de différence (dans laquelle rentre la méthode des résidus) et méthode des variations concomitantes.

Maintenant, chacun des axiomes de la causalité donne naissance à deux corollaires : l'un positif, l'autre négatif ; le
permier permettant de dire que telle circonstance est certainement cause ; le second, que telle circonstance n'est certainement pas cause.

Par exemple, toute circonstance, telle qu'il suffit de la poser
pour que le phénomène se produise, est certainement cause :
corollaire positif du premier axiome.

Toute circonstance, qui peut être présente sans que le
phénomène ait lieu, n'est certainement pas cause : *corollaire
négatif du premier axiome.*

Et encore : toute circonstance, telle qu'il suffit de la supprimer pour que le phénomène ne se produise pas, est certainement cause : *corollaire positif du second axiome.*

Toute circonstance qui peut être absente sans que le phénomène soit pour cela absent, n'est certainement pas cause :
corollaire négatif du second axiome.

Nous laissons au lecteur le soin de formuler lui-même les
deux corollaires, positif et négatif, du troisième axiome de la
causalité.

Une expérience particulière ne fait pas autre chose qu'appliquer déductivement l'un ou l'autre de ces corollaires à quelque circonstance que l'on suppose être ou n'être pas la cause
cherchée, de telle sorte qu'elle revêt nécessairement l'une ou
l'autre des formes suivantes :

1° S'il s'agit de prouver que cette circonstance est la cause,
on montre par des expériences que :

Cette circonstance est telle *qu'il suffit de la poser pour que
le phénomène se produise ;* ou bien *qu'il suffit de la supprimer pour que le phénomène ne se produise pas ;* ou enfin
qu'il suffit de la faire varier pour que le phénomène varie ;
et l'on conclut :

Donc elle est certainement la cause de ce phénomène.

2° S'il s'agit au contraire de prouver que cette circonstance
n'est pas la cause, on montre par des expériences que :

Cette circonstance *peut être présente sans que le phéno-*

mène soit présent, ou bien *qu'elle peut être absente sans que le phénomène soit absent*, ou enfin *qu'elle peut varier sans que le phénomène varie* : et l'on conclut :

Donc elle n'est certainement pas la cause de ce phénomène.

Ces deux ordres de preuves sont d'ailleurs le plus souvent inséparables; car, avant d'arriver à prouver qu'une circonstance est la cause cherchée, il faut, dans bien des cas, commencer par prouver qu'aucune des circonstances *b*, *c*, *d*, qui accompagnent celle-là, ne peut être la cause cherchée. Bien mieux, la preuve positive semble pouvoir, dans certains cas, se conclure directement des preuves négatives (et c'est en quoi consiste la méthode des résidus). Supposé que les seules circonstances qui précèdent immédiatement le phénomène soient *b*, *c*, *d*, *f*, s'il est prouvé que *b*, *c*, *d*, ne peuvent être la cause du phénomène, on a le droit d'en conclure, sans autre preuve, que cette cause est *f*; sans quoi il faudrait supposer que le phénomène n'a pas de cause : ce qui est impossible.

Voilà, en quelques mots, le schéma de la méthode expérimentale.

II

Eh bien ! ce schéma ne nous paraît pas absolument exact.

Ni les axiomes de la causalité, ni les corollaires qui en dérivent, ni les méthodes particulières qui s'autorisent des uns et des autres ne nous semblent à l'abri de toute objection.

Sans doute, tant qu'il ne s'agit que de phénomènes simples, élémentaires, et en quelque sorte abstraits et généraux, comme ceux qui forment l'objet de la mécanique et de la physique, ces formules schématiques cadrent en somme avec la réalité ; et l'on peut suivre, sans risquer de tomber dans de trop grossières erreurs, les règles pratiques qui s'en déduisent.

Mais il n'en est plus de même lorsqu'on s'attaque à des

phénomènes plus complexes, appartenant à des ordres plus élevés, à des phénomènes plus concrets et plus spéciaux, comme les appelait Auguste Comte, en particulier aux phénomènes biologiques, psychologiques et sociaux.

Alors les axiomes de la causalité cessent d'être vrais.

Il n'est plus toujours vrai que : posez la cause, l'effet se produit.

Ou que : ôtez la cause, l'effet cesse de se produire ;

Ou enfin que : faites varier la cause, l'effet varie.

Aux formules traditionnelles, on a le droit d'opposer ces formules nouvelles qui les contredisent :

Posita causa, non semper ponitur effectus ;

Sublata causa, non semper tollitur effectus ;

Variata causa, non semper variatur effectus.

Par suite aussi, les corollaires de ces axiomes cessent d'être vrais, du moins les corollaires négatifs.

« Toute circonstance qui peut être présente sans que le phénomène ait lieu, n'est pas cause de ce phénomène [1]. » Eh bien ! cela est faux. Il se peut parfaitement qu'elle en soit la cause.

De même : « Toute circonstance qui peut être absente sans que le phénomène soit pour cela absent, n'est pas cause de ce phénomène. » Cela est faux encore. Elle peut parfaitement en être la cause.

De même, enfin, pour le corollaire négatif du troisième axiome.

Mais alors les trois tables de Bacon, les trois méthodes de Stuart-Mill sont frappées d'incertitude et d'impuissance ; et en particulier, il n'est plus possible de conclure, sans autre preuve, qu'une circonstance est cause d'un phénomène, par cela seul qu'il aura été prouvé que toutes les autres circons-

---

1. Cf. Rabier. *Leçons de philosophie. Psychologie*, p. 367... Par exemple, faisant usage de la méthode de différence, nous disons : « N'est pas cause d'un phénomène tout antécédent qui peut être donné sans que ce phénomène soit donné : c'est pourquoi on peut exclure tels et tels antécédents. » — Le principe invoqué par l'auteur est justement le corollaire négatif du premier axiome de la causalité.

tances concomitantes, *b, c, d*, ne peuvent en être causes[1].

D'où il suit que beaucoup d'erreurs, beaucoup de sophismes, en biologie, en psychologie, dans les sciences sociales, viennent sans doute de ce que l'on a prétendu appliquer à ces sciences, sans modification, sans restriction, des formules et des méthodes qui n'ont toute leur vérité et toute leur valeur que dans des sciences plus simples et plus abstraites.

A quoi tient cependant cette insuffisance des axiomes et des règles schématiques de la méthode expérimentale dans ce nouvel ordre d'études?

Elle tient, selon nous, à trois grands faits, à trois grandes circonstances que la plupart des théoriciens[2] et même des praticiens de cette méthode ne paraissent pas avoir suffisamment remarquées et dont l'importance s'accroît d'autant plus que les phénomènes qu'on étudie sont plus complexes et appartiennent à des ordres plus élevés.

Ces trois circonstances sont, si l'on nous permet de leur donner des noms qui en fassent ressortir tout à la fois les analogies et les différences : d'abord *l'interdépendance des causes* ; puis *l'interférence des causes* ; enfin *l'intersuppléance des causes*.

Examinons-les successivement.

III

Toutes les fois qu'un effet est relativement simple, comme c'est le cas dans les sciences du premier ordre qu'on pourrait nommer élémentaires, telles que la mécanique et la physique, la cause qui le produit présente en général le même caractère : on peut la considérer comme consistant en *un seul* phénomène dont la présence suffit à amener l'apparition de l'effet ; et l'on peut dire que cet effet n'a besoin pour se produire que

1. *Ibid.*, p. 367. « Toutes les méthodes expérimentales arrivent à déterminer les causes par *l'exclusion* des antécédents qui ne sont pas causes. »
2. Nous en exceptons Stuart-Mill.

d'*une* cause. Mais il n'en est plus de même dans les sciences
d'un ordre plus élevé qui, comme la biologie, la psychologie,
n'ont en somme pour objet que des *résultantes*. Ici l'effet peut
bien être simple en apparence : il est en réalité très complexe,
et la cause qui le produit consiste non en un seul phénomène,
mais en un nombre plus ou moins considérable de phénomènes, lesquels sont tous nécessaires, mais dont aucun, pris
à part, n'est suffisant pour le produire. En d'autres termes,
cet effet a *plusieurs causes* dont le concours est indispensable à son existence et qui sont, par cela même, dépendantes
les unes des autres ou, d'un seul mot, *interdépendantes*.

Maintenant, parmi ces causes, il s'en trouve presque toujours une qui attire davantage l'attention de l'observateur,
parce que c'est celle-là qui détermine l'apparition de l'effet,
les autres ne faisant, en quelque sorte, que la préparer. On
distinguera donc volontiers cette cause principale et dominante des causes accessoires, simplement prédisposantes
ou adjuvantes; bien plus, c'est à elle seule qu'on donnera le
nom de *cause*, tandis qu'on n'appellera toutes les autres que
des *conditions* ou même, d'un nom plus vague, des *circonstances*. Qui hésiterait, par exemple, à dire que les causes des
fermentations, des putréfactions, des maladies infectieuses,
etc., ce sont les germes microbiens, dont Pasteur a si bien
établi l'intervention dans tous les phénomènes de ce genre?
Et cependant ces germes ne sont causes qu'avec le concours
d'un grand nombre d'autres causes, telles que la température,
l'humidité, la composition chimique des milieux où ils agissent, etc., etc.

D'autre part, l'interdépendance ou la solidarité des causes
multiples, dont la combinaison est nécessaire et suffisante
pour la production d'un certain effet, peut elle-même être plus
ou moins étroite.

Il peut à cet égard se présenter deux cas:

Tantôt toutes les causes sont *également* nécessaires à la
production de l'effet, de sorte que si l'une d'elles, quelque
minime, quelque insignifiante qu'elle paraisse, vient à man-

quer, l'effet manque totalement, absolument ; toutes les autres causes présentes ne paraissent plus être causes à aucun degré.

Tantôt toutes les causes sont nécessaires, *mais non toutes également*, et l'effet se produit encore, mais plus ou moins incomplet, lorsque la cause principale agit sans le concours d'un plus ou moins grand nombre de causes accessoires.

La conséquence de l'interdépendance des causes, c'est que le premier axiome de la causalité : *Posita causa ponitur effectus*, et le corollaire négatif qui en dérive, « toute circonstance, qui peut être présente sans que le phénomène se produise, n'est pas cause de ce phénomène » deviennent l'un et l'autre tout à fait sujets à caution.

Soit, en effet, une cause parfaitement capable de produire un phénomène ou même tendant à le produire, mais sous certaines conditions de milieu (c'est-à-dire avec le concours d'autres causes prédisposantes ou adjuvantes), il pourra arriver très souvent (surtout si ces conditions sont très nombreuses, ou très particulières, ou peu fréquemment réalisées dans la nature) que cette cause soit présente et agissante et que cependant le phénomène ne se produise pas, même au plus faible degré. D'où l'on croira pouvoir conclure que cette prétendue cause du phénomène n'en est cause à aucun titre, qu'elle ne peut jamais en être cause ; et cependant cette conclusion sera fausse.

Rien n'est plus commun que ce sophisme en biologie, en psychologie et dans les sciences sociales.

IV

L'interférence des causes aboutit au même résultat.

Elle consiste en ce qu'une cause, fût-elle complète et suffisante par elle-même, est toujours susceptible d'être paralysée, annulée, interférée par une ou plusieurs causes antagonistes:

Il s'ensuit que la plupart des causes, dans tous les ordres

de phénomènes un peu complexes, ont besoin, non seulement d'être aidées par des causes concourantes, mais encore de n'être pas contrariées par des causes intercurrentes.

Mais cette condition négative est beaucoup moins facile à déterminer que la condition positive. En effet, il est possible de déterminer une fois pour toutes quelles sont les circonstances dont le concours est nécessaire et suffisant pour qu'une certaine cause produise son effet, car ces circonstances sont limitées en nombre et définies en espèce ; mais il faudrait avoir essayé successivement toutes les combinaisons possibles des causes, connues et inconnues, existant dans la nature, pour pouvoir dire avec certitude si telle cause, qui jusqu'ici a produit immanquablement son effet dans toutes les combinaisons où elle est entrée, ne sera pas tout à coup empêchée de le produire le jour où une certaine combinaison, encore inédite, se réalisera.

C'est pourquoi le premier axiome de la causalité est de nouveau convaincu d'erreur. Posez la cause, posez la même éternellement : si vous posez en même temps une cause interférente, éternellement l'effet ne se produira pas. En revanche, supprimez la cause interférente, l'effet se produira, et peut-être est-ce à elle, à sa suppression, que vous serez tenté d'attribuer l'effet, comme les physiciens de l'antiquité et du moyen âge attribuaient l'ascension des liquides dans le corps de pompe non à la pression de l'air extérieur, mais au vide, c'est-à-dire à la suppression de l'air intérieur.

Stuart-Mill a signalé, dans son *Système de logique*, l'interférence des causes, et il a même très bien montré que c'était là un fait absolument général.

« Toutes les lois de causation, dit-il, sont suceptibles d'être contrariées, et en apparence annulées en entrant en conflit avec d'autres lois dont le résultat séparé est opposé au leur ou plus ou moins incompatible avec lui. Aussi bien des cas dans lesquels une loi est en réalité exactement observée semblent au premier abord être des cas où elle n'opère en aucune façon. Par exemple, une force en mécanique n'est ni plus ni moins qu'une cause de mouvement, et cependant la somme des effets de deux causes de mouvement peut être l'immobilité... Ce fait est correctement désigné par l'expression *tendance*. Toutes les lois de causation étant susceptibles d'être contrariées, demandent à être formulées en termes qui affirment des tendances seulement et non des résultats actuels. »

Ce passage est d'autant plus remarquable qu'il paraît contredire l'idée que Stuart-Mill se fait de la causalité, lorsqu'il définit la cause par l'antécédent invariable et inconditionnel ; car, en vertu de l'interférence des causes, il peut parfaitement arriver qu'une cause ne précède que très rarement et, en quelque sorte, exceptionnellement son effet, si elle est de nature à être contrariée ou interférée par un grand nombre d'autres causes ; et cependant elle n'est pas moins cause pour cela. La cause est donc, non ce qui *précède* invariablement ou même inconditionnellement un phénomène, mais ce qui tend invariablement et inconditionnellement à s'en faire suivre, quand bien même cette tendance serait contrariée quatre-vingt-dix-neuf fois sur cent dans tout l'ensemble de notre expérience.

V

L'interdépendance et l'interférence des causes affectent le premier axiome de la causalité et sans doute aussi le troisième (nous n'insistons pas sur ce point qui nous paraît assez clair). Le second est à son tour mis en question par l'intersuppléance des causes.

Nous appelons ainsi ce que Stuart-Mill appelait la *Pluralité des causes* dans un passage qu'on nous permettra de citer :

« Il n'est pas vrai, dit-il, que le même phénomène est toujours produit par la même cause, l'effet peut venir quelquefois de A, quelquefois de B. Il y a souvent plusieurs façons indépendantes dont le même phénomène peut avoir pris naissance. Beaucoup de causes peuvent produire le mouvement mécanique, beaucoup de causes peuvent produire certaines espèces de sensation ; beaucoup de causes peuvent produire la mort. Un effet donné peut être réellement produit par une certaine cause et cependant être parfaitement capable de se produire sans elle. »

Si donc nous supposons un effet de cette sorte, il sera vrai de dire qu'il existe pour ce seul effet plusieurs causes distinctes, indépendantes, susceptibles de se remplacer, de se suppléer l'une l'autre. Mais le savant qui, par hypothèse, ne connaîtrait que l'une de ces causes et ne soupçonnerait pas ou n'admettrait pas la possibilité de l'intersuppléance, sera évidemment tout à fait déconcerté le jour où il constatera que l'effet se produit en l'absence de sa cause ; et alors, ou bien il n'en voudra pas croire ses sens et niera que l'effet se produise réellement ; ou il supposera quand même que la cause à laquelle il l'a attribué jusque-là est présente, quoiqu'il ne parvienne par aucun moyen à l'apercevoir ; ou enfin il croira s'être trompé en l'attribuant à cette cause, et il le considérera désormais comme un phénomène inexplicable, incompréhensible, dont la cause échappe à toutes les investigations de la science.

Une autre sorte d'erreurs ou de sophismes produite par l'ignorance ou par l'oubli de l'intersuppléance des causes consiste dans cet emploi abusif de la méthode des résidus que nous avons déjà signalé. Par exemple, l'auteur d'une étude sur la cause de la croyance prétendra démontrer la thèse cartésienne de la croyance volontaire, en faisant voir que la croyance ne peut avoir pour cause l'intelligence, puisqu'il y a des croyances qui ne sont nullement fondées en raison, et qu'elle ne peut pas davantage avoir pour cause la sensibilité, puisqu'il y a d'autre part des croyances auxquelles les sentiments sont tout à fait étrangers ; d'où il conclura qu'il faut bien qu'elle ait pour cause la troisième faculté restante, c'est-à-dire la volonté.

Par un raisonnement analogue, un père jésuite a prétendu démontrer que tous les phénomènes de l'hypnotisme avaient certainement pour cause une influence surnaturelle et diabolique ; car, dit-il, ces phénomènes ne peuvent s'expliquer ni par une influence physique de l'hypnotiseur, puisqu'on peut s'hypnotiser soi-même en regardant un point brillant, ni par le tempérament et l'imagination propre de l'hypnotisé, puisqu'on peut être à son insu hyppnotisé par autrui, et comme il n'y a pas d'autres causes naturelles de l'hypnotisme, il ne reste plus de recours que dans une cause surnaturelle, laquelle, n'étant pas divine ou angélique, ne peut être que diabolique, en raison de la nature morbide et malfaisante de l'effet.

Or nous nous trompons fort, ou la croyance, l'hypnose, et bien d'autres phénomènes encore, sont ce qu'un savant contemporain, Durand (de Gros) appelle des phénomènes *polyétiques*, c'est-à-dire susceptibles d'être produits par des causes intersuppléantes, et de là vient l'insuffisance des théories qui s'obstinent toutes à vouloir les expliquer par une cause unique, comme par exemple à expliquer la croyance par la seule intelligence, ou la seule sensibilité, ou la seule volonté ; à expliquer l'hypnose par la seule action du magnétiseur (comme le faisait Mesmer) ou la seule suggestion (comme le fait l'école de Nancy), ou la seule hystérie (comme l'école de Paris), etc., etc.

Mais nous irons encore plus loin en faisant remarquer qu'il existe dans la nature des causes très générales, dont c'est en quelque sorte la fonction que de suppléer plus ou moins complètement toutes les autres. Telle est, par exemple, dans le domaine inorganique, *l'inertie* en vertu de laquelle un corps, une fois mis en mouvement par une cause, continue à se mouvoir de lui-même en l'absence de cette cause ; telles sont surtout, dans le domaine biologique, psychologique et social, *l'habitude*, *la mémoire* et *l'imitation*, qui tendent à se substituer de plus en plus à toutes les autres causes, au point d'être regardées par quelques-uns comme les causes uniques et suffisantes de tous les phénomènes biologiques, psychologiques et sociaux.

Il en résulte une difficulté particulière dans l'application de la méthode de différence.

Beaucoup d'expériences commandées par cette méthode consistent à poser d'abord un certain agent, puis à le supprimer, toutes les autres circonstances restant les mêmes. Si un certain phénomène se trouve posé et supprimé tour à tour avec cet agent, on a le droit de conclure qu'il en est l'effet. Mais on n'a nullement le droit de conclure, comme on est presque toujours tenté de le faire, qu'il n'en est pas l'effet, parce que, même après la disparition ou en l'absence de cet agent, ce phénomène subsiste. Ne peut-il subsister par la vertu de l'inertie, de l'habitude, ou de quelque autre cause suppléante ? *Sublata causa non semper tollitur effectus.*

VI

On a cependant contesté le fait de la pluralité ou de l'intersuppléance des causes.

Ainsi M. Rabier, dans ses *Leçons de Philosophie* (Psychologie, p. 355), admet que le principe des lois, supposé selon lui par toutes les méthodes de recherche expérimentale[1], se présente sous deux formes :

Premièrement les mêmes causes produisent les mêmes effets ; secondement, les mêmes effets sont produits par les mêmes causes, ou, suivant la formule de Newton, *effectuum naturalium ejusdem generis eædem sunt causæ.*

Or, cette seconde forme du principe des lois contredit expressément l'intersuppléance des causes.

M. Rabier reconnaît, il est vrai, d'une part, que cette seconde proposition n'est pas aussi évidente que la première, d'autre part, qu'il peut sembler au premier abord que l'expérience la dément, et même qu'une des plus grandes difficultés de la méthode expérimentale dans la recherche des causes résulte[2] de la multiplicité des causes possibles d'un même effet.

1. Cf. *Ibid.*, p. 367.
2. L'auteur ajoute ici : « comme on le verra » ; mais si l'on se reporte à

Néanmoins, il croit pouvoir, d'une part, la démontrer rationnellement, d'autre part, faire voir que l'expérience ne la dément qu'en apparence.

La démonstration consiste à déduire la seconde forme du principe des lois de la première en faisant intervenir le principe de raison. La voici telle que M. Rabier la donne lui-même :

« Les mêmes causes produisent les mêmes effets : pour quelle raison ? Parce que c'est la *nature* de la cause qui détermine la *nature* de l'effet. Nulle cause ne pouvant donner que ce qu'elle a, il s'ensuit que de telle cause déterminée résulte invariablement tel effet. Mais si c'est la nature de la cause qui détermine la nature de l'effet, il suit identiquement que la nature de l'effet est déterminée par la nature de la cause. Et par conséquent, comme une même nature dans la cause entraîne une même nature dans l'effet (première branche du principe des lois), une même nature dans l'effet suppose une même nature dans la cause (seconde branche de principe des lois). Il est donc également vrai que les mêmes causes produisent les mêmes effets et que les mêmes effets sont produits par les mêmes causes. »

Toute cette argumentation, qui invoque la définition bien connue de Montesquieu : « Les lois sont les rapports nécessaires qui dérivent de la nature des choses », repose en définitive sur le concept éminemment abstrait et métaphysique de *nature*. Mais ce concept, M. Rabier lui-même en a reconnu par avance l'inanité, du moins dans l'ordre des phénomènes, lorsque, reproduisant la critique faite par Hume de l'idée de cause, critique qu'il déclare « décisive et définitivement acquise à la science », il a écrit :

« Tout effet doit différer par nature de sa cause, sans quoi, n'y ayant rien de nouveau dans l'effet, il n'y aurait pas d'effet. Il y a un effet dans la mesure où, la cause étant donnée,

sa *Logique*, publiée plus tard, on y cherche en vain une allusion à cette multiplicité des causes possibles d'un même effet et à la difficulté de méthode qui en résulte.

il se produit quelque chose qui se distingue de cette cause
même. Ainsi qui dit effet, dit différence. L'identité de la cause
et de l'effet est donc impossible. D'où il suit que l'idée de la
cause n'enferme pas l'idée de l'effet, et que nous ne pouvons
l'en déduire analytiquement. »

Mais alors que veut-il dire en disant que : « nulle cause
ne peut donner que ce qu'elle a? » Cette phrase peut-
elle avoir encore un sens si : « tout effet étant un événement
distinct de sa cause ne peut être aperçu dans sa cause même,
comme le prouvent et l'impossibilité de prévoir l'effet *a priori*
et la possibilité de nier l'effet sans contradiction ? »

La démonstration proposée n'est donc qu'une pétition de
principe. La nature de la cause lui étant inconnue en soi,
M. Rabier suppose *a priori* qu'elle est ce qu'il faut pour que
l'effet se produise, c'est-à-dire qu'il introduit par avance
l'idée de l'effet dans l'idée de la cause, et il n'a pas de peine
ensuite à les faire sortir l'une de l'autre.

Mais même en restant avec lui sur le terrain des abstrac-
tions métaphysiques, qu'est-ce qui empêche de concevoir un
effet dont la nature soit telle qu'il puisse se déduire indifféremment de deux ou plusieurs natures causales différentes?
En arithmétique, le même nombre peut être obtenu de plusieurs façons différentes : par exemple $5 + 5$, $6 + 4$, $7 + 3$
$= 10$, ou encore $15 - 5$, $2 \times 5 = 10$. En mécanique, une
infinité de composantes différentes peuvent donner des
résultantes identiques, etc., etc.

Il n'est donc nullement nécessaire *a priori* que les mêmes
effets soient produits par les mêmes causes. L'identité de ces
causes peut être purement *formelle* et non *matérielle*, être
une identité de *rapport* et non une identité de *nature*, en ce
sens que ces causes, quelque différentes qu'elles soient, concordent cependant par ce caractère commun de tendre et
d'aboutir toutes à un effet identique. En un mot leur identité
peut n'être au fond qu'une *équivalence*.

Le langage de M. Rabier est moins nettement affirmatif
quand il se place au point de vue de l'expérience.

« Peut-être, dit-il, l'expérience ne dément-elle ce principe qu'en apparence, et uniquement parce que nous prenons les choses en gros, et que nous ne savons pas discerner avec précision, dans chaque cas de causalité, en quoi consiste la cause, en quoi consiste l'effet. »

Et il prend l'un des exemples qu'il a lui-même cités : une même voiture peut être mise en mouvement par un cheval, par un mulet ou par un âne.

« Pour avoir l'effet total, il faudrait tenir compte de tous les effets concomitants de l'effet principal (l'ébranlement de la voiture), à savoir l'ébranlement du sol, la traction exercée sur les brancards ou les harnais, etc. En tenant compte de toutes ces circonstances, on verrait que l'effet n'est pas exactement le même, quand c'est un cheval qui est attelé à la voiture ou quand c'est un âne. D'autre part, il faudrait aussi analyser la cause, et l'on reconnaîtrait que dans l'objet total que nous appelons cause, tout n'intervient pas comme cause de l'effet que nous considérons en particulier. Ainsi les oreilles de l'âne, par où il diffère du cheval, ne sont pour rien dans le mouvement de la voiture. En procédant de la sorte, en analysant avec précision d'une part les effets et d'autre part les causes, on arriverait *peut-être* à reconnaître que ce qui est identique dans les effets (par exemple un même mouvement imprimé à une même masse) est produit dans les cas divers par une même cause (ici, une même quantité de force motrice). »

A quoi nous répondrons tout d'abord que l'exemple choisi par M. Rabier n'est pas vraiment un cas de pluralité ou d'intersuppléance des causes. Qu'un cheval, un âne ou un mulet ébranlent une voiture, il est évident, même sans analyse, que l'effet est produit dans les trois cas par une même cause ; à moins de voir aussi un cas de pluralité des causes dans ce fait que la voiture peut être ébranlée par deux chevaux différents ou par le même cheval à des moments différents de la journée. Ce n'est pas dans des phénomènes mécaniques aussi simples qu'il faut chercher des exemples d'intersuppléance véritable, mais dans les phénomènes plus complexes de la vie psychologique, physiologique ou sociale [1].

Un exemple plus topique serait le *sommeil*, dont on peut dire encore aujourd'hui ce qu'en disait, il y a un siècle, l'auteur inconnu d'une remarquable étude sur le somnambulisme [2].

« Il n'y a jusqu'à présent aucun médecin, ni physicien, ni philosophe qui ait pu expliquer quelle est la cause du sommeil ni comment il se produit. Tout ce qu'on a dit à ce sujet n'offre que des conjectures, ouvrage de l'imagination ; une chose seulement est certaine, c'est que le sommeil survient toutes les fois que le corps se trouve dans une disposition quelconque propre à le produire, et qu'on parvient à mettre le corps dans cette disposition par le secours de l'art. Tel est l'effet notoire des plantes narcotiques comme l'opium, l'ivraie, etc... Mais il s'en faut beaucoup qu'il soit besoin de boissons ou de drogues pour que l'état de veille se convertisse en état de sommeil : il y a une multitude d'autres moyens qui produisent le même effet, et c'est même une des singularités du sommeil, qu'il est opéré par des causes variées à l'infini, et qui sont tout à fait opposées entre elles ; par exemple, si la grande chaleur fait naître le sommeil, il est également produit par le froid extrême. On a vu des soldats tomber endormis sur la neige et périr de froid dans cet état d'assoupissement. Si des frottements légers et doux produisent le sommeil, des douleurs atroces le produisent aussi, ce qui est prouvé par l'exemple de plusieurs malheureux qui, appliqués à la question, s'endormaient au milieu de ce supplice...

« La faim et l'excès de nourriture, la fatigue et le repos, les boissons rafraîchissantes et les boissons échauffantes pro-

---

1. Et cependant, même en mécanique, il y aura véritablement intersuppléance des causes si l'ébranlement d'un corps peut être causé indifféremment soit par l'impulsion d'un moteur appliqué à ce corps, soit par l'attraction d'une force agissant à distance, dans le cas de la voiture, si elle est mise en mouvement soit par un animal ou par un homme attelé à ses harnais, soit par un aimant assez puissant pour attirer ses ferrures.

2. *Essai sur les probabilités du somnambulisme magnétique*, sans nom d'auteur. Amsterdam et Paris, 1785.

duisent également le sommeil : il résulte de la diminution du
sang comme il résulte de son augmentation; il vient à la
suite des bains et de la saignée : la fièvre, qui cause l'in-
somnie, cause aussi l'assoupissement ; une légère différence
dans la dose de vin éveille ou endort ; on ne finirait pas si on
voulait rassembler les diverses causes qui conduisent l'homme
à cet état, soit que ces causes *engendrent autant de combinaisons différentes, également capables de produire le sommeil*, soit que, *malgré leur différence apparente, elles arrivent au même résultat.* »

Comme on le voit par les derniers mots de ce passage,
l'auteur que nous citons considère comme également admissibles *a priori* ces deux hypothèses : d'une part que les
causes du sommeil ne sont distinctes qu'en apparence et
qu'une analyse suffisamment profonde les ramènerait à l'unité,
d'autre part qu'elles sont réellement multiples, quoiqu'on
puisse sans doute en diminuer le nombre, et qu'elles appartiennent, en dernière analyse, à plusieurs types irréductibles.

Cette alternative se pose toujours au savant dans tous les
cas de véritable intersuppléance des causes. Or, s'il peut, au
point de vue théorique ou spéculatif, avoir des préférences
pour la première hypothèse, il doit, au point de vue expérimental, avoir toujours égard à la seconde. C'est pourquoi,
quand bien même le principe admis par M. Rabier serait
théoriquement vrai, c'est-à-dire quand bien même une intelligence supérieure, pourvue de moyens d'analyse qui nous
manquent, réussirait toujours à voir une cause unique là où
nous en voyons plusieurs, ce principe n'en resterait pas
moins sans valeur et sans usage dans la pratique de la
méthode; et le savant devrait continuer à raisonner et à
expérimenter comme si le même effet pouvait être produit par
des causes différentes.

Du reste, même au point de vue théorique, il semble bien
que la réduction des causes différentes à l'unité ne puisse
jamais être complète, et que cette hypothèse recule la difficulté au lieu de la résoudre.

Supposons un moment que toutes les causes différentes du sommeil ne le produisent qu'en déterminant un certain état des centres nerveux, lequel serait seul la cause immédiate et déterminante du sommeil : on croira avoir ainsi ramené toutes ces causes à l'unité ; mais qui ne voit que la multiplicité va reparaître, aussitôt que l'on remontera de cet état qui cause le sommeil aux différentes causes dont il est lui-même l'effet ?

Un muscle se contracte, ici sous l'influence de la volonté, là par l'action du courant électrique : prouvez tant que vous voudrez que le courant électrique et la volonté ne produisent la contraction qu'en opérant dans des conditions identiques par la mise en jeu d'intermédiaires identiques : il n'en faudra pas moins avouer finalement qu'il y a là deux causes différentes, quoique capables de se suppléer l'une l'autre, dans la production d'une même série d'effets.

VII

La considération de ces trois circonstances, interdépendance, interférence et intersuppléance des causes, doit nous rendre extrêmement circonspects dans nos affirmations et surtout dans nos négations concernant la causalité.

Elle permet en effet d'établir cette thèse paradoxale, à laquelle nous sommes déjà arrivés par une autre voie[1], et dont les progrès des sciences ont commencé à démontrer et démontreront, croyons-nous, de plus en plus la vérité, à savoir qu'il peut exister, qu'il existe très probablement dans la nature des causes inconnues, universellement présentes et perpétuellement agissantes, mais dans des conditions telles qu'elles échappent presque entièrement à nos moyens d'investigation et de contrôle.

Supposons qu'une cause inconnue soit capable de produire deux sortes d'effets : les uns, très faibles ou très grossiers,

1. Voir chapitre précédent, *Les phénomènes cryptoïdes*, particulièrement p. 24, 26 et p. 44.

ne demandent le concours que d'un très petit nombre de
causes adjuvantes ; mais les effets de ce genre étant susceptibles d'être produits par beaucoup de causes suppléantes
déjà connues, il paraît infiniment plus rationnel de les leur
attribuer ; les autres plus marqués, plus délicats, ne seraient
pas aussi facilement contrefaits et pourraient servir à révéler
la cause dont ils émanent, mais par malheur ils demandent
le concours d'un très grand nombre de causes adjuvantes,
dont quelques-unes ne se rencontrent pas souvent dans la
nature ; aussi se produisent-ils eux-mêmes très rarement, et
il serait impossible de les reproduire à volonté, quand bien
même on parviendrait à en connaître entièrement le mécanisme. D'autre part, la cause supposée trouve dans beaucoup d'autres agents de la nature des causes antagonistes
capables de neutraliser son action ; et à moins de circonstances exceptionnelles ou d'un dispositif expérimental spécialement institué à cet effet, elles ne réussit que bien rarement
à se préserver de leur interférence : c'est pourquoi tout se
passe dans la grande majorité des cas comme si elle n'existait pas. Faudrait-il s'étonner si une cause de cette sorte,
malgré sa présence universelle et sa continuelle action, était
indéfiniment ignorée ou méconnue ?

Or, rien ne prouve qu'il n'en existe pas de telle dans la
nature, car nous n'avons eu pour l'imaginer qu'à inscrire à son
compte, en les élevant au plus haut degré de puissance, trois
circonstances dont notre expérience nous offre de nombreux
exemples : l'interdépendance, l'interférence et l'intersuppléance des causes.

L'électricité, tant que l'homme n'a pas connu les moyens
de la produire et de l'accumuler artificiellement, répondait
assez bien au signalement que nous venons de tracer. Depuis
Thalès on avait observé que l'ambre et quelques autres corps,
en très petit nombre, acquéraient par le frottement la propriété d'attirer des brins de paille ; mais qui pouvait voir là
l'indice d'une cause partout présente et toujours agissante dans
la nature ? La plupart des effets produits par l'électricité, chocs,

déplacements, sons, lueurs, etc., peuvent aussi bien être produits par d'autres causes ; et c'est pourquoi Descartes, par exemple, n'éprouvait nullement le besoin, pour expliquer les orages (éclairs, foudre, tonnerre, etc.), d'ajouter une cause nouvelle à la liste des causes déjà connues. Les savants ont fini cependant par reconnaître qu'il y avait là une force aussi universellement répandue et aussi importante par ses effets que la pesanteur et la lumière. Mais imaginez un moment que les corps mauvais conducteurs de l'électricité fussent extrêmement rares sur notre planète et en particulier que l'air sec fût aussi bon conducteur que l'air humide : dans cette hypothèse, l'électricité, à chaque instant produite par toutes sortes de causes, serait à chaque instant répandue et perdue sans produire d'effets sensibles dans l'ensemble de la masse terrestre. Comment dès lors aurait-on pu soupçonner son existence, et quel accueil aurait trouvé auprès de ses confrères le savant qui serait parvenu malgré tout à la découvrir ?

Ainsi se justifie une fois de plus le mot d'Arago que ne sauraient trop méditer tous ceux qui travaillent aux progrès des sciences expérimentales : « Celui qui en dehors des mathématiques pures prononce le mot *impossible* manque de prudence. »

CHAPITRE III

L'ESPRIT DE LA PSYCHOLOGIE NOUVELLE

Si l'on cherche, dans le vaste domaine de la philosophie contemporaine, quelles sont les régions nouvellement explorées, celles où se porte en ce moment la plus grande affluence des travailleurs, dont les affaires excitent chez tout le monde le plus vif intérêt, dont on attend pour ainsi dire les nouvelles avec la plus ardente curiosité, pareilles à ces pays des mines d'or, hier presque ignorés, objets aujourd'hui de l'attention universelle, on en trouve deux qui dans la seconde moitié du xixᵉ et au commencement du xxᵉ siècle occupent en effet et préoccupent non seulement les philosophes de profession, mais tous ceux qui s'associent en quelque façon à la vie intellectuelle de leur pays et de leur temps ; et ce sont d'une part la psychologie expérimentale ou pour parler plus exactement la psychologie physiologique, la psycho-physiologie, c'est-à-dire la science des rapports de l'esprit et de l'organisme ou, comme on disait autrefois, la science des rapports du physique et du moral ; d'autre part la sociologie, c'est-à-dire la science des sociétés humaines considérées comme vivant et évoluant sous l'empire des lois naturelles.

Peut-être à l'heure présente l'intérêt et l'attention du public sont-ils plutôt tournés vers la sociologie, comme en témoignent ces récents congrès internationaux où les sociologues les plus autorisés d'Europe et d'Amérique sont venus échanger leurs vues sur l'objet et la méthode de leur science, la création qui date presque d'hier de chaires de sociologie à la Sorbonne et au Collège de France, et tant de publications, dans notre pays,

en Angleterre, en Allemagne, aux États-Unis, où les plus
importants problèmes sociologiques sont discutés chaque
jour.

Cependant, si l'on doit suivre le fameux précepte de la méthode de Descartes, c'est-à-dire conduire par ordre ses pensées en allant des objets les plus simples aux plus composés,
l'étude de la psychologie, c'est-à-dire de l'homme individuel,
de l'unité humaine, doit nécessairement précéder celle de la
sociologie, c'est-à-dire des hommes groupés en société, de la
collectivité humaine.

Qu'est-ce donc que cette psychologie nouvelle, expérimentale ou physiologique, et en quoi diffère-t-elle de l'ancienne ?
Essayons d'en déterminer le programme ; en d'autres termes,
cherchons d'abord quel est l'objet qu'elle se propose ; en
second lieu quelles sont les méthodes qu'elle emploie ; enfin
quelles sont ses tendances, quel est l'esprit qui l'anime.

.˙.

C'est un fait d'observation vulgaire que chacun de nous
s'apparaît à lui-même sous un double aspect. D'un côté, si je
me regarde du dehors, je vois en moi une masse matérielle,
étendue, mobile et pesante, un objet pareil à ceux qui m'entourent, composé des mêmes éléments, soumis aux mêmes
lois physiques et chimiques, et d'un autre côté, si je me
regarde pour ainsi dire au dedans, je vois en moi un être qui
sent, qui pense et qui veut, un sujet qui se connaît lui-même
en connaissant tout le reste, sorte de centre invisible, immatériel, autour duquel se déploie la perspective sans fin de l'univers dans l'espace et dans le temps, spectateur et juge de
toutes choses, lesquelles n'existent, du moins pour lui, qu'autant qu'il se les rapporte à lui-même. Cette dualité de l'être
humain, le sens commun l'exprime par la distinction de l'esprit et des organes, par l'antithèse de l'âme et du corps. Elle
se retrouve dans la dualité des sciences qui traitent de l'homme,

la physiologie, science du corps, la psychologie, science de l'esprit.

Maintenir la barrière qui sépare ces deux sciences, établir et défendre l'indépendance de la psychologie à l'égard de la physiologie, telle était au commencement de ce siècle la préoccupation dominante des psychologues. Avec quelle insistance ingénieuse Jouffroy, dans son célèbre *Mémoire sur la distinction des faits psychologiques et des faits physiologiques* ne multiplie-t-il pas les raisons d'attribuer à deux sciences, non seulement distinctes mais séparées, l'étude de ces deux vies physique et morale que l'expérience cependant nous montre indissolublement liées en nous! Peut-être était-ce là une réaction nécessaire contre l'exagération inverse de certains physiologistes, tels que Cabanis et Broussais, qui prétendaient en quelque sorte absorber le moral dans le physique et réduire l'homme tout entier au seul fonctionnement de ses organes. Aujourd'hui, nul ne conteste plus à la psychologie le droit d'exister. Il s'agit seulement de savoir si elle peut, si elle doit s'isoler de la physiologie, ou si ce n'est pas au contraire en s'associant étroitement avec elle, en s'appuyant sur ses données, en s'inspirant de ses méthodes, qu'elle réussira plus sûrement à résoudre les problèmes qui lui sont propres.

Ainsi la psychologie et la physiologie, qui jusqu'alors se traitaient, ou peu s'en faut, en étrangères, en ennemies, se rapprochent, se réconcilient désormais, et de leur union naît cette science nouvelle, la psychologie physiologique ou psycho-physiologie, dans laquelle les faits de la vie intellectuelle et morale de l'homme sont étudiés non plus à part et en eux-mêmes, d'une façon pour ainsi dire tout abstraite, mais tels qu'ils sont en réalité, dans leur intime connexion avec les états corporels sur lesquels ils influent et dont ils subissent l'influence.

En se transformant ainsi la philosophie obéit évidemment à la tendance irrésistible qui emporte en ce moment toutes les sciences dans une évolution commune et qui de plus en plus les fait se rapprocher, se concerter et s'unir. Les chercheurs, autrefois désunis, inconnus les uns aux autres, s'entr'appellent, se reconnaissent, s'associent. Les psychologues se font physiologistes, les physiologistes se font psychologues. Philosophes, savants, praticiens, tous fraternisent en ouvriers de la même grande œuvre collective, l'unité du savoir humain.

J'ajouterai qu'en s'unissant ainsi à la physiologie, la psychologie ne fait en somme que renouer les traditions interrompues, celles des deux grands maîtres de la philosophie ancienne et de la philosophie nouvelle, la tradition d'Aristote, qui définissait l'âme la forme essentielle du corps et dans ses opuscules *De la Sensation*, *De la Mémoire*, *Du Sommeil*, donnait les premiers échantillons de psychologie expérimentale ; la tradition de Descartes, qui, dans son *Traité des Passions*, unissait constamment à l'analyse des divers sentiments du cœur humain, joie, tristesse, amour, désir, etc., la description des mouvements corporels qui les accompagnent.

.*.

Tel étant l'objet de la nouvelle psychologie, quels sont ses caractères et quelle est sa méthode ?

. Son caractère général est celui-là même qu'exprime le nom que je lui ai plusieurs fois donné de psychologie *physiologique*. Tandis que la psychologie des Jouffroy, des Garnier, des Damiron était une psychologie essentiellement subjective enfermée pour ainsi dire dans l'intérieur de l'âme qu'elle étudiait surtout, sinon exclusivement, par la réflexion de la conscience, celle-ci est une psychologie objective qui prend pour base la connaissance scientifique du corps humain, des organes qui le composent, des fonctions qui s'y déploient, des tissus qui le forment et de leurs propriétés élémentaires, des désordres enfin et des maladies qui le troublent et l'altèrent, anatomie, physiologie, histologie, pathologie, soit de l'organisme tout entier, soit de cette partie de l'organisme où se fait en quelque sorte la mise en communication immédiate du physique et du mental, je veux dire le système nerveux et le cerveau. Voilà

pourquoi cette nouvelle psychologie exige impérieusement la
collaboration assidue et amicale du physiologiste et du psychologue, du philosophe et du médecin. Voilà pourquoi aussi
toute découverte importante dans l'une des deux sciences
associées a aussitôt son retentissement dans l'autre, comme on
peut le voir pour la récente théorie des *neurones* due aux travaux de l'Italien Golgi, de l'espagnol Ramon y Cajal, et de
notre compatriote Mathias Duval, et qui, si elle est définitivement vérifiée par les recherches ultérieures, renouvellera
certainement toutes les idées qu'on s'est faites jusqu'ici sur le
rôle du cerveau et du système nerveux dans les opérations
de la pensée.

Une branche particulière de la nouvelle psychologie va encore
plus loin dans cette même direction : elle s'efforce de rattacher
l'étude des faits psychiques à des sciences plus lointaines,
plus élevées que la physiologie dans la hiérarchie scientifique,
parce qu'elles présentent un degré supérieur d'abstraction et
de généralité, à savoir à la physique et aux mathématiques
elles-mêmes. Cette branche particulière est la psycho-physique, qui étudie principalement les sensations dans leurs rapports avec les agents physiques, son, lumière, chaleur, etc.,
qui les provoquent, et qui essaie de leur appliquer la mesure
et le calcul. En 1860, Fechner publie ses *Éléments de
Psycho-physique* et depuis lors la psycho-physique n'a pas
cessé de se développer au point qu'elle a semblé un moment
constituer à elle seule toute la science dont elle n'est cependant qu'une partie et non sans doute la plus essentielle ni la
plus intéressante.

Le second caractère de la psychologie nouvelle réside dans
sa méthode : il est exprimé par l'autre nom qu'elle porte de
psychologie *expérimentale*. La psychologie qui l'a précédée
et qui subsiste d'ailleurs, car il s'agit non de détruire et de
remplacer, mais d'élargir et de compléter ce qui a été acquis
par les devanciers, la psychologie classique s'appuyait à peu
près uniquement sur l'observation. Se rendre attentif par une
sorte de reploiement de la conscience sur elle-même à tous

les événements, même les plus menus et les plus fugitifs, de la
vie intérieure, essayer de pénétrer dans l'âme des autres
hommes et de deviner ce qui s'y passe en les interrogeant, en
notant leurs discours, leurs actions, ou même les changements
de leur physionomie et de leur attitude, tels sont les deux
procédés d'observation, interne et externe, mais tous les deux
fondés sur la conscience, auxquels cette psychologie avait
recours. La nouvelle ne se contente plus d'observer : elle expérimente, et là où elle observe, elle soumet les observations
nécessairement subjectives de la conscience au contrôle
objectif des sens rendu plus précis et plus sûr par l'emploi
d'appareils d'enregistrement et de mesure. Aussi a-t-elle singulièrement étendu le cercle de ses investigations. Elle n'étudie
plus seulement les phénomènes de la vie normale ; elle recherche
pour les examiner et les analyser soigneusement tous les cas
anormaux, exceptionnels, pathologiques, dans lesquels le
mécanisme de l'activité psychique, mutilé ou détraqué, laisse
d'autant mieux démêler à l'observateur ses rouages et ses
ressorts : l'aveugle-né, le sourd-muet, le criminel-né, selon l'expression devenue courante de Lombroso, l'hystérique, le névro-
pathe, et les formes si variées de l'aliénation mentale. De sorte
que cette psychologie ne s'élabore plus comme l'autre dans le
for intérieur du philosophe tranquillement retiré dans son
cabinet et avec ses livres pour seuls appareils : elle se fait dans
les hôpitaux, dans des asiles, dans les prisons ; elle se fait
surtout dans les laboratoires institués tout exprès pour servir
de théâtres à ses recherches, avec des instruments spéciaux
dont le nombre s'accroît tous les jours. C'est en 1879 que le
grand psychologue allemand Wundt a créé à Leipsig le premier
laboratoire de psychologie physiologique, et depuis lors non
seulement en Allemagne, mais dans tous les pays d'Europe et
d'Amérique se sont créés de nombreux laboratoires du même
genre auxquels il a servi de modèle. Le pays où ces créations
se sont le plus multipliées est sans contredit notre grande sœur,
la République des Etats-Unis. Nous pouvons en juger par les
détails et les chiffres suivants que j'emprunte à un rapport

publié en 1895 sur les laboratoires de psychologie en Amérique[1].

« Le nouveau mouvement scientifique qui est né en Allemagne sous l'influence de Lotze, de Fechner et de Wundt, et qui aboutit à la fondation du premier laboratoire de physiologie, celui de Wundt, en 1879, fut bien accueilli en Amérique. La prospérité matérielle du pays avait permis d'augmenter les ressources et la sphère d'action de nos universités ; grâce à la tendance croissante des étudiants américains à visiter les laboratoires allemands, nous acquîmes de nouveaux modèles de précision et de profondeur dans les recherches sur la pensée et l'éducation ; déjà d'actives recherches étaient entreprises dans d'autres domaines scientifiques, de sorte que lorsque les nouvelles méthodes psychologiques furent introduites parmi nous, elle trouvèrent le terrain bien préparé pour les recevoir. Le premier laboratoire américain, aujourd'hui disparu, fut fondé à l'Université de Hopkins (Baltimore) en 1881 par Stanley-Hall, un élève de Wundt. Il exista seul pendant cinq ans ; à partir de 1888, s'ouvrit une période d'activité féconde ; en 1888, trois laboratoires de psychologie furent fondés ; en 1889, trois ; en 1890, quatre ; en 1891, deux ; en 1892, cinq ; en 1893, quatre ; en 1894, six ; et le mouvement continue et s'étend. » A cette date de 1894, le rapport décrit 27 laboratoires, tous abondamment pourvus de professeurs, d'étudiants et d'appareils.

Avouons que nous faisons bien modeste figure à côté des Américains avec nos deux laboratoires de psychologie, l'un à l'Ecole des Hautes Etudes de Paris dirigé par MM. Beaunis et Binet, l'autre à la Faculté des lettres de Rennes, dirigé par M. Bourdon, qui l'a fondé. Pourtant il serait injuste de ne pas considérer comme autant de laboratoires de psychologie qui ont fait ou qui font encore le plus grand honneur à notre pays, ces cliniques et ces cours de la Salpêtrière, de la Charité, de l'Asile Sainte-Anne, où des hommes tels que Charcot, Luys, Demontpallier, Magnan, entourés de nombreux et brillants

---

1. *L'Année psychologique*, t. I, p. 210.

élèves, ont travaillé si activement aux progrès de la physiologie et de la pathologie du système nerveux et du cerveau et par conséquent aussi aux progrès de la psychologie expérimentale, surtout cette Ecole de Nancy où, sous la direction du professeur Bernheim se poursuit encore aujourd'hui avec un si grand esprit de suite l'étude des curieux et troublants phénomènes de l'hypnotisme et de la suggestion.

.*.

Il reste, pour achever ce tableau, à parler des tendances de cette psychologie nouvelle et de l'esprit qui préside à ses travaux.

D'une manière générale les psycho-physiologistes se déclarent complètement indifférents et étrangers à la spéculation métaphysique; ils se désintéressent, ou du moins ils le prétendent, des éternels et insolubles problèmes sur lesquels se sont jusqu'ici exercés en vain les plus grands génies de l'humanité, les Platon, les Aristote, les Descartes, les Leibnitz, les Kant, les Hégel. Quelle est la nature de l'âme? Quelle est son origine? Quelle est sa destinée? Questions indéfiniment ajournées, que la science des rapports du physique et du moral ignore, et dont par conséquent elle ne cherche ni ne prépare en aucune façon la solution. La psycho-physiologie ne sera donc ni matérialiste, ni spiritualiste, pas plus que la physique ou la chimie; elle ne prendra pas parti entre les divers systèmes en présence : elle sera neutre. Un assez grand nombre de psycho-physiologistes observent en effet cette neutralité : ce sont tous ceux qui se cantonnent dans l'étude des phénomènes les plus grossiers, les plus rudimentaires de la vie psychologique, sensations, mouvements instinctifs, etc. Il est clair que pour mesurer des sensations de l'ouïe, du toucher, etc., il n'est nullement nécessaire de prendre parti sur la question du libre arbitre ou de l'existence de Dieu. Mais à mesure que l'on s'élève vers les régions supérieures de la vie intellectuelle et morale, à mesure qu'on essaie de soumettre à l'expérimentation et de ramener au mécanisme les formes plus délicates et plus nobles du sentiment, de la pensée et de la volonté, il devient évident que, bon gré mal gré, la nouvelle psychologie subit, elle aussi, quoique moins fortement peut-être ou en y résistant davantage, les divergentes influences métaphysiques sous lesquelles se déterminait déjà la double orientation de l'ancienne.

On a beau dire : la préoccupation des problèmes métaphysiques ne peut pas mourir dans l'humanité. Nous les concevons, nous les posons autrement que nos prédécesseurs; nous espérons, souvent sans nous l'avouer, les résoudre par d'autres méthodes, si même nous ne croyons pas en posséder déjà les solutions; mais ils subsistent toujours, et dès qu'ils nous paraissent impliqués dans quelque question particulière et secondaire, d'ordre scientifique, littéraire ou moral, l'intérêt que cette question pouvait nous inspirer redouble et se change presque en passion.

Ne soyons donc pas surpris de retrouver chez les philosophes et les savants qui traitent de la psychologie nouvelle, aussitôt qu'ils quittent le détail des expériences et des calculs, les deux grandes tendances opposées entre lesquelles s'est jusqu'ici partagé l'esprit humain, auxquelles on a donné des noms bien divers, que je demanderai la permission d'appeler dans le cas présent la tendance *positive* et la tendance *mystique*.

La première, je me hâte de le dire, est celle de la grande majorité des nouveaux psychologues. On pourrait dire en un sens qu'elle se confond avec l'esprit même de la science moderne, telle que Descartes l'a constituée, telle que l'ont faite trois siècles de travaux et de progrès[1].

Elle consiste en somme à supposer que l'inconnu doit pouvoir se ramener au connu, ou, ce qui revient au même, qu'il n'y

1. « C'est encore l'esprit cartésien qui préside à la création de certaines sciences particulièrement modernes, telles que la psychologie expérimentale et la sociologie positive, lesquelles cherchent à considérer les faits psychiques ou sociaux dans leurs éléments ou leurs équivalents mathématiquement mesurables. » Boutroux. *Études d'histoire de la philosophie,* p. 294. Paris, F. Alcan.

a rien de fondamentalement inconnu, rien dont on ne puisse dire
d'avance qu'il sera soumis à telles et telles conditions déterminées, celles-là même auxquels sont déjà soumis tous les
autres objets de notre connaissance. Par conséquent, le savant
positif oppose en quelque sorte *a priori* une fin de non-recevoir
ou tout au moins une suspicion de fausseté à toute hypothèse
de forces occultes, de facultés mystérieuses, de faits inexplicables, incompréhensibles, qui ne se laisseraient pas réduire
aux causes déjà découvertes, aux lois déjà vérifiées dans les
autres ordres de phénomènes.

Mais on peut aller plus loin encore. Un phénomène n'est
connu scientifiquement que lorsqu'il présente ces trois caractères inséparablement liés les uns aux autres.

En premier lieu, il est de telle nature que tout le monde peut
l'observer, l'examiner, s'assurer de sa réalité ; et par conséquent, c'est un phénomène objectif situé dans l'espace, qui
tombe sous les prises de l'un ou de l'autre de nos sens.

En second lieu, il est de telle nature que l'analyse peut le
ramener à des éléments de nombre, de figure, de masse
et de vitesse, et par conséquent c'est un phénomène qui se
prête à la mesure et au calcul.

En troisième lieu enfin, il est de telle nature qu'il suffit de
connaître et de réunir les conditions dont il dépend pour pouvoir le susciter et l'empêcher à volonté autant de fois qu'on
le désire, et par conséquent c'est un phénomène qui se laisse
expérimenter.

Tout phénomène qui n'est ni observable, ni mesurable, ni,
qu'on excuse ce barbarisme, *expérimentable*, est un phénomène
qui ne peut pas être connu scientifiquement : il échappe à la
science, il n'existe pas pour elle. Mais tous ces caractères en
définitive se ramènent à un seul : la matérialité. Les phénomènes qui sont susceptibles d'une connaissance scientifique,
ce sont les phénomènes matériels et ceux-là seulement. D'où
il suit que le savant positif, faisant toujours et nécessairement
abstraction des phénomènes immatériels, s'il existe de tels
phénomènes, finira, s'il n'y prend garde, par devenir incapable

de les voir; il deviendra, en quelque sorte, aveugle à leur égard, comme deviennent aveugles ces espèces animales, trop longtemps accoutumées à vivre dans les ténèbres, dont le nerf optique s'atrophie, et il niera l'immatériel de la meilleure foi du monde. N'est-ce pas à un physiologiste célèbre qu'on a attribué cette parole : J'ai beau chercher l'âme, je ne l'ai jamais trouvée ni sous l'objectif de mon microscope, ni au bout de mon scalpel? Ainsi ce qui n'était dans la science qu'une abstraction commandée par la méthode devient chez certains savants une négation qui sert de base à tout un système, et la tendance positive cherche et trouve sa satisfaction et son expression ultra-scientifiques dans une métaphysique matérialiste.

La tendance mystique consiste à croire, selon le mot de Hamlet à Horatio, qu'il y a dans le ciel et sur la terre plus de choses que notre philosophie n'en a rêvées. Non, pensent les mystiques, il n'est pas vrai que tout soit connu ou même puisse être connu scientifiquement. Il y a encore dans la nature des forces ignorées, irréductibles à celles que nous connaissons déjà; il y en a dans l'homme même, et qu'est-ce que l'âme sinon une de ces forces, laquelle sans doute tombe par ses effets, au moins en partie, sous les conditions de la matérialité, mais n'en est pas moins immatérielle? Car enfin qui est-ce qui a vu ou touché les sentiments ou les idées? Si nous exprimons par des chiffres, si nous mesurons les mouvements qui les accompagnent et les traduisent dans nos organes, est-ce que ces phénomènes n'échappent pas en eux-mêmes à toute mesure et à tout calcul? Dès lors nul ne peut se vanter de connaître l'âme à fond, et c'est par l'observation seule, par la seule expérience, mais libres de tout parti pris systématique, accueillant impartialement tous les faits, quels qu'ils soient, scientifiques ou non, que nous arriverons peut-être à entrevoir quelques unes des mystérieuses facultés enveloppées sous ses voiles.

Une telle disposition intellectuelle peut paraître entièrement opposée à l'esprit scientifique, et cependant je ne sais si elle ne sert pas aussi, à sa manière, et comme un utile contrepoids de la tendance positive, les intérêts supérieurs de la science. Ne disons pas trop de mal des mystiques. Ils luttent pour maintenir ouvertes les portes que les positifs s'obstinent à vouloir fermer; et qui sait si ce n'est pas derrière ces portes que se cachent les plus belles découvertes dont s'éblouiront les siècles futurs? Au temps où l'électricité n'était pas même soupçonnée, n'eût-on pas traité de rêveur le savant qui en eût prédit les merveilles? Peut-être notre physiologie, notre psychologie en sont-elles aujourd'hui au point où en était la physique avant qu'on se doutât du rôle immense joué par l'électricité dans la nature. Tolérons donc, à côté de la psycho-physiologie scientifique et positive, une psycho-physiologie occulte et mystique, certains d'avance que quelques opposées entre elles que soient leurs tendances, elles finiront nécessairement par se rencontrer tôt ou tard au même point qui ne peut être que la vérité.

Cette tolérance, plus d'un de nos savants contemporains commence à la pratiquer. L'étude de ces phénomènes étranges auxquels je faisais allusion tout à l'heure, longtemps niés par la science, abandonnés par elle aux charlatans et aux empiriques tant qu'on les désignait sous l'ancien nom de magnétisme animal, mais qu'elle a revendiqués et introduits dans son domaine sous les noms nouveaux d'hypnotisme et de suggestion, cette étude a conduit peu à peu les physiologistes et les psychologues à explorer, d'abord timidement, puis avec une hardiesse croissante, les régions voisines, encore bien obscures, bien énigmatiques, de la suggestion mentale et de la télépathie. Tout le monde connaît en France le nom du colonel de Rochas et a entendu parler de ses singulières expériences sur l'extériorisation de la sensibilité. Sait-on aussi généralement qu'il existe en Angleterre une société très nombreuse, très florissante, la *Société pour les recherches psychiques*, à laquelle appartiennent les plus grands savants anglais, physiciens, chimistes, physiologistes, psychologues, présidée par William Crookes et qui s'est donné pour mission de recueillir et de contrôler tous les cas de télépathie, pressentiments, double vue, etc. ? Sait-on qu'il existe en Amérique une Société toute pareille, et que nous avons en France une revue périodique, les *Annales des Sciences psychiques*, dirigée par le Dr Dariex sous le patronage du Dr Charles Richet, professeur de physiologie à l'École de Médecine de Paris, qui sert d'organe à cette branche spéciale de la psychologie que je proposerais volontiers de nommer la *psychologie à côté* ou *parapsychologie ?*

.·.

C'est le champ de cette psychologie tout à fait spéciale, de cette *psychologie inconnue* que nous allons essayer de délimiter dans le chapitre suivant.

CHAPITRE IV

ESSAI DE CLASSIFICATION DES PHÉNOMÈNES PARAPSYCHIQUES

Il existe sur les confins de la science un ensemble de phénomènes qui semblent échapper encore à toute explication scientifique, qui paraissent même en opposition avec tout ce que nous savons des lois ordinaires de la nature, dont la réalité a été pendant longtemps contestée ou même n'est pas encore généralement admise; et qui dès la plus haute antiquité ont excité chez les hommes une curiosité, une admiration, une terreur plus ou moins mêlées de superstition. La science cependant commence à explorer ce domaine du surnaturel : elle s'efforce d'y retrouver un enchaînement de causes et d'effets, un système de lois qui permette non seulement de comprendre et d'expliquer tous les phénomènes qui s'y produisent, mais encore de les susciter et de les modifier à volonté. — Mais peut-être avant de les étudier en détail est-il nécessaire de leur donner un nom qui les distingue suffisamment de tous les autres et d'en faire une classification qui en facilite le dénombrement et l'étude. Tel est l'objet du présent chapitre.

Il ne semble pas que l'usage ait encore fait prévaloir aucune appellation commune pour tout cet ensemble de faits où figurent côte à côte hypnotisme, magnétisme animal, spiritisme, télépathie, lévitation, etc., etc. — On les entend bien quelquefois nommer phénomènes *occultes* : mais cette désignation ne peut avoir un sens que pour ceux qui admettraient l'existence de *sciences occultes* à côté et en dehors des sciences positives, lesquelles, est-il besoin de le dire, sont à nos yeux les seules sciences possibles.

Parfois aussi on les désigne sous le nom de phénomènes *psychiques*, et on en fait les objets d'un groupe particulier de sciences, les sciences psychiques, comme en témoignent le nom de la Société anglaise pour les recherches psychiques (*Society for psychical research*) et le titre de la Revue française : *Annales des sciences psychiques*. — Bien que cette appellation se répande de plus en plus en Angleterre, elle ne nous paraît pas très satisfaisante, car le terme « psychique » est aussi employé d'autre part — et avec plus de raison, ce nous semble, — comme synonyme de « mental ». Un plaisir, une douleur, un souvenir, un raisonnement, un acte de volonté sont proprement des états psychiques, c'est-à-dire des états d'âme, et il n'y a rien dans le mot qui permette d'en restreindre l'application à des phénomènes extraordinaires ou anormaux.

C'est pourquoi nous proposons le terme *parapsychique*, dans lequel le préfixe *para* marque justement qu'il s'agit de phénomènes exceptionnels, aberrants, paradoxaux, en dehors des lois à nous connues de la pensée et de la vie.

On peut, il est vrai, objecter qu'une telle appellation est nécessairement provisoire; car le jour où nous connaîtrons *toutes* les lois de la pensée et de la vie, les phénomènes parapsychiques rentreront sous la règle commune : ils nous sembleront aussi naturels et pourront devenir aussi fréquents que les phénomènes les plus simples et les plus vulgaires. — Mais aussi, répondrons-nous, l'idée que nous nous faisons en ce moment de ce groupe de phénomènes est-elle essentiellement provisoire : nous y réunissons justement tous les faits où la vie et la pensée nous paraissent se manifester par des propriétés encore inexplicables; et il va de soi que le jour où nous en connaîtrons les lois et les causes véritables, ou bien ces faits iront se rejoindre avec d'autres dont nous les distinguons à tort aujourd'hui et dont ils partageront les noms, ou ils recevront une dénomination nouvelle et définitive tirée de leur véritable nature.

Il est donc impossible d'en donner autre chose qu'une définition nominale et toute relative à l'état actuel de notre science ou, pour mieux dire, de notre ignorance. A ce point de vue, on pourrait définir les phénomènes parapsychiques « tous les phénomènes qui, se produisant chez les êtres animés ou par un effet de leur action, ne semblent pas pouvoir s'expliquer entièrement par les lois et les forces de la nature déjà connues ».

Il résulte de cette définition même que toute classification des faits parapsychiques sera nécessairement artificielle. Sans doute elle pourra s'efforcer de les grouper d'après le peu que nous savons de leurs affinités naturelles ; mais elle ne prétendra pas résumer fidèlement tous leurs rapports. Elle n'aura pas d'autre but que de jalonner pour ainsi dire un immense champ de recherches où il serait sans cela presque impossible de s'orienter. — C'est à ce point de vue que nous nous sommes placé nous-même pour tenter la classification qui va suivre.

.·.

Nous diviserons tout d'abord les phénomènes parapsychiques en deux ordres principaux. Les phénomènes du premier ordre (et peut-être n'est-il pas nécessaire de les désigner autrement) comprennent tous ceux qui semblent pouvoir s'expliquer par les seules forces déjà connues, en supposant seulement que ces forces, dans certaines conditions, opèrent selon des lois que nous ne connaissons pas encore, lois plus ou moins profondément différentes de celles que nous connaissons déjà : tels sont par exemple les phénomènes d'hypnotisme et de suggestion. — Les phénomènes du second ordre, au contraire, semblent impliquer l'intervention de forces encore inconnues, d'agents distincts de tous ceux que les sciences ont déjà découverts et étudiés : tels sont par exemple les phénomènes du magnétisme animal, du spiritisme, de la télépathie, etc.

Tous les savants contemporains admettent les phénomènes

du premier ordre[1]. Presque tous rejettent les phénomènes du second ordre ou les ramènent, dans ce qu'ils ont de réel, aux phénomènes du premier. Il serait donc permis, à l'heure présente, d'appeler les premiers *scientifiques* et les seconds *extra-scientifiques*. Les premiers même, aux yeux de certains savants, auraient déjà cessé de paraître exceptionnels et anormaux, et c'est à peine si nous aurions encore le droit de les qualifier de parapsychiques.

Quoi qu'il en soit, nous distinguerons dans le premier ordre deux groupes plus ou moins distincts pour lesquels il faut bien nous résigner à forger des noms et que nous appellerons l'un *psychopathique* (des deux mots grecs, *psyché*, âme, *pathos*, modification), l'autre *cryptopsychique* (de *cryptos*, caché, *psyché*, âme).

I

La *psychopathie* comprend tous les phénomènes qui ont essentiellement pour point de départ une certaine modification soit de l'état mental, soit de l'état nerveux des sujets chez lesquels ils se produisent, et qui consistent soit dans l'exaltation, soit dans l'inhibition anormales des facultés psychologiques ou des fonctions vitales. — Sous cette définition rentrent, si nous ne nous trompons, tous les phénomènes de suggestion et d'hypnotisme.

Il ressort de notre définition même que les phénomènes psychopathiques peuvent se produire de deux façons différentes.

Tantôt ils ont pour cause unique et suffisante une certaine modification de l'état *mental* du sujet, le plus souvent déterminée par la parole de l'opérateur; et ce sont alors les phénomènes de *suggestion,* si merveilleusement étudiés

---

1. Encore pourrait-on rencontrer, croyons-nous, plus d'un docteur en médecine qui doute de la réalité de l'hypnotisme ou de la suggestion, peut-être même qui la nie; beaucoup en tout cas qui la réduisent à peu de chose.

par l'école de Nancy qui ne veut pas en admettre d'autres ; on connaît le mot du professeur Bernheim : il n'y a pas d'hypnotisme, il n'y a que de la suggestion. Par exemple, *sans regarder une personne, sans la toucher*, je lui dis : « Avant cinq minutes, vos jambes ne pourront plus vous porter, vous tomberez à genoux, » et elle tombe. « Ce fauteuil vous attire, vous serez forcée d'aller vous y asseoir, » et elle y va. « Vous avez oublié votre nom, votre profession, votre adresse, » et elle ne s'en souvient plus. « Vous avez très chaud, très froid ; vous avez envie de vomir, de rire, de pleurer, etc., » et elle éprouve toutes ces sensations. « Vous allez dormir, dormez, » et elle s'endort, etc., etc. — La suggestion peut n'être pas verbale : elle peut résulter de gestes, de signes de la physionomie, etc. — elle peut même surgir spontanément dans l'esprit du sujet, être une auto-suggestion : dans tous les cas, c'est une cause *mentale*, une idée insinuée dans l'esprit ou imposée à l'esprit qui paraît être le point de départ de tous les phénomènes subséquents.

Les faits de *psychopathie suggestive* étant, au moins en apparence, les plus simples de tous, sont évidemment ceux que l'on doit étudier en premier lieu, et comme ils se retrouvent toujours plus ou moins dans tous ceux qui suivent, on doit aussi se demander s'ils ne suffisent pas en effet, comme le prétend l'école de Nancy, à les constituer et à les expliquer entièrement.

Dans d'autres cas, il semble que la cause des phénomènes soit plutôt physiologique et consiste dans une certaine modification des centres nerveux, produite soit par la fixation prolongée d'un objet brillant, soit par la pression d'un point déterminé du corps, soit par toute autre manœuvre de nature *physique ;* et ce sont alors des *phénomènes d'hypnotisme* que l'école de la Salpêtrière, reprenant la tradition de Braid, a principalement étudiés et qu'elle considère comme inséparables de cette diathèse morbide du système nerveux qu'on appelle l'*hystérie.* D'après cette école, ils revêtiraient trois formes principales nettement caractérisées : la léthargie, la catalepsie, le somnambulisme, et, loin d'être les effets de la suggestion, ils en seraient plutôt les causes, en ce sens que tout sujet hypnotisé est par cela même suggestible mais présente d'ailleurs toutes sortes de phénomènes complètement indépendants de sa suggestibilité (par exemple le phénomène de l'hyperexcitabilité neuro-musculaire dans la léthargie, celui du transfert des contractures par l'action de l'aimant dans la catalepsie ou le somnambulisme, etc.).

Dans l'état actuel de la science, il est très difficile de décider le débat entre les partisans de la psychopathie suggestive et ceux de la psychopathie hypnotique (qui serait peut-être mieux appelée hystéro-hypnotique).

II

La *cryptopsychie* comprend tous les phénomènes où semble se manifester une action intelligente, une action psychique, sans que cependant le sujet en qui elle se manifeste ait à aucun degré conscience d'exercer une telle action. Plus ou moins étroitement unie à la psychopathie, elle en est cependant distincte et peut se produire sans elle. Le prophétisme des camisards est un exemple historique de cryptopsychie spontanée. Mais le meilleur type de cette classe de phénomènes est *l'écriture automatique*. Une personne tient une plume dans sa main droite et, sans qu'elle en ait conscience, sa main écrit toute une suite de phrases qui ont un sens et souvent même répondent d'une façon très exacte à des questions posées. M. Pierre Janet, dans son livre de *l'Automatisme mental*, a commencé l'étude de la cryptopsychie qu'il appelle le plus souvent « dédoublement de la personnalité » ; on peut souhaiter qu'il en relie toutes les formes diverses dans l'unité d'une théorie générale. Est-il besoin de dire que le *spiritisme* rentre, au moins en partie, dans la définition de la cryptopsychie, et qu'il en est même une des formes les plus importantes et les plus dignes d'être étudiées ?

Les phénomènes du second ordre qui attendent encore à la porte de la science le moment d'entrer et qui, nous nous en souvenons, paraissent impliquer des forces encore ignorées, peuvent se ranger en trois groupes que nous apppellerons *psychodynamiques* (*psyché*, âme, *dynamis*, puissance,) *télépsychiques* (*télé*, au loin, *psyché*, âme), *hyloscopiques* (*hylé*, matière, *scopein*, examiner, percevoir).

III

La *psychodynamie* comprend tous les phénomènes où un être animé paraît agir soit sur d'autres êtres animés, soit même sur la matière brute, par l'intermédiaire d'une force *sui generis*, distincte de toutes les forces connues, bien qu'analogue aux forces rayonnantes ou circulantes, telles que la chaleur, la lumière, l'électricité et le magnétisme. Quand cette action s'exerce à de grandes distances, sans intermédiaires visibles, les phénomènes produits sont *télépsychiques*. Il n'y a donc qu'une différence de degré, comme on le verra plus loin, entre les deux premiers groupes des phénomènes du second ordre.

Les phénomènes psychodynamiques sont très divers, et il serait évidemment nécessaire de les subdiviser.

Mettons tout d'abord à part — sans nous porter le moins du monde garant de leur réalité — tous ceux où l'action exercée est supposée venir, non de quelque être animé soumis à notre observation (homme ou animal), mais d'un esprit appartenant à l'autre monde et qui composent ce qu'on pourrait appeler la psychodynamie spirite, comme nous aurions pu tout à l'heure mettre à part une cryptopsychie spirite. Mais avant d'admettre ces deux classes de faits, il faut évidemment voir si elles ne peuvent pas s'expliquer par une hypothèse plus simple, à savoir par l'action inconsciente des sujets ou médiums qui contribuent à les produire.

Qu'on les admette ou non, il convient en tous cas de dislinguer dans la psychodynamie exercée par des êtres animés deux formes pricipales, selon que la force émanée de l'âme agit sur un organisme vivant (*psychodynamie vitale*) ou sur la matière brute (*psychodynamie matérielle*). — Presque tous les phénomènes compris sous la rubrique du *magnétisme animal* (en tant que distincts des phénomènes de l'hypnotisme et de la suggestion) rentrent dans cette double catégorie. — Passons-les rapidement en revue.

PSYCHODYNAMIE VITALE. — A. *Effets produits sur l'homme.* — L'effet le simple est celui qui paraît avoir été découvert par M. Moutin et que nous avons nous-même expérimenté bien des fois. On applique légèrement les deux mains étendues sur les omoplates d'une personne sans exercer aucune pression et on les retire lentement : la personne est attirée, souvent avec une telle force qu'elle en perd l'équilibre. Il n'est même pas toujours nécessaire d'appliquer les mains. Certains sujets, dès la première fois, sentent l'attraction, les mains étant tenues à quatre ou cinq centimètres de distance. Bien entendu, on doit s'abstenir d'annoncer au sujet le résultat qu'on attend de cette manœuvre. L'expérience réussit aussi. très souvent en appliquant les mains sur l'épigastre. De même, la simple application des mains sur les épaules, accompagnée de la volonté de faire tomber le sujet, amène assez rapidement la chute (surtout si le sujet s'est déjà montré sensible à l'attraction). Le même effet peut s'obtenir en appliquant une main au bas de la colonne vertébrale et en présentant l'autre main, les doigts, en pointe, à la hauteur du genou.

Avec les sujets tout à fait sensibles, il suffit de présenter la main ouverte, derrière leur coude, par exemple, pour déterminer des mouvements du bras et une véritable attraction, — et cela sans qu'ils aient paru s'apercevoir de votre manœuvre autrement que par le résultat produit. — De même le contact ou l'approche des mains de l'opérateur détermine chez eux des phénomènes d'engourdissement, de contracture, d'adhérence, qui semblent des effets de cette même force inconnue.

C'est encore à cette force que les magnétiseurs attribuent les effets des *passes* pour éveiller ou pour endormir les sujets, et la plupart d'entre eux admettent que, comme l'électricité et le magnétisme, elle est *polarisée*, c'est-à-dire à la fois positive et négative. (On sait que le Dr Luys a pris récemment sous son patronage cette théorie déjà ancienne de la polarité dynamique du corps humain.)

Il va sans dire que la plupart de ces phénomènes, ou sont contestés par les savants des écoles de Nancy et de la Salpêtrière, ou sont considérés par eux comme de simples effets de la suggestion et de l'hypnotisme. Nous pourrions faire d'ailleurs la même remarque à propos de tous les phénomènes dont il nous reste à parler.

La psychodynamie vitale ne produit pas seulement des effets externes : elle peut aussi agir à l'intérieur de l'organisme, et la série des effets qu'elle produit alors compose le *magnétisme curatif*, sur lequel M. A. Bué vient de publier un très curieux travail[1]. Ainsi, en imposant les mains sur un organe malade ou en faisant sur lui des passes, même à distance, on y rétablirait la vitalité, on donnerait en quelque sorte aux forces vitales la tension ou l'équilibre nécessaires pour résister aux causes de maladie et de mort. — L'inspirateur de l'école de Nancy, M. Liébault, a fait lui-même des expériences de cette sorte sur de tout jeunes enfants et il en a conclu qu'un être vivant pouvait, par sa seule présence, exercer une action salutaire sur un autre être vivant indépendamment de toute suggestion.

Il faut bien avouer d'ailleurs que la psychopathie suggestive semble elle-même impliquer une sorte de psychodynamie interne. Comment en effet l'idée de la guérison pourrait-elle guérir, si le cerveau, sous l'influence de cette idée, n'envoyait constamment dans les organes malades des courants qui en restaurent ou en régularisent les fonctions ?

B. *Effets produits sur les animaux.* — Ils ont été moins

1. A. Bué *Le magnétisme curatif.* Paris, Chamuel, 1893.

souvent encore expérimentés que les effets produits sur les hommes : ils sont d'ailleurs de même nature, mais ils seraient peut-être plus probants, la part de la suggestion étant beaucoup moindre, souvent même tout à fait nulle.

C. Effets produits sur les plantes. — Ils ont été moins souvent expérimentés que les effets produits sur les animaux. Toutefois on en trouvera des exemples fort curieux dans le livre de M. Bué que nous citions tout à l'heure. Ils consistent principalement dans un accroissement de vitalité produit par l'action des passes. Ainsi des plantes étiolées auraient repris leur vigueur, des fruits auraient mûri un mois plus tôt et grossi de près d'un tiers de plus que d'autres portés sur le même tronc, mais non soumis à cette influence.

PSYCHODYNAMIE MATÉRIELLE. — Dans la psychodynamie matérielle, il convient de distinguer deux cas.

A. Psychodynamie indirecte. — L'action exercée par l'opérateur sur un objet matériel ne se manifeste pas directement par un changement observable dans l'état ou les propriétés de cet objet, elle ne se révèle que dans les effets qu'il produit sur des êtres animés, principalement sur des êtres humains et en particulier sur des *sensitifs* ou des *sujets*. — On sait les vertus curatives que les magnétiseurs attribuent à l'eau magnétisée.

D'autre part, nous avons vu nous-même un sujet ne pouvoir toucher, sans éprouver des sensations de brûlure ou d'engourdissement, des objets magnétisés à son insu et hors de sa présence.

B. Psychodynamie directe. — Ici les effets produits sur la matière sont directement visibles pour tous les observateurs; ils consistent en mouvements, en modifications imprimés à la subsistance même des corps. — Une partie des phénomènes médianimiques (c'est-à-dire produits par les médiums) rentre dans cette catégorie. On peut se demander si les mouvements des tables tournantes n'ont pas pour seule cause les impulsions inconscientes des assistants ; mais lorsqu'une table est soulevée sans contact, comme M. de Gasparin prétend l'avoir vérifié dans ses expériences de Valleyres, il faut bien avouer que les forces mécaniques ne suffisent plus à rendre compte d'un pareil phénomène, et admettre une action psychodynamique. — Il en est de même de toutes les expériences faites par William Crookes avec Home, si toutefois le savant anglais a pris toutes les précautions requises pour constater scientifiquement les faits dont il a donné le rapport.

Aux phénomènes de *lévitation* doivent se joindre les phénomènes plus extraordinaires encore, de *matérialisation*, où par une sorte de condensation de la force parapsychique peuvent être créés des objets visibles et tangibles, de tout point semblables à des corps et même à des corps vivants, — comme William Crookes le raconte dans l'incroyable histoire de Katie King.

IV

Les phénomènes *télépsychiques* forment un groupe assez difficile à délimiter et à diviser, car ils touchent d'une part aux phénomènes précédents et de l'autre à ceux que nous définirons tout à l'heure. Ils impliquent tous une action exercée ou subie à de grandes distances ou du moins à travers des obstacles interposés.

Nous en avons donné ailleurs (*Revue encyclopédique* du 15 avail 1893) une énumération que nous reproduisons ici :

1° Faits de *télépathie*, si curieusement étudiés de nos jours en Angleterre, dans le livre des *Fantômes des Vivants* ou des *Hallucinations télépathiques* et en France dans les *Annales des Sciences psychiques*. Ils consistent en ceci, qu'une personne voit tout à coup apparaître l'image d'un parent ou d'un ami absent, le plus souvent au moment même où celui-ci est en danger de mort.

2° Faits de *double vue*, de *clairvoyance* ou *de lucidité* absolument niés par la science officielle (on en a eu une preuve dans le récent défi de M. Pouchet) et que cependant la plupart des anciens magnétiseurs ont cru vérifier bien des fois : une personne, le plus souvent en état de somnambulisme, voit ce qui se passe là où la vue n'atteint pas (intérieur de l'organisme, pays plus ou moins éloignés).

3° *Transmission des sensations* ou même de *s*états corporels qui les accompagnent. En voici un exemple emprunté à M. Pierre Janet : « Mme B... semble éprouver la plupart des sensations ressenties par la personne qui l'a endormie. Elle croyait boire elle-même quand cette personne buvait. Elle reconnaissait toujours exactement la substance que je mettais dans ma bouche et distinguait parfaitement si je goûtais du sel, du sucre. » Dans cette catégorie, pour laquelle nous proposerions volontiers le nom de *télesthésie* (des mots *télé*, au loin, *æsthesis*, sensation), rentrent les faits encore controversés que M. de Rochas a désignés sous le nom d'*extériorisation de la sensibilité*.

4° *Transmission des idées*. — C'est proprement le phénomène de la *suggestion mentale*. Le sujet devine et comprend la pensée non exprimée : il répond par exemple à des questions qu'on lui pose mentalement. Tel était, au dire du marquis de Puy-Ségur, qui découvrit le somnambulisme provoqué, le fameux Victor Vielet : « Je n'ai pas besoin de parler, je pense devant lui, et il m'entend, me répond. »

5° *Transmission de la volonté*. — Le sujet obéit à la volonté non exprimée de l'opérateur, soit qu'il la comprenne, et alors il y a en même temps transmission des idées, soit qu'il ne s'en rende pas compte, et ceci paraît être le cas de Pickman, si on admet la sincérité des expériences faites avec ce médium. On rangerait aussi sous ce chef le sommeil produit à distance, comme dans les fameuses expériences du Havre où MM. Gibert et Janet ont endormi seize fois leur sujet à des distances qui variaient de 6 ou 7 mètres à 2 kilomètres.

V

Le dernier groupe de notre classification, l'*hyloscopie*, comprend tous les phénomènes où la matière paraît exercer sur des êtres animés, principalement sur des êtres humains, une action qui ne semble pas complètement explicable par ses propriétés physiques ou chimiques déjà connues, et qui semble par conséquent révéler en elle une force irréductible à toutes celles que la science a étudiées jusqu'ici. Comme on le voit, les phénomènes hyloscopiques sont en quelque sorte inverses et complémentaires des phénomènes de psychodynamie matérielle. En voici les types principaux :

1° *Influence du mouvement.* — Il suffit de tourner de gauche à droite autour d'un sujet, *sans le prévenir du résultat attendu*, pour qu'au bout d'un certain nombre de tours il perde la sensibilité tactile et la mémoire. En continuant à tourner, on le met successivement en catalepsie, en somnambulisme, etc., et il repasse en sens inverse par les mêmes états jusqu'à l'état normal si on tourne de droite à gauche. Le même effet peut être obtenu soit par la rotation du sujet sur lui-même ou autour d'un point fixe, soit par la rotation d'un objet matériel autour du sujet.

2° *Influence des courants atmosphériques.* — Certaines personnes très nerveuses pressentent, souvent longtemps à l'avance, les changements de temps : elles sont pour ainsi dire des baromètres vivants d'une extrême sensibilité.

3° *Influence des courants souterrains.* — Tout le monde a entendu parler des chercheurs de sources et de leur fameuse baguette. Si ces faits ne sont pas controuvés, ils se rangent naturellement sous la rubrique de l'hyloscopie.

4° *Influence du magnétisme terrestre.* — Elle est encore très obscure. Certains sujets paraissent la ressentir. Elle contribue peut-être à former ce sens de la direction, cet instinct de l'orientation, que beaucoup de naturalistes attribuent à différentes espèces d'animaux.

5° *Influence de l'aimant.* — Les partisans de la suggestion la nient : elle est admise non seulement par les anciens magnétiseurs, mais encore par toute l'école de l'hypnotisme (Charcot et Luys). L'aimant, mis en rapport avec le sujet à son insu, déterminerait chez lui non seulement des sensations de fraîcheur, d'engourdissement, etc., mais des phénomènes objectifs tels que la contracture, le sommeil, le transfert des mouvements et des attitudes, etc. Cette influence peut même recevoir des applications thérapeutiques. — On découvrirait sans doute des effets analogues produits par l'électricité, la chaleur, la lumière, le son, les cristaux, etc., etc.

6° *Influence des métaux.* — Elle a été étudiée par le docteur Burq sous les noms de *métalloscopie* et de *métallothérapie.* On trouvera un très intéressant compte rendu de ses observations et de ses expériences dans deux conférences faites par le Dr Dumontpallier, en 1879, à l'hôpital de la Pitié.

7° *Influence de substances diverses.* — Nous rangeons sous cette rubrique : 1° l'action attribuée par la médecine homéopathique à ses globules infinitésimaux, action dont la puissance est pour ainsi dire en raison inverse de leur masse et qui, si elle est réelle, implique évidemment une force différente de toutes les forces connues ; 2° l'action des médicaments à distance étudiée par MM. Bourru et Burot dont les expériences furent si discutées ; 3° faut-il rapprocher de tous ces faits l'action attribuée par M. Brown-Séquard à ses extraits organiques?

Telle est la classification des faits parapsychiques qui nous parait pouvoir servir de cadre à leur étude. — Nous ne prétendons pas en avoir épuisé la liste ; nous ne prétendons pas davantage garantir l'absolue réalité de tous ceux que nous avons donnés comme exemples. L'avenir en fera sans doute découvrir

d'autres ; il montrera sans doute aussi que plusieurs d'entre
eux ont fait illusion aux premiers observateurs ; nous n'en
aurions pas moins rempli notre tâche si tous les faits connus
ou à connaître dans cet ordre de recherches trouvaient naturellement leur place dans la classification que nous proposons
ici.

Remarquons d'ailleurs qu'en classant les phénomènes parapsychiques nous avons classé du même coup les sciences qui
les étudient, de sorte que l'ensemble des *sciences parapsychiques* pourrait se décomposer ainsi : 1° *psychopathie ;
2° cryptopsychie* (sciences du premier degré) ; 3° *psychodynamie ; 4° télépsychie ; 5° hyloscopie* (sciences du second
degré), le même nom pouvant servir à la fois et pour chacun
de ces groupes de phénomènes et pour la science dont il constitue l'objet.

VI

L'essai de classification qui précède a été exposé par nous
pour la première fois en 1893, dans les *Annales des Sciences
Psychiques*, du Dr Dariex, et nous avons tenu à le reproduire ici sous sa forme primitive.

Cependant nos idées ont évolué depuis cette époque et nous
apporterions volontiers à cette classification certains changements qui, sans en modifier les lignes essentielles, contri-
bueraient, croyons-nous, à la rendre plus large et plus complète.

On remarquera en effet qu'il ne s'y trouve pas de place distincte pour tout cet ensemble de faits que le vulgaire réunit sous
l'équivoque appellation de *spiritisme* et qui pour beaucoup
de nos contemporains est le groupe le plus important, sinon
même le seul intéressant, des phénomènes psychiques.

Cette omission s'explique par les raisons que voici.

Si l'on fait abstraction de toute hypothèse sur l'origine des
faits spirituels ou médianiques (et en employant ces deux
noms nous faisons nous-même abstraction de toute hypothèse

de ce genre), il semble tout d'abord que ces faits pris en eux-mêmes puissent rentrer dans l'une ou l'autre des différentes classes, psychopathie, cryptopsychie, psychodynamie, etc. que nous avons précédemment énumérées.

Par exemple, l'état de transe d'un médium n'est-il pas un simple phénomène de psychopathie spontanée, un cas d'auto-hypnotisation ou d'auto-suggestion, tout à fait de même nature que les faits d'hypnotisme et de suggestibilité expérimentalement étudiés par les écoles de la Salpêtrière et de Nancy?

De même, les messages obtenus par le médium soit au moyen de la table, soit par l'écriture automatique, soit par tout autre procédé, ne sont-ils pas des phénomènes de cryptopsychie spontanée, absolument comparables aux faits de dédoublement de la personnalité artificiellement provoqués par le professeur Pierre Janet et si magistralement décrits par lui dans ses remarquables ouvrages : *Automatisme psychologique* et *Névroses et Idées fixes*, etc.[1]?

Pareillement encore, les mouvements de lévitation, de translation, etc., produits par un médium sur des objets matériels, les apparitions de lumières et de formes, les matérialisations, etc. qu'on observe ou qu'on croit observer dans certaines séances de spiritisme, sont-ils autre chose que des phénomènes de psychodynamie spontanée, que la science parviendra sans doute à reproduire expérimentalement, s'ils sont réels, le jour où elle aura réussi à en déterminer les conditions nécessaires et suffisantes?

Enfin, peut-on voir autre chose que des phénomènes de télépsychie spontanée, ne différant de tous les phénomènes du même genre que par les circonstances spéciales où ils se produisent, dans les faits de lecture de pensée et de clairvoyance, qu'on trouve assez fréquemment rapportés dans les récits des séances spirites?

En se plaçant à ce point de vue analytique, les phénomènes du spiritisme ou médianisme ne constitueraient donc pas un.

1. Paris, Félix Alcan éditeur Voir plus loin. *La Cryptopsychie.*

ordre distinct de phénomènes parapsychiques, mais simplement un complexus très variable et souvent très enchevêtré
de phénomènes parapsychiques appartenant aux ordres déjà
indiqués : psychopathie, cryptopsychie, psychodynamie, etc.

C'est parce que nous nous placions exclusivement à ce point
de vue que notre premier essai de classification ne réservait
à ces phénomènes aucune place spéciale.

Mais cette façon d'envisager les choses a le grave inconvénient de rompre l'unité naturelle de cet ensemble de phénomènes et de méconnaître la réelle solidarité qui les unit entre
eux, car elle conduit à les disperser et pour ainsi dire à les
noyer au milieu de phénomènes très divers, sans égard pour
la communauté de caractères qui leur assure une physionomie
si originale et si « à part » dans le système total des phénomènes parapsychiques.

Tous en effet présentent ces deux caractères qu'on ne
remarque point dans les autres : 1° d'être *essentiellement
spontanés* ; 2° d'impliquer, au moins hypothétiquement, fic-
tivement, l'intervention de *personnalités* qui se présentent
comme distinctes de toutes les personnalités visibles assistant
à ces phénomènes eux-mêmes.

En premier lieu, ces faits, à la différence des faits d'hypnotisme, de suggestion, de magnétisme animal, etc., ne peuvent pas être obtenus à volonté par des expérimentations
proprement dites. C'est tout à fait improprement qu'on donne
le nom d'*expériences* aux essais d'observation qu'on en peut
faire. « Un des caractères les plus curieux des phénomènes
psychiques, dit Maxwell[1], est leur indépendance apparente.
Les expériences nous conduisent : elles ne se laissent pas
aisément conduire. On croirait souvent qu'elles obéissent à
une volonté autre que celle des assistants. « Et le même
auteur met en garde[2] contre l'erreur, qui consiste à supposer « que les phénomènes psychiques s'observent à
volonté ». — « Toutes les fois, dit-il, qu'un sujet payé

1. *Les phénomènes psychiques.* Paris. F. Alcan. 1903, p. 37.
2. *Ibid.*, p. 267.

donnera des séances régulières, il y aura cent chances contre une d'être en présence d'une escroquerie véritable. S'il est un caractère certain, pour moi, de tous ces faits paranormaux, ce caractère est leur irrégularité apparente. J'ai pu expérimenter avec des médiums instruits et soucieux de la recherche exacte : j'ai fait avec eux de nombreuses expériences et j'ai observé que souvent des semaines entières s'écoulaient sans une bonne séance : à d'autres moments la force était si abondante que les phénomènes se produisaient sans séance véritable. »

En second lieu — et ce second caractère est étroitement lié au premier — ces faits suggèrent de prime abord à tous ceux qui les observent, soit implicitement, soit même explicitement, l'hypothèse de personnalités invisibles, distinctes de celles du médium et des assistants, qui interviendraient dans leur production. En d'autres termes, ils *paraissent* avoir eux-mêmes une personnalité ; bien mieux, ils se donnent, ils *s'affirment* eux-mêmes comme ayant effectivement une personnalité propre. Que cette apparence soit illusoire ou conforme à la réalité, que cette affirmation soit vraie ou fausse, c'est là un point sur lequel les avis peuvent être et sont partagés ; mais que cette apparence et cette affirmation existent et qu'elles soient caractéristiques de cet ordre de faits, tous les observateurs s'accorderont à le reconnaître. Selon Maxwell[1], « un des faits les plus curieux que révèlent les expériences dites psychiques », c'est que « la force qui se manifeste paraît intelligente dans une certaine mesure... En général les manifestations sont attribuées à un mort, connu ou inconnu ». — « J'appelle *personnification*, dit-il encore[2], l'être quelconque qui assure se manifester. On ne peut faire que des hypothèses sur son essence : le scepticisme que l'ensemble de nos observations m'a inspiré vis-à-vis d'elle peut n'être pas fondé : aussi vaut-il mieux lui témoigner la courtoisie que l'on marque à un co-expérimentateur. Cette pru-

1. *Les phénomènes psychiques*, p. 47.
2. *Ibid.*, p. 60 et 62.

Boirac. — Psychologie inconnue.   7

dente attitude est la plus profitable. Dans la pratique, j'ai pour la personnification les mêmes égards que pour le médium... Je l'interpelle par le nom qu'elle s'est donné et je me trouve bien de lui indiquer avec précision ce que je cherche. Son concours, quelque réalité qu'il ait au fond, m'a paru indispensable [1]. »

Tels étant les caractères sous lesquels se présentent à nous les phénomènes médianiques ou spiritiques, il nous paraît nécessaire de leur accorder une place à part dans une classification générale des phénomènes parapsychiques.

Cette classification doit donc comporter, outre les deux ordres que nous avions déjà admis, un troisième ordre spécialement réservé aux phénomènes médianiques ; et elle s'établira par conséquent ainsi :

1er *Ordre*. — Phénomènes *semblant* pouvoir s'expliquer par les seules forces déjà connues, en supposant que ces forces, dans certaines conditions, opèrent selon des *lois* que nous ne connaissons pas encore, lois plus ou moins profondément différentes de celles que nous connaissons déjà.

2e *Ordre*. — Phénomènes *semblant* impliquer l'interven-

---

1. *Ibid.*, p. 230. « Une observation attentive des faits montre que dans les phénomènes psychiques on constate l'émergence de personnifications qui peuvent être des personnalités secondes, mais qui, dans les cas véritablement nets, présentent des caractères particuliers et semblent avoir des informations inaccessibles à la personnalité normale. Elles peuvent coexister avec celle-ci sans qu'aucun trouble se manifeste dans les sphères sensitive ou motrice : dans d'autre cas, elles empiètent sur la personnalité normale qui peut soit ne perdre que l'usage et la sensation d'un membre, soit être dépossédée de plusieurs. Enfin la *personnification peut envahir* tout l'organisme et aboutir à l'*incarnation* qui est un phénomène d'apparente possession. Quand elle atteint le développement maximum, la personnification manifeste une autonomie remarquable et paraît beaucoup moins suggestible que dans les stades intermédiaires de son évolution. — Que sont exactement ces personnifications? Je n'en sais rien. Le problème qu'elles soulèvent dans certains cas est extrêmement difficile à résoudre. Elle ne me paraissent pas être ce qu'elles se prétendent être. Est-ce une conscience collective? Est-ce une illusion? Est-ce un esprit? Tout est possible, rien n'est certain pour moi, sauf cependant une chose, c'est qu'il ne faut pas s'y fier. »

tion de *forces* encore inconnues, d'agents distincts de tous
ceux que les sciences ont déjà découverts et étudiés, mais qui
cependant, devons-nous ajouter, appartiennent normalement
à notre monde, sont compris dans cet ensemble permanent
de forces et d'agents que nous appelons la nature, sont en un
mot intra-naturels.

3° Ordre. — Phénomènes *semblant* impliquer l'intervention de forces, non surnaturelles sans doute, mais extra-natu-
relles, qui n'appartiendraient pas normalement à notre monde,
mais feraient en quelque sorte brusquement irruption dans
la nature hors de quelque plan de l'existence habituellement
étranger à celui où nous nous mouvons nous-mêmes.

Il conviendrait peut-être, pour fixer les idées, de désigner
ces trois ordres par des dénominations différentes.

Tous les phénomènes du premier affectent une certaine ressemblance avec les phénomènes observés dans le sommeil ;
souvent même ils s'accompagnent du sommeil ou d'un état
analogue au sommeil : nous proposons donc de les appeler
phénomènes *hypnoïdes*.

La force ou les forces hypothétiques qui semblent se
manifester dans tous les phénomènes du second ordre présentant des analogies singulières, que tous les observateurs ont
remarquées, avec le magnétisme et l'électricité : ces phénomènes pourraient donc s'appeler *magnétoïdes* ou *électroïdes*.

Enfin les phénomènes du troisième ordre semblent impliquer, nous l'avons vu, une force intelligente, un esprit : on
pourrait donc leur donner le nom de phénomènes *spiritoïdes*.

Cette classification, même ainsi précisée et complétée, n'en
reste pas moins essentiellement provisoire, car, ainsi qu'on
l'a pu remarquer, elle est fondée d'un bout à l'autre sur les
apparences que présentent à notre observation les phénomènes parapsychiques. Il ne faut donc pas y voir un résumé
de la connaissance scientifique de ces phénomènes ; car c'est
précisément cette connaissance qu'il s'agit d'instituer ; mais

simplement un cadre dont nous croyons avoir besoin pour nous en faciliter l'étude.

Ainsi il est fort possible qu'une connaissance plus approfondie des phénomènes spiritoïdes nous amène un jour à conclure qu'ils se réduisent entièrement à des phénomènes hypnoïdes et magnétoïdes ; et c'est même dans cette direction que nous devons pousser nos recherches ; mais nous n'avons pas le droit de poser d'emblée cette hypothèse comme évidente *a priori* ; car le contraire est également possible. On pourrait en dire autant des phénomènes magnétoïdes par rapport aux phénomènes hypnoïdes et en dernière analyse de l'ensemble des phénomènes parapsychiques par rapport aux phénomènes psychiques ou, comme on dit plus volontiers, psychologiques normaux.

DEUXIÈME PARTIE

LES PHÉNOMÈNES HYPNOIDES

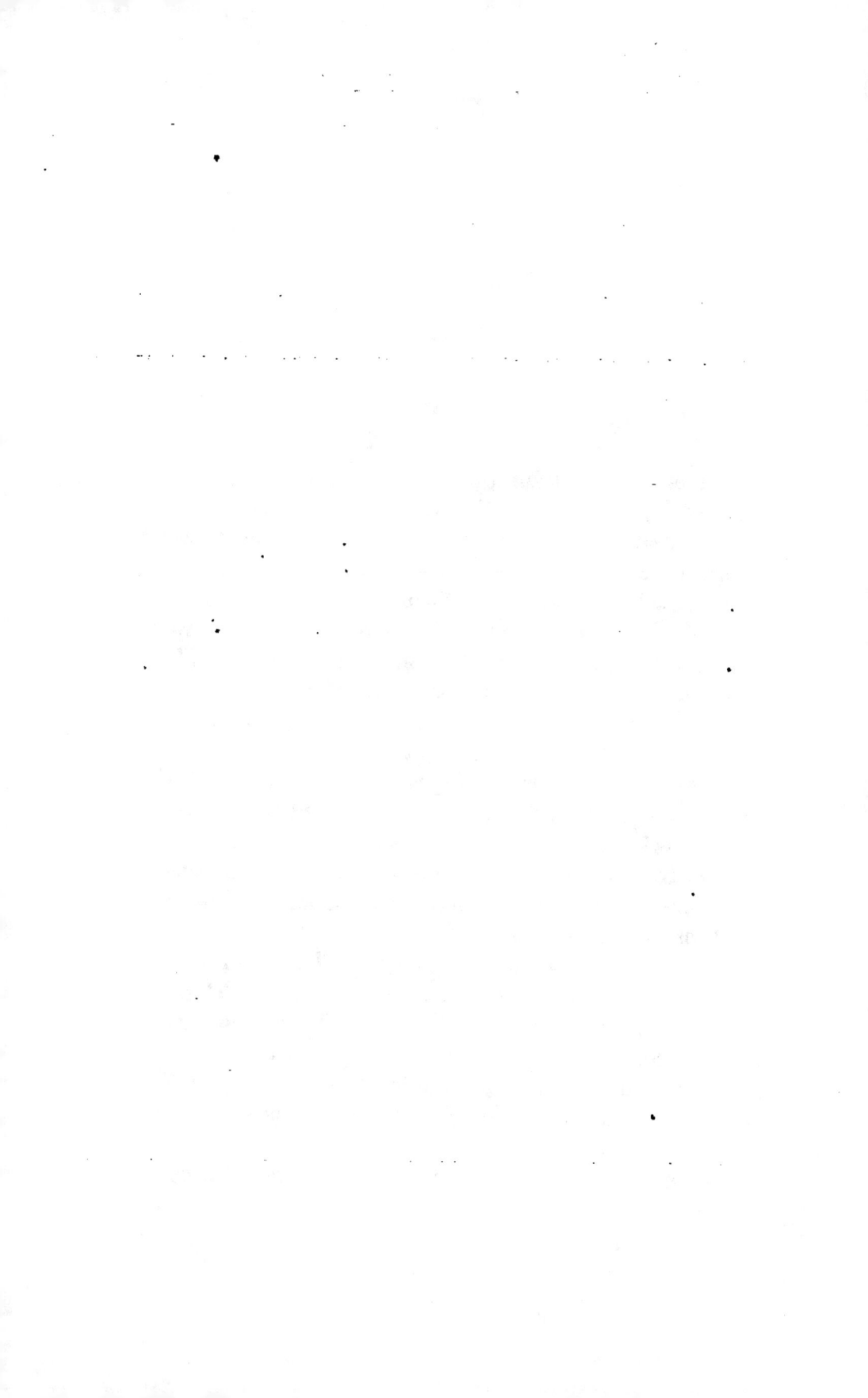

CHAPITRE V

LA SUGGESTION ET L'HYPNOTISME

I

Le mot de *suggestion* a pris, dans la seconde moitié du XIX⁰ siècle, une signification particulière en même temps que son usage s'est extraordinairement généralisé. Il sert à désigner tout un ordre de phénomènes dont la plupart sont encore, quoi qu'en disent les théoriciens de certaines écoles médicales, très mal connus et très obscurs, et qui se rattachent par d'étroits liens aux phénomènes de fascination, d'hypnotisme, voire même de magnétisme animal, décrits ou étudiés plus ou moins scientifiquement par quelques observateurs du XVIII⁰ siècle et du commencement du XIX⁰.

Dans l'acception ordinaire du mot, il y a suggestion chaque fois qu'une personne évoque, le plus souvent par la parole, dans l'esprit d'une autre personne, une idée à laquelle celle-ci n'aurait pas été conduite par le cours naturel de sa pensée, idée susceptible d'exercer quelque influence sur ses sentiments ou sur sa conduite.

Mais dans ce sens, on ne préjuge nullement l'effet final produit par l'idée ainsi évoquée : il se peut qu'elle détermine des sentiments et des actes conformes ; il se peut aussi qu'elle soit écartée, soit immédiatement, soit après examen, par la personne à qui on la suggère : mais, dans l'un comme dans l'autre cas, le mot n'implique pas nécessairement l'idée d'une influence irrésistible.

Au contraire, dans son acception nouvelle, le mot suggestion implique l'idée d'une *obéissance involontaire* ou même automatique de la personne à l'idée qui lui a été suggérée, et, ce qu'il y a de remarquable dans le phénomène, c'est justement cette *impossibilité* où se trouve la personne *de ne pas faire* ou *de ne pas croire* ce qu'on lui dit. De là, le nom de *sujet* qu'on lui donne le plus souvent, pour marquer l'état de sujétion dans lequel elle se trouve en effet par rapport à celui qui lui fait une suggestion de cette sorte, et le nom d'*hypotaxie* (littéralement subordination, soumission) donné par Durand (de Gros) à l'état du système nerveux qui rend possible cette obéissance forcée du sujet à la suggestion.

Toutefois, entre ces deux sens, le passage peut se faire insensiblement, et la grande difficulté est de savoir dans quelle mesure il convient de les distinguer et de les opposer l'un à l'autre.

L'école de Nancy tend à les confondre : ainsi le D' Bernheim définit la suggestion : « L'acte par lequel une idée est introduite dans le cerveau et acceptée par lui. » C'est pourquoi cette école voit, en quelque sorte, la suggestion partout dans la vie humaine : l'exemple, l'éducation, l'éloquence, l'autorité morale, autant de formes de la suggestion qui ne diffèrent pas en essence de la suggestion hypnotique.

Au contraire, l'école de Paris s'efforce de limiter la suggestion à un ordre de faits plus ou moins exceptionnels et anormaux. C'est, dit le D' Pierre Janet, « l'opération par laquelle, dans le cas d'hypnotisme, ou peut-être dans certains états de veille à définir, on peut, à l'aide de certaines sensations, surtout à l'aide de la parole, provoquer chez un sujet nerveux, bien disposé, une série de phénomènes plus ou moins automatiques, le faire parler, agir, penser, sentir comme on le veut, en un mot le transformer en machine ».

Il importe, donc, pour fixer les idées, de distinguer deux sortes de suggestion : d'une part, la *suggestion ordinaire*, qui se produit à l'état de veille, et à laquelle le sujet peut normalement résister, ou à laquelle il obéit, soit en vertu d'un consentement plus ou moins réfléchi, soit par un effet de sa

crédulité et de sa docilité naturelles, et la *suggestion hypnotique*, qui se produit pendant l'hypnose ou pendant un état
de veille apparente plus ou moins foncièrement analogue à
l'hypnose, à laquelle il ne peut pas résister, quand bien même
il en aurait le désir, et à laquelle il obéit, en dehors de tout
consentement réfléchi, par l'effet d'une crédulité et d'une docilité en quelque sorte artificielles et anormales.

Par la même raison, il convient de distinguer deux sortes
de *suggestibilité*, l'une *ordinaire* et qui se confond avec la
tendance naturelle qu'ont plus ou moins tous les hommes à
croire et à faire ce qu'on leur dit, l'autre *hypnotique*, qui est
spéciale à certains individus ou plutôt à certains états du système nerveux et qui est une incapacité artificielle de contrôler les idées et de résister aux impulsions suggérées.

A ce point de vue, la caractéristique de la seconde sorte
de suggestion, c'est sa liaison avec un état ou une disposition
sui generis du système nerveux, l'état ou la disposition hypnotique. En d'autres termes, la suggestion ainsi comprise est
fonction de l'*hypnotisme*, lequel pourrait donc se définir — au
moins partiellement — « un état qui développe une suggestibilité spéciale, absolument automatique et irrésistible ».

Que si l'on voulait définir plus complètement l'hypnotisme,
il faudrait évidemment le caractériser en lui-même, abstraction
faite de toute relation avec la suggestion et la suggestibilité :
mais cette définition ne sera possible qu'après une étude plus
complète de l'ensemble de ses caractères et de ses effets.

Le nom même qu'on lui donne et qui l'assimile au sommeil,
montre qu'on le conçoit généralement comme « un état de tor-
peur ou de stupeur cérébrale, où la plupart des fonctions supérieures sont suspendues ou frappées d'inhibition, tandis qu'il
se produit une dynamogénie exceptionnelle dans les centres
inférieurs de l'axe céphalo-rachidien ».

Au point de vue psychologique, l'hypnotisme a été défini,
soit comme un état de mono-idéisme (*rétrécissement du champ
de la conscience réduit à une seule impression ou idée*), soit
comme une dissociation de la personnalité (*désagrégation des*

états de conscience qui dans la veille normale sont coordonnés entre eux et subordonnés à un état central et dominant).

L'école de Nancy n'accorderait à toutes ces distinctions qu'une valeur secondaire et provisoire. Selon elle, « la suggestion est la clé de tous les phénomènes de l'hypnose ». En d'autres termes, l'hypnotisme est fonction de la suggestion.

La plupart de ses partisans n'emploient en effet ou ne croient employer pour produire l'hypnose que la *suggestion verbale*, c'est-à-dire des procédés de persuasion ou parfois d'intimidation, simplement destinés à mettre en jeu la crédulité et la docilité naturelles des individus sur lesquels ils opèrent.

Dans ce point de vue, il y aurait donc continuité entre ces trois termes : 1° suggestion et suggestibilité ordinaires ; 2° hypnotisme (provoqué par l'emploi de celles-ci) ; 3° suggestion et suggestibilité hypnotiques ; et, par conséquent, on pourrait à la rigueur passer immédiatement du premier terme au troisième, c'est-à-dire de la suggestibilité modérée et normale à la suggestibilité exagérée et anormale, sans passer nécessairement par l'intermédiaire de l'hypnotisme, celui-ci d'ailleurs n'étant rien de plus qu'un sommeil, identique en essence au sommeil ordinaire, mais provoqué par suggestion.

Nous n'avons pas pour le moment à prendre parti entre les deux interprétations[1].

---

[1]. Tout en nous rappelant que dans un ordre de recherches aussi délicat, quiconque n'a pas observé et expérimenté personnellement doit être très réservé en matière d'affirmation comme de négation, nous serions plutôt disposé à préférer l'interprétation de l'école de Paris. C'est en ce sens que nous avons répondu aux questions du Dr Crocq fils sur ces deux points : 1° Le sommeil hypnotique est-il de même nature que le sommeil ordinaire ? 2° Le sommeil hypnotique est-il toujours dû à la suggestion ? (Dr Crocq fils. *L'hypnotisme scientifique*, 1896. p. 242, 245.) Nous reproduisons ici ces réponses.

1° Non, le sommeil dit hypnotique ne nous semble pas de même nature que le sommeil ordinaire. Il en diffère profondément par la suggestibilité anormale qu'il développe chez presque tous les sujets, et cette différence doit tenir très probablement à une différence plus profonde encore dans l'état général du système nerveux et de l'organisme. Sans doute ici comme ailleurs la nature doit obéir à la loi de continuité : les deux sommeils peuvent se relier l'un à l'autre par une infinité de degrés, mais il en est de même du sommeil et de la veille. D'ailleurs, les curieuses expériences

Contentons-nous de dire qu'il faudrait pour démontrer la seconde toute une série d'épreuves et de contre-épreuves expérimentales, qui n'ont jamais été faites avec la rigueur désirable par les théoriciens de l'école de Nancy [1].

du Dr Moutin, trop peu connues en général du public scientifique, prouvent que la plupart des phénomènes dits hypnotiques (suggestions, contractures, attitudes cataleptiques, etc.) peuvent être obtenues par des manœuvres très simples chez un grand nombre de personnes qu'on n'a jamais endormies, qu'on n'endormira peut-être jamais de leur vie, et qui restent parfaitement éveillées pendant toute la durée des expériences. La vérité, selon moi, c'est que le système nerveux est susceptible d'un grand nombre de modalités plus ou moins caractérisées, dont les deux formes extrêmes sont la *veille* et le *sommeil*, et c'est la veille et le sommeil qui nous servent de types pour concevoir et mesurer toutes les autres : mais celles-ci ne sont à proprement parler ni des *veilles* ni des *sommeils*, quelque ressemblance plus ou moins marquée qu'elles puissent présenter avec l'un ou l'autre de ces types. La plupart de ces modalités restent en puissance chez la grande majorité des individus : elles n'apparaissent et surtout ne se *fixent* chez quelques-uns que dans des conditions plus ou moins accidentelles, que l'expérience seule peut nous apprendre.

2° La suggestion ne peut pas, selon moi, être la cause profonde et suffisante des phénomènes qu'on lui attribue, mais elle en est seulement l'occasion, la condition déterminante. La vraie cause doit être une certaine modification (de nature encore inconnue) de l'état circulatoire et nerveux des centres cérébraux et de tout le système cérébro-spinal. Tant que cette modification n'est pas produite, j'ai beau dire à quelqu'un : vous ne pouvez plus ouvrir les yeux, vous ne pouvez plus ployer les bras ou les jambes, il se moque de mes suggestions. Or il n'y a *a priori* aucune raison de supposer que cette modification ne puisse être produite que par la suggestion elle-même. Là où elle est possible (car elle ne l'est pas chez tout le monde, et il faut aussi que le sujet y soit prédisposé), elle semble bien plutôt pouvoir être produite par un grand nombre de causes différentes, par toutes celles du moins qui troublent assez profondément l'équilibre habituel du système. D'autre part, l'expérience prouve que des pratiques purement physiques, comme par exemple la fixation prolongée d'un point unique (expériences de Braid, de Grimes et du Dr Philips) la produisent très rapidement chez un grand nombre de sujets et préparent ceux-ci à subir les effets de la suggestion.

1. Nous empruntons au livre du Dr Montin, le *Diagnostic de la suggestibilité*, les observations suivantes, qui semblent bien prouver que certaines manœuvres, certaines sensations ont par elles-mêmes la propriété de produire l'hypnose indépendamment de toute suggestion.

« Je fis monter, dit Braid, un de mes domestiques qui ne connaissait rien du mesmérisme, et, dans les instructions que je lui donnai, je lui fis croire que son attention fixe m'était nécessaire pour surveiller une expérience chimique devant servir à la préparation d'un médicament. Cette recommandation lui était assez familière; il n'en fut donc pas étonné. Deux minutes et demie plus tard, ses paupières se fermaient lentement, avec un mouvement vibratoire; sa tête retomba sur sa poitrine, il poussa un profond soupir et fut instantanément plongé dans un sommeil bruyant. »

La seule étude méthodique de la suggestibilité normale que
nous connaissions est celle qui a été faite par M. Binet, dans
son remarquable ouvrage sur la *Suggestibilité*, où il retrace
tout un ensemble d'observations et d'expériences faites principalement sur les enfants des écoles primaires. Il pense que
« le mot de suggestibilité répond à plusieurs phénomènes que
l'on doit provisoirement distinguer, et qui sont les suivants :
1° l'obéissance à une influence morale, venant d'une personne
étrangère ; 2° la tendance à l'imitation ; 3° l'influence d'une
idée préconçue qui paralyse le sens critique; 4° l'attention
expectante ou les erreurs inconscientes d'une imagination mal
réglée; 5° les phénomènes subconscients qui se produisent
pendant un état de distraction ou par suite d'un événement
quelconque qui a créé une division de conscience. C'est à cette

— Le Dr Lajole (de Nashua, New-Hampshire) rapporte le fait suivant : « Je
fus appelé, il y a seize mois, auprès d'un enfant qui dormait depuis
vingt heures; très alarmés, les parents me demandent ce que cela veut
dire. Je réveillai l'enfant (douze ans) assez difficilement en lui suggérant
l'idée du réveil. Et ce garçon me montra sur la table une boule relui-
sante : « Je m'amusais à essayer de regarder le soleil qui donnait sur
cette boule, je me suis fatigué et je ne me rappelle plus rien, dit-il. » Il
n'y a eu là évidemment pas de suggestion autre que celle due à la
fatigue (?) » — Un autre cas du même genre a été observé par le Dr Auguste
Voisin. Il s'agit d'une jeune fille de vingt ans affectée d'attaques convul-
sives qu'il a hypnotisée par le moyen du miroir rotatif du Dr Luys sans
aucune suggestion. — De même le Dr Crocq (*Hypnotisme scientifique*,
p. 231) raconte qu'il a hypnotisé une hystérique à l'hôpital de Molesbeck
par la simple fixation du regard ; on ne savait pas dans cet hôpital, qu'il
s'occupait de la question, et aucune manœuvre de ce genre n'y avait été
provoquée. Cette malade a présenté, dès la première séance, le somnambulisme véritable avec insensibilité complète. « Il n'y a pas, dit le
Dr Crocq, de suggestion inconsciente possible dans ces conditions », et il
ajoute : « Depuis lors, à tout instant il m'est arrivé d'endormir, par la
fixation d'un objet brillant, des sujets ignorant absolument ce qu'on leur
voulait. Enfin « l'hypnotisation des animaux s'explique bien difficilement
dans l'hypothèse de la suggestion... »

« L'hypnotisme, conclut le Dr Moutin, ne nous semble donc pas pouvoir se ramener à la suggestion : ce sont deux faits connexes mais
distincts et qui ne sont pas nécessairement en proportion l'un de l'autre.
On trouve en effet des individus qui sont suggestibles au plus haut degré
et qu'on ne réussit pas cependant à hypnotiser, et d'autre part on rencontre aussi parfois des individus qui s'hypnotisent avec la plus grande
facilité et sur lesquels la suggestion n'a guère de prise. Toutes ces
anomalies, qui n'ont pas été étudiées d'assez près, prouvent, ce nous
semble, qu'il ne faut pas se hâter d'identifier, comme on le fait trop volontiers dans l'école de Nancy, l'hypnotisme et la suggestion. »

catégorie qu'appartiennent les mouvements inconscients, le cumberlandisme, les tables tournantes et l'écriture spirite ».

La suggestibilité hypnotique recouvre très certainement aussi une variété plus ou moins grande de phénomènes divers.

Sans vouloir les énumérer tous, distinguons tout d'abord la *suggestion proprement dite* qui correspond à peu près aux deux premiers termes de la série de Binet citée plus haut, et l'*auto-suggestion* qui correspond aux trois autres.

Dans le premier cas, l'idée est présentée au sujet par une autre personne ; dans le second cas, elle surgit spontanément dans son esprit par l'effet des circonstances. Un cas intermédiaire, extrêmement fréquent, est celui où l'opérateur suggestionne involontairement un sujet en le provoquant, sans le savoir, à s'auto-suggestionner. Ces suggestions inconscientes et indirectes sont extrêmement fréquentes dans toutes les expériences d'hypnotisme, et l'école de Nancy en a très justement fait ressortir l'importance.

A un autre point de vue, on distingue des suggestions *positives* qui obligent le sujet à avoir une certaine perception, à faire un certain acte, etc., et les suggestions *négatives* qui, au contraire, suppriment une perception ou empêchent un acte déterminé.

Si l'on considère les moyens employés pour suggestionner, on distinguera la suggestion *orale* ou *verbale*, qui se fait par la parole, de la suggestion par le *geste* ou par tout autre espèce de signe.

D'autre part la suggestion orale peut être *impérative* ou simplement *affirmative*, selon que l'opérateur donne un ordre au sujet ou se contente d'annoncer que le sujet va éprouver telle sensation ou accomplir telle action.

Les suggestions pourraient aussi se classer d'après la nature des idées suggérées : 1° suggestions portant sur des impressions sensorielles ou sur des perceptions plus ou moins complexes ; 2° sur des actes intellectuels de mémoire, de jugement, de raisonnement ; 4° sur l'idée de la personnalité ; 4° sur des actes volontaires ; 5° sur des fonctions physiologiques, soit pour les troubler, soit pour en rétablir l'exercice régulier.

Enfin les suggestions, dans leurs rapports avec l'hypnotisme, ont été distinguées en suggestions *intra-hypnotiques* ou proprement hypnotiques et suggestions *post-hypnotiques*, les premières se faisant et s'accomplissant pendant que le sujet est en état d'hypnose, les secondes se faisant pendant que le sujet est dans cet état, mais s'accomplissant alors qu'il est réveillé et souvent après un très long intervalle. Dans ce cas, le sujet n'a aucun souvenir de la suggestion qui lui a été faite, bien qu'il l'exécute ponctuellement.

Faut-il admettre un autre genre de suggestion, différant de tous les précédents, la suggestion *mentale*, dans lequel l'idée serait suggérée en dehors de toute parole, de tout geste, de tout signe sensible, par un simple acte de pensée ou un simple effort de volonté? Il y a là d'abord une question de fait. sur laquelle on discute encore ; mais, en admettant le fait, il il ne nous paraît pas facile de le faire rentrer dans le cadre de la suggestion hypnotique, du moins si l'on veut avoir égard à sa caractéristique essentielle.

Ce qu'il y a de typique dans la suggestion, ce n'est pas l'affirmation que j'énonce devant le sujet et qu'il entend, c'est la nécessité immédiate, irrésistible qui s'impose à lui de me croire ou de m'obéir. Or, dans la soi-disant suggestion mentale, il n'importe guère, à vrai dire, que le sujet m'obéisse ou me croie : l'important, et aussi l'extraordinaire, c'est qu'il reçoive et perçoive mon ordre ou mon affirmation, bien que je sois hors de sa présence, à plusieurs kilomètres de lui, (comme dans les fameuses expériences du Havre, faites par Pierre Janet avec son sujet Léonie).

Le fait, s'il est réel, serait donc mieux nommé *transmission de pensée*, et il est évident qu'il ne peut s'expliquer en aucune façon par les mêmes principes que les suggestions véritables.

II

La suggestion soulève un très grand nombre de problèmes qui intéressent, les uns la science de l'homme sous son double aspect physiologique et psychologique, d'autres la morale, d'autres enfin la médecine.

1° Les premiers concernent surtout le mécanisme et la nature intime de la suggestion.

A cet égard les théories en présence peuvent se partager en deux groupes, selon qu'elles cherchent l'explication de la suggestion en dehors du sujet, dans l'opérateur (théories *objectives*) ou en dehors de l'opérateur, dans le sujet (théories *subjectives*).

La plus ancienne, dans le premier groupe, est la doctrine, aujourd'hui discréditée, du *magnétisme animal*, professée par Mesmer et ses disciples, Puységur, Deleuze, etc. Elle attribue les effets de la suggestion à une force physique, analogue à celle de l'aimant, que certains individus rayonneraient autour d'eux, dont ils pourraient se servir à volonté, et par laquelle, s'emparant du cerveau et des nerfs d'autres individus sensibles à cette influence, ils les contraindraient d'obéir à leur parole ou même, dans certains cas, à leur pensée. L'hypnotisme ne serait, dans cette hypothèse, que l'effet le plus immédiat et le plus général de la force magnétique.

Bien que la presque totalité des savants contemporains répudient le magnétisme animal, beaucoup y reviennent à leur insu en admettant la réalité des phénomènes de *suggestion mentale*. On ne voit guère, en effet, comment un cerveau pourrait, à distance et sans l'emploi d'aucun signe sensible, influencer un autre cerveau, à moins qu'il n'existe un rayonnement ou un courant de force allant du premier au second.

N'est-ce pas aussi un retour déguisé à la même doctrine que la théorie des contemporains qui, comme Binet, prétendent expliquer la suggestion par l'*autorité morale*? Si véritablement l'autorité morale réside dans ceux qui l'exercent (et non pas seulement dans les idées et croyances de ceux qui s'y soumettent), si elle contient, comme Binet semble quelquefois l'insinuer, un élément personnel, mystérieux, inexplicable, elle ressemble tout à fait à la force des magnétiseurs, avec cette seule différence qu'elle est psychologique au lieu d'être physique, — et c'est là plutôt, à notre sens, une infériorité de cette hypothèse, car le physique, par définition, se prête infiniment mieux que le psychologique à la vérification et à la mesure.

Les théories subjectives de la suggestion se dédoublent, elles aussi, en deux théories opposées, l'une physique ou physiologique (école de Paris), l'autre morale ou psychologique (école de Nancy).

Selon la première, la suggestion s'explique par un état particulier du système nerveux (l'hypnotisme), qui lui-même se rattache à une diathèse nerveuse (l'hystérie). Un des caractères principaux de cette diathèse, c'est l'extrême instabilité du système nerveux dont les éléments, ailleurs associés et hiérarchisés au point de vue fonctionnel d'une façon constante, sont susceptibles de se dissocier et d'agir indépendamment les uns des autres sous l'influence de causes souvent tout à fait accidentelles. Grâce à cette instabilité, l'hypnotisme produirait une décoordination des fonctions cérébro-sensorielles, qui à son tour rendrait possible l'action immédiate et irrésistible de chacun des centres mis en jeu par telle ou telle suggestion, les autres centres et particulièrement les centres supérieurs du jugement et de la volonté n'exerçant plus ni direction ni contrôle.

Selon la seconde théorie, la suggestion est une conséquence naturelle de cette loi psychologique en vertu de laquelle toute idée tend à s'affirmer et à se réaliser, à moins qu'elle n'en soit empêchée par l'égale tendance d'une autre idée contradictoire. Cette loi, que Spinoza semble avoir le premier énoncée, a été reprise depuis par Herbart, Dugald-Stewart, Taine, etc. ; et le philosophe français contemporain, Fouillée, en a fait la base de son système des *idées-forces*.

Dans cette doctrine, la suggestion hypnotique, loin d'être un phénomène anormal et morbide, est au contraire, si l'on peut dire, le retour à l'état de nature, une manifestation éclatante d'une des lois universelles et primordiales de la vie psychologique ; et ce qui peut paraître étonnant, ce n'est pas qu'un tel phénomène se produise quelquefois, c'est bien plutôt qu'il ne se produise pas plus souvent. Mais, à vrai dire, pour qui regarde les choses de plus près, il se produit perpétuellement, sous des apparences et avec des dénominations diverses, et l'existence humaine n'est qu'un continuel échange de suggestions.

2° Au point de vue moral, le grand problème soulevé par la suggestion est celui de la liberté et de la responsabilité des sujets, qui va se continuer et se perdre dans le problème, éternellement discuté par les philosophes, de la liberté et de la responsabilité humaines.

Jusqu'à quel point peut-on hypnotiser un sujet malgré lui ? Jusqu'à quel point est-il libre de résister aux suggestions qui lui sont faites ?

A ces questions les réponses des divers théoriciens sont quelque peu discordantes, et l'on a vu même parfois le même auteur soutenir tour à tour deux opinions opposées.

Ainsi l'école de Paris admet, d'une part, qu'un sujet peut être hypnotisé malgré lui, puisqu'il suffit pour cela d'une action purement physique, par exemple un coup de tamtam, un éclair de lumière électrique frappant brusquement les yeux, etc., et, d'autre part elle prétend que, si un sujet exécute certaines suggestions en apparence immorales ou criminelles (par exemple, commettre un vol, un assassinat), c'est pour complaire à l'expérimentateur et parce qu'il sait bien que ce ne sont que des « expériences de laboratoire ».

Au contraire, certains disciples de l'école de Nancy, par exemple Liégeois, affirment que les sujets, quand ils accomplissent les suggestions, sont incapables de toute résistance et transformés en véritables automates, ce qui n'empêche pas le chef de l'école de déclarer que « nul ne peut être hypnotisé (c'est-à-dire, d'après sa théorie même, suggestionné) contre son gré ».

Il ne nous paraît pas bien certain que ceux qui ont ainsi plaidé (non sans inconséquence) la liberté des sujets n'aient surtout cédé au désir — très peu scientifique — de « rassurer le public », comme le dit Bernheim, contre la crainte qu'une interprétation favorable à l'irrésistibilité de la suggestion pourrait faire naître.

Quant au fond même de la question, nous ne croyons pas qu'on puisse s'en tenir à une solution unique et absolue. Certains sujets peuvent résister plus ou moins efficacement; certains autres ne le peuvent pas; voilà, croyons-nous, la vérité; et ces degrés dans la possibilité de la résistance dépendent de conditions qui nous sont presque entièrement inconnues et que nous désignons vaguement par les mots obscurs de « tempérament » et de « force de volonté ».

3° Enfin, au point de vue médical, la suggestion illustre d'une façon frappante ce que l'ancienne psychologie appelait « l'influence du physique sur le moral », et le problème est de savoir jusqu'où cette influence peut s'étendre et l'usage qu'on en peut faire pour la guérison des diverses maladies.

On sait que Mesmer et ses continuateurs avaient cru découvrir dans le magnétisme animal une panacée universelle.

Braid, qui contribua à substituer l'hypnotisme au magnétisme, ne paraît pas avoir attribué à ce nouvel agent aucune propriété thérapeutique; et l'école de Paris, qui se rattache historiquement à Braid, n'a guère vu que les applications expérimentales de l'hypnotisme, bien que Charcot, dans les dernières années de sa vie, ait écrit un article sur la « foi qui guérit ».

C'est surtout l'école de Nancy, avec Liébeault et Bernheim, qui a mis en lumière le rôle thérapeutique de la suggestion, soit simple, soit compliquée d'hypnotisme. Il ne faudrait pas presser beaucoup le Dr Bernheim pour lui faire dire que la plupart des remèdes et des traitements ne guérissent que par suggestion; et il est certain que la thérapeutique suggestive compte à son actif les guérisons les plus variées et les plus extraordinaires.

La tendance des praticiens formés à l'école de Paris est, au contraire, de restreindre le rôle de la suggestion au traitement des affections nerveuses ou même de la seule *hystérie*, et encore ne lui attribuent-ils qu'une action superficielle et passagère, sur les symptômes plutôt que sur la maladie elle-même.

Il n'est peut-être pas, pour un critique impartial et désintéressé, de partie dans la médecine où les préjugés de secte, les *idola theatri* de Bacon, aient plus d'empire que celle-ci; et c'est sans doute la raison pour laquelle les solutions s'y dégagent avec tant de difficulté et de lenteur.

On pourrait sans doute en dire autant des applications de la suggestion à l'orthopédie mentale, si cet ordre particulier d'applications, inauguré de nos jours par le Dr Bérillon, n'était pas encore à peu près entièrement inédit.

En somme, l'étude de la suggestion offre aux psychologues, aux moralistes, aux médecins un vaste champ de recherches à peine effleuré par les explorations des philosophes et des savants de la seconde moitié du XIXe siècle.

CHAPITRE VI

LA CRYPTOPSYCHIE

Dans un passage, peu remarqué, du *Discours de la méthode*
(IIIe partie), Descartes prétend que « l'action de la pensée par
laquelle on croit une chose étant différente de celle par laquelle
on connaît qu'on la croit, elles sont souvent l'une sans l'autre ».
En d'autres termes, la croyance, selon lui, serait souvent
inconsciente; et on pourrait dès lors se demander si d'autres
états de l'esprit ne sont pas susceptibles de présenter le même
caractère.

Cependant, il semble bien que l'on doive attribuer à Leibnitz
la première conception des phénomènes psychologiques
inconscients ou, comme il les appelle, des *perceptions insensibles*. C'est Leibnitz qui a le premier soupçonné « qu'il y a
à tout moment une infinité de perceptions en nous, mais sans
aperception et sans réflexion, c'est-à-dire des changements
dans l'âme même dont nous ne nous apercevons pas, parce que
les impressions sont ou trop petites, ou en trop grand nombre,
ou trop unies, en sorte qu'elles n'ont rien d'assez distinguant
à part, mais jointes à d'autres, elles ne laissent pas de faire
leur effet et de se faire sentir, au moins confusément, dans
l'assemblage ».

Depuis lors, cette conception est devenue d'un usage courant
en psychologie, et si l'on a pu discuter sur l'interprétation qu'il
convient de donner à cette expression de « phénomènes
psychologiques inconscients », les uns tenant pour l'inconscience absolue, les autres pour l'inconscience relative ou subconscience, on a du moins été d'accord sur la nécessité

d'admettre de tels phénomènes pour une explication satisfaisante de la vie mentale.

Il semble que la question ait fait un pas décisif depuis qu'elle
a pu être portée sur le terrain de l'expérimentation par l'étude
de certains faits plus ou moins anormaux ou pathologiques qui
ont permis de rendre en quelque sorte visible tout ce fourmillement intérieur de phénomènes jusque-là profondément caché
à nos regards.

On a pu en effet prouver expérimentalement qu'à côté et
au-dessous des sensations, perceptions, idées, jugements,
raisonnements, etc., dont nous avons conscience, existent ou
peuvent exister, d'autres sensations, perceptions, idées, jugements, raisonnements, etc., dont nous n'avons pas conscience; et même que ces derniers peuvent se coordonner
entre eux et s'organiser d'une façon suffisamment systématique pour constituer comme une seconde personnalité plus ou
moins distincte et indépendante de la personnalité principale.

Si nous donnons le nom général de « cryptopsychie » à cette
sorte de latence des phénomènes psychologiques, nous
pouvons, au moins pour la commodité de notre étude et sans
rien préjuger sur le fond des choses, distinguer deux formes
ou deux degrés dans la cryptopsychie ainsi comprise, premièrement une *cryptopsychie élémentaire*, fragmentaire,
consistant en phénomènes isolés, épars, et une *cryptopsychie
synthétique*, organisée, consistant en phénomènes plus ou
moins étroitement rapprochés et liés de façon à revêtir l'apparence d'une personnalité secondaire.

I

Dans le premier genre de cryptopsychie, le cas le plus
fréquent est celui des *sensations* inconscientes.

On sait combien sont fréquentes les anesthésies chez les hystériques : mais ces anesthésies sont-elles réelles ou apparentes?
En d'autres termes, lorsqu'on touche, pince, pique, brûle, etc.,

une partie du corps chez un hystérique qui semble ne rien ressentir, faut-il comprendre que les diverses excitations que l'on pratique ainsi sur lui ne sont suivies d'aucune sensation, ou bien est-il permis de supposer qu'elles déterminent en effet des sensations, mais que ces sensations sont simplement inconscientes?

Pour résoudre ce problème, il faudrait avoir quelque moyen de rendre manifestes ces sensations qui échappent à la conscience du sujet.

Nous allons donc passer en revue, avant d'aller plus loin dans l'étude des différentes sortes de phénomènes cryptopsychiques, les procédés qui permettent de *révéler* (dans un sens analogue à celui où les protographes emploient ce terme) les sensations inconscientes et même, en général, tous les faits psychologiques inconscients.

Un premier procédé est le *somnambulisme subséquent*. Il consiste à mettre le sujet apparemment insensible en somnambulisme et à l'interroger sur ce qu'il a ressenti au moment même où il paraissait ne rien sentir. On s'aperçoit alors, par ses réponses, que les sensations se sont bien produites, mais qu'elles n'étaient pas accompagnées de conscience, du moins qu'elles étaient étrangères à la conscience centrale et personnelle du sujet.

Je me souviens d'avoir employé pour la première fois ce procédé vers 1896 à la Salpêtrière, dans le service du regretté docteur A. Voisin. Un de mes anciens élèves, B. L..., aujourd'hui docteur-médecin à Paris, alors interne dans ce service, me parla d'une de ses malades, S..., hystérique atteinte d'anesthésie cutanée sur toute la superficie du corps. S... s'était fait à son insu des brûlures très étendues pour lesquelles on avait dû d'abord la soigner, et c'est même là ce qui avait donné l'idée d'explorer sa sensibilité : on s'était alors aperçu qu'elle était complètement insensible. On avait en vain essayé de restaurer chez elle la sensibilité par des suggestions appropriées faites en état d'hypnose : endormie ou éveillée, S... restait anesthésique totale. Je venais de relire à ce moment les remarquables travaux de M. Pierre Janet sur l'automatisme psychologique, et je me demandai si véritablement cette anesthésie hystérique ne recouvrait pas, comme celles dont il est question dans son livre[1], une sensibilité inconsciente.

S..., mise en somnambulisme, fut prévenue qu'à son réveil des piqûres seraient pratiquées sur diverses parties de son corps et qu'elle devrait s'en souvenir et les indiquer exactement dans un second somnambulisme. Une fois éveillée, S... parut ne pas se rappeler la suggestion ; pendant que son attention était distraite par une conversation avec l'un des assistants, on fit sur différentes parties de son corps cachées à sa vue un certain nombre de piqûres. Une fois remise en somnambulisme, S... indiqua avec une exactitude parfaite les points de son corps où ces piqûres avaient été faites et l'ordre même dans lequel elles s'étaient succédé. — Il eût été intéressant de reprendre cette expérience sans la faire précéder aucun d'avertissement ou suggestion et en variant, autant que possible, les circonstances. D'une manière générale, il conviendrait de s'assurer si tous les cas d'anesthésie hystérique partielle ou totale ne sont pas en réalité des cas de sensibilité subconsciente.

Un second procédé est celui que M. Pierre Janet a décrit sous le nom de *suggestion par distraction* et qu'il paraît avoir le premier employé. Il peut servir non seulement à révéler les phénomènes subconscients qui peuvent exister spontanément chez certains sujets, mais encore à les provoquer expérimentalement. Il consiste à profiter d'un moment de distraction du sujet pour lui faire telle ou telle suggestion, laquelle est ensuite réalisée par lui sans qu'il ait conscience de le faire, bien qu'il soit en état de veille et que ses actes semblent impliquer un exercice plus ou moins compliqué de ses facultés mentales.

Ainsi, dit M. Pierre Janet, L..., avec cette distraction facile, qui

---

[1] *L'automatisme psychologique*, IIe partie, ch. II : Les anesthésies. (F. Alcan.)

est le propre des hystériques, écoutera les autres personnes qui
parlent, mais ne m'écoutera plus et ne m'entendra pas même, si
je lui commande à ce moment quelque chose. Cette femme ne
présente pas, comme d'autres sujets, une véritable suggestibilité
à l'état de veille. Si je m'adresse directement à elle et lui commande un mouvement, elle s'étonne, discute et n'obéit pas. Mais
quand elle parle à d'autres personnes, je puis réussir à parler bas
derrière elle sans qu'elle se retourne. Elle ne m'entend plus, et
c'est alors qu'elle exécute bien les commandements sans le savoir.
Je lui dis tout bas de tirer sa montre et les mains le font tout
doucement : je la fais marcher, je lui fais mettre ses gants et
les retirer, etc. [1]

L'anesthésie, chez certains sujets, donne lieu à des phénomènes du même genre.

Je mets dans la main gauche de L.... (le côté gauche est complètement anesthésique) une paire de ciseaux et je cache cette
main par un écran. L.... que j'interroge, ne peut absolument pas
me dire ce qu'elle a dans la main gauche, et cependant les doigts
de la main gauche sont entrés d'eux-mêmes dans les anneaux des
ciseaux qu'ils ouvrent et ferment alternativement. Je mets de
même un lorgnon dans la main gauche; cette main ouvre le lorgnon et se soulève pour le porter jusqu'au nez, mais à mi-chemin,
il entre dans le champ visuel de L... qui le voit alors et reste stu-
péfaite. « Tiens, dit-elle, c'est un lorgnon que j'avais dans la main
gauche. » (*Ibid*, p. 253).

Un troisième procédé, qui se rattache au précédent, et que
M. Pierre Janet a également employé d'une façon systématique dans presque toutes ses recherches de cryptopsychie,
est l'*écriture automatique*. Les spirites semblent s'en être
servis les premiers, dans un tout autre but, cela va sans
dire, mais on peut parfaitement l'isoler de toute pratique
et de toute croyance spirites. — Pris en lui-même, le phénomène de l'écriture automatique consiste simplement en ceci
qu' « une personne en causant, en chantant, écrit sans regarder son papier des phrases suivies et même des pages entières,
sans avoir conscience de ce qu'elle écrit. — A mes yeux, dit
Taine, à qui nous empruntons cette description, sa sincérité
est parfaite, car elle déclare qu'au bout de sa page elle n'a

1. Pierre Janet, *L'automatisme psychologique*, II° partie. ch. I, p. 238.

aucune idée de ce qu'elle a tracé sur le papier. Quand elle le lit, elle en est étonnée, parfois alarmée[1]. »

Pour provoquer expérimentalement ce phénomène, on peut avoir recours soit à la suggestion par distraction dont nous venons de parler, soit à la suggestion en état de somnambulisme antécédent.

Voici un exemple du premier dispositif :

Je lui prends (à L...) la main gauche qui est anesthésique, elle ne s'en aperçoit pas et cause avec d'autres personnes... Je lui mets un crayon dans la main droite et la main serre le crayon, mais au lieu de lui diriger la main et de lui faire tracer une lettre qu'elle répétera indéfiniment, je pose une question : « Quel âge avez-vous ? Dans quelle ville sommes-nous ici ? » et voici la main qui s'agite et écrit la réponse sur le papier, sans que pendant ce temps L... se soit arrêtée de parler d'autre chose[2].

Voici un exemple du second dispositif, d'après le même auteur :

Les suggestions sont faites pendant le sommeil hypnotique bien constaté; puis le sujet est complètement réveillé, les signes et l'exécution ont lieu pendant la veille. Quand j'aurai frappé dans une main, lui dis-je (au sujet L...), vous prendrez sur la table un crayon et du papier et vous écrirez le mot « Bonjour ». Au signe donné, le mot est écrit rapidement, mais d'une écriture lisible. L... ne s'était pas aperçue de ce qu'elle faisait; mais ce n'était là que du pur automatisme qui ne manifestait pas grande intelligence. « Vous allez multiplier par écrit 739 par 12. » La main droite écrit régulièrement les chiffres, fait l'opération et ne s'arrête que lorsque tout est fini. Pendant ce temps L..., bien éveillée, me racontait l'emploi de sa matinée et ne s'était pas arrêtée une fois de parler pendant que sa main droite calculait correctement[3].

Mais il n'est pas nécessaire de poser la question au sujet pendant le somnambulisme et de le réveiller ensuite pour qu'il écrive la réponse sans le savoir. Il suffit, d'après le même auteur, de lui suggérer une fois pour toutes pendant le

1. Taine, *De l'intelligence*, Préface, 1, 16.
2. Pierre Janet, *L'automatisme psychologique*, ibid., p. 266.
3. *Ibid.*, p. 262-263.

sommeil de répondre par écrit aux questions de l'opérateur, pour qu'une fois réveillé, il le fasse toujours et de la même manière automatique. L'écriture automatique se trouve alors combinée avec la suggestion par distraction, comme on peut s'en rendre compte par la description suivante :

> À ce moment, L...., quoique éveillée mais suggestionnée, comme il vient d'être dit, dans un précédent sommeil, semblait ne plus me voir ni m'entendre consciemment ; elle ne me regardait pas et parlait à tout le monde, mais non à moi ; si je lui adressais une question (suggestion par distraction), elle me répondait par écrit et sans interrompre ce qu'elle disait à d'autres[1].

On peut d'ailleurs remplacer l'écriture par d'autres signes. Ainsi M. P. Janet suggère à son sujet L... de répondre à ses questions en serrant la main pour dire « oui », et en la serrant pour dire « non ». Il lui prend la main gauche qui est anesthésique ; elle ne s'en aperçoit pas et cause avec d'autres personnes. Puis il cause aussi avec elle, mais sans qu'elle paraisse l'entendre ; sa main seule l'entend, et lui répond par de petits mouvements très nets et bien adaptés aux questions[2].

De même, M. Flournoy communique avec l'une des personnalités subconscientes de Mlle Hélène Smith (celle qui se donne le nom de Léopold) par l'intermédiaire des mouvements d'un doigt qui épelle les lettres, tandis qu'une autre de ces personnalités (celle qui se donne le nom de Marie-Antoinette) se sert des organes vocaux du médium. — Il va sans dire que la plume ou le crayon peuvent être remplacés par tout autre moyen de communication (table, planchette, etc.).

Enfin un quatrième procédé de révélation des faits subconscients est la *vision dans le cristal* ou, comme disent les Anglais, le *crystal gazing*. Voici en quoi il consiste. Une personne se place devant une boule de verre placée autant que possible sur un fond noir et elle regarde fixement. Au bout d'un certain

1. *Ibid.*, p. 264.
2. *Ibid.*, p. 213.
3. *Des Indes à la planète Mars*, p. 96-231.

temps, elle voit apparaître des images qui souvent se succèdent avec une certaine rapidité. — On peut étudier ce phénomène à divers points de vue et par exemple dans ses rapports avec la lucidité ou la clairvoyance, comme le faisaient les anciens magnétiseurs ; mais on peut aussi s'en servir comme moyen de révéler des états psychologiques subconscients, principalement des souvenirs, des rêves, etc. En voici un exemple que j'emprunte à M. Pierre Janet, auquel il faut toujours revenir quand il s'agit de cryptopsychie :

Un malade, un somnambule se lève la nuit de son lit, fait toutes sortes de sottises et en particulier écrit une lettre menaçante à une personne, etc. La lettre lui est prise, on me donne ce document à l'insu du malade. D'ailleurs le malade à son réveil ne se rappelait plus rien. Ce ne fut que quelque jours plus tard que j'eus l'occasion de répéter sur lui l'expérience de la boule de verre. Comme il prétendait voir des lettres écrites : « Vous allez, lui dis-je, prendre une plume et du papier et copier ce que vous voyez dans le miroir. » Il copia mot à mot, en passant seulement des mots qu'il ne pouvait pas lire. Il avait l'air de copier des phrases sans les comprendre le moins du monde, et il le disait d'ailleurs ; or, le résultat fut qu'il écrivit exactement, en paraissant copier, la lettre qu'il avait déjà écrite pendant l'accès de somnambulisme nocturne et que j'avais en ma possession [1].

La vision dans le miroir peut même servir à révéler des sensations subconscientes.

On prend l'index du malade (anesthésique) et on lui demande ce qu'on lui fait. Il répond qu'il n'en sait rien. Mais si on le met en présence de la boule, il voit la main qui pince son index et il sait alors ce qu'on lui fait. Si vous détournez ses regards et que vous déplaciez ses doigts, il ne le sent pas : mais dans la boule il verra la position que vous avez donnée à ses doigts [2].

Tels sont les principaux moyens dont la psychologie expérimentale dispose pour révéler tous ces étranges phénomènes que la conscience n'atteint pas, bien qu'ils soient évidemment de même nature que ceux qui se déroulent dans son sein.

1. Pierre Janet, *Névroses et idées fixes*, t. I, p. 417.
2. *Ibid.*, p. 418.

Nous venons de voir comment ils permettent de prouver l'existence de sensations inconscientes ou subconscientes ; mais bien d'autres faits plus complexes et appartenant à des ordres plus élevés peuvent être manifestés de la même manière.

Et tout d'abord des *perceptions*, c'est-à-dire des combinaisons de sensations, de souvenirs et de jugements étroitement associés entre eux et consolidés en un acte d'apparence indivisible, avec rapport à un objet extérieur déterminé. Nous en avons un exemple dans le cas de Léonie qui perçoit sans doute les ciseaux ou le lorgnon placés dans sa main anesthésique, puisqu'elle s'en sert correctement et qui cependant n'en reçoit aucune sensation consciente.

Viennent ensuite des *jugements*, provoqués sans doute par des sensations, mais cependant distincts des perceptions, en ce qu'ils portent moins sur des objets que sur des rapports de ressemblance, de différence, de nombre, etc.— J'emprunte les exemples suivants à M. Pierre Janet : « Quand je dirai deux lettres pareilles l'une après l'autre, vous resterez toute raide. » Après le réveil, je murmure les lettres « a... c... d... c... a... a... ». L. demeure immobile et entièrement contracturée ; c'est là un jugement de ressemblance inconscient. Voici des jugements de différence : « Vous vous endormirez quand je dirai un nombre impair ; ou bien vos mains se mettront à tourner l'une sur l'autre quand je prononcerai un nom de femme. Le résultat est le même : tant que je murmure des nombres pairs ou des noms d'homme, rien n'arrive ; la suggestion est exécutée quand je donne le signe : L... a donc inconsciemment écouté, comparé et apprécié des différences [1].

Des suites plus ou moins longues de jugements, des *raisonnements*, peuvent de même se produire en dehors de la conscience. « Quand la somme des nombres que je vais prononcer fera 10, vos mains enverront des baisers. » Elle est réveillée, et loin d'elle, pendant qu'elle cause avec d'autres

---

1. *L'automatisme psychologique*, II⁰ partie, ch. ı, p. 263.

personnes qui la distraient le plus possible, je murmure 2...
3... 4... 4 et le mouvement est fait. Puis j'essaie des nombres
plus compliqués ou d'autres opérations. « Quand les nombres
que je vais prononcer 2 par 2, soustraits l'un de l'autre don-
neront comme reste 6, vous ferez tel geste, ou des multipli-
cations ou même des divisions très simples. Le tout s'exécute
presque sans erreur[1]. » Autre expérience obtenue par le
procédé de l'écriture automatique. « Vous allez multiplier par
écrit 739 par 42. — La main droite écrit régulièrement les
chiffres, fait l'opération et ne s'arrête que lorsque tout est
fini. Pendant tout ce temps, L...., bien éveillée, me racontait
l'emploi de sa journée et ne s'était pas arrêtée une fois de
parler pendant que sa main droite calculait correctement[2]. »

Pareillement enfin des actes de combinaison mentale,
d'*imagination*, peuvent se produire en dehors de toute conscience personnelle. M. P. Janet suggère à son sujet L... en
état de somnambulisme qu'à un signal donné, une fois réveillée,
elle écrira une lettre quelconque. Voici ce qu'elle écrivit
sans le savoir, une fois réveillée : « Madame, je ne puis venir
dimanche, comme il était entendu : je vous prie de m'excuser.
Je me ferais un plaisir de venir avec vous, mais je ne puis
accepter pour ce jour. Votre amie, Lucie. — P. S. Bien des
choses aux enfants, s. v. p. » Cette lettre automatique,
remarque l'auteur, est correcte et indique une certaine
réflexion. Lucie parlait de toute autre chose et répondait à
plusieurs personnes pendant qu'elle l'écrivait. D'ailleurs elle
ne comprit rien à cette lettre quand je la lui montrai et soutint
que j'avais copié sa signature[3]. »

Dans les séances de spiritisme, on voit ainsi des médiums
obtenir, soit par le moyen de la table, soit par l'écriture automatique, soit de toute autre façon, des communications souvent fort compliquées qui présentent le caractère tantôt de
dissertations philosophiques ou scientifiques, tantôt de romans,

1. *Loco citato.* p. 261.
2. *Ibid.*, p. 263.
3. *Ibid.*, p. 263.

de poëmes, d'œuvres d'art, et qui par conséquent impliquent d'innombrables opérations de raisonnement et d'imagination, auxquelles cependant la conscience de ces médiums est absolument étrangère; et c'est même pour cela qu'ils sont invinciblement portés à les attribuer à des intelligences distinctes de la leur, à ce qu'ils appellent des *esprits*. On en trouvera de très beaux exemples dans le livre de Flournoy, *des Indes à la planète Mars*, en particulier celui de la création inconsciente d'un langage (le langage martien) avec vocabulaire, grammaire, écriture, etc.

Il va sans dire que la *mémoire*, qui est déjà normalement inconsciente chez tout le monde dans une de ses fonctions (la conservation des souvenirs), fournit aussi une ample moisson de faits cryptopsychiques. Le procédé de la boule de verre peut servir à les manifester expérimentalement. — Une jeune fille raconte qu'en regardant un miroir, elle était obsédée par une image toujours la même : c'était une maison avec de grands murs noirs, sombres, tristes, sur lesquels brillait une touffe merveilleuse de jasmin blanc. Jamais, croyait-elle, elle n'avait vu une maison pareille dans la ville où elle était depuis longtemps. Or, après une enquête minutieuse de la Société psychique de Londres, il fut démontré qu'il y avait en effet à Londres une maison qui avait tout à fait cet aspect, et que la personne en question l'avait vue. — Elle avait passé à côté en pensant à autre chose, mais elle l'avait vue. — Une autre personne mise en présence de la boule de verre y voit apparaître un numéro. C'est un numéro quelconque qui apparaît subitement. « Ce numéro, je ne l'ai jamais vu, dira cette personne. Pourquoi est-ce au 3244 que j'ai affaire plutôt qu'à un autre ? » Or, il fut démontré que dans la journée la personne avait changé un billet de banque et que ce numéro était celui du billet. — Une troisième personne, un peu mystique, voit apparaître dans la boule de verre un article de journal. Elle trouve cela bizarre, mais elle cherche à lire, y parvient : c'est l'annonce de la mort d'une personne de ses amis. Elle raconte ce fait : les personnes présentes sont stupéfaites. Mais voici qu'on trouve dans la maison un numéro du journal accroché devant la cheminée comme paravent. Or, sur le côté visible s'étalait en toutes lettres l'article en question avec les mêmes caractères, la même forme qu'il avait revêtue dans le cristal [1]. — C'est un cas du même genre que nous avons déjà rapporté à propos du somnambule qui copie dans le miroir la lettre écrite par lui dans un précédent état de somnambulisme et dont il n'a gardé aucun souvenir conscient.

Ainsi, tous les phénomènes intellectuels sont susceptibles de revêtir la forme cryptopsychique. — Il en est de même des phénomènes d'activité musculaire, des *actions* proprement dites. La méthode « des suggestions par distraction » permet de s'en rendre compte. Ainsi on commande à un sujet de faire un pied de nez, et ses mains se placent au bout de son nez. Interrogé sur ce qu'il fait, il répond qu'il ne fait rien et continue à causer pendant longtemps sans se douter que ses mains s'agitent au bout de son nez. On le fait marcher au travers de la chambre, il continue à parler et croit être assis [2].

Pourrait-on de même provoquer ou observer des actes de *volonté* proprement dite, des résolutions ou décisions subconscientes ? Le cas serait intéressant à étudier : nous ne savons s'il a encore été constaté.

Enfin les *émotions* peuvent également passer de la conscience dans la subconscience, mais comme toute émotion se rattache d'ordinaire à une idée, il est assez difficile de savoir si la persistance latente de l'émotion n'est pas une simple conséquence de la persistance latente de l'idée qu'elle accompagne. Il faudrait, pour dissocier les deux phénomènes, des expériences qui, croyons-nous, n'ont pas encore été faites. Les travaux de Lange et de William James pourraient y trouver une intéressante vérification. Dans l'état actuel de nos recherches, la question des émotions subconscientes n'est qu'une autre face de celle des *idées fixes* subconcientes. Selon

1. Pierre Janet, *Névroses et idées fixes*, I, p. 417-418.
2. Pierre Janet, *L'automatisme psychologique*, II° partie, ch. I, p. 239.

le Dᵣ Pierre Janet [1], ces idées fixes, tout à fait analogues à des suggestions hypnotiques (et par conséquent subconscientes, comme elles), prennent leur origine dans une émotion, dans un incident quelconque qui a un moment frappé l'esprit de la malade. L'émotion, en effet, est un facteur puissant de distraction, d'anesthésie, d'amnésie, en un mot d'inconscience. Elle semble avoir, dit l'auteur que nous venons de citer [2], au moins dans certains cas, un rôle inverse de celui qui a été attribué à la volonté et à l'attention. « Ce qui caractérise ces deux fonctions, c'est une activité de synthèse, une construction de systèmes plus complexes édifiés avec les éléments de la pensée, les sensations et les images ; ces systèmes forment les résolutions, les perceptions et les jugements, la mémoire et la conscience personnelles. L'émotion, au contraire, semble douée d'un pouvoir de dissociation, d'analyse. Sauf dans des cas extrêmes, elle ne détruit pas réellement les éléments de la pensée ; elle les laisse subsister, mais désagrégés, isolés les uns des autres, à un point tel quelquefois que leurs fonctions sont à peu près suspendues ; et c'est dans cet état de désagrégation et d'isolement, pourrait-on dire, qu'ils deviennent en quelque sorte extérieurs à la conscience personnelle du sujet. Il en résulte que dans presque toutes les observations d'*idées fixes*, on retrouve, en cherchant bien, à l'origine quelque émotion violente qui d'une part a contribué à fixer l'idée tout en la soustrayant à la conscience et qui d'autre part entretient un trouble plus ou moins profond dans toutes les fonctions intellectuelles ou même vitales et tend à reparaître sans cesse à la moindre occasion, le plus souvent sans que l'idée reparaisse en même temps. » Ainsi une malade, Jus., parmi d'autres symptômes d'hystérie, présente des attaques violentes qui surviennent en apparence sans cause ; en outre, elle a une horreur singulière pour la couleur rouge. Or, en état de somnambulisme, cette malade explique fort bien comment son attaque est provoquée par la reproduction d'une

---

1. *Névroses et idées fixes*, t. I, p. 156. Paris, F. Alcan.
2. *Ibid.*, p. 475.

ancienne émotion qui date de plusieurs années ; elle a vu le cadavre de son père au moment où l'on fermait la bière, et à chaque attaque elle contemple de nouveau ce spectacle cruel ; elle explique aussi son horreur du rouge par le souvenir des fleurs qui étaient sur le cercueil [1].

II

Tous les faits que nous venons de passer en revue appartiennent à ce que nous avons appelé la *cryptopsychie élémentaire* ou *fragmentaire*, c'est-à-dire qu'ils constituent des sortes d'îlots plus ou moins étendus sous-jacents à la série continue des phénomènes conscients dont se compose la personnalité apparente et habituelle ; mais il peut arriver aussi, sous l'influence de circonstances encore mal définies, que des faits de ce genre, au lieu de rester intermittents et épars, se soudent entre eux et constituent de véritables continents, de manière à présenter l'apparence de personnalités secondaires plus ou moins permanentes, en coexistence avec la personnalité principale. Ils appartiennent alors à ce que nous avons appelé la *cryptopsychie synthétique* ou *organisée*.

Tout d'abord il est possible de provoquer expérimentalement cette transformation. C'est surtout par le moyen de l'écriture automatique qu'on y réussit. Laissons encore ici la parole au Dr Pierre Janet [2].

« Ayant constaté, non sans quelque étonnement, je l'avoue l'intelligence secondaire qui se manifestait par l'écriture automatique de Lucie, j'eus un jour avec elle la conversation suivante, pendant que son moi normal causait avec une autre personne,

1. Dr Pierre Janet, *Névroses et idées fixes.* — Voir également, p. 341, les cas de contracture émotionnelle observés chez divers hystériques. « La contracture persiste parce que l'émotion persiste entraînant toujours avec elle les mêmes conséquences psychologiques et physiologiques : c'est en quelque sorte une émotion figée. »

2. *L'automatisme psychologique,* IIe partie, ch. ii, p. 31. Paris, F. Alcan.

« M'entendez-vous ? lui dis-je. — (Elle répond par écrit) Non. —
Mais pour répondre il faut entendre. — Oui, absolument. — Alors,
comment faites-vous ? — Je ne sais. — Il faut bien qu'il y ait
quelqu'un qui m'entende ? — Oui. — Qui cela ? — Autre que Lucie.
— Ah bien ! une autre personne. Voulez-vous que nous lui
donnions un nom ? — Non. — Si, cela sera plus commode. — Eh
bien ! Adrienne. — Alors, Adrienne, m'entendez-vous ? — Oui. »

Une fois baptisé, le personnage inconscient est, selon
M. P. Janet, plus déterminé et plus net, il montre mieux ses
caractères psychologiques. Il nous fait voir qu'il a surtout
connaissance de ces sensations négligées par le personnage
primaire ou principal : c'est lui qui dit qu'on pince le
bras ou qu'on touche le petit doigt, tandis que le sujet a
depuis longtemps perdu toute sensation tactile, etc. — Un des
premiers caractères que manifeste ce « moi secondaire »,
c'est une préférence marquée pour certaines personnes, en
particulier pour l'expérimentateur. Adrienne, qui obéit fort
bien au Dʳ Janet et qui cause volontiers avec lui, ne se donne
pas la peine de répondre à tout le monde. Quand les phénomènes cryptopsychiques sont isolés, ils peuvent être provoqués par le premier venu ; mais s'ils sont groupés en personnalité, ils manifestent des préférences et non seulement ils
n'obéissent pas, mais ils résistent à l'étranger.

Cette personnalité a d'ordinaire peu de volonté, elle obéit
aux moindres ordres, bien qu'elle se montre parfois très indo-
cile et qu'elle semble même acquérir, en grandissant, une
sorte de capacité de résistance et de spontanéité. Le Dʳ Pierre
Janet rapporte à ce sujet [1] le cas très curieux d'une lettre
écrite spontanément par le personnage secondaire (Léontine)
pour l'informer de l'état de santé du personnage principal
(Léonie) et de la précaution prise par le premier pour empêcher le second de déchirer les papiers écrits en état de subconscience.

Il est même possible de provoquer ainsi, chez le même
sujet, la formation de plusieurs personnalités latentes, en

_____
1. *Loco citato*, p. 320.

quelque sorte superposées ; et c'est ainsi que le D⁻ Pierre
Janet a pu faire apparaître chez Léonie, au-dessous de Léontine, un troisième personnage. Léonore[1], sensiblement différent des deux autres.

La cryptopsychie organisée n'est pas exclusivement d'origine expérimentale. On en trouve des exemples spontanés soit
dans certaines maladies, soit dans les séances de spiritisme.

Un cas extrêmement intéressant du premier genre est
rapporté dans *Névroses et Idées fixes*[2]. Il s'agit d'un malade,
entré à la Salpêtrière en 1891, qui présentait tous les signes
de la possession diabolique, telle qu'elle a été décrite dans
les épidémies du moyen âge. Ce malade, dont il faut lire
l'histoire dans le livre même, était nettement dédoublé en
deux personnalités, l'une celle du malade lui-même, l'autre
celle du diable qui parlait par sa bouche et se répandait en
injures et en blasphèmes. Vainement le D⁻ P. Janet essaya
de prendre quelque autorité sur lui ; par aucun procédé il
ne put réussir à le suggestionner ni à l'hypnotiser. Cependant, en profitant de la distraction du malade, il put lui faire
saisir un crayon de la main droite et écrire quelques traits,
quelques lettres automatiquement. Se plaçant derrière lui,
tandis qu'il délirait et déclamait, il lui commanda tout bas
quelques mouvements qui ne s'exécutèrent point ; mais la
main qui tenait le crayon se mit à écrire : « Je ne veux pas. »
— « Et pourquoi ne veux-tu pas ? — Parce que je suis plus
fort que vous. — Qui donc es-tu ? — Je suis le diable. —
Ah ! très bien, non allons pouvoir causer. » En effet, désormais mis en relation par l'écriture avec la personnalité subconsciente, l'expérimentateur put lui faire exécuter un très
grand nombre d'actes, contre la volonté et même à l'insu du
patient. Finalement il demanda au démon, comme dernière
preuve de sa puissance, d'endormir le soi-disant possédé dans
un fauteuil et de l'endormir *complètement sans résistance*

1. *Revue philosophique*, Les actes inconscients et la mémoire pendant le
somnambulisme, 13ᵉ année, XXV, p. 273.
2. Dʳ Pierre Janet, *loco citato*, I, p. 377.

possible. Il obtint ainsi le somnambulisme qu'il avait inutilement essayé de produire par hypnotisation directe, et en profita pour faire raconter au malade les événements qui avaient déterminé sa maladie (remords d'une faute grave commise pendant un voyage) et pour amener sa guérison.

On trouvera des exemples sans nombre du second cas dans tous les comptes rendus des séances spirites. Sans doute les partisans convaincus du spiritisme prétendront que les personnalités secondaires qui se manifestent chez les médiums sont en réalité des êtres indépendants, tout à fait distincts des médiums eux-mêmes ; et certaines observations faites en Amérique avec le célèbre médium Mme Piper donnent un air de vraisemblance à leurs assertions [1]. Mais on conviendra qu'il est anti-scientifique d'avoir recours à l'hypothèse des esprits, tant qu'une autre hypothèse plus simple et plus conforme à l'ensemble de nos connaissances permet de rendre compte des faits observés. Or tel est bien le cas pour un très grand nombre de communications médianimiques.

III

Maintenant que nous avons passé en revue les différentes formes de cryptopsychie, il nous reste à nous demander d'une part quels sont les phénomènes dont la cryptopsychie peut nous donner l'explication, d'autre part comment il est possible de l'expliquer elle-même.

Chez l'homme normal, nous remarquons une cryptopsychie élémentaire dans les phénomènes de *distraction*, d'*instinct*, d'*habitude* et de *passion*.

Un homme préoccupé chassera une mouche de son front sans la sentir, répondra à des questions qu'il n'a pas entendues, ou comme Biren, duc de Courlande, qui avait l'habitude de porter à sa bouche des morceaux de parchemin, détruira un impor-

---

1. Frédéric Myers, *Human personality*, II, ch. ix, parag. 954, p. 257.

tant traité de commerce sans le voir [1]. Qui n'a entendu parler des exploits de ces personnages qui, lorsqu'ils parlent à table, versent de l'eau indéfiniment, jusqu'à inonder les convives ou continuent à mettre du sucre dans leur tasse jusqu'à la remplir [2]?

« Les actes proprement volontaires, dit Janet [3], sont rares et beaucoup de nos actions sont, en partie, sinon complètement, automatiques ; » et il cite les mouvements involontaires si souvent décrits, les démangeaisons, les mouvements rythmés par la musique, et aussi ces mouvements subconscients, plus ou moins en rapport avec nos pensées et qui permettent de les deviner malgré nous dans les expériences du pendule enregistreur et du *Willing game*.

Condillac avait déjà remarqué l'espèce de dédoublement de personnalité produit par l'habitude. « Il y a, dit-il, en quelque sorte deux moi dans chaque homme, le moi d'habitude et le moi de réflexion : c'est le premier qui touche, qui voit, c'est lui qui dirige toutes les facultés animales, son objet est de conduire le corps, de le garantir de tout accident, de veiller continuellement à sa conservation. Le second, lui abandonnant tous ces détails, se porte à d'autres objets. Mais, quoiqu'ils tendent chacun à un but particulier, ils agissent souvent ensemble. Lorsqu'un géomètre, par exemple, est fort occupé de la solution d'un problème, les objets continuent encore d'agir sur ses sens. Le moi d'habitude obéit donc à leurs impressions : c'est lui qui traverse Paris, qui évite les embarras, tandis que le moi de réflexion est tout entier à la solution qu'il cherche [4].

Xavier de Maistre a fait aussi dans son « Voyage autour de ma chambre », une spirituelle peinture de ce dédoublement de la personnalité dans la distraction, l'habitude et la passion. « Je me suis aperçu, dit-il, par diverses

1. Ad. Garnier, *Facultés de l'âme*, I, 325.
2. P. Janet, *L'automatisme psychologique*, II⁰ partie, ch. IV, p. 462.
3. *Névroses et idées fixes*, p. 391.
4. Condillac, *Traité des Animaux*, Œuvres complètes, 1898, III, 553.

observations que l'homme est composé d'une âme et d'une bête. — Ces deux êtres sont absolument distincts, mais tellement emboîtés l'un dans l'autre ou l'un sur l'autre, qu'il faut que l'âme ait une certaine supériorité sur la bête pour être en état d'en faire la distinction... Un jour de l'été passé je m'acheminai pour aller à la cour. J'avais peint toute la matinée, et mon âme, se plaisant à méditer sur la peinture, laissa le soin à la bête de me transporter au palais du roi. Que la peinture est un art sublime ! pensait mon âme ; heureux celui que le spectacle de la nature a touché !... Pendant que mon âme faisait ces réflexions, *l'autre* allait son train, et Dieu sait où elle allait ! — Au lieu de se rendre à la cour, comme elle en avait reçu l'ordre, elle dériva tellement sur la gauche, qu'au moment où mon âme la rattrapa, elle était à la porte de M⁽ᵐᵉ⁾ de Haut-Castel, à un demi-mille du palais royal. »

La cryptopsychie prend chez les hystériques une telle importance qu'on peut se demander si elle n'est pas le fond même de l'*hystérie* ou en tout cas si elle n'est pas le principal de ses symptômes, celui par lequel peuvent s'expliquer la plupart des autres. « La maladie hystérique, dit le Dʳ Pierre Janet, est de beaucoup le terrain le plus favorable au développement des phénomènes automatiques[1]. » Or, les phénomènes automatiques impliquent toujours, nous l'avons vu, des états psychologiques subconscients. Cependant cet auteur admet « que l'hystérie elle-même n'est qu'un cas particulier complexe d'un état plus général et plus simple, état qui est maladif, mais qui n'est pas uniquement hystérique[2] ». Cet état, selon lui, serait, au contraire, beaucoup plus large que l'hystérie, il comprendrait les symptômes hystériques parmi ses manifestations, mais il se révélerait aussi par les idées fixes, les impulsions, les anesthésies dues à la distraction, l'écriture automatique et enfin le somnambulisme lui-même. En quoi consiste cet état maladif ? Puisque les phénomènes si variés de l'automatisme ont tous pour conditions essentielles un état d'anesthésie ou

1. *L'automatisme psychologique*, II⁽ᵉ⁾ partie, ch. ɪᴠ, p. 445.
2. *Ibid.*, p. 451.

de distraction, cela revient à dire, avec notre auteur, que cet état maladif, substratum de l'hystérie et d'un grand nombre d'autres névroses, « se rattache au rétrécissement de la conscience et ce rétrécissement lui-même est dû à la faiblesse de synthèse et à la désagrégation du composé mental en divers groupes plus petits qu'ils ne devraient être normalement. En un mot, cet état est « une faiblesse morale particulière consistant dans l'impuissance, qu'a le sujet faible de réunir, de condenser ses phénomènes psychologiques, de se les assimiler »; et de même qu'une faiblesse d'assimilation du même genre a reçu le nom *misère physiologique*, on peut proposer d'appeler ce mal moral la *misère psychologique*. En tout cas, quelle que soit la nature profonde et le substratum physique de cet état de misère mentale, son signe le plus constant, sa manifestation la plus essentielle est sans contredit la cryptopsychie, c'est-à-dire la tendance de certain phénomènes psychologiques à s'isoler de la conscience centrale pour constituer à côté et en dehors d'elle des foyers de conscience secondaire plus ou moins étendus et persistants. Dès lors, la majeure partie des symptômes hystériques relèvent évidemment de la cryptopsychie, comme il est facile de s'en rendre compte en parcourant la liste de ces symptômes, idées fixes, anesthésies, amnésies, paralysies, contractures, etc.

Elle ne joue pas un rôle moins considérable dans l'*hypnotisme*, ainsi que l'avait déjà pressenti l'esprit original et pénétrant de Durand (de Gros). On pourrait même se demander, avec Pierre Janet, si elle ne mérite pas, au moins autant que la suggestion, d'être considérée comme la « clé de tous les phénomènes hypnotiques », bien mieux si elle ne contient pas l'explication de la suggestion elle-même.

Tout d'abord, elle seule permet, ce semble, de se rendre compte de certaines suggestions qui au premier abord paraissent tout à fait incompréhensibles, à savoir les *suggestions post-hypnotiques à plus ou moins longue échéance*. Si je suggère à un sujet hypnotisé, qu'une fois réveillé, il embrassera une certaine personne dès qu'il la verra, on comprend qu'il

conserve dans son esprit une association latente entre l'idée de
cette personne et l'idée de l'acte suggéré : nous-mêmes nous
conservons à notre insu une multitude d'associations analogues ; par exemple la vue de telle personne doit réveiller plus
tard en nous telle idée triste ou gaie à laquelle nous ne pen-
sons pas actuellement. Mais le cas est-il le même, lorsque je
suggère à un sujet qu'il reviendra me voir au bout de treize
jours ? Comment comprendre, dit M. Paul Janet, ce réveil à
jour fixe sans aucun point de rattache que la numération du
temps[1] ?

La cryptopsychie éclaircit ce mystère. De même que, nous
l'avons vu, le somnambule éveillé peut accomplir sans en avoir
conscience des actes intellectuels plus ou moins compliqués de
jugement et de raisonnement, de même il peut compter les jours
et les heures qui le séparent de l'accomplissement d'une suggestion, quoiqu'il n'ait aucun souvenir de cette suggestion ni
aucune conscience de ce calcul.

C'est encore la cryptopsychie qui nous donnera le mot de certaines suggestions paradoxales dites *suggestions d'hallucination négative* ou, comme le propose M. Pierre Janet, *suggestions d'anesthésie systématisée*. Elles consistent en ce que
le sujet une fois réveillé cesse de percevoir les personnes ou
les objets dont on lui a suggéré la disparition. S'agit-il dans
ce cas d'une paralysie des centres sensoriels qui les rendrait en
effet insensibles à telle personne ou à tel objet ? Ou bien avons-
nous plutôt affaire à une sorte de parti pris du cerveau qui
annule en quelque sorte une perception cependant très réelle,
de manière à la rendre inconsciente ou plutot subconsciente ?
Voici une expérience de Binet et Féré[2] qui tranche la question. « Entre dix cartons d'apparence semblable, nous en
désignons un à la malade et celui-là seul sera invisible. A son
réveil en effet nous lui présentons successivement les dix cartons ; celui-là est invisible sur lequel nous avons, pendant le
somnambulisme, attiré son attention. Si la malade se trompe

1. *Revue littéraire*, 26 juillet, 2, 9 et 16 août 1886.
2. *Magnétisme animal*, 236. Paris, F. Alcan.

quelquefois, c'est que le point de repère vient à lui manquer et que les cartons sont trop semblables ; de même, si nous ne lui montrons qu'un petit coin des cartes, elle les verra tous. » Donc, concluent avec raison MM. Binet et Féré, « il faut que le sujet reconnaisse cet objet pour ne pas le voir ». M. Pierre Janet reprend l'expérience dans des conditions plus précises. « Il met sur les genoux de la somnambule cinq cartes blanches dont deux sont marquées d'une croix. Réveillée dix minutes plus tard, elle s'étonne de voir des papiers sur ses genoux : on la prie de les compter et de les remettre un à un. Elle prend l'un après l'autre trois papiers, ceux qui ne sont pas marqués d'une croix, et les remet. On insiste, on demande les autres, elle soutient ne plus pouvoir en remettre, car il n'y en a plus... On prend tous les papiers et on les étale sur ses genoux, à l'envers, de manière à dissimuler les croix, elle en compte cinq et les remet tous. On les replace en laissant les croix visibles; elle ne peut reprendre que les trois non marqués et laisse les autres [1]. » L'expérience a pu même être compliquée en remplaçant les 5 cartes par 20 petits papiers numérotés et en suggérant au sujet qu'il ne voit après, à son réveil, que les papiers qui portent des chiffres multiples de 3. Elle donne des résultats identiques.

Mais la cryptopsychie ne permet pas seulement d'expliquer certaines sortes de suggestions : elle nous fait entrer plus profondément dans l'intelligence de la *suggestion* en général.

Selon l'École de Nancy, la suggestion n'est qu'une conséquence normale de la crédulité et de la docilité naturelles à l'espèce humaine tout entière. Un assez grand nombre de cas semblent se plier à cette interprétation : ce sont tous ceux où le sujet que l'on suggestionne est en effet prévenu de la puissance du suggestionneur et disposé d'avance à en subir les effets. Mais comment pourrait-il en être ainsi, lorsque le sujet au contraire oppose à la suggestion l'incrédulité la plus énergique sans réussir cependant à s'empêcher de ressentir ou

1. Pierre Janet, *L'automatisme psychologique*, IIᵉ p., ch. II, p. 277.

de faire ce que le suggestionneur lui commande? Ne faut-il
pas alors supposer en lui une sorte de dédoublement de la
personnalité, comme si la personne qui obéit à l'hypnotiseur
était différente de l'autre? C'est là ce que Durand (de Gros)
a très excellemment mis en lumière par son analyse du cas,
si curieux, de « Laverdant » déjà cité dans son *Cours de
Braidisme*[1].

« Le sujet, dit-il, assiste pour la première fois à une expérience
d'hypnotisme et en se mettant à la disposition de l'expérimentateur il se propose de « boucher un trou » et rien de plus. Il ne se
trouve actuellement sous l'influence d'aucune préoccupation
suggestrice, il ne s'attend aucunement à être suggestionné, il ne
sait même pas au juste en quoi doivent consister les expériences
auxquelles il est venu prendre part, et toute sa pensée, c'est de
profiter de l'occasion pour faire « son petit somme » habituel. Il
suit toutefois l'instruction qui lui a été donnée de regarder attentivement l'objet placé dans sa main, et cela suffit pour qu'au bout
de quelques instants il se sente *pris* et qu'il le soit réellement.
L'hypnotisé, qui n'a pas cessé d'être pleinement éveillé, *ne croit
pas* à la réalisation possible des affirmations de son hypnotiseur,
et c'est presque de l'indignation qu'il ressent quand celui-ci
pousse l'impertinence jusqu'à lui affirmer qu'il vient de le réduire
à ne plus connaître une des lettres de son nom. Et quand le fait
annoncé se réalise, il s'en montre stupéfait et consterné non
moins qu'aucun des assistants. D'une part sa volonté propre, la
volonté dont il a conscience reste entière, puisqu'il veut résister
à l'expérience mystérieuse, et qu'il le veut très énergiquement
jusqu'au bout. Ce qui fait acte de foi et d'obéissance dans le sujet,
ce n'est donc pas lui, à proprement parler, c'est donc un autre
moi que son moi[2]. »

Mais si la cryptopsychie joue un rôle aussi capital dans des
suggestions de ce genre, il est infiniment vraisemblable, on
l'avouera, qu'elle n'est pas non plus absente des suggestions où
le sujet n'oppose aucune incrédulité, aucune résistance apparente aux affirmations et aux commandements de l'hypnotiseur : dans un cas comme dans l'autre la personnalité influencée
est sans doute une personnalité secondaire, plus ou moins
complètement étrangère à la personnalité normale.

---

1. Sous le pseudonyme du Dr Philips, *Cours théorique et pratique du
Braidisme*. Paris, 1860.

2. Durand (de Gros), *Le merveilleux scientifique*, 1894. Paris, F. Alcan.

Ce qui semble bien le prouver, c'est l'*électivité* que les sujets manifestent en général pour leur hypnotiseur : c'est lui seul qu'ils croient, c'est à lui seul qu'ils obéissent, souvent même ils ne croient et n'entendent que lui. Comment comprendre cette électivité, si on ne suppose que l'idée de l'hypnotiseur reste toujours présente dans la subconscience du sujet et qu'elle exerce sur tous ses autres états psychologiques une action particulièrement puissante ?

Dans son très intéressant chapitre sur l'*influence somnambulique*[1], le Dr Pierre Janet conclut d'un grand nombre d'observations très finement analysées qu' « une certaine pensée relative à la personne qui a déterminé le somnambulisme, pensée qui a fait naître des sentiments spéciaux et qui a des caractères particuliers, non seulement accompagne la période d'influence, mais disparaît avec elle. Cette période est d'autant plus marquée que cette pensée est plus puissante. Il semble donc que cette idée de l'hypnotiseur joue un rôle considérable, qu'elle dirige la conduite du sujet, exerce une action inhibitoire sur ses idées fixes, excite son activité et par là même détermine indirectement l'amélioration de la santé, le développement de la sensibilité, de l'intelligence et de la volonté qui semble caractériser cette période ». Ce n'est donc pas uniquement la suggestion qui détermine, comme le prétend l'École de Nancy, tous les phénomènes de l'influence somnambulique, c'est au contraire dans bien des cas cette influence, cette domination de l'hypnotiseur qui détermine la suggestion elle-même, et nous venons de voir que cette influence n'est elle-même qu'une forme spéciale de cryptopsychie.

Peut-on aller plus loin et rattacher à la cryptopsychie la suggestion elle-même entendue au sens le plus général ? Telle paraît bien être la doctrine de M. Pierre Janet, ou du moins la suggestion et la cryptopsychie lui paraissent être l'une et l'autre des conséquences d'un même état fondamental, de cet

---

1. Pierre Janet, *Névroses et idées fixes*, I, p. 155.

état de misère psychologique caractérisé par une tendance
constante à la désagrégation mentale, où les phénomènes
subconscients se produisent et s'organisent en dehors de la
conscience centrale avec la plus extrême facilité.

Peut-être suffirait-il, pour éclaircir la question, de distinguer plus nettement que nous ne l'avons fait jusqu'ici la suggestion à l'état d'hypnose et la suggestion à l'état de veille.

La première accompagne l'hypnotisme et, quoi qu'en dise
l'École de Nancy, est certainement conditionnée par lui. Or
l'hypnotisme a pour effet de substituer à la personnalité normale, plus ou moins capable de juger et de se conduire par
elle-même, une seconde personnalité dont le caractère le plus
manifeste est justement une suggestibilité extraordinaire ;
et ce qui prouve bien que cette personnalité seconde constitue comme une conscience nouvelle, étrangère à la conscience
habituelle du sujet hypnotisé, c'est qu'au réveil celle-ci ne
garde plus aucun souvenir de tout ce qui a pu affecter celle-
là. L'hypnose, à ce point de vue, est en quelque sorte un phénomène de cryptopsychie *totale* et *consécutive* : elle fait se
succéder dans le même individu deux systèmes d'états psychologiques tels que le second est totalement extérieur au premier
et, par rapport à lui, inconscient. Mais ce second système est
lui-même tout prêt à se décomposer en autant de systèmes distincts que l'on voudra, et c'est en cela que consiste sa suggestibilité caractéristique ; car la suggestibilité n'est autre chose
que la tendance d'un état psychologique quelconque à dérouler automatiquement toute la suite de ses associations, sans
être entravé ni contrôlé dans son développement par l'ensemble des autres états, c'est-à-dire par l'intelligence et la
volonté de la personne.

La suggestion à l'état de veille est surtout possible, comme
l'expérience le montre, chez des sujets qui viennent d'être
hypnotisés ou qui sont susceptibles de l'être. Dans le premier
cas, elle suppose la réapparition de la personnalité seconde ou
hypnotique à côté de la personnalité principale ou habituelle[1].

1. Cf. P. Janet, *L'automatisme psychologique*, IIe p., ch. II, p. 324. « En

Dans le second cas, qui est d'ailleurs moins fréquent, sous une influence encore mal définie, mais qui est certainement de même nature que celle qui produit l'hypnose, le sujet entre spontanément et d'une façon plus ou moins complète en état d'hypnotisme. Une partie de sa personnalité se sépare du reste, et c'est justement cette partie ainsi séparée qui subit et exécute les suggestions, souvent malgré la résistance ou l'incrédulité de l'autre partie. Dans les deux cas par conséquent, la suggestion à l'état de veille réelle ou apparente nous apparaît comme une cryptopsychie *partielle* et *simultanée*; partielle, en ce sens qu'une partie seulement des états psychologiques de l'individu s'isole de l'ensemble pour constituer un foyer latéral; simultanée, en ce sens que ce foyer coexiste avec la personnalité principale ou habituelle.

La cryptopsychie contient-elle une explication intégrale du *spiritisme?* — La question, selon nous, n'est pas encore susceptible d'une réponse définitive; mais il est certain en tout cas que la cryptopsychie intervient constamment dans la plupart des phénomènes présentés par les médiums, écriture automatique, message transmis par la planchette ou par la table, phénomènes dits d'incarnation, etc., etc. Évidemment si la personnalité secondaire qui se manifeste ainsi était réellement, dans certains cas, distincte du médium lui-même, nous nous trouverions alors en présence d'un fait nouveau, qui ne pourrait plus s'expliquer par les seules lois de la psychologie ordinaire; mais dans la grande majorité des cas, cette hypothèse de l'intervention d'une personnalité étrangère est, on l'avouera, absolument inutile et gratuite, et par conséquent,

étudiant, chez certains sujets, cette seconde personnalité qui s'est révélée à nous au-dessous de la conscience normale, on ne peut se défendre d'une certaine surprise. On ne sait comment s'expliquer le développement rapide et quelquefois soudain de cette seconde conscience... Notre étonnement cessera si nous voulons bien remarquer que cette forme de conscience et de personnalité n'existe pas maintenant pour la première fois. Nous l'avons déjà vue quelque part et nous n'avons pas de peine à reconnaître une ancienne connaissance : elle est tout simplement le personnage du somnambulisme qui se manifeste de cette nouvelle manière pendant l'état de veille. »

jusqu'à plus ample informé, s'impose seule la première explication par la cryptopsychie, telle que nous venons de l'exposer.

Nous en dirons autant des cas de *possession* si fréquents au
moyen âge. Pour eux aussi l'explication cryptopsychique s'impose jusqu'à plus ample informé. Sur ce point, rien n'est plus
instructif que l'observation du Dr Pierre Janet dont nous avons
déjà parlé. Son malade, Achille, présentait tous les signes
classiques de la possession : dédoublement de la personnalité[1],
hallucinations[2], insensibilité[3], etc. Cependant, grâce à l'écriture automatique, il devint possible de vérifier l'origine
cryptopsychique de son délire, et l'on sait comment ce délire
lui-même fut guéri par un ingénieux emploi de l'hypnotisme
et de la suggestion.

Résumons donc toute cette énumération en disant que la
cryptopsychie est un principe d'explication très général que
la psychologie expérimentale ne doit jamais perdre de vue dans
l'étude des phénomènes plus ou moins anormaux ou paradoxaux de la nature humaine.

I V

Maintenant, comment peut-on expliquer la cryptopsychie
elle-même ?

1. Il murmurait des blasphèmes d'une voix sourde et grave : « Maudit
soit Dieu, disait-il, maudite la Trinité, maudite la Vierge... » puis d'une
voix plus aiguë et les yeux en larmes : « Ce n'est pas ma faute, si ma
bouche dit ces horreurs; ce n'est pas moi... je serre les lèvres pour que
les mots ne partent pas, n'éclatent pas tout haut; cela ne sert à rien. »
Névroses et idées fixes, t. I, p. 381.

2. « Achille entendait parler ou rire d'autres démons en dehors de son
corps et voyait un diable devant lui. » *Ibid.*, p. 385.

3. « Quand il tordait ses bras en mouvements convulsifs, on pouvait les
piquer et les pincer sans qu'il s'en aperçût. Bien souvent Achille se frappait
lui-même, il se déchirait la figure avec ses ongles, et il n'éprouvait aucune
douleur. J'essayai, comme dernière ressource, s'il n'était pas possible de
l'endormir pour le dominer davantage pendant un état hypnotique; tout
fut inutile ; par aucun procédé je ne pus réussir ni à le suggestionner, ni
à l'hypnotiser; il me répondit par des injures et des blasphèmes, et le
diable parlant par sa bouche se railla de mon impuissance. Il en était de
même autrefois : quand le docteur disait au démon de se taire, le démon
répondait brutalement : « Tu me commandes de me taire et moi je ne veux
pas me taire ». *Ibid.*, p. 386.

Il serait téméraire de prétendre avancer autre chose que des hypothèses dans un ordre de faits encore si mal connu et si profondément mystérieux.

L'hypothèse la plus ancienne, la première en date, est, ce semble, celle de Durand (de Gros), l'hypothèse du polyzoïsme et du polypsychisme humains. « Il n'y a pas qu'un seul individu psychologique, qu'un seul moi dans l'homme, dit Durand (de Gros), il y en a une légion, et *des faits de conscience* avérés comme tels, qui restent néanmoins étrangers à *notre* conscience, se passent dans d'autres consciences associées à celles-ci dans l'organisme humain en une hiérarchie anatomiquement représentée par la série des centres nerveux du système ganglionnaire [1]. »

Nous n'indiquons que pour mémoire l'hypothèse simpliste de la dualité cérébrale et de l'indépendance fonctionnelle des deux hémisphères cérébraux, à laquelle certains ont eu recours pour expliquer le développement de deux consciences parallèles dans les phénomènes du somnambulisme et du spiritisme[2].

Faut-il voir un essai d'explication ou simplement une façon commode d'exprimer ou de représenter les faits dans l'hypothèse proposée par le Dr Grasset du *polygone* et du centre O ?

« Il y a, dit le Dr Grasset, deux psychismes, deux catégories d'actes psychiques ; des actes supérieurs, volontaires et libres et des actes inférieurs, automatiques : psychisme supérieur et psychisme inférieur. A chacune de ces catégories d'actes correspondent nécessairement des groupements différents de centres ou des groupements de neurones. Il y a donc : 1° des centres de réflexes simples ; 2° des centres de réflexes supérieurs, d'automatisme inférieur, non psychique ; 3° des centres d'automatisme supérieur psychique, psychisme inférieur ; 4° des centres de psychisme supérieur, conscient,

1. *Le merveilleux scientifique*, p. 181. Paris, F. Alcan.

2. Bérillon, *La dualité cérébrale et l'indépendance fonctionnelle des hémisphères cérébraux*, 1884, 115. — Magnin, *Étude clinique expérimentale sur l'hypnotisme*, 1884, 157. — Myers, *Multiplex personality*, Proceed S. P. R. 1887, 499. — *Automatic Writing*, 1885, 39.

libre et responsable[1]... En O est le centre psychique supérieur formé, bien entendu, d'un grand nombre de neurones distincts ; c'est le centre du moi personnel, conscient, libre et responsable. Au-dessous est le *polygone* AVTEMK des centres automatiques supérieurs : d'un côté les centres sensoriels de réception, comme A (centre auditif), V (centre visuel), T (centre de la sensibilité générale) ; de l'autre les centres moteurs de transmission, comme K (centre kinétique), M (centre de la parole articulée), E (centre de l'écriture). Ces centres, tous situés dans la substance grise des circonvolutions cérébrales, sont reliés entre eux de toutes manières par des fibres intracorticales, intrapolygonales, reliés à la périphérie par des voies sous-polygonales centripètes et centrifuges et reliés au centre supérieur O par des fibres sus-polygonales, les unes centripètes (idéo-sensorielles), les autres centrifuges (idéo-motrices)[2]. »

Voici quelques exemples de la manière dont le professeur Grasset utilise ce schéma pour analyser les faits. « Quand Archimède sort dans la rue en costume de bain, il marche avec son polygone et crie « Heuréka » avec son O. Quand le causeur verse indéfiniment à boire à son voisin de table jusqu'à tout inonder, il fait ceci avec son polygone, mais O n'est pas inactif ; il cause ; trop absorbé par cette conversation, il oublie son polygone... Dans la distraction, il y a disjonction des deux psychismes, mais il n'y a pas annulation de O... Condillac distinguait en lui le moi d'habitude et le moi de réflexion : le premier est polygonal, le second est en O... Dans le sommeil, le psychisme n'est pas supprimé en entier : O se repose ; mais le psychisme polygonal persiste... L'état de suggestibilité, caractéristique de l'hypnotisme, est constitué par deux éléments psychiques également essentiels :

1. *Leçons de clinique médicale*, t. I, p. 138.

2. Dr Grasset, *De l'automatisme psychologique* (psychisme inférieur ; polygone cortical) à l'état psychologique et pathologique (Leç. rec. et publiées par le Dr Vedel), t. III, p. 122.— *Leçons de clinique médicale*. Le Spiritisme devant la science, t. I, p. 436.

1° La *dissociation sus-polygonale*, c'est-à-dire la suppression de l'action du centre O du sujet sur son propre polygone;

2° L'*état de malléabilité du polygone*, c'est-à-dire que le polygone du sujet émancipé de son propre O garde son activité propre, mais obéit absolument et immédiatement au centre O du magnétiseur, de sorte que l'hypnose d'un sujet est la substitution de O de l'hypnotiseur à son centre O personnel chez l'hypnotisé[1], etc., etc. »

En somme, cette hypothèse de Grasset ne nous paraît guère être qu'une façon, d'ailleurs très ingénieuse et très commode, d'exprimer schématiquement, en termes d'anatomie et de physiologie cérébrales, l'hypothèse de Pierre Janet sur la désagrégation mentale et le rétrécissement du champ de conscience, eux-mêmes rattachés à une certaine faiblesse du pouvoir de synthèse ou à un état de *misère psychologique*.

Cette fois nous nous trouvons en présence d'une explication purement psychologique, du moins si on peut donner le nom d'explication à une théorie qui ne fait en somme que résumer les faits dans une interprétation généralisatrice.

Il semble que le principe d'où dérive tout le reste soit la suspension ou l'affaiblissement d'un certain pouvoir, d'une certaine opération (qu'on l'appelle comme on voudra) qui est le fond commun de la volonté et du jugement, et que l'on peut caractériser par les mots de « synthèse » et de « création ».

« Les choses semblent se passer, dit Pierre Janet[2], comme s'il y avait dans l'esprit deux activités différentes qui tantôt se complètent l'une l'autre et tantôt se font obstacle... Comme disaient les anciens philosophes, être c'est agir et créer, et la conscience, qui est au suprême degré une réalité, est par là même une activité agissante. Cette activité, si nous cherchons à nous représenter sa nature, est avant tout une activité de synthèse qui réunit les phénomènes donnés plus ou moins nombreux en un phénomène nouveau différent des éléments. C'est là

---

1. *Ibid.*, I passim.
2. *L'automatisme psychologique*, conclusion, p. 481-487.

une véritable création... Il est impossible de dire quels sont les premiers éléments qui sont ainsi combinés par la conscience. Mais ce qui est certain, c'est qu'il y a des degrés d'organisation et de synthèse de plus en plus complexes. De même que les êtres composés d'une seule cellule sont tous pareils et que les êtres composés de plusieurs cellules commencent à prendre des formes distinctes, les consciences vagues de plaisir et de douleur deviennent peu à peu des sensations déterminées et d'espèces différentes... Ces sensations à leur tour s'organisent en des états plus complexes que l'on peut appeler des émotions générales ; celles-ci s'unifient et forment, à chaque moment, une unité particulière qu'on appelle l'idée de la personnalité, tandis que d'autres combinaisons formeront les différentes perceptions du monde extérieur. Certains esprits vont au delà, synthétisant encore ces perceptions en jugements, en idées générales, en conceptions artistiques, morales et scientifiques. » A tous ces degrés « la nature de la conscience est toujours la même ». Mais il y a aussi, dans l'esprit humain, « une seconde activité que je ne puis mieux désigner qu'en l'appelant une activité *conservatrice*. Les synthèses une fois construites ne se détruisent pas : elles durent, elles conservent leur unité, elles gardent leurs éléments rangés dans l'ordre où ils l'ont été une fois. Dès que l'on se place dans les circonstances favorables, on voit les sensations ou les émotions se prolonger avec tous leurs caractères aussi longtemps que possible. Bien mieux, si la synthèse précédemment accomplie n'est pas donnée complètement, s'il n'existe encore dans l'esprit que quelques-uns de ses éléments, cette activité conservatrice va la compléter, va ajouter les éléments absents dans l'ordre et de la manière nécessaires pour refaire le tout primitif. De même que l'activité précédente tendait à créer, celle-ci tend à conserver, à répéter. La plus grande manifestation de la première était la synthèse, le plus grand caractère de celle-ci est l'association des idées et la mémoire... Ces deux activités subsistent ordinairement ensemble ; de leur bon accord et de leur équilibre dépendent la santé du corps et l'har-

monie de l'esprit... Quand l'esprit est normal, il n'abandonne
à l'automatisme que certains actes inférieurs qui, les conditions étant restées les mêmes, peuvent sans inconvénient se
répéter, mais il est toujours actif pour effectuer à chaque instant de la vie les combinaisons nouvelles qui sont incessamment nécessaires pour se maintenir en équilibre avec les
changements du milieu... Mais que cette activité créatrice de
l'esprit, après avoir travaillé au début de la vie et accumulé
une quantité de tendances automatiques, cesse tout à coup
d'agir et se repose avant la fin, l'esprit est alors entièrement
déséquilibré et livré sans contrôle à l'action d'une seule force.
Les phénomènes qui surgissent ne sont plus réunis dans de
nouvelles synthèses, ils ne sont plus saisis pour former
à chaque moment de la vie la conscience personnelle
de l'individu; ils rentrent alors naturellement dans leurs
groupes anciens et amènent automatiquement les combinaisons qui avaient leur raison d'être autrefois. Sans doute, si un
esprit de ce genre est maintenu avec précaution dans un
milieu artificiel et invariable, si, en lui supprimant le changement des circonstances, on lui évite la peine de penser[1], il
pourra subsister quelque temps, faible et distrait. Mais que
le milieu se modifie, que des malheurs, des accidents, ou
simplement des changements demandent un effort d'adaptation et de synthèse nouvelle, il va tomber dans le plus complet désordre. »

On peut, il est vrai, se demander si cette interprétation concorde bien dans le détail avec tous les faits que nous avons
exposés et, en particulier, si elle tient suffisamment compte
de la tendance de l'activité conservatrice ou cryptopsychique
à revêtir, au moins dans un grand nombre de cas, la forme
d'une personnalité nouvelle et à manifester sous cette forme des
pouvoirs de perception, de mémoire, souvent même d'imagination et de raisonnement égaux ou même supérieurs à ceux
de l'activité créatrice normalement identique à la personnalité habituelle et centrale.

1. On pourrait ajouter « et de vouloir ».

Aussi certains auteurs, sans doute parce qu'ils avaient surtout égard à cette circonstance, plus facile à observer chez les médiums ou chez certains sujets hypnotiques que chez les hystériques, ont-ils cru devoir modifier l'hypothèse de Janet dans un sens plus large, mais à coup sûr moins scientifique. Croyant découvrir chez l'activité subconsciente des facultés que l'activité consciente ne possède pas (action tantôt perturbatrice, tantôt curatrice exercée sur l'organisme, télépathie, pénétration de pensée, double vue, extériorisation de la sensibilité et de la motricité, etc.), ils en ont conclu que la première est en réalité antérieure et supérieure à la seconde qu'elle est d'ordre non infra-normal, mais *supra-normal*. — Telle est l'hypothèse développée, avec des variations de détail plus ou moins importantes, par des écrivains partisans du spiritisme, tels qu'Aksakof[2], Dr E. Gyel[1] et tout récemment, dans un livre posthume, Fr. Myers[3].

« Dès que la personnalité, ou la conscience extérieure est assoupie, dit Aksakof, surgit autre chose, une chose qui pense et qui veut, et qui ne s'identifie pas avec la personne endormie et se manifeste par ses propres traits caractéristiques. Pour nous c'est une *individualité* que nous ne connaissons pas; mais elle connaît la personne qui dort et se souvient de ses actions et de ses pensées. Si nous voulons admettre l'hypothèse spiritique, il est clair que ce n'est que ce noyau intérieur, ce principe individuel, qui peut survivre au corps, et tout ce qui a appartenu à sa personnalité terrestre ne sera qu'une affaire de mémoire. »

« L'être psychique, dit le Dr E. Gyel, comprendrait deux parties essentielles : 1° le moi conscient, qui n'en représente que la partie la moins importante ; 2° le moi subconscient, qui en constitue la partie principale. Le moi conscient dépend en majeure partie du fonctionnement organique et en est inséparable. Le moi subconscient comprend Force, Intelligence et Matière. Il est capable de perceptions et d'actions « en majeure partie inaccessibles à la connaissance et à la volonté directes et immédiates de l'être dans la vie

1. Aksakoff, *Animisme et spiritisme*.

2. Dr E. Gyel. *L'Être subconscient*. Paris, F. Alcan, 1899.

3. Frédéric Myers, *Human Personality and its survivance opter bodily death*, Londres. Une adaptation française de cet ouvrage a été faite par M. Jankelevitch, sous le titre : *La personnalité humaine, sa survivance, ses manifestations supra-normales*, 1906. Paris, F. Alcan.

normale. En grande partie indépendant du fonctionnement organique actuel, il est extériorisable. Il est le produit synthétique de la conscience actuelle et des consciences antérieures. — Après la mort, l'être conscient disparaît, mais son souvenir intégral persiste dans l'être subconscient... Ses éléments psychiques restent unis, dans la synthèse subconsciente, aux éléments psychiques de conscience antérieure qui l'ont constituée. — En résumé, l'être subconscient serait le moi réel, l'individualité permanente; tandis que l'être conscient serait le moi apparent, la personnalité transitoire. L'individualité serait elle-même la synthèse des personnalités successives, intégralement conservées [1]. »

« Le moi conscient de chacun de nous, comme nous l'appelons, dit Fr. Myers, le moi empirique, supraliminal, comme je préférerais dire, ne comprend pas la totalité de la conscience ou de la puissance qui est en nous. Il existe une conscience plus compréhensive, une puissance plus profonde, qui demeure en grande partie potentielle, pour ce qui regarde la vie terrestre, mais dont la conscience et la puissance de la vie terrestre ne sont que des limitations et qui se reconstitue dans sa plénitude après le changement libérateur de la mort. » — « Je considère chaque homme, dit-il, encore comme étant à la fois profondément un et infiniment composé, comme héritant de ses ancêtres terrestres un organisme multiple et « colonial », — polyzoïque et peut-être polypsychique à un degré extrême; mais aussi comme gouvernant et unifiant cet organisme par une âme ou esprit qui dépasse absolument notre analyse présente, — une âme qui a pris son origine dans un milieu spirituel ou méthétéré; qui, même lorsqu'elle est incarnée, continue d'exister dans ce milieu; et qui continuera d'y exister encore après la disparition du corps. »

Mais on pourrait aller plus loin encore : on pourrait se demander si ce moi transcendantal ou subliminal est nécessairement individuel, s'il ne dépasse pas au contraire les limites des organismes en chacun desquels se manifeste, s'il ne constitue pas une sorte de fond commun, universel, dans lequel les différents esprits seraient tous plongés et où ils se pénétreraient plus ou moins les uns les autres. On donnerait ainsi une forme panthéistique ou monistique à l'hypothèse monadiste ou pluraliste de Fr. Myers et de Gyel. C'est vers cette conception que semble pencher l'auteur d'un recueil très intéressant et trop peu connu d'observations spiritiques, M. A. Goupil[2].

1. Dr E. Gyel, *L'Être subconscient*, Alcan, 1899, p. 128-131.
2. *Pour et Contre, recherches dans l'inconnu*, Tours, 1893, p. 63. Discu-

A notre avis, il est prématuré d'essayer une explication de phénomènes visiblement si compliqués et si obscurs ; et les seules hypothèses scientifiquement admissibles sont celles qui peuvent servir à diriger les recherches en suggérant des expériences précises. Or évidemment tel n'est pas le caractère de celles que nous venons de passer en revue. Il sera temps d'élaborer une explication générale de la cryptopsychie, lorsque, par une application rigoureuse et persévérante de la méthode expérimentale, les effets et les conditions de la cryptopsychie, ce qu'on pourrait appeler avec Claude Bernard son *déterminisme*, auront été scientifiquement établis. Jusque-là, c'est à établir ce déterminisme que devront se borner tous les efforts des chercheurs.

tant l'hypothèse spirite sous sa forme habituelle, M. Goupil fait remarquer que si certains faits — entre autres celui qu'il vient de rapporter — semblent prouver l'intervention d'esprits distincts de ceux des assistants et du médium, cependant « cette ou ces intelligences occultes n'ont jamais fourni des renseignements utiles. Ont-elles jamais devancé les humains ? Ont-elles parlé d'excentriques, d'engrenages, d'explosifs avant ces découvertes ? Les esprits annoncent la conquête de l'air depuis que l'on s'occupe de navigation aérienne. Ce qu'ils disent ne sort pas de l'acquis général, bien que parfois cet acquis soit dans des cerveaux éloignés du groupe qui opère : Qu'en conclure ? *C'est que les fonctions cérébrales des humains se collectionnent dans un intellect général* qui est celui qui se manifeste dans les phénomènes. » — « C'est aussi la théorie qui se trouve sous la plume du médium écrivain Mᵐᵉ Goupil (p. 80) dans le compte rendu de la séance du 29 décembre. La question « qui est là ? » provoque la réponse suivante : « Je ne vois pas l'utilité de vous donner mon nom ; que je sois l'un ou l'autre, je suis toujours le même esprit. Que peut vous faire qui je suis ? Je suis l'Esprit Universel, je suis puissant suivant ma volonté, et je remplis le rôle des personnages que vous connaissez. »

TROISIÈME PARTIE

LES PHÉNOMÈNES MAGNÉTOIDES

CHAPITRE VII

L'HYPOTHÈSE DU MAGNÉTISME ANIMAL
D'APRÈS DE NOUVELLES RECHERCHES

Les faits que je vais raconter paraîtront si étranges à la plupart de mes lecteurs, il semble si difficile de les rattacher aux lois actuellement connues de la physique et de la physiologie que je ne me décide pas sans hésitation ni sans appréhension à les exposer au public.

Je n'ignore pas d'ailleurs qu'une sorte de défaveur s'attache encore, même aujourd'hui, à tout cet ordre de recherches, comme s'il restait quelque chose dans beaucoup d'esprits de la superstitieuse terreur que ces phénomènes en apparence surnaturels ont pendant longtemps inspirée. Quiconque se risque à les étudier doit se résigner à passer aux yeux de bien des gens pour un émule des sorciers du moyen âge, et le moindre malheur qui puisse lui arriver, c'est d'être traité de charlatan ou d'esprit faible et crédule, naïvement épris du merveilleux.

Même parmi ceux qui consentent à reconnaître que ces recherches ne sont peut-être pas sans objet, beaucoup estiment que les expériences qu'elles entraînent sont dangereuses pour ceux qui s'y soumettent, immorales chez ceux qui les pratiquent : ils les verraient volontiers interdites par la loi. Les sentiments de la grande majorité des savants ne sont pas beaucoup plus favorables. Malgré l'exemple donné par Charcot, Dumontpallier, Bernheim, Beaunis, Ch. Richet, etc., presque tous s'abtiennent d'étudier personnellement ces phénomènes ou même de s'enquérir des résultats de l'étude que d'autres ne pourraient faire ; ils éprouvent un regret mêlé de pitié ou de dédain, chaque fois qu'un de leurs confrères s'engage dans une telle aventure.

J'ai plusieurs fois entendu exprimer cette opinion dans des milieux scientifiques, qu'il était fâcheux que Charcot eût compromis son autorité dans l'étude de l'hypnotisme et que c'était là sans doute la partie la moins recommandable de son œuvre. De tels phénomènes, pense-t-on, sont trop obscurs, trop exceptionnels, trop capricieux, ils laissent une trop grande ouverture à l'illusion et à la supercherie pour qu'un vrai savant se soucie jamais de les étudier : ils sont le lot naturel des faiseurs de tours et donneurs de spectacles auxquels il ne vaut pas la peine de les disputer.

Enfin, même ceux qui les étudient plaident en quelque sorte les circonstances atténuantes. Ils s'excusent d'essayer de les soumettre à l'investigation scientifique en faisant remarquer qu'ils limitent scrupuleusement leur étude à un nombre restreint de faits très simples et très positifs, dont l'explication ne suppose aucune force inconnue, aucun agent mystérieux, à savoir les faits d'hypnotisme et de suggestion, et ils ne sont pas les moins résolus à fermer la porte de la science sur tous les faits qui ne pourraient rentrer dans cette formule [1].

A quel accueil doit donc s'attendre le téméraire qui, sans être physicien ou physiologiste de profession, entreprend de réhabiliter la vieille hypothèse du magnétisme animal, non comme une théorie plus ou moins vraisemblable, mais comme la pure et simple expression de faits expérimentalement vérifiés ? Voilà plus d'un siècle que les partisans de cette hypo-

---

1. Notons cependant que les savants anglais sont à cet égard moins exclusifs ou moins timides que les nôtres, car beaucoup d'entre eux appartiennent à la *Society for psychical research* qui se propose justement d'étudier tous les phénomènes de cet ordre, et les savants américains paraissent disposés à suivre leur exemple. En France, les Dʳˢ Ch. Rivet et Dariex ont fondé une revue, *les Annales des Sciences psychiques*, particulièrement consacrée à l'étude des faits de télépathie, qui publie des observations fort intéressantes et qui ne semble pas cependant avoir encore réussi à vaincre l'indifférence ou même l'hostilité de nos savants pour ce genre de recherches.

thèse luttent sans succès pour l'introduire dans la science : à l'heure présente, on peut croire que la cause est irrévocablement perdue. Scientifiquement, le débat ne se poursuit plus qu'entre l'hypnotisme et la suggestion : le magnétisme animal est, pour ainsi dire, rayé du rôle. Pourtant la vérité a toujours le droit d'en appeler, et tôt ou tard elle finit par gagner son procès. Il ne faut pas moins que cette assurance pour nous enhardir à demander la revision d'un jugement qu'on s'est trop hâté de croire définitif.

I

Pour bien entendre l'état de la question, peut-être est-il d'abord nécessaire de caractériser nettement les trois théories adverses : magnétisme, hypnotisme et suggestion?

Les premiers qui observèrent les singuliers phénomènes produits par les procédés mesmériens, les attribuèrent avec Mesmer lui-même (1779) et de Puységur (1784) à l'action d'une force émanant de l'opérateur et rayonnant vers le sujet, force analogue à celle de l'aimant ; de là le nom de magnétisme animal qu'ils lui donnèrent. Selon eux, le regard, les impositions des mains, les passes, le souffle endorment ou éveillent, contracturent ou décontracturent, excitent ou paralysent les fonctions vitales et les facultés intellectuelles parce qu'ils servent de véhicules à cette force qu'ils transmettent d'un système nerveux à un autre. — Peu importe d'ailleurs le nom qu'on lui donne et la façon particulière dont on se la représente. Quiconque admet une influence physique pouvant s'exercer à distance entre deux êtres vivants professe par cela même l'hypothèse du magnétisme animal sous sa forme la plus simple et la plus générale.

On sait comment Braid (1843) reproduisit la plupart des effets obtenus par les magnétiseurs en mettant en jeu des procédés tout différents. La fixation prolongée du regard sur un point brillant ou toute autre manœuvre équivalente suffit en effet pour provoquer chez certaines personnes un engourdissement plus ou moins profond du cerveau qui les rend susceptibles de présenter la plus grande partie des phénomènes jusqu'alors attribués à l'influence magnétique. Nul besoin de supposer ici une force inconnue : l'opérateur n'endort pas le sujet, c'est le sujet qui s'endort lui-même par l'effet de la fatigue ou de l'épuisement de ses centres nerveux. Aussi Braid, au nom de magnétisme, substitue celui d'hypnotisme et sous ce nouveau nom les faits, pendant si longtemps contestés, sont enfin admis par la science officielle le jour où Charcot (1879) en fait l'objet de ses fameuses leçons de la Salpêtrière. L'École de Paris dont Charcot est le chef, adopte et complète l'explication de Braid. La cause initiale de tous les phénomènes hypnotiques est, selon elle, dans une modification de l'état du système nerveux, presque toujours produite par une excitation brusque ou prolongée, mais cette modification n'est elle-même possible que sous la condition préalable d'une diathèse spéciale, laquelle ne se rencontre que chez les hystériques ou du moins chez les névropathes.

Tout en n'assignant comme l'École de Paris qu'une cause subjective au sommeil provoqué, l'École de Nancy voit cette cause dans la suggestion, c'est-à-dire dans la conviction et l'attente du sujet qui réalise lui-même l'effet suggéré. Déjà en 1813, l'abbé Faria expliquait par la seule influence de l'imagination tous les effets jusqu'alors attribués au fluide magnétique, et il convertit à ses idées le général Noizet et le Dr Bertrand. Le Dr Liébault reprenait en 1868 la même thèse, mais sans beaucoup de succès, jusqu'au moment où le professeur Berheim s'en faisait le défenseur et l'opposait à la doctrine de Paris. « La suggestion, dit Berheim, est la clé de tous les phénomènes hypnotiques »; et allant plus loin encore : « Il n'y a pas d'hypnotisme, il n'y que de la suggestion. » Ce qui revient à dire que non seulement les procédés de Mesmer, mais encore ceux de Braid, doivent toute leur efficacité non à une action physique ou physiologique spéciale, mais à la seule suggestion.

Ainsi, d'accord pour rejeter l'explication objective des partisans du magnétisme animal, l'École de Paris et l'École de Nancy n'en ont pas moins de l'ensemble de ces phénomènes des conceptions très différentes. Pour celle-ci n'ayant d'autre cause que la suggestion à laquelle tous les hommes sont plus ou moins sensibles, ils peuvent se produire en effet chez tous les hommes avec plus ou moins d'intensité, et ils n'obéissent dans leur évolution qu'à l'imagination des sujets ou à la volonté des opérateurs et aux habitudes qui peuvent résulter de l'une et de l'autre. Pour celle-là, ils dépendent avant tout d'un substratum matériel, ce sont des modalités d'un état pathologique parfaitement déterminé en soi, bien qu'imparfaitement connu de nous, et c'est pourquoi on ne peut les provoquer chez tous les individus, mais seulement chez une certaine classe de malades, et, quelque influence que la suggestion puisse avoir sur eux, ils n'en obéissent pas moins dans leur évolution à des lois définies, comme celles par exemple qui font se succéder dans un certain ordre la catalepsie, la léthargie et le somnambulisme, et attachent à chacun de ces trois états des propriétés caractéristiques. Bien mieux, l'influence extraordinaire de la suggestion sur les sujets est elle-même conditionnée et limitée par la disposition toute particulière de leur système nerveux et de leur cerveau : loin que la suggestion explique l'hypnotisme, c'est l'hypnotisme qui explique la suggestion (qu'il faut d'ailleurs se garder de confondre, comme le fait l'École de Nancy, avec l'influence morale que les hommes exercent normalement les uns sur les autres par la persuasion, l'autorité, l'exemple, etc.).

Nous n'avons pas ici à prendre parti entre les deux doctrines. S'il faut dire franchement notre pensée, nous croyons qu'elles ont chacune leur part de vérité, et nous leur appliquerions volontiers le mot de Leibnitz sur les écoles philosophiques : « La plupart des sectes ont raison dans ce qu'elles avancent, mais non pas en ce qu'elles nient. »

L'une et l'autre raisonnent comme si le même effet ne pouvait être produit que par une seule espèce de cause, et nous verrons que c'est encore ce même raisonnement qu'elles opposent l'une et l'autre à l'hypothèse du magnétisme animal [1]. — Nous produisons, dit l'École de Nancy, le somnambulisme, la catalepsie, la léthargie, les contractures, etc., par la seule suggestion : donc partout et toujours ces phénomènes ne reconnaissent pas d'autre cause, et lorsqu'on s'imagine les produire autrement, c'est la suggestion seule qui fait à l'insu de l'opérateur l'efficacité des procédés qu'il emploie. — Nous produisons, dit l'École de Paris, tous ces phénomènes par le seul hypnotisme sous la condition préalable de la diathèse hystérique : donc partout et toujours ces phénomènes ne reconnaissent pas d'autre cause, et lorsqu'on s'imagine les produire autrement, c'est l'hystérie seule, plus ou moins provoquée par l'hypnotisme, qui fait à l'insu de l'opérateur l'efficacité des procédés qu'il emploie. — L'une et l'autre auraient grand profit à méditer le chapitre de la logique de Stuart-Mill qui porte pour titre : « De la pluralité des causes et du mélange des effets. » Elles y apprendraient « qu'il n'est pas vrai qu'un effet dépende toujours d'une seule cause ou d'un seul assemblage de conditions, qu'un phénomène ne puisse être produit que d'une seule manière. Il y a souvent, pour le même phénomène, plusieurs modes de production indépendants. Un fait peut jouer le rôle de conséquent dans plusieurs successions invariables. Une foule de causes peuvent produire le mouvement, une foule de causes peuvent produire certaines sensations ; une foule de causes peuvent produire la mort. Un effet donné, bien que produit en réalité par une certaine cause, peut très bien pourtant être produit sans elle [2]. »

Or, les phénomènes du « sommeil nerveux », comme l'appelait Braid, avec tous ceux qui s'y rattachent, constituent précisément, à notre avis, l'exemple le plus significatif peut-être de la pluralité des causes. Ainsi la léthargie, la catalepsie, le somnambulisme et tous les états analogues peuvent se produire

---

1. V. plus haut chap. II. *Les paradoxes de causalité.*

2. *Système de logique déductive et inductive,* trad. par Peisse, t. I, p. 485, F. Alcan, éd.

spontanément, par l'effet de causes naturelles qui nous sont
encore inconnues ; mais il n'est pas douteux, croyons-nous,
qu'on puisse aussi les produire expérimentalement par la mise
en jeu de deux actions très différentes, l'action hypnotique et
l'action suggestive. Personne ne conteste plus aujourd'hui
que la suggestion ne suffise dans un grand nombre de cas à
provoquer tous ces phénomènes, et sur ce point l'École de
Nancy a cause gagnée. Mais s'ensuit-il qu'une autre influence
ne puisse en d'autres cas produire les mêmes effets? Sans
doute, dans une expérience qui a pour but d'endormir une
personne, il est souvent bien difficile d'éliminer la suggestion.
Cependant, lorsqu'on met un coq en catalepsie par le procédé
du père Kircher, en lui appliquant le bec sur une raie tracée
à la craie, il faut être fermement résolu à se payer de mots
pour attribuer à la suggestion un pareil effet. Certaines attitudes, certaines manœuvres ont, par elles-mêmes et indépendamment de toute suggestion, la propriété d'engourdir les
centres nerveux et de produire le sommeil : cela nous paraît
aussi certain, quoique aussi peu expliqué que la *vertu dormi-
tive* de l'opium[1].

En somme, pour quiconque observe les faits sans parti pris,
il existe au moins deux actions parfaitement distinctes, dont
chacune peut suffire séparément à produire tous les effets
produits par l'autre, bien qu'on les rencontre presque toujours
jointes et combinées, à savoir l'action suggestive et l'action
hypnotique, l'une d'ordre physiologique, l'autre d'ordre mental[2].

1. « Je fis monter, dit Braid, un de mes domestiques qui ne connaissait
rien du mesmérisme et, dans les instructions que je lui donnai, je lui fis
croire que son attention fixe m'était nécessaire pour surveiller une expérience chimique devant servir à la préparation d'un médicament. Cette
recommandation lui était assez familière, il n'en fut donc pas étonné. Deux
minutes et demie plus tard ses paupières se fermaient lentement, avec un
mouvement vibratoire, sa tête retomba sur sa poitrine, il poussa un profond soupir et fut instantanément plongé dans un sommeil bruyant. » *Neur-
hypnologie*, trad. par le Dr Jules Simon, p. 25.

2. De là tout un ensemble de questions et de recherches qui sont
en quelque sorte supprimées *a priori* par les théories des deux écoles rivales :
nous voulons parler de toutes celles qui concernent les rapports de l'hyp-

Nous pouvons comprendre maintenant pourquoi les découvertes de Faria et de Braid n'ont nullement ruiné, quoi qu'on en ait pu dire, l'hypothèse du magnétisme animal. De ce que l'hypnotisme et la suggestion existent, il ne s'ensuit pas que le magnétisme animal n'existe pas. Il n'est nullement absurde de supposer que les effets produits par ces deux causes puissent l'être encore par une troisième. Tout ce que l'on est en droit d'exiger, c'est qu'on prouve expérimentalement l'existence de cette troisième cause, et qu'on n'attribue pas au magnétisme des effets manifestement produits par la suggestion ou l'hypnotisme, comme le faisaient avant Faria et Braid, et comme continuent à le faire, il faut bien l'avouer, les partisans exclusifs du magnétisme animal.

Toute la difficulté, et elle est pratiquement énorme, c'est de recueillir des observations ou, mieux encore, d'instituer les expériences d'où l'hypnotisme et la suggestion soient rigoureusement exclus et où cependant on constate des effets absolument inexplicables par toute autre hypothèse que par celle d'une influence allant de l'opérateur au sujet, plus ou moins analogue par conséquent à celle du magnétisme physique. Or, s'il paraît possible d'exclure l'hypnotisme, en est-il de même de la suggestion, qui intervient en quelque sorte fatalement dans toute expérience, surtout sous la forme de l'auto-suggestion, par cela seul qu'il s'agit d'une expérience et que le sujet s'attend dès lors à ce qu'il se produise quelque chose, imagine par avance un résultat et le provoque ainsi lui-même à son insu? Là est le grand écueil qui a fait échouer jusqu'ici tous les efforts des magnétistes. « Prenez garde à la suggestion », tel est le conseil qu'on ne saurait trop répéter à tous ceux qui s'aventurent dans cette étude.

En ce qui nous concerne, nous avons commencé par être profondément convaincu de la vérité absolue, exclusive des doctrines actuellement régnantes en cette matière, et lorsque

---

notisme et de la suggestion. Par exemple, tout individu hypnotisable est-il par cela même suggestible et réciproquement? — Ces deux susceptibilités sont-elles toujours inséparables et en proportion l'une de l'autre? etc., etc.

nous entendions des partisans du magnétisme parler de leur prétendu fluide, nous ne pouvions nous empêcher d'admirer leur ignorance. En particulier, nous avions vérifié si souvent la toute-puissance de la suggestion sur les sujets que nous n'étions pas éloignés d'y voir, avec l'école de Nancy, la clé de tous les phénomènes de cet ordre, quoiqu'il nous parût bien aussi qu'elle-même devait dépendre d'un état cérébral et mental particulier, de nature inconnue, susceptible d'être provoqué chez certains individus par les manœuvres hypnotiques et probablement existant d'une manière naturelle et permanente chez certains autres. Or, si nous continuons toujours à voir dans la suggestion ainsi comprise une grande, une incontestable vérité, comment se fait-il que nous ayons cessé d'y voir la vérité unique et totale ? Répondre à cette question, c'est faire l'histoire de nos recherches.

II

Tout le monde se rappelle sans doute les fameuses expériences du Havre dont M. Pierre Janet présenta le compte-rendu en 1885 à la *Société de psychologie physiologique* sous ce titre modeste : « *Notes sur quelques phénomènes de somnambulisme* » (Revue philosophique XXI, p. 190).

Dans ces expériences, un sujet avait été endormi à plusieurs reprises par un ordre mental envoyé inopinément à son insu par un opérateur placé à des distances qui pouvaient aller jusqu'à deux kilomètres, dans des conditions qui excluaient tout hasard, toute simulation, toute suggestion possible. Ne voulant pas supposer que les expérimentateurs avaient pris plaisir à se mystifier eux-mêmes et que le rapport de leurs expériences avait pour but de mystifier ceux qui les prendraient au sérieux, suppositions injurieuses et inadmissibles, je me demandai, comme sans doute plus d'un lecteur de cette note, si la vieille hypothèse du magnétisme animal plus ou moins modifiée n'était pas seule capable de rendre compte de pareils faits à l'exclusion des théories académiques de la suggestion et de l'hypnotisme. Mais ce doute ne fit qu'effleurer mon esprit, car on n'est guère touché par des faits rares, exceptionnels, dépendant d'une multitude de conditions inconnues, impossibles à reproduire expérimentalement chaque fois qu'on le désire, comme me paraissait être le fait du somnambulisme provoqué à distance [1].

Il m'en resta seulement ce vague soupçon qu'il y avait peut-être quelque chose au delà de l'hypnotisme et de la suggestion.

Toutefois lorsque je commençai à expérimenter personnellement, seul moyen de se former des convictions précises dans cet ordre d'études, je fus frappé à plusieurs reprises dans le cours de mes expériences de certains phénomènes où ce « quelque chose » semblait se laisser entrevoir, mais sans qu'il me fût jamais possible de le saisir définitivement.

Un des premiers sujets avec lequel j'expérimentai, Robert C., ouvrier mécanicien âgé de dix-neuf ans, accusait lorsque je présentais ma main droite au-dessus de la sienne préalablement mise en contracture une sensation de chaleur cuisante, et dès que je soulevais ma main, la sienne montait en même temps comme attirée, mais lui ayant fait fermer les yeux, le phénomène ne se produisit plus, de sorte que ce prétendu effet magnétique me parut visiblement dû à l'auto-suggestion.

Était-ce à la même cause qu'il fallait attribuer l'effet du procédé bien connu de l'expérimentateur Moutin? En appliquant sur les omoplates d'une personne les mains largement ouvertes, les pouces se rejoignant sur un nœud de la colonne

1. Cette disposition, qui est commune à tous les esprits et même aux esprits scientifiques, n'en est pas moins ce que Bacon appellerait un *idolon tribus*, car un fait de cette sorte appartient à l'ordre de la nature au même titre que tous les autres et se produit comme eux en vertu d'une loi virtuellement universelle. S'il est bien constaté et bien analysé, on peut, on doit en tirer une conclusion générale, ne l'eût-on observé qu'une fois. Procéder autrement, c'est considérer ce fait comme un miracle ou le traiter comme s'il n'existait pas. Je dois ajouter qu'il m'a été donné depuis de provoquer à plusieurs reprises le sommeil à distance dans des conditions qui m'ont convaincu de la réalité de ce phénomène. (Voir plus loin chap. x, p. 219.)

vertébrale on attire très souvent cette personne avec force,
au point qu'elle en perd l'équilibre ou qu'elle est forcée de marcher à reculons. J'avais obtenu le phénomène bien des fois
en dehors de toute suggestion verbale. — Mais ne peut-on dire
que l'application des mains équivaut à la suggestion tacite d'un
appui et leur recul à la suggestion tacite d'une perte d'équilibre ? Ce qui me rendait plus perplexe, c'est que j'avais constaté, surtout avec des sujets féminins, qu'en répétant l'expérience un certain nombre de fois, le sujet finissait souvent par se
sentir attiré, même irrésistiblement, alors que l'opérateur placé
derrière lui avait ses mains dans ses poches. D'autre part, il
m'était arrivé aussi d'attirer *dès la première fois* des sujets
absolument ignorants de la nature et des effets de cette
manœuvre, des sujets hypnotiquement ou magnétiquement
vierges, en présentant mes mains derrière leur dos, *sans contact*, à cinq ou six centimètres de distance. J'avais même
réussi à attirer un de mes amis, docteur médecin, très sensible à ce procédé, au travers du corps d'une autre personne,
absolument insensible et incrédule, celle-ci le touchant à peine
et présentant son dos à l'application de mes mains. Or chaque
mouvement de recul de mes mains était immédiatement suivi
chez lui d'un mouvement d'attraction. — Mais ne pouvait-on
encore supposer dans tous ces cas des auto-suggestions produites par des perceptions inconscientes ou subconscientes,
comme celles qui paraissent suffire à expliquer les expériences de cumberlandisme ?

Mon doute persistait encore même après avoir observé des
phénomènes bien plus extraordinaires, précisément, si je puis
dire, parce qu'ils étaient trop extraordinaires.

J'avais eu pour domestique pendant six mois un jeune pyrénéen de quinze ans, Jean M., d'une extrême sensibilité hypnotique ; et voici les notes que je retrouve dans le registre
des expériences faites avec ce sujet.

Je n'ai qu'à présenter ma main ouverte derrière son coude ou
une partie quelconque de son corps, pour y déterminer rapidement des secousses, des mouvements, etc., et cela sans que rien,

autant que j'en puisse juger, l'informe de mon action, tandis qu'il me tourne le dos, est occupé à lire, à causer, etc. Plusieurs fois, alors qu'il était endormi de son sommeil naturel, il m'a suffi d'étendre ma main au-dessus à huit ou dix centimètres pour voir son ventre se gonfler, monter en quelque sorte comme aspiré par ma main à mesure que celle-ci montait, et retomber quand la distance devenait trop grande. — Influence magnétique, peut-être, mais peut-être aussi simple phénomène d'hyperesthésie du toucher.

La seconde hypothèse devenait plus difficile à admettre pour le fait suivant, tellement étrange que si quelqu'un me le racontait, je le taxerais vraisemblablement de mensonge ou d'illusion et dont je reproduis le récit tel que je le trouve dans mes notes.

Un dimanche après-midi de janvier 1893, rentrant chez moi vers trois heures après une courte absence, je demandai où était Jean. On me répondit qu'ayant achevé son service et se sentant fatigué, il était allé se coucher. Passant dans mon cabinet, je vis que la porte qui donnait sur le palier était ouverte; or, sur ce palier s'ouvrait aussi la porte de la chambre de Jean. Je m'avançai sans bruit et restai sur le palier à le regarder dormir. Il s'était couché tout habillé sur son lit, la tête dans l'angle opposé à la porte, les bras croisés sur la poitrine, les jambes posées l'une sur l'autre, les pieds pendant légèrement au bord du lit. J'avais assisté la veille à une discussion sur la réalité de l'action magnétique. J'eus l'idée de faire une expérience. Toujours debout sur le palier, à une distance d'environ trois mètres, j'étendis ma main droite dans la direction et à la hauteur de ses pieds. Si nous avions été dans l'obscurité et que ma main eût tenu un fanal, c'est aux pieds que serait venu aboutir le jet de lumière. Après une ou deux minutes, probablement moins, quelques secondes, je levai lentement la main, et à ma profonde stupéfaction, je vis les pieds du dormeur se soulever d'un seul bloc par une contraction musculaire qui commençait aux genoux et suivre en l'air le mouvement ascensionnel de ma main. Trois fois je recommençai l'expérience, trois fois le phénomène se reproduisit avec la régularité et la précision d'un phénomène physique. Emerveillé, j'allai chercher Mme B. en lui recommandant de faire le moins de bruit possible. Le dormeur n'avait pas bougé. De nouveau à deux ou trois reprises ses pieds parurent attirés et soulevés par ma main. « Essayez, me dit tout bas Mme B., d'agir par la pensée ». Je fixai les yeux sur les pieds du dormeur et les levai lentement : chose incroyable ! les pieds suivirent les mouvements de mes yeux, montant, s'arrêtant, descendant avec eux. Mme B. me prit la main gauche et de la main restée libre fit comme j'avais fait moi-même ; elle réussit comme moi ; mais dès qu'elle cessa de me toucher, elle n'exerça plus aucune action. Elle voulait continuer ces expériences mais j'étais si troublé par ce que je venais de voir que je m'y refusai, craignant surtout de fatiguer le sujet. En effet Jean se réveilla environ une demi-heure après et il se plaignit de vives douleurs dans les jambes, de mouvements convulsifs dans les genoux, que je calmai à grand'peine par des frictions et des suggestions.

Le malheur de pareils faits, qu'il est d'ailleurs presque impossible de reproduire expérimentalement, c'est qu'on préfère tout supposer plutôt que de croire à leur réalité et d'admettre les conséquences qu'ils impliquent. Quelques heures après les avoir vus, on doute du témoignage de ses sens et de sa mémoire, et je ne serais pas autrement surpris si quelqu'un de mes lecteurs assurait que mon sujet ne dormait pas, et devinant mes intentions, a simulé tous ces phénomènes d'attraction magnétique.

Où donc trouver le fait qui pourrait enfin lever tous les doutes, le fait matériel, objectif, susceptible d'être reproduit à volonté, en dehors de toute simulation et de toute suggestion possible ? Ce fait, le hasard me l'avait déjà présenté, comme il l'a déjà présenté sans doute à d'autres observateurs, mais je n'avais pas su le comprendre, je n'avais pas vu le parti qu'on pouvait en tirer pour une expérimentation méthodique. Il fallut qu'un nouveau hasard me le présentât dans des circonstances propres à fixer mon attention pour qu'il devînt le point de départ de toute une nouvelle série de recherches et me donnât enfin la certitude de la réalité du magnétisme animal.

IV

Je dois ici présenter d'abord quelques détails sur le sujet avec lequel ces expériences ont été faites.

Gustave P., ouvrier électricien a été endormi par moi pour la première fois dans l'hiver de 1892 par la fixation du regard : il avait alors dix-huit ans. Il n'a jamais eu de maladie grave, ni jamais présenté d'accident nerveux : sa sensibilité paraît normale. Il passe seulement dans son entourage pour rêveur et faible de caractère. Je ne fis avec lui en 1892 et dans les premiers mois de 1893 qu'un très petit nombre d'expériences, mais qui suffirent à me prouver qu'il était hynoptisable et suggestible au plus haut degré. Je l'avais entièrement perdu de vue lorsque je le retrouvai en février 1894. Je commençai alors à expérimenter régulièrement avec lui, et dès la première séance je constatai les particularités suivantes.

Sous l'action de ma main droite présentée vis-à-vis du front, il passe successivement par trois états différents. Au bout de trente secondes environ, sans qu'aucun signe extérieur, sinon peut-être un léger mouvement, trahisse l'effet produit, il entre dans un premier état, analogue à celui que certains auteurs ont appelé état de *charme* ou de *crédulité* ou état *suggestif*, caractérisé par trois caractères principaux : *Aamnésie* : il n'est plus capable d'avoir aucun souvenir ; il ne peut plus se rappeler son nom, sa profession, son adresse, etc.; *Crédulité et Suggestibilité* absolues : il croit, sent, fait tout ce que je lui suggère; *Persistance de la sensibilité et des mouvements volontaires* : ses membres, relevés en l'air retombent d'eux-mêmes, et il ressent naturellement les contacts, les pincements, etc., à moins que je ne provoque la paralysie et l'anesthésie par suggestion. —En présentant de nouveau la main droite vis-à-vis du front pendant trente secondes, il passe dans un second état, cataleptoïde. Les bras, les jambes, etc., gardent la position qu'on leur donne, les mouvements imprimés se continuent automatiquement; il y a en dehors de toute suggestion insensibilité complète de la peau. Il ne répond pas ou répond à peine aux questions qu'on lui pose. —Une nouvelle présentation de la main droite amène le somnambulisme, les yeux se ferment, et le sujet retrouve l'usage de la parole et de ses facultés intellectuelles. Si je présente la main gauche au front du sujet pendant qu'il est en somnambulisme, et que je la retire après trente secondes, il passe dans le second état ; de même si je la présente après le second état, il passe dans le premier. Présentée dans le premier état, la main gauche le réveille. Cet effet que j'ai obtenu *sans aucune suggestion verbale*, dès la première séance, est jusqu'ici resté constant. Je ne me charge pas de l'expliquer; je ne fais que le constater. J'ajoute que ces trois états peuvent être produits par suggestion. Ainsi je lui ai suggéré pendant qu'il était endormi que le mot *Mane* le ferait tomber en état de charme, le mot *Thecel* en catalepsie, le mot *Pharès* en somnambulisme, et cette suggestion a toujours régulièrement produit son effet. Elle a gardé son efficacité même après un intervalle de huit mois pendant lequel j'avais complètement cessé de voir le sujet.

En dehors de cette singulière polarité de la main droite provoquant les différents degrés du sommeil et de la main gauche provoquant les différents degrés du réveil, je n'avais rien observé chez Gustave P. qui ne rentrât dans le cadre des phénomènes déjà étudiés par les écoles de l'hypnotisme et de la suggestion, lorsqu'un phénomène inattendu m'ouvrit tout à coup une nouvelle voie.

Il y avait à peu près deux mois que ce sujet se rendait chez moi, environ deux fois par semaine, pour se prêter à des expériences. Un dimanche matin, il venait d'entrer dans mon cabinet et s'était assis à côté de ma table de travail sur laquelle son coude gauche était appuyé. Tandis que j'achevais d'écrire une lettre, il causait à une troisième personne vers laquelle il était à demi tourné. J'avais posé ma plume, et mon bras étendu sur la table, les doigts allongés, se trouvait par hasard dans la direction de son coude. A ma grande surprise, je crus m'apercevoir que son coude glissait comme attiré par ma main. Sans dire un mot, le sujet continuant à causer, et paraissant tout à fait étranger à ce qui se passait là, je soulevai légèrement mon bras, et le bras du sujet se souleva en même temps. Mais comme si l'attraction en devenant plus forte avait éveillé la conscience, Gustave P. s'interrompit tout à coup, porta sa main droite à son coude gauche qu'il retira vivement en arrière et se tournant vers moi : « Qu'est-ce que vous me faites donc, » s'écria-t-il ?

Depuis lors, au début des séances qui suivirent ou dans les intervalles des expériences de somnambulisme, je m'ingéniai à détourner l'attention du sujet pour présenter à son insu ma main droite vis-à-vis de l'un ou l'autre de ses coudes, de ses genoux, de ses pieds, etc., et toujours j'observai le même phénomène : attraction du membre visé qui semblait cesser d'appartenir au sujet pour tomber sous l'empire de ma volonté, jusqu'au moment où par une sorte de brusque secousse le sujet était informé de ces mouvements involontaires et se dérobait à mon influence.

— Oui, pensais-je, voilà bien le fait qui pourrait servir de preuve à la réalité d'une action personnelle, d'un rayonnement nerveux de l'opérateur, qu'on l'appelle magnétisme animal ou autrement, le nom n'importe guère à la chose, mais comment savoir si le sujet, quelque distrait qu'il paraisse, ne guette pas du coin de l'œil la main sournoisement tournée vers sa jambe ou son bras, et s'il ne simule pas, ou du moins comment savoir s'il ne la voit pas inconsciemment et s'il ne s'auto-suggestionne pas ? Comment supprimer jusqu'à la possibilité de la simulation et de l'auto-suggestion ?

A force d'y rêver je me dis que le plus sûr moyen pour cela était d'aveugler le sujet en lui bandant hermétiquement les yeux. Je fis donc fabriquer un bandeau en drap noir assez épais pour intercepter complètement la lumière en encapuchonnant à la fois les yeux et le nez. Puis, sans dire au sujet quel genre d'expériences je voulais faire, je lui demandai de se laisser appliquer ce bandeau et de rester seulement immobile quelques instants sur sa chaise. M'étant alors approché, je pré-

sentai sans faire de bruit ma main droite à environ huit ou dix
centimètres de sa main gauche, et bientôt, en moins d'une demi-
minute, celle-ci fut attirée. Même effet produit sur l'autre main,
sur le coude droit et le coude gauche, le genou droit et le genou
gauche, le pied droit et le pied gauche, etc. Il va sans dire que
je ne suivais aucun ordre, mais que j'entremêlais ces actions
de toutes les façons possibles pour que le sujet ne pût deviner
par aucun raisonnement quelle était la partie de son corps que je
visais. Et cependant il y eut toujours concordance entre la direction de ma main et le mouvement obtenu. Du reste, ce n'est
pas dans une seule séance, c'est dans plus de dix séances que
j'observai ces mêmes phénomènes.

Je n'avais agi dans la première séance qu'avec la main droite :
dans une seconde séance, après avoir reproduit et vérifié tous
les résultats de la première, j'eus l'idée d'agir avec la main
gauche, toujours, bien entendu, sans ouvrir la bouche. Aussitôt,
au lieu de l'attraction attendue, je vis des tremblements, des
secousses se produire dans le membre visé, et j'entendis le sujet
s'écrier : « Vous ne m'avez pas encore fait cela, je vous en prie,
cessez : cela est trop énervant, on dirait que vous m'enfoncez un
millier d'aiguilles sous la peau. » Je cédai à sa prière et lui
demandai de me décrire aussi exactement qu'il le pourrait son
impression. Après y avoir réfléchi, il me dit que ce qu'il éprouvait lui
rappelait tout à fait les sensations produites par une pile de cinq
ou six éléments. J'avais dès lors un nouveau moyen de varier mes
expériences, en variant non seulement les parties du corps du
sujet sur lesquelles j'agissais, mais encore mon action même,
selon que j'employais la main droite, pour produire de l'attraction
ou la main gauche, pour produire des picotements. Or s'il était
difficile de supposer que le sujet pût, les yeux bandés, deviner les
parties de son corps que je visais, il était encore plus difficile de
supposer qu'il pût deviner avec quelle main je les visais.

Qu'arrivera-t-il, me demandai-je après cette seconde séance,
si appliquant mes deux mains l'une sur l'autre, paume contre
paume, je les présente ainsi au sujet ? Probablement leurs
actions se neutraliseront, et leur effet sera nul. Mais lorsque,
dans une troisième séance, après avoir expérimenté séparément
avec la main droite et la main gauche, j'expérimentai tout à coup
avec les deux mains réunies, le résultat fut *tout autre que celui
que j'attendais*. Cette fois encore le sujet s'écria : « Que me faites-
vous là ? C'est encore du nouveau, mais plus énervant que tout
le reste. Je ne vois pas ce que c'est ; c'est un gâchis. Ah, je com-
prends. Vous m'attirez et vous me picotez en même temps ! » De
fait, le membre visé venait en effet dans la direction de mes
mains tout en étant agité de tremblements presque convulsifs.
Ainsi j'avais une triple action, attractive avec la main droite,
picotante avec la main gauche, simultanément attractive et
picotante avec les deux mains réunies ; et toujours, ou du

moins quatre-vingt-dix-neuf fois sur cent, dans toute cette première série d'expériences, cette action se produisait régulièrement.

Je priai un de mes collègues, M. Louis B., professeur de physique au collège M., de bien vouloir assister à une séance, et après lui avoir montré — sans explication verbale — tous les faits précédents, j'obtins avec son concours des faits nouveaux plus remarquables encore. Sur un signe de moi, il présenta sa main droite au sujet dans les conditions où je la présentai moi-même et au bout d'un moment, le sujet s'adressant à moi me dit : « Où êtes-vous ? Vous devez être loin ? Je sens quelque chose dans ma main comme si vous vouliez m'attirer, mais c'est beaucoup plus faible qu'à l'ordinaire. » Je ne satisfis pas la curiosité du sujet, mais je constatai ainsi que le rayonnement nerveux est inégal chez les différents individus ou peut-être que la réceptivité des sujets est plus forte pour le rayonnement de certains individus que pour celui de certains autre

Mon collègue et moi nous prîmes alors, toujours silencieusement, un fil de cuivre entouré de gutta-percha, comme ceux qui servent pour les sonneries électriques d'appartement ; je tins une des extrémités dénudés du fil dans ma main droite et m'éloignai le plus possible du sujet ; mon collègue lui présenta l'autre extrémité, après l'avoir enroulée autour d'une règle de bois qu'il tenait à la main ; et nous vîmes la pointe de cuivre produire le même effet qu'eût produit ma main droite présentée à la même distance, c'est-à-dire attirer la partie du corps du sujet qu'elle visait. Je remplaçai la main droite par la main gauche ; le fil de cuivre transmit fidèlement l'influence picotante comme il avait transmis l'influence attractive. Je greffai sur le fil unique présenté au sujet un second fil de manière à agir simultanément avec les deux mains, et le fil unique conduisit sans les confondre les deux actions réunies, ce que le sujet appelait le « gâchis ».

Je passai dans une autre pièce ; on ferma la porte, le fil seul dont je tenais un bout communiquant par-dessous la porte avec les personnes restées dans mon cabinet. L'action de ma main se transmit encore, mais les expériences ne purent pas avoir le même degré de précision, parce que nous ignorions de part et d'autre ce que nous faisions. Cependant, mon collègue ayant présenté le bout de cuivre au front du sujet, toujours à 10 ou 12 centimètres de distance, celui-ci très rapidement donna des signes d'un grand malaise, dit qu'il sentait sa tête s'échauffer et s'alourdir et porta ses mains vers son front comme pour éloigner cette influence, obligeant ainsi mon collègue à écarter le fil à chaque fois. Je constatai du reste dans un grand nombre de séances, qu'en prolongeant cette action de la main droite, soit directement, soit par l'intermédiaire d'un fil de cuivre, le sujet, malgré le bandeau interposé, s'endormait en passant successivement par les trois états habituels, et que de même l'action de la main gauche soit directe, soit conduite, provoquait à travers le bandeau les trois degrés du réveil.

Si au lieu de tenir le fil de cuivre, j'en plongeai une extrémité dans un verre d'eau et présentai à quelques centimètres au-dessus de l'eau les doigts de la main droite ou de la main gauche, la force inconnue rayonnée par la main traversait le liquide et se propageait par le fil de cuivre avec ses propriétés caractéristiques, produisant chez le sujet à l'autre extrémité du fil, soit l'attraction, soit le picotement.

Ce n'est pas ici le lieu d'exposer en détail toutes ces expériences : j'indique seulement les plus significatives.

Dans quelle mesure la suggestion peut-elle influencer tous ces phénomènes et suppléer ou empêcher l'action du magnétisme animal ? C'est là, on le comprendra sans peine, un problème d'une importance capitale. J'essayai de le résoudre par les expériences suivantes :

1° Le sujet étant éveillé et les yeux bandés, comme à l'ordinaire, je le préviens que je veux expérimenter sur le temps nécessaire à la production de l'effet magnétique, et pour qu'il puisse me dire exactement à quel instant il commencera à le ressentir, je lui déclare que je vais agir exclusivement, par attraction, sur sa main droite et le prie de concentrer de ce côté toute son attention. Après cette suggestion préparatoire, je prononce les mots « je commence », faisant un mouvement quelconque de la main droite, mais sans la présenter vis-à-vis de celle du sujet. Au bout d'une ou deux minutes le sujet, très attentif, murmure : « C'est bizarre, il faut croire que cela se détraque : je ne sens absolument rien. » Puis, tout à coup : « Ah mais non, je sens quelque chose ; seulement, c'est au genou gauche et ce n'est pas une attraction, mais un picotement. » Or, je viens en effet de présenter silencieusement ma main gauche à son genou gauche.

Tel est, sauf des différences de détail, le résultat que j'ai toujours obtenu, le sujet étant à l'état de veille.

Il prouve que chez ce sujet du moins, et pendant cette période de mes expériences, la suggestion à l'état de veille, est impuissante à simuler l'action magnétique.

2° Le sujet étant mis dans le premier état, où, comme on se le rappelle, il est éminemment suggestible, je lui fais la recommandation de fixer toute son attention sur une de ses mains, le prévenant qu'il va la sentir attirée par une force irrésistible. Dès que je lui ai dit « je commence », la main se soulève en effet, bien que je n'agisse sur elle en aucune façon, de sorte que, dans cet état, la suggestion suffit parfaitement à simuler l'action magnétique. Mais si en même temps, je présente, sans mot dire, ma main droite vis-à-vis de l'autre main, celle-ci est attirée, les deux effets ayant lieu simultanément, identiques en apparence, produits en réalité par deux causes distinctes, ici par le magnétisme et là par la suggestion.

3° Le sujet étant toujours en état de charme, je lui suggère qu'afin d'agir exclusivement sur un côté de son corps, je rends l'autre côté inerte et insensible, et je constate en effet la paralysie et l'anesthésie de ce côté. Ici encore, j'obtiens, par suggestion, en dehors de toute action réelle, un phénomène d'attraction dans les membres dont la sensibilité et la motricité sont restées intactes; mais si je présente ma main droite vers la main, vers le genou, vers le pied paralysés et anesthésiés, je constate, malgré la suggestion, des mouvements attractifs.

Non seulement donc la force magnétique peut produire ses effets indépendamment de la suggestion, mais elle peut, dans certains cas, contrarier, annuler les effets de la suggestion : voilà, si je ne me trompe, la conclusion qui se dégage de cette triple série de contre-épreuves.

V

Gustave P. étant parti pour la province vers la fin du mois de juin 1894, je dus à mon grand regret interrompre mes expériences. Elles m'avaient conduit à admettre comme une vérité d'observation l'existence du magnétisme animal (j'emploie ce nom faute d'un meilleur, parce que c'est le mot

traditionnel) ; mais était-il légitime de tirer ainsi une conclusion générale d'expériences, nombreuses il est vrai et relativement précises, toutes cependant faites avec un seul sujet ?
N'aurait-on pu objecter que ces faits prouvaient seulement une
disposition particulière, une idiosyncrasie de ce sujet, nullement une force en action que l'opérateur rayonnerait en vertu
d'une propriété commune à tous les hommes, peut-être même
à tous les êtres vivants ?

L'objection, à vrai dire, est plus spécieuse que solide : car
aucun cas n'est isolé dans la nature : il n'y a pas de fait
unique en son genre. Les exceptions elles-mêmes dépendent
de conditions telles que si nous les connaissions et pouvions
les réaliser à volonté, l'exceptionnel se reproduirait à l'infini
et deviendrait régulier. Toutefois des raisonnements ne sont
jamais aussi convaincants que des faits.

Je me proposai donc de vérifier l'action magnétique sur d'autres
sujets, mais je n'en rencontrai point tout d'abord qui eussent la
sensibilité de Gustave P. La plupart ne ressentaient rien, ou les
effets ressentis étaient vagues et se produisaient le plus souvent
à contre-sens : ce qui me prouvait bien qu'ils étaient dus à la
seule auto-suggestion.

J'obtins des effets plus satisfaisants en expérimentant sur des
personnes dormant du sommeil naturel, principalement sur de
jeunes enfants.

Présentant les doigts de ma main droite allongés à quelques centimètres au-dessus de leur poignet, j'observai chez eux, après
deux ou trois minutes, des frémissements, des contractions de la
main, parfois même de brusques mouvements du bras tout entier,
comme ceux que pourrait produire un chatouillement. Il serait
facile et intéressant de multiplier ce genre d'expériences.

Dans le courant du mois de janvier 1893, j'eus l'occasion de
retourner dans les Pyrénées. J'y retrouvai mon ancien domestique,
Jean M., dont j'ai déjà parlé. Il consentit, non sans difficulté, à se
laisser endormir. N'ayant pas de bandeau sous la main, je lui
jetai mon veston sur la tête de sorte qu'il était recouvert jusqu'à
mi-corps. Dans ces conditions ma main droite présentée et main-
tenue immobile à huit ou dix centimètres vis-à-vis du bras, du
genou, du pied, etc..., provoqua rapidement une violente attraction : exercée sur la poitrine, l'action de la main attirait le sujet
en avant avec une telle force qu'il se courbait sur le fauteuil et
s'y cramponnait en grinçant des dents, au point que j'étais
bientôt obligé de la suspendre.

Ayant toujours dans les mêmes conditions, attiré et soulevé son bras gauche, je décrivis en l'air avec mon bras droit les mouvements les plus variés, et son bras gauche les reproduisit instantanément comme s'il eût été lié au mien par d'invisibles fils. Toutefois, je ne remarquai avec Jean M. aucune polarité. Ma main gauche produisait, sauf peut-être une très légère différence d'intensité, les mêmes effets de secousse et d'attraction que ma main droite. — Ainsi les circonstances de l'action pouvaient varier avec les différents sujets : la réalité de l'action n'en demeurait pas moins constante.

Je devais bientôt m'assurer que cette action pouvait même être ressentie par des sujets nullement entraînés à des expériences hypnotiques, tels que ceux que j'ai déjà appelés des « hynoptiquement vierges ». L'expérience la plus intéressante en ce sens est celle que je fis tout à fait inopinément le 20 février 1803, jour de la mi-carême.

Me trouvant par hasard dans une société de jeunes gens, l'un d'eux me pria d'expérimenter sur lui ; l'effet produit fut insignifiant, mais un de ses amis, Julio M., jeune Espagnol, âgé de vingt-deux ans environ, fut assez fortement influencé par l'application des mains sur les omoplates pour que je pusse réussir avec lui différentes suggestions. La calvacade de la mi-carême commençant à défiler sur le boulevard, les expériences furent forcément suspendues, et tandis que Julio M. était occupé à regarder le défilé, je présentai ma main droite derrière son dos à plusieurs centimètres sans qu'il pût absolument me voir ni se douter de mon action ; dès que je retirai ma main, il bascula légèrement en arrière ; je répétai deux ou trois fois le mouvement, avec le même succès, mais l'attraction devint bientôt si forte et si irrésistible qu'il en perdit l'équilibre et tomba presque dans ma direction en s'écriant : « Qu'est-ce que vous avez donc à me tirer ainsi ? » Trois heures plus tard j'étais assis à côté de lui dans un café, et pendant que le dos tourné il causait avec son voisin, je reproduisis exactement les mêmes effets. Or ce jeune homme n'avait jamais été hynoptisé : et même il ignorait complètement tout cet ordre de phénomènes.

Il ne peut donc plus être douteux pour moi que le rayonnement magnétique ou nerveux existe aussi réellement que le rayonnement de la lumière ou de la chaleur, et je suis convaincu que quiconque expérimentera, dans les conditions où j'ai expérimenté moi-même, pourvu qu'il ait la patience de chercher des sujets suffisamment sensibles, le vérifiera comme moi.

Reste, il est vrai, à déterminer les lois de cette action, et c'est ici qu'il faut se garder de généraliser précipitamment. Des expériences faites d'abord avec Gustave P., on aurait été tenté de conclure que cette action est naturellement polarisée, comme l'action électrique ou magnétique, puisque, nous l'avons vu, la main droite et la main gauche avaient chacune leur mode particulier d'influence. Et cependant cette conclusion eût été fausse, car cette action se polarise ou se dépolarise selon des conditions qui nous sont encore inconnues, et dont nous n'avons pas encore la moindre idée.

En effet, huit mois après son départ pour la province, Gustave P. revint passer quelques jours à Paris, et j'eus avec lui trois nouvelles séances. Je constatai qu'il était encore sensible à des suggestions faites huit mois auparavant, mais, lorsque lui bandant de nouveau les yeux je recommençai mes expériences d'action magnétique, je constatai aussi, non sans surprise, ni peut-être sans regret, qu'il était devenu beaucoup moins sensible à cette action. On aurait dit que le sens qui s'était développé en lui sous mon influence s'était émoussé pendant ces huit mois d'inaction. Ainsi les effets étaient plus faibles, plus lents à se produire, mais surtout ils ne présentaient plus aucune trace de polarité. La main droite et la main gauche produisaient à peu près indifféremment dans les régions visées des secousses, des picotements, de l'attraction, sauf au cerveau où la main droite continuait à produire le sommeil et la main gauche le réveil, toujours, bien entendu, à distance et malgré le bandeau interposé. Cependant dès la troisième séance ce chaos d'impressions confuses tendait visiblement à se débrouiller, et certains effets suivaient l'action d'une de mes mains plus régulièrement que celle de l'autre. D'où l'on pourrait supposer avec quelque vraisemblance qu'il n'y a sans doute entre l'une et l'autre qu'une simple différence d'intensité, c'est-à-dire en somme de quantité, laquelle cependant pour une sensibilité un peu délicate se traduit naturellement par une différence de qualité, comme c'est d'ailleurs la règle pour nos sens les plus affinés.

VI

Ainsi de nouvelles expériences sont nécessaires pour déterminer les lois de l'influence magnétique, mais cette influence elle-même, nous croyons pouvoir l'affirmer hautement, n'est plus une hypothèse, c'est un fait, un fait matériel, positif, précis, que tout le monde peut observer, expérimentable à volonté, remplissant en un mot toutes les conditions d'un fait scientifique.

C'est donc par l'étude de ce fait, par la recherche expérimentale de ses conditions et de ses conséquences qu'il deviendra possible de tirer enfin de l'ornière la science des phénomènes psychiques, ou plutôt *parapsychiques*, comme nous avons proposé ailleurs de les nommer. Toute autre voie est, si nous ne nous trompons, une impasse. Dans toute science un certain ordre s'impose : tant qu'on ne l'a pas trouvé, on erre au hasard. Nous ne voudrions pas décourager les chercheurs qui s'appliquent avec tant d'ingéniosité et de persévérance à éclaircir les mystères de la télépathie, de la suggestion mentale, de l'extériorisation de la sensibilité, ou d'autres phénomènes aussi extraordinaires, mais nous avons bien peur qu'ils ne prennent la question par le mauvais bout. Il faut, disions-nous, commencer par le commencement, c'est-à-dire par les faits les plus simples et les plus aisés à connaître : or il semble bien que les phénomènes de télépathie, de suggestion mentale, etc..., soient parmi les plus compliqués et les plus obscurs.

Supposez un moment que nos savants ignorent absolument tout de l'électricité : ils ont seulement entendu parler d'un appareil en usage, au dire de certains voyageurs, en des pays lointains, tel qu'il suffit d'y prononcer quelques paroles pour être entendu instantanément aux plus grandes distances par les personnes avec lesquelles on désire converser et pour entendre soi-même leurs réponses (le téléphone). Faut-il croire de

pareils récits ? La plupart des savants les traitent de fables
et haussent les épaules. Quelques-uns cependant font une
enquête ; ils prient tous ceux qui ont pu avoir quelques renseignements sur ce merveilleux appareil de vouloir bien les
leur communiquer, et ils espèrent par ce moyen non seulement
s'assurer qu'il existe, mais encore surprendre le secret de son
mécanisme. Là-dessus nombre de voyageurs leur envoient le
récit détaillé des conversations qu'ils ont eues par téléphone,
mais sans pouvoir expliquer, car ils l'ignorent eux-mêmes,
comment se fait la communication. N'est-il pas évident qu'on
n'arrivera jamais ainsi à découvrir l'électricité ? Il faut
pour cela recommencer par le commencement, c'est-à-dire constater tout d'abord que le frottement développe dans certaines
substances la propriété d'attirer des corps légers, ou tout au
moins que le zinc et le cuivre mis en contact avec de l'eau
acidulée dégagent une force particulière, etc... Pareillement,
si l'on doit comprendre un jour les phénomènes de télépathie,
ce sera seulement après avoir expérimentalement constaté les
effets les plus simples et les plus directs de l'action que des
êtres vivants peuvent exercer à distance les uns sur les autres,
et si nous ne nous trompons, ces effets sont ceux-là mêmes que
nous venons d'exposer.

Est-ce à dire qu'ils n'aient pas déjà été remarqués par
d'autres observateurs ? Non sans doute, et même ils auraient
pu dès l'origine les mettre sur la bonne voie, car ce sont précisément ces faits qui, observés par Jussieu, l'empêchaient
d'adhérer sans réserve aux conclusions des commissaires du
roi, conclusions défavorables, on le sait, à l'hypothèse du magnétisme animal.

Placé à côté du baquet (le baquet de Mesmer)... vis-à-vis une
femme dont l'aveuglement occasionné par deux taies fort épaisses,
avait été un mois auparavant constaté par les commissaires, je
la vis entrer d'un pas fort tranquille, et pendant un quart d'heure,
paraissant plus occupée du fer du baquet dirigé vers ses yeux que
de la conversation des autres malades. Dans le moment où le
bruit de voix était suffisant pour mettre son ouïe en défaut, je
dirigeai à la distance de six pieds une baguette sur son estomac

que je savais très sensible. Au bout de trois minutes, elle parut
inquiète et agitée ; elle se retourna sur sa chaise et assura que
quelqu'un placé derrière elle ou à côté d'elle la magnétisait, bien
que j'eusse pris auparavant la précaution d'éloigner tous ceux
qui auraient pu rendre l'expérience douteuse. Quinze minutes
après, saisissant les mêmes circonstances, je renouvelai l'épreuve
qui offrit exactement le même résultat. Les moindres mouvements
magnétiques faisaient sur une autre malade une impression si
vive que lorsqu'on promenait plusieurs fois le doigt à un demi-pied
de son dos, sans qu'elle pût le prévoir, elle était prise sur-le-champ
de mouvements convulsifs et de soubresauts répétés qui lui annon-
çaient l'action exercée, et duraient autant que cette action. Si on
agitait à l'un des malades le doigt sur leur tête ou le long de
leur dos, sans les toucher et même à quelque distance, ils sau-
taient souvent avec vivacité, en tournant la tête pour voir la personne placée derrière eux... Ces faits sont peu nombreux et peu
variés, parce que je n'ai pu citer que ceux qui étaient bien vérifiés et sur lesquels je n'avais aucun doute. Ils suffiront pour faire
admettre la possibilité ou existence d'un fluide ou agent qui se
porte de l'homme sur son semblable, et exerce quelquefois sur
ce dernier une action sensible[1].

Nous trouvons encore ces mêmes effets relatés dans le rapport du Dr Husson à l'Académie de Médecine (1838).
Ils ne se produisaient pas, il est vrai, chez tous les sujets avec
la même constance, mais ce que nous savons des différences
de sensibilité chez les sujets, de l'intercurrence toujours possible de la suggestion chez la plupart d'entre eux, suffirait à
expliquer ces écarts. Le rapporteur constate cependant que
l'un des sujets expérimentés a toujours eu, par l'approche
des doigts, des mouvements convulsifs, soit qu'il ait eu ou qu'il
n'ait pas eu un bandeau sur les yeux, et que ces mouvements
ont été plus marqués quand on a dirigé vers les parties sou-
mises aux expériences une tige métallique.

Voici un exemple de ces expériences emprunté au même
rapport :

M. du Potet, après avoir mis un bandeau sur les yeux du somnambule, dirige sur lui à plusieurs reprises ses doigts en pointe
à deux pieds environ de distance. Aussitôt il se manifeste dans
les mains et dans les bras vers lesquels était dirigée l'action, une

1. Extrait du rapport de M. de Jussieu sur le magnétisme animal.

contraction violente. M. du Potet ayant approché ses pieds de ceux de M. Petit (le sujet), toujours sans contact, celui-ci les retire avec vivacité. Il se plaint d'éprouver dans les membres sur lesquels l'action s'était portée une vive douleur et une chaleur brûlante. M. Bourdois (le président de la Commission) essaie de produire les mêmes effets. Il les obtient également, mais avec moins de promptitude et à un degré plus faible.

Dans sa note sur quelques phénomènes de somnambulisme, M. Pierre Janet indique en passant, et sans paraître y attacher d'importance, le phénomène de l'attraction magnétique, sans doute parce que dans les conditions où il l'observe, il n'y voit qu'un effet de l'hyperesthésie du toucher. « Pour provoquer la contracture générale, il suffit que le magnétiseur place sa main étendue à une petite distance au-devant du corps. On constate d'abord certains tremblements, puis le corps se soulève et suit la main, comme s'il était réellement attiré par elle. »

En 1887, le Dr Baréty publie un grand ouvrage. *Le magnétisme animal étudié sous le nom de force neurique*, qui contient toute une série d'expériences destinées à prouver la thèse que nous soutenons ici, et c'est là certainement le plus grand effort qui ait été fait au point de vue scientifique pour établir la réalité du magnétisme animal. D'où vient cependant que le travail du Dr Baréty n'ait pas réussi à vaincre l'incrédulité ou l'indifférence des savants comme y avaient réussi, du moins un moment, les leçons de Charcot pour l'hypnotisme, les livres de Bernheim pour la suggestion? La cause principale de cet insuccès est sans doute dans le parti pris, plus que séculaire, de la grande majorité des savants contre l'idée même du magnétisme animal, mais la façon dont le Dr Baréty a présenté ses expériences et ses conclusions n'y est peut-être pas étrangère.

D'une part, en effet, l'auteur du *Magnétisme animal étudié sous le nom de force neurique* ne semble pas suffisamment pénétré de l'absolue nécessité d'éliminer, chaque fois qu'il expérimente, jusqu'à l'ombre de la suggestion : du moins il

ne paraît pas avoir pris à cet égard toutes les précautions
nécessaires.

Or toute expérience de magnétisme dans laquelle on n'a
pas expressément prévu et exclu la suggestion, non seulement sous la forme ordinaire, mais même sous la forme de
l'auto-suggestion, n'a plus par cela seul aucune valeur probante.

D'autre part, il a eu le tort, croyons-nous, de généraliser
immédiatement et de transformer en lois des faits qu'il avait
observés chez un seul sujet (ou peu s'en faut) et qui très
vraisemblablement, observés chez d'autres sujets, ne se repro-
duiraient pas d'une façon identique.

Or l'heure n'est pas encore venue de théoriser, de systé-
matiser, d'expliquer ; une besogne plus urgente s'impose :
constater et prouver.

VII

Nous n'osons guère espérer pour cette nouvelle tentative
une meilleure issue, et nous nous attendons à rencontrer bien
des résistances. Plutôt que d'admettre dans l'organisme
humain l'existence d'une force inconnue ou tout au moins
d'une modalité inconnue de la force, on aura recours à toutes
les suppositions, souvent même sans prendre la peine d'examiner si elles ont quelque rapport avec les faits

Il ne sera donc pas inutile de passer ici en revue toutes
celles qu'on pourrait imaginer et de les réduire à leur juste
valeur.

Attribuera-t-on tous les effets que j'ai décrits au *hasard*,
c'est-à-dire à une série de coïncidences ? Il faudrait donc
supposer que, par l'effet de causes quelconques, des mouvements ou des sensations se produisaient chez les sujets précisément dans les régions et au moment où je dirigeais vers
eux la pointe des doigts. Mais le hasard ne saurait avoir des
effets aussi constants et aussi précis.

On se rejettera peut-être sur la *simulation*. Tous les sujets, dira-t-on, sont des hystériques, partant des simulateurs. — C'est la banale objection tant de fois opposée déjà même à l'hypnotisme et à la suggestion. — Mais tout d'abord, sauf Jean M. qui présentait en effet des stigmates d'hystérie, rien n'autorise à considérer les autres sujets comme des hystériques. Les enfants endormis sur lesquels j'ai expérimenté, Julio M. qui un quart d'heure avant de m'avoir rencontré, n'avait aucune idée de pareils phénomènes, pourquoi et comment auraient-ils donc simulé? Et quand Gustave P. et Jean M. auraient eu le désir de me tromper, je me demande comment cela leur eût été possible. Avec un bandeau sur les yeux assez épais pour intercepter toute lumière, est-il donc si facile de deviner si c'est la main droite ou la main gauche que vous tend une personne à plus de dix centimètres, et si elle la dirige droite ou à gauche, vers votre front, votre coude ou votre genou? J'ai essayé plusieurs fois l'expérience avec des personnes dépourvues de sensibilité magnétique, et malgré tous leurs efforts, elles n'ont jamais pu discerner quels gestes je pouvais faire ou ne pas faire devant elles.

Sera-t-on plus heureux en invoquant l'*hyperesthésie* de l'ouïe et du toucher? Le sujet, dira-t-on, grâce à l'excessive sensibilité que développe l'hypnose, entend les moindres mouvements que vous faites, perçoit les déplacements de l'air produits par vos gestes, sent la chaleur rayonnée par vos mains.

On oublie que sauf un très petit nombre de cas, j'ai toujours expérimenté avec des sujets éveillés; en particulier toutes les expériences faites avec Gustave P. ont été faites à l'état de veille. Julio M. n'avait jamais été hypnotisé; je m'étais contenté de lui appliquer quelques secondes, selon le procédé de Moutin, mes deux mains sur les omoplates et de lui faire quelques passes le long des bras, accompagnées de suggestions d'ailleurs tout à fait étrangères aux phénomènes d'attraction magnétique. Il est donc tout à fait arbitraire d'attribuer à ces sujets une hyperesthésie qui, si elle avait existé, se serait certainement manifestée au même moment par une multitude d'autres signes. Or leur sensibilité auditive ou tactile, directement mise à l'épreuve, s'est toujours comportée pendant ces expériences comme la sensibilité normale d'un homme éveillé. D'ailleurs, en admettant un toucher hyperesthésié, on est bien forcé d'avouer que ce sens ne peut rien percevoir s'il n'y a pas une cause externe, si faible qu'on la suppose, pour l'exciter. Quelle peut-être cette cause lorsque Gustave P., après une demi-minute d'intervalle, perçoit l'action de ma main droite comme attraction et celle de ma main gauche comme picotement ?

Dira-t-on que c'est la chaleur rayonnée par la main ? Étrange hyperesthésie que celle qui, à plus de dix centimètres de distance, perçoit une différence de température entre la main droite et la main gauche d'une même personne et traduit cette différence par deux faits aussi dissemblables qu'un mouvement d'attraction et une sensation de picotement — bien mieux que lorsque les deux mains sont réunies, perçoit séparément leurs différentes températures — bien mieux enfin qui les perçoit lorsqu'elles lui sont transmises par un fil de cuivre de plus de deux mètres de longueur !

Une dernière ressource reste : la *suggestion*. Le professeur Bernheim a bien réussi à convaincre son maître, le Dr Liébault, que les impositions de mains et l'eau magnétisée guérissaient des enfants à la mamelle par la seule suggestion [1]. Il ne faut pas désespérer de prouver que la suggestion suffit à rendre compte de tous ces prétendus effets magnétiques.

Vous avez, nous dira-t-on, fait comprendre à vos sujets ce que vous attendiez d'eux, non peut-être expressément, mais sans doute à demi-mot. Or si je dis à un sujet ou si je lui laisse supposer que je vais attirer son bras droit, il est certain que son bras droit sera attiré : nul besoin de lui présenter pour cela la main à distance et d'émettre un fluide imaginaire Nous ferons l'expérience aussi souvent que vous le voudrez.

---

1. Voir Liébault : Du *Zoomagnétisme* et *Thérapeutique suggestive*.

Qu'on relise tout le récit de nos expériences, on verra que nous n'avons jamais eu qu'une préoccupation : agir sans ouvrir la bouche, avec le moins de bruit possible, afin d'écarter jusqu'à la possibilité de la suggestion. Que si nous avons employé la suggestion dans les expériences de contrôle, c'était non pour prévenir le sujet de l'effet que nous attendions, mais au contraire pour détourner son attention, pour le dépister, pour opposer en un mot la suggestion au magnétisme ; et malgré toutes ces précautions les effets magnétiques se sont produits. Nous avons donc le droit de dire que la suggestion n'en était nullement la cause. Dire après cela qu'on peut chez un grand nombre de sujets produire les mêmes effets par l'emploi de la seule suggestion, c'est enfoncer une porte ouverte ; qui le nie ? La question n'est pas là. De ce que je puis purger un malade sans ricin par la suggestion, s'ensuit-il que je ne puisse le purger sans suggestion par le ricin ? De même la possibilité d'attirer un sujet sans magnétisme par la suggestion n'exclut pas la possibilité de l'attirer sans suggestion par le magnétisme. Toute l'argumentation habituelle des partisans exclusifs de la suggestion est un des plus beaux spécimens du sophisme appelé par les logiciens *ignorantia elenchi*, c'est-à-dire déplacement de la question.

Mais si la suggestion échoue sous sa forme ordinaire, ne réussira-t-elle pas sous la forme plus complexe et plus obscure, soit de l'*auto-suggestion*, soit de la *suggestion mentale?* Le sujet, pourrait-on dire, s'auto-suggestionne : il s'imagine que vous l'attirez, que vous le picotez, etc., et il réalise lui-même l'effet imaginé.

Pourquoi, demanderons-nous à notre tour, a-t-il cette imagination, juste au moment où nous lui présentons la main droite et la main gauche et pour la partie de son corps à laquelle nous la présentons? Aucune autre réponse n'est possible que celles que nous venons déjà de répéter : hasard, simulation, suggestion faite par l'opérateur lui-même, à moins qu'on admette une influence réelle, objective, ou, ce qui revient au même, le magnétisme animal.

Ne pourrait-on supposer cependant que c'est encore la suggestion qui agit ici, mais une suggestion transmise de l'opérateur au sujet sans paroles, sans signes, par la seule force
de la pensée et de la volonté, une *suggestion mentale?* La
main en réalité ne produit aucun effet, n'émet aucun rayonnement, mais il suffit que vous vouliez ou que vous croyiez
exercer telle ou telle action sur le sujet pour que votre volonté,
votre croyance pénètrent en lui, s'imposent à son cerveau et
se réalisent dans son organisme.

Je ne sais si la suggestion mentale existe : pour ma part, je
n'ai jamais réussi à provoquer ce phénomène que sous la
forme du sommeil et du réveil provoqués par un simple
ordre mental[1] : mais si la suggestion mentale existe, elle
n'est pas un phénomène de suggestion, elle est un phénomène de magnétisme. Ne nous laissons pas abuser par les
mots : la prétendue suggestion mentale, très mal nommée,
n'a rien de commun avec la suggestion proprement dite.
Aussi l'école de Nancy ne s'y est pas trompée : elle rejette
la première justement parce qu'elle n'admet que la seconde.
Si je dis à une personne : levez-vous et qu'elle se lève
malgré sa volonté, ce qu'il y a de particulier dans ce fait,
ce qui constitue la suggestion, ce n'est pas que la personne
ait entendu et compris mon ordre, il n'y a rien là que de très
ordinaire, c'est qu'elle n'ait pu s'empêcher d'y obéir. Si sans
rien dire je veux qu'une personne se lève et qu'elle ait aussitôt l'idée de se lever, soit qu'elle se lève en effet ou qu'elle
reste assise, ce qu'il y a de particulier dans ce fait, ce qui
constitue la suggestion dite mentale, ce n'est pas que la personne ait obéi à mon ordre, car cela c'est la suggestion pure et
simple, c'est que cet ordre, elle l'ait entendu et compris sans
que j'aie prononcé une parole ni fait un signe. Après cela, qu'elle
ait obéi non, il n'importe guère : le phénomène existe,
il est complet par cela seul que la transmission de la pensée
ou de la volonté s'est faite d'un cerveau à l'autre. Or quel rap-

1. Voir plus loin chap. x.

port cette transmission a-t-elle avec la suggestion ordinaire,
laquelle consiste uniquement dans l'influence d'une idée du
sujet (d'où qu'elle vienne d'ailleurs) sur l'organisme du sujet?
Tout le mystère réside dans cette influence qu'un cerveau exerce
à distance sur un autre. Mais qui ne voit que cette influence est
justement un cas particulier de l'influence magnétique en
général? Au lieu de supposer que cette influence rayonne de
toutes les parties d'un corps vivant sur toutes les parties d'un
autre corps vivant, on suppose qu'elle rayonne exclusivement
d'un cerveau sur un autre cerveau. Si donc les phénomènes
que j'ai décrits s'expliquent par la suggestion mentale, cela
revient à dire au fond qu'ils s'expliquent par le magnétisme
animal, car j'imagine qu'on n'attribue pas à la pensée et à la
volonté la propriété mystique de se communiquer d'un esprit
à un autre sans aucune communication physique entre les cerveaux où elles ont leurs conditions matérielles.

Mais est-il vrai que l'action d'un homme sur un autre soit
toujours et exclusivement une action cérébrale, effet et signe
d'une volonté et d'une pensée? Je ne vois pas en tout cas
comment cette hypothèse rendrait compte de la plupart des
faits que j'ai exposés. La première fois où j'ai attiré le coude
de Gustave P., ni lui ni moi ne pensions aucunement à un
pareil effet : il s'est produit à l'insu de l'un et de l'autre, par
cela seul que ma main se trouvait tournée, les doigts en
pointe, dans la direction de son coude. Pareillement, quand
je lui présentai la main gauche, je ne m'attendais en aucune
façon à produire un picotement. Quand je lui présentai simultanément les deux mains, je m'attendais à voir leurs effets se
neutraliser réciproquement, non à les voir se juxtaposer.
Lorsqu'après huit mois d'absence, je répétai toutes ces expériences, je croyais et désirais obtenir l'attraction avec la main
droite, le picotement avec la main gauche, etc.: on a vu que
malgré ma croyance et mon désir, ces effets ne se sont plus réa-
lisés. Du reste, j'ai plusieurs fois essayé de transmettre à ce
sujet des pensées ou des volontés déterminées : sauf le sommeil et le réveil que j'ai plusieurs fois provoqués mentalement

à son insu et à l'improviste, je n'ai jamais obtenu de résultats bien satisfaisants.

Une seule conclusion reste donc possible, celle-là même que Cuvier formulait ainsi dans ses *Leçons d'Anatomie* (t. II, p. 107).

Il est très difficile dans les expériences qui ont pour objet l'action que les systèmes nerveux de deux individus peuvent exercer l'un sur l'autre, de distinguer l'effet de l'imagination de la personne mise en expérience d'avec l'effet physique produit par la personne qui agit sur elle. Cependant les effets obtenus sur des personnes déjà sans connaissance avant que l'opération commençât, ceux qui ont eu lieu sur d'autres personnes après que l'opération même leur eût fait perdre connaissance, et ceux que présentent les animaux, *ne permettent guère de douter* que la proximité de deux corps animés, dans certaines positions et certains mouvements, n'ait un effet réel, indépendant de l'imagination de l'un des deux. Il paraît assez clairement démontré que ces effets sont dus à une *communication* quelconque qui *s'établit entre leurs systèmes nerveux.*

Nous refusera-t-on le droit d'admettre l'existence d'une force de nature encore inconnue, mais certainement analogue aux forces électriques et magnétiques, rayonnée par le système nerveux, sous prétexte que cette force n'a pas sa place marquée dans nos théories scientifiques actuelles? Nous répondrons avec Laplace « qu'il est très peu philosophique de nier l'existence des phénomènes magnétiques par cela seul qu'ils sont inexplicables dans l'état actuel de nos connaissances » (*Calcul des probabilités*, p. 348): Ce n'est pas aux faits à s'accommoder à la science, c'est à la science de s'accommoder aux faits. Si le magnétisme animal existe, une fois bien et dûment constaté, il prendra naturellement sa place dans la science, comme l'ont déjà fait l'hypnotisme et la suggestion qui, quoi qu'on en pense, ne sont pas beaucoup plus compréhensibles.

Le magnétisme en effet ne demande nullement à supprimer ou absorber la suggestion et l'hypnotisme ; il demande seulement à être admis avec eux et à côté d'eux. Sans doute les esprits systématiques seront peu satisfaits de cette solution : coûte que coûte, ils voudraient faire rentrer tous ces faits dans

une formule unique, fallût-il pour cela effacer leurs différences
essentielles. Il n'est pas interdit d'ailleurs d'espérer qu'on
réussira un jour à découvrir l'unité de nature de ces trois ordres
de phénomènes, comme on commence à découvrir l'unité de
nature des phénomènes de chaleur, de lumière et d'électricité.
Ils se ressemblent trop, s'accompagnent trop souvent, se
fraient trop volontiers la voie les uns aux autres pour que
tous ces rapports ne trahissent pas une parenté secrète. Mais
au point où en sont nos connaissances et nos recherches, on
ne gagnerait rien et l'on perdrait beaucoup à vouloir les identifier. Ce sont peut-être les effets d'une même cause : mais
ces effets, à coup sûr, se produisent dans des conditions et
selon des lois différentes.

Seulement s'il est une fois prouvé scientifiquement que le
magnétisme existe, il devient désormais nécessaire d'avoir
toujours égard à son intervention possible dans l'ensemble
des phénomènes jusqu'ici attribués exclusivement par la
science à l'hypnotisme et surtout à la suggestion. De même
que nous nous sommes efforcé d'éliminer la suggestion de
toutes nos expériences de magnétisme, on devra s'efforcer
d'éliminer le magnétisme de toutes les expériences de suggestion. L'école de Nancy a dit avec juste raison que les anciens
magnétiseurs n'avaient cessé de faire de la suggestion à leur
insu : elle devra s'attendre à ce qu'on dise qu'elle-même a fait
bien souvent du magnétisme sans le savoir[1].

Il se peut que le regard, le contact, les passes, la personnalité de l'opérateur, etc., n'agissent sur certains sujets que
par une influence purement suggestive ; mais il se peut aussi
qu'à l'influence suggestive s'ajoute ou se substitue chez certains autres une influence magnétique. Du moment que les
deux agents, aussi réels l'un que l'autre, sont susceptibles
d'entrer en jeu simultanément et de combiner leurs actions, nul
n'a le droit d'attribuer *a priori* les effets produits à l'un des
deux à l'exclusion de l'autre : seules des expériences faites

---

1. Voir Liébault : *Thérapeutique suggestive.*

expressément dans ce but permettraient de déterminer dans
chaque cas la part du magnétisme et celle de la suggestion.

VIII

Toutefois, en affirmant l'existence de la force magnétique,
nous ne demandons pas que l'on nous croie sur parole : ce
que nous demandons, au contraire, c'est que l'on veuille bien
prendre la peine de vérifier l'hypothèse du magnétisme animal,
comme on vérifie toute autre hypothèse scientifique, c'est-à-dire
en la soumettant au contrôle de l'expérience.

Les hypothèses[1], en effet, comme nous l'avons montré
ailleurs, peuvent se présenter dans la science sous deux formes
jusqu'ici plus ou moins confondues, que Claude Bernard a le
premier nettement distinguées, l'hypothèse *théorique* et l'hypothèse *expérimentale*.

La première, très vaste et très générale, en grande partie
construite *a priori*, a pour but d'expliquer tout un ensemble
de phénomènes et de lois qu'on ne peut par aucun moyen
coordonner en système : on la confirme, plutôt qu'on ne la
vérifie, en faisant voir qu'elle introduit dans cet ensemble la
liaison et l'unité. Elle figure, dans la science, avec son nom,
avec sa physionomie propre, soit au début, parmi les principes
(telle l'hypothèse des atomes), soit à la fin, parmi les conclusions (telle l'hypothèse de l'éther), c'est de l'hypothèse ainsi
comprise que Newton disait : *hypotheses non fingo*.

La seconde, très restreinte, très particulière, suggérée par
l'observation, a pour but de susciter immédiatement une ou
plusieurs expériences dont elle détermine rigoureusement
les conditions : elle peut, elle doit donc être immédiatement
contrôlée, et par suite on la chercherait en vain dans la
science une fois faite, du moins sous le nom d'hypothèse ; car

---

1. *Grande Encyclopédie*, article *Hypothèse*. Voir après ce chapitre, l'ap-
pendice *Hypothèse*.

si elle a été vérifiée, elle y prend place à titre de vérité ou de loi ; et dans le cas contraire, elle disparaît, sans laisser de trace. Seule l'histoire de la science peut en conserver quelque souvenir. C'est l'hypothèse ainsi comprise qui est d'après Claude Bernard le grand ressort des sciences de la nature.

Jusqu'ici le magnétisme animal n'a été qu'une hypothèse théorique. Il faut qu'il devienne une hypothèse expérimentale. On l'a vu : ce sont les faits qui nous l'ont suggérée ou pour mieux dire imposée, nullement des spéculations *a priori*, et notre première préoccupation n'a pas été de la développer, de la construire dans tous ses détails, d'en faire une ample et minutieuse théorie, mais simplement de nous en servir comme d'une idée directrice, comme d'un fil conducteur, pour instituer des expériences et découvrir des faits qui la vérifient et la précisent. Cette marche, il est vrai, paraît bien lente, mais elle est la plus sûre. Comme certains pèlerins du moyen âge, la science ne progresse qu'en faisant trois pas en avant et deux pas en arrière. Partir des faits et revenir aux faits en passant par l'hypothèse, voilà tout le secret de la méthode expérimentale.

Précisément parce qu'elle reste toujours en contact avec l'expérience, cette méthode peut sans crainte donner libre carrière à l'imagination et au raisonnement. Certains savants voudraient borner toute la science à la seule observation des faits : on croirait qu'ils ont peur de la pensée. Or les faits n'ont de valeur que pour qui sait les interpréter. La nature récompense toujours magnifiquement les chercheurs qui ont foi dans sa logique. Lorsqu'elle-même, par un nombre suffisant d'indices, nous suggère une hypothèse, soyons sûrs qu'elle en vérifiera toujours tôt ou tard les conséquences, même celles qui paraissaient aux esprits ignorants ou prévenus les moins vraisemblables. Que celui qui se trouve en face d'une telle hypothèse n'hésite donc pas à tirer hardiment les conséquences qu'elle enferme et à tracer le plan des expériences destinées à les vérifier une à une : il est sur le chemin des découvertes.

Nous ne pouvons donner ici un programme de recherches : signalons seulement deux directions.

Tout d'abord, il est infiniment probable que le système nerveux des personnes sensibles à l'agent magnétique ne diffère pas en nature de celui des autres personnes ; cette sensibilité doit dépendre d'un certain état de la substance nerveuse qui, même chez les sujets, varie avec différentes circonstances, principalement avec l'exercice et l'habitude. Dès lors est-il défendu de supposer que certaines substances ou certaines pratiques, encore inconnues, peuvent produire cet état dans tous les systèmes nerveux et développer en eux, au moins pour un temps, la sensibilité magnétique ? Le jour où le *révélateur* de la sensibilité magnétique sera découvert, nous pourrons reproduire à volonté chez tous les hommes les phénomènes que nous n'avons jusqu'ici observés et expérimentés que chez un très petit nombre ; mais surtout nous pourrons aussi les reproduire chez les animaux, ce qui facilitera singulièrement, on en convient, l'étude expérimentale des propriétés de la force magnétique.

D'autre part, il est possible que cette force ne rencontre pas dans la nature d'autre réactif capable de déceler son action qu'un système nerveux dans certain état particulier. Mais le contraire est aussi possible, et même probable. On devra donc chercher si l'on ne pourrait pas construire quelque appareil, magnétoscope ou magnétomètre, qui fût pour cette force ce que le thermomètre est pour la chaleur, l'électroscope pour l'électricité statique, le galvanomètre pour l'électricité dynamique, etc. [1]

Tant que ces deux recherches n'auront pas abouti, nous devrons nous contenter d'étudier la force magnétique en expérimentant sur des sujets. Le nombre en est sans doute plus considérable qu'on ne le croirait ; et comme les expériences d'attraction magnétique peuvent très bien réussir à l'état de veille (le cas de Julio M... le prouve), il serait peut-être plus facile

1. Voir *Annales des Sciences Psychiques*, v. II. Un appareil pour expérimenter l'action psychodynamique.

d'obtenir leur concours que pour des expériences d'hypnotisme.

Mais la condition absolue de la valeur de ces expériences, on ne saurait trop le répéter, c'est que la suggestion en soit rigoureusement exclue. A cet effet, les yeux du sujet devront être hermétiquement bandés ; on s'abstiendra de prononcer aucune parole ; si les opérateurs — qui devront toujours être peu nombreux — ont quelque chose à se communiquer, ils le feront par écrit ; ils s'étudieront à faire le moins de bruit possible. Les expériences enfin seront menées, non en les improvisant séance tenante, mais d'après un programme arrêté dans les détails. Les résultats en seront notés au fur et à mesure par un des assistants.

Pour mener à bonne fin toutes ces recherches, un seul investigateur ne suffit pas : il y faudrait la coopération longtemps continuée de tout un cercle de physiciens, de physiologistes et de philosophes[1]. Pour mieux dire, le champ qui s'ouvre à nous de ce côté est infini : c'est toute une région de la nature, encore inconnue, à explorer. Les savants s'obstineront-ils à passer outre, en tournant même la tête pour éviter de la voir? Estimeront-ils que la dignité de la science lui commande d'ignorer systématiquement la question sous peine d'avoir à confesser un jour que les anciens magnétiseurs, les Mesmer, les Puységur, les Deleuze, les Du Potet, les Lafontaine, et tant d'autres, méritaient de sa part un autre accueil que l'indifférence et le mépris? La remarque de Nicole est, hélas! de tous les temps. « Il y en a qui n'ont point d'autre fondement pour rejeter certaines opinions que ce plaisant raisonnement : Si cela était, je ne serais pas un habile homme : donc cela n'est pas. C'est la principale raison qui a fait rejeter longtemps certains remèdes très utiles et des expériences très certaines, parce que ceux qui ne s'en étaient point encore avisés concevaient qu'ils se seraient donc trompés jusqu'alors[2]. »

1. C'est une idée de ce genre qui a inspiré, du moins à l'origine, les fondateurs de l'Institut Psychologique général (actuellement 14 rue de Condé à Paris).

2. *Logique* de Port-Royal, III, ch. xx.

La vérité du magnétisme animal est pourtant assez importante, elle a des conséquences théoriques et pratiques assez sérieuses pour qu'il vaille la peine de s'en assurer. On ne s'en assurera pas tant qu'on ne renoncera point aux vieux errements : opposer des raisonnements ou des railleries à des faits ; insinuer contre ceux qui les rapportent le soupçon de crédulité ou d'imposture ; se dispenser de faire soi-même aucune des expériences indiquées, mais exiger qu'on les improvise à jour et à heure fixes devant une commission académique, en grande partie prévenue ou hostile, ou si l'on fait soi-même les expériences, ne tenir aucun compte des conditions nécessaires, constater hâtivement qu'elles ne réussissent pas et en conclure que la question est enterrée pour toujours. Croit-on que la science de l'électricité eût pu jamais se constituer, si pareil traitement avait été infligé à ceux qui en furent les initiateurs ?

On se souvient peut-être en quels termes le regretté professeur Georges Pouchet s'exprimait naguère (dans le journal le *Temps* du 12 août 1893), au sujet du phénomène de la transmission de pensée qui n'est en somme qu'un cas particulier du magnétisme animal.

« Démontrer qu'un cerveau, par une sorte de gravitation, agit à distance sur un autre cerveau, comme l'aimant sur l'aimant, le soleil sur les planètes, la terre sur le corps qui tombe, arriver à la découverte d'une influence, d'une vibration nerveuse se propageant sans conducteur matériel !...

Le prodige, c'est que ceux qui croient peu ou prou à quelque chose de la sorte ne semblent même pas, les ignorants ! se douter de l'importance, de l'intérêt, de la nouveauté qu'il y aurait là-dedans et de la révolution que ce serait pour la science, pour le *monde de demain*. Mais trouvez-nous donc cela, bonnes gens, montrez-nous donc cela, et votre nom ira plus haut que celui de Newton dans l'immortalité, et je vous réponds que les Berthelot, les Pasteur vous tireront leur chapeau bien bas. »

Non, les chercheurs dont on parle ne sont pas aussi naïfs qu'on le suppose ; ils savent fort bien tout le prix de la découverte qu'ils poursuivent et c'est pour cela qu'ils ne se laissent décourager ni par les difficultés ni par les sarcasmes. Mais ils feraient volontiers bon marché de la gloire et des honneurs.

dont on leur fait l'ironique promesse, s'ils pouvaient seulement obtenir que la science, rendant enfin justice à leurs efforts, consentît à reconnaître et à étudier une vérité si importante pour l'esprit humain.

APPENDICE AU CHAPITRE VII

L'HYPOTHÈSE

Dans un sens très général, toute supposition, toute conjecture plus ou moins fondée est une hypothèse. Dans la langue des mathématiciens, on désigne sous le nom d'hypothèse la première partie d'un théorème, celle que les logiciens appellent sujet ou antécédent, par opposition à la seconde (attribut ou conséquent) qu'on désigne sous le nom de conséquence. Par exemple, *si deux droites sont perpendiculaires à une même troisième* (hypothèse), *elles sont parallèles* (conséquence). — Mais le mot « hypothèse » appartient surtout au vocabulaire des sciences de la nature, et il y désigne un de leurs plus importants procédés, celui par lequel le savant imagine par avance et suppose déjà connu la vérité même qu'il cherche. Il convient à cet égard de distinguer deux sortes d'hypothèses que les logiciens ont trop souvent confondues et qui diffèrent cependant sous bien des rapports, quoiqu'on puisse montrer qu'elles se rejoignent insensiblement l'une l'autre, l'hypothèse *expérimentale*, et l'hypothèse *théorique*.

La première a été surtout étudiée par Claude Bernard, dans son admirable *Introduction à l'étude de la médecine expérimentale*. Elle s'intercale dans la série des opérations de la méthode entre l'observation et l'expérimentation : suggérée par l'observation, elle rend possible l'expérimentation qui la contrôle. Sa grande fonction est de diriger les recherches. « Toute l'initiative expérimentale, dit Claude Bernard, est dans l'idée ; car c'est elle qui provoque l'expérience. La raison ou le raisonnement ne servent qu'à déduire les conséquences de cette idée et à les soumettre à l'expérience. Une idée anticipée ou une hypothèse est donc le point de départ nécessaire de tout raisonnement expérimental. Sans cela on ne saurait faire aucune investigation ni s'instruire ; on ne pourrait qu'entasser des observations stériles ; si l'on expérimentait sans idée préconçue, on irait à l'aventure. » — Une telle hypothèse est nécessairement spéciale et précise : elle porte sur la cause probable ou l'effet probable de tels phénomènes déterminés que le savant vient d'observer. Le plus souvent aussi, c'est l'observation même qui la suggère. « L'hypothèse expérimentale, dit Claude Bernard, doit toujours être fondée sur une *observation* antérieure. Toutefois, il n'y a pas de règles à donner pour faire naître dans le cerveau, à propos d'une observation donnée, une idée juste et féconde qui soit pour l'expérimentateur une sorte d'anticipation intuitive de l'esprit vers une recherche heureuse. L'idée une fois émise, on peut seulement dire comment il faut la soumettre à des préceptes définis et à des règles logiques précises. Mais son apparition a été toute spontanée et sa nature tout individuelle. C'est un sentiment particulier, un *quid proprium* qui constitue l'originalité, l'invention ou le génie de chacun. » Telle est l'importance de ce procédé que Claude Bernard n'hésite pas à en faire le principe même du progrès scientifique : « L'idée c'est la graine ; la méthode, c'est le sol qui lui fournit les conditions de se développer, de prospérer et de donner les meilleurs fruits suivant sa nature. Mais de même qu'il ne poussera jamais dans le sol que ce qu'on y sème, de même il ne se développera par la méthode expérimentale que les idées qu'on lui soumet. *La méthode par elle-même n'enfante rien.* »

Enfin l'hypothèse expérimentale appartient à la science en voie de se faire : elle est absente de la science une fois faite ; car ou bien elle a été vérifiée par l'expérience et s'est transformée en loi, ou bien l'expérience l'a contredite et elle a été remplacée par une autre hypothèse, et ainsi de suite jusqu'à la découverte finale de la loi. Aussi peut-on dire que presque toutes les lois actuelles de la science ont été d'abord des hypothèses. Cette disparition immédiate de l'hypothèse expérimentale au moment même où la science passe, comme disaient les scholastiques, de l'*in fieri* à l'*in facto*, est sans doute la raison pour laquelle la plupart des logiciens, avant Claude Bernard, en ont ignoré l'existence.

L'hypothèse théorique a pour but la coordination et l'intégration des vérités déjà acquises. Elle se place au dernier terme de la série des opérations de la méthode, après l'expérimentation et l'induction elle-même. Sa fonction est non plus de diriger les recherches, mais d'expliquer les résultats. L'esprit, en effet, ayant découvert un certain nombre de lois, éprouve le besoin de les relier entre elles, et comme elles ne semblent pas pouvoir se déduire les unes des autres ni se réduire à quelque loi plus générale, il complète en quelque sorte l'expérience et le raisonnement par l'imagination, et il construit une hypothèse où toutes ces lois se trouvent enveloppées et expliquées. — De telles hypothèses sont nécessairement très générales, et telles sont, par exemple, en physique, l'hypothèse de l'éther comme véhicule de la chaleur, de la lumière et de l'électricité; en chimie, l'hypothèse atomique ; en astronomie, l'hypothèse de Laplace ; en histoire naturelle, les hypothèses de Lamarck et de Darwin, etc., etc. — Elles ne peuvent pas être directement vérifiées par l'expérience ; mais elles deviennent d'autant plus probables qu'elles embrassent un plus grand nombre de faits et de lois et qu'elles en donnent une explication plus simple et plus cohérente. Enfin, elles figurent dans la science même, à côté et pour ainsi dire en marge des vérités définitivement acquises : aussi ont-elles frappé de tout temps l'attention des logiciens qui en ont tantôt exagéré, tantôt rabaissé l'importance, et c'est à elles que Newton faisait allusion quand il écrivait son mot fameux : *Hypotheses non fingo.* Les règles de l'hypothèse données dans tous les traités de logique (l'hypothèse doit ne contredire aucun des faits déjà connus ; expliquer le plus grand nombre de ces faits et permettre d'en découvrir d'autres ; être la plus simple possible et la plus conforme à l'analogie, etc.) se rapportent à peu près uniquement aux hypothèses théoriques. Remarquons d'ailleurs que l'hypothèse expérimentale n'est souvent, surtout à mesure que la science se développe, qu'un cas particulier de quelque hypothèse théorique qui se trouve ainsi soumise indirectement au contrôle de l'expérience.

Peut-être aussi faut-il distinguer deux sortes d'hypothèses théoriques ; les unes, vraiment *explicatives*, prétendent donner l'explication réelle et (partiellement au moins) définitive d'un certain ensemble de faits : telles sont l'hypothèse des ondulations de l'éther en optique, celle de la transformation des espèces par sélection en histoire naturelle ; les autres, simplement *représentatives*, permettent d'introduire dans un ensemble de faits dont la cause est encore ignorée un ordre provisoire et plus ou moins artificiel qu'en facilite l'exposition : elles ne sont souvent que d'anciennes hypothèses explicatives dont on a reconnu l'insuffisance, mais que l'on conserve cependant à cause de leur commodité : telles sont l'hypothèse de l'émission en optique, celle des deux fluides en électricité, etc.

Sous toutes ses formes, l'hypothèse témoigne de l'insuffisance du pur empirisme et du rôle nécessaire des facultés régulatrices et créatrices de l'esprit dans les sciences de la nature.

CHAPITRE VIII

UNE NOUVELLE MÉTHODE D'EXPÉRIMENTATION EN HYPNOLOGIE

Les observations et les réflexions qu'on vient de lire au précédent chapitre ont été pour l'auteur de ce livre le point de départ d'une série de nouvelles recherches, dont il serait trop long de faire connaître en détail les résultats.

Je me bornerai ici à exposer en quelques mots les règles de la nouvelle méthode d'expérimentation employée dans ces recherches, et à résumer ensuite, dans un petit nombre de propositions, les faits les plus intéressants que l'emploi de cette méthode m'a permis de découvrir. Je m'abstiendrai d'ailleurs de toute discussion, de tout essai d'explication, me réservant de traiter ailleurs[1] cette partie de mon sujet.

Voici tout d'abord les règles essentielles de ma méthode :

1° Expérimenter toujours et exclusivement avec des personnes à l'état de veille. — Sans doute la plupart des sujets avec lesquels j'expérimente ont été déjà hypnotisés plus ou moins fréquemment, soit par d'autres opérateurs, soit par moi-même : et je bénéficie évidemment, pour mes expériences, de l'impressionnabilité plus grande que ces hypnotisations antérieures ont développée, dans leur système nerveux. Mais ce n'est pas là une condition indispensable et j'ai pu expérimenter tout aussi bien avec des personnes qui n'avaient jamais été hypnotisées de leur vie. En tout cas, au cours de ces expériences spéciales, non seulement je n'essaie

---

1. Voir le dernier chapitre de ce livre : *La conductibilité de la force psychique.*

pas, mais encore j'évite soigneusement de rien faire qui
puisse endormir les sujets ou modifier leur état normal.

2° Mettre les sujets, dès le début et pendant toute la
durée des expériences, dans l'impossibilité absolue de voir ce
qui se passe autour d'eux en leur bandant hermétiquement
les yeux. — J'ai fait fabriquer à cet effet un bandeau de drap
noir, assez épais pour intercepter complètement la lumière,
qui ne couvre pas seulement le front et les yeux, mais qui
emboîte encore le nez, avec un système de ligaments qui
permet de faire adhérer le bord inférieur du bandeau à la
commissure des lèvres. Il en résulte, il est vrai, cet inconvénient que le sujet est forcé de ne respirer que par la bouche,
mais il s'y habitue assez rapidement ; et d'ailleurs son aveuglement absolu est la condition *sine qua non* de la validité de
ces expériences.

3° Observer, avant et pendant toute la séance, le silence le
plus rigoureux, en imposant cette même loi aux aides et aux
assistants. — Ceux-ci doivent comprendre par eux-mêmes
le sens des faits dont ils sont témoins, mais sous aucun prétexte ils ne peuvent demander et on ne leur donne d'explications. S'il y a lieu, pour l'opérateur de communiquer avec
ses aides, il le fait toujours et uniquement par écrit. Seul le
sujet est autorisé à parler pour dire, sans qu'on l'interroge,
ce qu'il ressent, chaque fois qu'il croira ressentir quelque
chose. Tous les objets, tous les appareils que l'opérateur peut
employer au cours de ses expériences, ne sont introduits dans
la pièce où elles se passent qu'après que le sujet a eu les
yeux bandés et sans qu'il en soit jamais fait mention.

4° S'abstenir scrupuleusement de tout contact avec le sujet.
Il ne faut pas que le sens du toucher puisse suppléer chez le
sujet les sens de la vue et de l'ouïe et lui permette de soupçonner ce qui se passe autour de lui.

5° Enfin, tâcher de combiner les expériences de telle façon
que l'opérateur lui-même, au moins la première fois où il les
fait, ne puisse pas prévoir quel en sera le résultat et n'en soit
informé que par l'issue.

Comme on le voit, toutes ces précautions ont pour but d'isoler le sujet à la fois au point de vue physique et au point de vue mental. Il faut qu'il ignore la nature des expériences qu'on veut tenter sur lui aussi absolument que nos lecteurs peuvent l'ignorer eux-mêmes en ce moment, de façon qu'il réagisse, autant que possible comme le ferait un instrument de physique.

Telles étant les cinq règles de cette nouvelle méthode d'expérimentation, le procédé fondamental qui la constitue peut se définir ainsi : Présenter la main, dans des conditions qui peuvent varier à l'infini, à une distance de 5, 10, 15 centimètres ou davantage, et la maintenir immobile, les doigts allongés, vis-à-vis d'une partie quelconque du corps du sujet, à gauche ou à droite, devant ou derrière, épaules, avant-bras, coude, poignet, main, genou, pied, épigastre, parties génitales, etc.

Voici maintenant, résumés en quelques propositions, les faits les plus intéressants que cette méthode m'a permis de découvrir et qui ne sont probablement que peu de chose en comparaison de ceux qui restent à découvrir encore.

1° Tout se passe comme si l'organisme humain dégageait normalement, au moins chez certains individus, une influence de nature inconnue susceptible d'agir à distance sur l'organisme de certains autres individus.

2° Tout se passe comme si, la plupart des individus étant bons conducteurs de cette influence, elle traversait plus ou moins rapidement la masse entière de leur corps et allait se perdre dans le milieu extérieur sans produire d'effets sensibles, et comme si, au contraire, certains autres individus, ceux qu'on appelle des sujets, étant mauvais conducteurs de cette influence, elle s'accumulait et s'emmagasinait pour un temps plus ou moins long dans les parties de leur corps où on la dirige, de manière à y produire des effets plus ou moins marqués.

3° La nature de ces effets varie avec les différents sujets : mais d'une part chez tous les sujets suffisamment impressionnables, il se produit toujours quelque effet, et d'autre part, pour chaque sujet, la nature des effets produits est constante.

4° Le temps nécessaire pour la production d'un effet est aussi variable selon les opérateurs, les sujets et les circonstances : dans les expériences que j'ai faites personnellement, la moyenne paraît être de trente secondes.

5° La liste des effets observés par moi jusqu'ici est la suivante : 1° Analgésie, puis anesthésie, d'abord superficielle, ensuite profonde des parties visées. Pour vérifier ce genre d'effet, une méthode complémentaire est indispensable dont je donnerai tout à l'heure la description ; 2° Contraction plus ou moins brusque et violente des masses musculaires dans les parties visées. Cet effet s'observe principalement dans le muscle triceps, lorsque l'action est dirigée sur le genou. Le plus souvent d'ailleurs, les contractions ne sont accompagnées pour le sujet d'aucune sensation consciente ; 3° Tendance à la contracture dans les parties visées ; cet effet se produit surtout lorsque l'action est prolongée ; 4° Mouvements attractifs par lesquels la partie visée se rapproche graduellement et irrésistiblement de la main de l'opérateur. Ces mouvements se produisent spontanément chez certains sujets, même quand la main de l'opérateur reste immobile ; ils ne se produisent chez certains autres que lorsque l'opérateur lui-même déplace lentement la main, et il s'établit alors une correspondance quasi mathématique entre les mouvements de l'opérateur et ceux du sujet ; 5° Sensations diverses que le sujet déclare éprouver dans les parties visées et dont les plus ordinaires sont la sensation de chaleur pouvant aller jusqu'à la brûlure, les sensations de piqûre, de picotement, de fourmillement et d'engourdissement. Tous les sujets accusent la ressemblance de ces trois derniers genres de sensations avec les sensations électriques. En outre, certaines parties du corps ont, du moins chez certains sujets, leur mode particulier de réaction : en agissant sur l'épigastre, il se produit une gêne croissante de la respiration qui aboutit à un profond soupir caractéristique ; dirigée vers les organes génitaux, l'action provoque l'excitation du sens génésique.

6° Cette influence inconnue que dégage l'organisme humain peut être conduite à distance par un fil de fer ou de cuivre : il suffit pour cela que l'opérateur tienne dans sa main une des extrémités du fil et que l'autre extrémité soit présentée à une partie quelconque du corps du sujet.

7° Chez certains sujets, peut-être aussi chez certains opérateurs, et dans des conditions qui me sont inconnues, cette influence est polarisée, en ce sens que la main droite produit constamment un certain effet, la main gauche un effet différent, et les deux mains superposées paume contre paume les deux effets réunis. Cette polarité persiste même quand l'influence est transmise par un conducteur métallique, selon que le fil de fer ou de cuivre est tenu par l'opérateur de la main droite, de la main gauche ou des deux mains réunies.

8° Cette influence se dégage naturellement par l'extrémité des doigts, mais elle se dégage aussi, à l'état diffus, de toutes les parties du corps. Du moins il suffit d'enrouler autour du bras, du poignet au coude, un fil de fer et d'adapter sur le milieu de cette espèce de solénoïde une pointe de même métal pour constater que la pointe présentée vis-à-vis d'une partie quelconque du corps du sujet y produit les mêmes effets d'anesthésie, d'attraction, de picotement, etc., que produit la main elle-même. Pareillement, en enroulant autour de la main un fil de fer qui se termine en pointe aux cinq doigts, on augmente notablement la rapidité et l'intensité des effets.

9° Le verre paraît être au contraire pour cette influence un mauvais conducteur, un isolant. C'est du moins la conclusion qui me semble ressortir des faits suivants.

Tout d'abord, soit une baguette de verre de 50 centimètres de longueur, terminée en pointe à l'une de ses extrémités. Sur une longueur de 25 centimètres, j'enroule un fil de fer autour de cette baguette, la pointe du fil venant coïncider avec la pointe du verre : si alors, prenant la baguette, par la partie inférieure où le verre est nu, j'en présente la pointe à l'une des parties quelconques du corps du sujet, il ne se produit rien, même après quatre ou cinq minutes de présentation; maintenant si je continue l'enroulement du fil de fer autour de la seconde moitié de la baguette, de sorte que le conducteur métallique soit en contact avec l'intérieur de ma main, il me suffit de présenter la pointe de la baguette pour obtenir en moins de quelques secondes l'anesthésie de la partie visée. — D'autre part, en faisant deux fois les deux mêmes expériences de présentation directe de la main, mais tantôt isolé du sol en même temps que le sujet par le moyen du verre, tantôt en communication avec le sol, je constate toujours, lorsque nous sommes isolés, une accélération dans la production des effets, et dans certains cas, cette accélération est de la moitié du temps nécessaire lorsqu'il y a communication. Toutefois, comme ces dernières expériences n'ont encore été faites qu'avec un seul sujet, j'affirmerai la propriété isolante du verre avec plus de réserve que la propriété conductrice du fer et du cuivre, celle-ci ayant été vérifiée à plusieurs reprises avec des sujets différents.

10° Tous les individus ne possèdent pas, du moins à un degré suffisant, pour qu'il en résulte des effet appréciables, la faculté de dégager l'influence de nature inconnue qui paraît être la cause déterminante de tout cet ordre de phénomènes.

11° Toutefois si un individu privé de cette faculté prend contact avec un autre individu qui la possède, il peut à son tour et aussi longtemps que dure le contact devenir capable d'exercer cette influence.

12° En répétant et prolongeant le contact, un individu qui possède cette faculté peut la communiquer, d'une façon plus ou moins durable, à un autre individu qui en est privé, de telle sorte que celui-ci pourra à son tour agir personnellement pendant un temps plus ou moins long et même conduire son influence à travers le corps d'un troisième individu incapable d'exercer par lui-même aucune action.

Ces douze propositions résument fidèlement les faits principaux que j'ai pu constater jusqu'ici en observant scrupuleusement les règles de la méthode d'expérimentation que je me suis prescrite et que je complète en indiquant le procédé que j'emploie pour vérifier l'état de la sensibilité du sujet au cours de ces expériences.

Supposons que la partie du corps du sujet visée à distance par la main de l'opérateur soit la rotule du genou gauche; un assistant percute successivement, avec une pointe et dans un ordre quelconque différentes parties du corps du sujet en y intercalant la partie visée : le sujet annonce à haute voix les contacts ressentis ; s'il reste constamment muet quand le contact a lieu sur la rotule du genou gauche, on en conclut l'anesthésie de cette partie et on s'assure par des pincements, par des piqûres, de l'étendue et de la profondeur de l'anesthésie ainsi produite.

Il ne m'appartient pas de faire ressortir l'importance de tous ces faits au point de vue de l'hypnologie, de la psychologie physiologique, peut-être même de la physiologie générale. J'exprimerai seulement le vœu que le plus grand nombre possible d'expérimentateurs veuillent bien prendre la peine de les vérifier à leur tour, assuré qu'ils réussiront comme moi, pourvu qu'ils consentent à observer ces deux conditions indispensables : en premier lieu, se conformer rigoureusement à toutes les règles de la méthode que j'ai indiquée ; en second lieu, si les premiers résultats sont négatifs, ne pas se hâter d'en conclure que les faits rapportés ici sont mensongers ou imaginaires, mais avoir la patience d'expérimenter avec un assez grand nombre de sujets, soit personnellement, soit avec le concours d'autres opérateurs [1].

1. Voici comment cette communication, publiée pour la première fois dans la *Revue de l'Hypnotisme*, fut appréciée dans l'*Année psychologique*, 2ᵉ année, 1891 : « L'auteur trace le programme, indique les résultats en bloc, mais ne donne point le protocole de ses expériences. Il serait d'abord nécessaire de rechercher si un sujet habile ne peut rien percevoir ni deviner les mouvements de l'expérimentateur. J'ai toujours pensé que la collaboration d'un prestidigitateur est nécessaire pour déceler ces causes d'erreur. »

CHAPITRE IX

SUGGESTION ET MESMÉRISME

Lorsque Mesmer expliqua les étranges phénomènes qu'il produisait par ses attouchements, par ses passes et par son fameux baquet en les attribuant à un fluide universel de même nature que le fluide de l'aimant, on sait quelle opposition formidable cette explication rencontra chez tous les savants de son époque. Plutôt que de l'admettre, ils aimèrent mieux nier les faits ou les déclarer sans importance.

Déjà cependant on voyait apparaître une explication toute différente de celle de Mesmer, et les commissaires du roi y firent timidement allusion dans leur *Rapport*, sans se douter qu'elle deviendrait plus tard le principe de toute une théorie nouvelle et de tout un art nouveau, la théorie de la suggestion et l'art de la psychothérapie.

Cette explication est celle qui attribue tous les faits observés à l'imagination du sujet plus ou moins excitée et dirigée par l'opérateur, le plus souvent sans que celui-ci en ait l'intention et alors même qu'il s'imagine de très bonne foi dégager une influence objective. Elle a été expressément proposée par l'abbé Faria et ses deux disciples, le Dr Bertrand et le général Noizet et opposée par eux en termes très clairs à l'hypothèse du mesmérisme ou du magnétisme animal.

On l'a un moment perdue de vue, lorsque Braid a cru trouver l'explication des phénomènes produits par les magnétiseurs et de ceux qu'il produisait lui-même dans un état particulier de fatigue nerveuse et cérébrale, dans un engourdissement ou un épuisement *sui generis* des centres, déterminé par une tension excessive ou prolongée des sens et du cerveau. Alors s'est formée une troisième doctrine, celle de l'*hypnotisme* qui a, pendant quelque temps, éclipsé les deux autres, surtout lorsqu'elle fut adoptée et professée, — on sait avec quel retentissement — par le professeur Charcot et toute l'école de la Salpêtrière. Charcot croyait d'ailleurs l'avoir complétée en ajoutant que cet état particulier — l'état hypnotique — ne pourrait être provoqué que chez des névropathes ou, plus précisément, chez des hystériques.

Mais depuis que l'école de Nancy s'est substituée de plus en plus à l'école de la Salpêtrière dans l'étude méthodique de tout cet ordre de phénomènes et surtout dans son utilisation pour le traitement des maladies, les vues de Liébault et de Bernheim ont primé presque partout celles de Charcot. Actuellement tous les médecins, tous les savants qui s'occupent de la question inclinent fortement à penser, avec Bernheim, que « la suggestion est la clé de tous les phénomènes de l'hypnose » ou même « qu'il n'y a pas d'hypnotisme, qu'il n'y a que de la suggestion ».

« Quand Mesmer, dit le *professeur Bernheim* [1], à la suite de certaines manipulations ou passes, constata l'extase, l'hallucinabilité, l'analgésie, les vertus thérapeutiques, etc., il crut à un état nouveau de l'organisme créé par ses manipulations et qu'il appela état magnétique.

Braid remplaça l'ancien magnétisme par l'hypnotisme: c'est la fixation d'un point brillant et l'attention concentrée qui créent un sommeil artificiel dans lequel existent la suggestibilité, l'hallucinabilité, etc.

Liébault remplaça l'hypnotisme de Braid par le sommeil suggestif. C'est la suggestion seule qui fait le sommeil, qui développe la suggestibilité, qui fait la guérison.

Enfin, je crois avoir dégagé la suggestion du sommeil provoqué artificiel, suggestif ou braidique, et avoir montré que les phénomènes dits hypnotiques ne sont pas fonction d'un état particulier de l'organisme artificiellement créé, mais d'une propriété du cerveau plus ou moins développée suivant les sujets: la suggestibilité.

Je suppose que la découverte, au lieu d'être faite à la suite des

1. *Revue de l'hypnotisme*, nov. 1897, p. 114.

pratiques grossières du magnétisme ou même de celles plus
simples et plus scientifiques de l'hypnotisme, eût été faite directement. On aurait établi que tel sujet, actionné par l'affirmation,
peut réaliser de la catalepsie, de la contracture, de l'analgésie....
de la docilité automatique..., des hallucinations, des actes organiques, du sommeil, des effets thérapeutiques; on aurait constaté
et étudié directement la suggestibilité de chacun, telle qu'elle
existe ou telle qu'elle peut être accrue par diverses influences; la
suggestibilité eût été découverte, et la découverte existerait
sans être associée aux mots hypnotisme ou magnétisme. Ces
mots n'auraient aucune raison d'être. On ajouterait tout simplement que certains sujets, peu suggestibles à l'état de veille, le
deviennent davantage, quand on peut leur suggérer préalablement l'idée du sommeil ; mais que chez les sujets très suggestibles, cette suggestion préalable n'est nullement nécessaire.
L'idée de suggestibilité ne serait pas associée à celle d'hystérie et,
la doctrine de la suggestion ne serait pas obscurcie par l'idée
mystérieuse et anti-physiologique qui s'attache aux mots magnétisme et hypnotisme. »

Nous n'avons pas à prendre parti entre la théorie de Charcot
et celle de Bernheim, entre l'école de Paris et l'école de Nancy.
Quoi qu'en ait dit le Dʳ Milne-Bramwell dans l'étude qu'il a
consacrée à James Braid, l'originalité du chirurgien de Man-
chester consiste non à avoir découvert la suggestion avant
Liébault (puisque c'est Faria qui l'a le premier découverte),
mais à avoir découvert l'hypnotisme, c'est-à-dire un état
particulier du système nerveux susceptible d'être provoqué
par des manœuvres physiques, état caractérisé, au moins partiellement, par une exaltation anormale de la suggestibilité,
mais qui n'en est pas moins en lui-même tout à fait indépendant
de la suggestion. Le braidisme, à notre avis, est et demeure
distinct du suggestionnisme, quoiqu'ils s'unissent presque
toujours pratiquement dans la plupart des phénomènes qu'il
nous est donné d'observer.

Seulement, dans l'état actuel de la question, ce qui s'oppose
le plus radicalement au mesmérisme, ce n'est plus l'hypnotisme,
comme se l'imaginent encore la plupart des partisans du
magnétisme animal, c'est la suggestion.

Le problème se pose désormais en ces termes :

Tous les phénomènes prétendus magnétiques, hypnotiques

ou suggestionnels, sont-ils dus uniquement aux idées que se font les sujets ou qu'on leur communique et aux convictions, émotions, etc., que ces idées déterminent chez eux, souvent à leur insu? Ou bien ont-ils en outre pour cause une influence objective, occulte, que les opérateurs rayonneraient à distance et qui exercerait sur le système nerveux des sujets une action comparable à celle que l'aimant exerce sur le fer?

Quant à nous, nous croyons, avec Durand (de Gros), que la suggestion et le mesmérisme sont deux agents distincts, également réels, indépendants l'un de l'autre, qui peuvent se suppléer et se contrefaire mutuellement, comme ils peuvent aussi se combiner pour la production d'effets communs. Il peut donc y avoir suggestion sans mesmérisme et mesmérisme sans suggestion; bien mieux il peut y avoir un pseudo-mesmérisme qui n'est que de la suggestion et aussi une pseudo-suggestion qui n'est que du mesmérisme; enfin il peut y avoir à la fois et indivisiblement du mesmérisme et de la suggestion, du mesmérisme suggestif, ou si l'on aime mieux, de la suggestion mesmérique.

Tout d'abord, que la suggestion puisse exister sans le mesmérisme, les faits nous le prouvent à chaque instant. Lorsque sans regarder un sujet, sans le toucher, je lui dis : « Fermez les yeux. Vous ne pouvez plus les ouvrir » et qu'il essaie vainement de les ouvrir; lorsque j'ajoute : « Ils s'ouvriront d'eux-mêmes quand j'aurai compté jusqu'à sept » et que l'effet annoncé se produit, il paraît évident que le mesmérisme n'a rien à voir dans des phénomènes de ce genre et qu'ils doivent s'expliquer par la seule suggestion.

Mais la suggestion n'est pas seulement indépendante du mesmérisme : elle peut aussi dans bien des cas le suppléer ou, pour mieux dire, en simuler tous les effets.

Voici, par exemple, une expérience qu'il m'est arrivé de faire souvent avec certains sujets. Je place ma main ouverte au-dessus de la main d'un sujet prétendu magnétique : au bout de quelques instants il déclare ressentir une impression de chaleur très vive; bientôt cette impression devient intolérable et il me supplie d'enlever la main. Je lui réponds que je ne l'empêche pas d'enlever lui-même la sienne, mais après quelques efforts pour la retirer, il proteste que cela lui est impossible. Sa main semble, en effet, paralysée ou contracturée *in situ*. Cependant elle se meut, elle monte, elle descend aussitôt que j'imprime tous ces mouvements à ma propre main, comme si un invisible fil les attachait l'une à l'autre. Ne croirait-on pas être en présence d'un véritable phénomène magnétique? Il n'y a là pourtant qu'une contrefaçon du magnétisme par la suggestion, un pseudo-mesmérisme suggestif.

Il suffit pour s'en convaincre de changer une seule des conditions de l'expérience, celle qui permet à l'opérateur de suggestionner ou au sujet de s'auto-suggestionner sans que ni l'un ni l'autre en sachent rien. Je me contente de dire au sujet, comme plus haut : « Fermez vos yeux. Vous ne pouvez plus les ouvrir », et en effet le sujet fait de vains efforts pour desserrer les paupières. Si alors je recommence à tenir ma main au-dessus de la sienne, à la faire monter, descendre, à la mouvoir de toute façon, comme il n'en est plus averti par la vue, il ne ressent plus rien, il ne bouge plus. Ma main, tout à l'heure si efficace, n'exerce plus aucune influence.

Des expériences de cette sorte font la joie et le triomphe des adversaires du mesmérisme, des partisans exclusifs de la suggestion. « Vous voyez bien, s'écrierait Bernheim, que le fluide n'est rien et que la suggestion est tout, puisque le prétendu fluide n'agit qu'autant que le sujet qui est censé subir son action peut être suggestionné ou se suggestionner lui-même ! » On sait que ce sont des cas de ce genre que les commissaires du roi opposèrent dès l'origine aux assertions de Mesmer.

Oui, sans doute, mais ces cas ne sont pas les seuls, et il y en a d'autres où la suggestion étant éliminée, les effets magnétiques persistent, tout aussi nets, tout aussi complets. C'est qu'on a affaire cette fois à des sujets vraiment magnétiques et non à des sujets pseudo-magnétiques et purement suggestibles.

Évidemment les sujets suggestibles avec lesquels on peut obtenir la contrefaçon du magnétisme sont plus communs que les sujets magnétiques vrais, et c'est pourquoi Bernheim et tous les suggestionnistes purs sont de très bonne foi lorsqu'ils s'imaginent avoir victorieusement réfuté le mesmérisme par des expériences comme celles que nous venons de rapporter et qu'il est très facile de reproduire ; mais avec un peu de patience on réussira toujours à trouver ces sujets plus rares, sensibles non seulement à la suggestion, mais au mesmérisme.

Pour ma part, j'en ai connu au moins cinq (et le nombre total des personnes sur lesquelles j'ai pu expérimenter n'est pas très considérable) qui présentaient cette remarquable propriété. J'ai en particulier fait de nombreuses expériences avec deux d'entre eux dans les conditions les plus satisfaisantes au point de vue de la rigueur du contrôle. L'un, G. P..., était un jeune ouvrier électricien dont j'ai parlé dans une communication à la Société d'Hypnologie publiée par la *Revue de l'Hypnotisme* (novembre 1896)[1] ; l'autre, L. V..., était un jeune étudiant en droit et en philosophie dont M. de Rochas a publié dans les *Annales des Sciences Psychiques* : « Les impressions d'un magnétisé racontées par lui-même. » (Mai-juin 1895.)

J'ai toujours expérimenté avec eux en prenant la précaution de leur bander hermétiquement les yeux et sans prononcer une seule parole ni sans permettre qu'aucun des assistants rompît le silence pendant toute la durée des expériences. De plus, dans la majorité des cas, je les laissais éveillés, ne faisant rien pour modifier l'état de leur cerveau. Je me contentais de leur dire, dès qu'ils arrivaient chez moi : « Ayez la complaisance de vous laisser mettre ce bandeau, asseyez-vous là, et dès que vous croirez ressentir quelque chose, veuillez m'en faire part. » Or dans ces conditions j'ai obtenu les effets les plus variés et les plus précis dans toutes les parties de leur corps en correspondance avec les positions et les mouvements de ma propre main (droite ou gauche) vis-à-vis de ces différentes parties.

1. Voir chapitre x.

J'ai voulu même une fois mettre en conflit le mesmérisme
et la suggestion, et peut-être l'expérience vaut-elle la peine
d'être rappelée, bien qu'on ait pu déjà la lire au chapitre VII.

« Le sujet (Gustave P...) étant éveillé et les yeux bandés comme
à l'ordinaire je le préviens que je veux expérimenter sur lui le
temps nécessaire à la production de l'effet magnétique, et pour
qu'il puisse me dire exactement à quel instant il commencera
à le ressentir, je lui déclare que je vais agir exclusivement par
attraction sur sa main droite et le prie de concentrer de ce côté
toute son attention. Après cette suggestion préparatoire, je prononce les mots : « Je commence », faisant un mouvement quelconque de la main droite, mais sans la présenter vis-à-vis de celle
de mon sujet. Au bout d'une ou deux minutes, le sujet, très
attentif, murmure : « C'est bizarre, il faut croire que cela se
détraque : je ne ressens absolument rien. » Puis, tout à coup,
« Ah, mais non ! Je sens quelque chose, seulement, c'est au
genou gauche et ce n'est pas une attraction, c'est un picotement. » Or, je viens en effet de présenter silencieusement ma
main gauche (qui lui fait toujours éprouver une sensation de
picotement, la main droite produisant seule un mouvement
attractif) à son genou gauche. Tel est, sauf des différences de
détail (selon la partie du corps sur laquelle j'agissais) le résultat
que j'ai toujours obtenu, le sujet étant à l'état de veille. — Il prouve
que, chez ce sujet du moins, et pendant cette période de mes
expériences, la suggestion à l'état de veille est impuissante à
simuler l'effet magnétique.

Le sujet étant mis dans un état particulier où il est éminemment
suggestible, l'état de *charme* ou de *crédulité* de certains auteurs,
je lui fais la recommandation de fixer toute son attention sur une
de ses mains, le prévenant qu'il va la sentir attirée par une force
irrésistible. Dès que je lui ai dit « Je commence », la main se soulève en effet, bien que je n'agisse sur elle en aucune façon. Ainsi,
dans cet état, la suggestion suffit parfaitement à simuler l'action
magnétique. Mais si en même temps, je présente sans mot dire
ma *main* vis-à-vis de l'autre main, celle-ci est attirée, les deux effets
ayant lieu simultanément, identiques en apparence, produits en
réalité par deux causes distinctes, ici par le mesmérisme, là par
la suggestion.

Enfin, le sujet étant toujours en état de charme, je lui suggère
qu'afin d'agir exclusivement sur un côté de son corps, je rends
l'autre côté inerte et je constate en effet la paralysie et l'anesthésie
de ce côté. Ici encore j'obtiens, par suggestion, en dehors de
toute action réelle, un phénomène d'attraction dans les membres
dont la sensibilité et la motricité sont restées intactes ; mais si je
présente ma main droite vers le genou, vers le pied paralysés et

anesthésiés par suggestion, je constate, *malgré la suggestion*, des mouvements attractifs.

Donc non seulement la force mesmérique peut produire ses effets indépendamment de la suggestion, mais elle peut dans certains cas contrarier, annuler les effets de la suggestion. — Voilà, si je ne me trompe, la conclusion qui se dégage de cette triple série de contre-épreuves. »

Ne pourrait-on aussi en conclure que, si la suggestion contrefait parfois le mesmérisme, réciproquement le mesmérisme peut de même contrefaire la suggestion, et qu'il y a par conséquent, à côté du pseudo-mesmérisme suggestif, une pseudo-suggestion mesmérique ?

Ainsi Liébault et Bernheim, après avoir vainement essayé de guérir une femme de douleurs d'estomac par la suggestion directe, y réussirent par des passes, mais cela prouve seulement, à leur avis, qu'ils avaient enfin trouvé le bon moyen pour la suggestionner. *Or* il se peut très bien qu'ils aient eu affaire dans ce cas à une contrefaçon de la suggestion par le mesmérisme.

Pareillement, la *Revue de l'Hypnotisme* de février 1897 relate un cas de coliques intestinales guéries par la suggestion à l'état de veille, qui pourrait bien être aussi un cas de pseudo-suggestion mesmérique.

On avait en vain essayé d'hypnotiser la malade après l'échec successif de toutes les médications calmantes : on n'obtient le soulagement d'abord, la guérison ensuite que par les passes et l'imposition de la main droite sur l'abdomen. Au cours d'une séance d'imposition, on constate l'apparition d'une plaque d'érythème, large environ comme une pièce de 5 francs, et cependant les mains de l'opérateur ne sont pas en contact avec la paroi abdominale. Cet érythème, de coloration cerise, dure autant que la séance : il apparaît à trois reprises différentes. Les auteurs de l'observation, MM. Mongour, médecin des hôpitaux de Bordeaux, et Renault, élève du service de santé de la Marine, n'hésitent pas à attribuer à la suggestion tous ces effets. Nous serions, pour notre part, moins décisifs.

En effet, comme nous le disions plus haut[1], « s'il est une fois prouvé scientifiquement que le magnétisme existe, il devient désormais nécessaire d'avoir toujours égard à son intervention possible dans l'ensemble des phénomènes jusqu'ici attribués exclusivement par la science à l'hypnotisme et surtout à la suggestion. De même que nous nous sommes efforcé d'éliminer la suggestion de toutes nos expériences de magnétisme, on devra s'efforcer d'éliminer le magnétisme de toutes les expériences de suggestion. L'école de Nancy a dit avec juste raison que les anciens magnétiseurs n'avaient cessé de faire de la suggestion à leur insu : elle devra s'attendre à ce qu'on dise qu'elle-même a fait bien souvent du magnétisme sans le savoir. Il se peut que le regard, le contact, les passes, la personnalité de l'opérateur, etc., n'agissent sur certains sujets que par une influence purement suggestive ; mais il se peut aussi qu'à l'influence suggestive s'ajoute ou se substitue chez certains autres une influence magnétique. Du moment que ces agents, aussi réels l'un que l'autre, sont toujours susceptibles d'entrer en jeu et de combiner leurs actions, nul n'a le droit d'attribuer a priori les effets produits à l'un des deux à l'exclusion de l'autre : seules des expériences faites expressément dans ce but permettraient de déterminer dans chaque cas la part du magnétisme et celle de la suggestion ».

Ne pourrait-on aller plus loin encore et essayer de ramener le mesmérisme et la suggestion l'une à l'autre ou tous les deux ensemble à quelque principe commun ? Dans le chapitre dont nous venons de reproduire quelques lignes, nous disions à ce propos : « Il n'est pas interdit d'espérer qu'on réussira un jour à découvrir l'unité de nature de ces trois ordres de phénomènes (mesmérisme ou magnétisme animal, suggestion et hypnotisme braidique), comme on commence à découvrir l'unité de nature des phénomènes de chaleur, de lumière et d'électricité. Ils se ressemblent trop, s'accompagnent trop souvent, se fraient trop volontiers la voie les uns aux autres

---

1. Voir chap. vII.

pour que tous ces rapports ne trahissent pas une parenté secrète. » Il est vrai que nous ajoutions : « Mais au point où en sont nos connaissances et nos recherches, on ne gagnerait rien et l'on perdrait beaucoup à vouloir les identifier. Ce sont peut-être des effets d'une même cause, mais ces effets, à coup sûr, se produisent dans des conditions et selon des lois différentes. » Seulement cette réserve s'explique par le point de vue essentiellement expérimental où nous nous placions exclusivement dans cette étude.

Or, tout ce qu'on peut dire à ce point de vue, c'est que le mesmérisme — comme le braidisme d'ailleurs — facilite singulièrement la besogne de la suggestion. Il prépare, en quelque sorte, le terrain sur lequel la suggestion pourra ensuite évoluer. Faites de but en blanc une suggestion à un individu, par exemple suggérez-lui qu'il ne peut pas se lever de la chaise sur laquelle il est assis : à moins qu'il n'ait reçu de la nature une suggestibilité excessive, anormale, il vous rira au nez et n'aura pas de peine à vous montrer l'impuissance de votre suggestion ; mais commencez par le soumettre à une action magnétique, par exemple, faites sur lui quelques passes, et malgré son incrédulité et sa résistance, il pourra parfaitement arriver que votre suggestion suffise cette fois pour l'immobiliser.

Il est donc permis de supposer que si certains opérateurs, comme par exemple le D' Liébault, le professeur Bernheim, etc., réussissent si facilement à suggestionner un si grand nombre de personnes, cela ne tient pas seulement à leur grande habileté, à leur expérience consommée de la technique suggestive, cela tient aussi à ce qu'ils possèdent à leur insu une puissance magnétique exceptionnelle.

Par là s'expliquerait la très grande inégalité opératoire des différents suggestionneurs. En tout cas, nos expériences personnelles nous ont appris que la puissance magnétique n'était pas également répartie dans tous les individus de l'espèce humaine. Qu'on nous permette d'entrer ici dans quelques détails.

Soit un sujet vraiment magnétique ou mesmérique, comme Gustave P. ou Laurent V. dont nous avons déjà parlé. Nous le supposons en état de veille, les yeux hermétiquement bandés. Il est convenu entre toutes les personnes présentes que l'on observera le silence le plus absolu pendant toute la durée de la séance : si l'on a quelque réflexion à se communiquer, on le fera par écrit. Dans ces conditions, dix opérateurs, d'âge et de sexe différents, vont successivement présenter leur main, comme je le fais moi-même, vis-à-vis de telle partie du corps du sujet qu'il leur plaît de choisir. On constate que, sur ces dix opérateurs, une certaine fraction produit les mêmes effets d'anesthésie, de contracture, de mouvements attractifs, etc., que je produis moi-même, avec plus ou moins de rapidité, plus ou moins d'intensité, etc., tandis que l'autre fraction ne produit aucun effet appréciable, même après dix, quinze, vingt minutes de présentation. Donc, parmi les assistants, les uns dégagent l'influence magnétique, les autres ne la dégagent pas, et sans que rien ait pu nous le faire savoir *a priori*. Ces résultats se maintiennent d'ailleurs d'une séance à une autre, c'est-à-dire que l'opérateur qui s'est montré efficace à une séance le sera en général aux séances suivantes, et de même celui qui n'a pas d'abord produit d'effet n'en produira pas davantage ultérieurement.

Mais voici un phénomène bien plus extraordinaire. C'est que l'influence magnétique peut se transmettre, au moins momentanément, de celui qui la possède à celui qui ne la possède pas. Soit par exemple un individu A qui, même après vingt minutes de présentation de la main, n'a produit aucun effet sur un sujet magnétique, lequel a été au contraire influencé en moins d'une minute par un autre individu B. Eh bien ! il suffira que A mette une de ses mains dans la main de B et présente au sujet l'autre main restée libre pour qu'en une minute environ un effet d'anesthésie, de contracture, etc., se produise dans la partie vers laquelle il la présente. Qu'il cesse de tenir la main de B et il redevient inefficace. Toutefois — et j'ai fait moi-même l'expérience avec un philosophe français universellement connu que je m'honore d'avoir eu pour maître, M. A. F... — si l'individu qui n'agit pas lui-même reste assez longtemps en contact avec celui qui possède naturellement l'influence magnétique, il accumule en quelque sorte en lui-même cette influence, et une fois qu'il s'en est suffisamment chargé, il peut, pendant un temps plus ou moins long, opérer seul avec succès.

On comprend combien de telles expériences jetteraient de lumière sur les rapports et les différences de la suggestion et du mesmérisme si elles étaient méthodiquement reproduites et contrôlées par un grand nombre d'observateurs; mais il faudrait pour cela ne pas se refuser systématiquement à les faire en partant de cette idée préconçue « qu'il n'y a pas de mesmérisme (pas plus que d'hypnotisme); qu'il n'y a que de la suggestion ».

Voici maintenant une expérience, que nous n'avons faite, il est vrai, qu'une fois (nous avons répété plus de cent fois les précédentes) et qui tendrait à prouver que le pouvoir de suggestionner efficacement un sujet a pour condition préalable un rapport mesmérique — médiat ou immédiat — entre le suggestionneur et le sujet.

Il me suffisait de présenter la main droite ouverte pendant une demi-minute devant le front de Gustave P. pour le mettre dans un premier état caractérisé par une suggestibilité extraordinaire (état de charme ou de crédulité), mais où il conservait toutes les apparences extérieures de l'état de veille ordinaire. Dans cet état, si l'un des assistants l'interpellait pour lui suggérer une hallucination, une paralysie, etc., le sujet qui l'entendait parfaitement et se rendait compte du sens de ses paroles n'obéissait nullement à ses suggestions, mais si l'interlocuteur me tenait par la main (le sujet, cela va sans dire, ayant les yeux bandés), aussitôt ses suggestions devenaient aussi efficaces que si je les avais faites directement moi-même.

Aussi croyons-nous pouvoir affirmer que dans bien des cas le mesmérisme joue, à l'insu des suggestionneurs eux-mêmes, un rôle prépondérant dans la suggestion. En tout cas, la question est assez importante pour qu'elle mérite d'être étudiée — non comme on le fait trop souvent, avec des arguments et des objections purement théoriques — mais avec les seules raisons qui soient vraiment décisives en pareille matière, c'est-à-dire avec des expériences.

Si l'on veut maintenant, pour satisfaire ce besoin d'explications qui est naturel à l'esprit humain, essayer de comprendre comment la suggestion et le magnétisme animal, qui paraissent à première vue deux agents absolument hétérogènes, peuvent ainsi se suppléer et se conditionner l'un l'autre, on sera conduit à supposer que la suggestion est elle-même une transformation du magnétisme, un cas d' « auto-mesmérisme spontané ou provoqué ».

Il est peut-être curieux de remarquer que l'hypothèse que nous venons d'énoncer, un contemporain de Mesmer, l'auteur des *Doutes d'un provincial, proposés à MM. les Médecins commissaires chargés par le roi de l'examen du magnétisme animal* (Paris, 1784) l'avait déjà proposée comme rattachant à un même principe les effets de l'imagination, seuls admis par les commissaires, et ceux du magnétisme animal. On nous pardonnera de citer ici quelques passages de cet écrit trop peu connu.

« Le fluide tant annoncé par M. Mesmer, ce fluide dont vous niez l'existence et l'utilité et que son apôtre regarde comme le ministre de toutes les fonctions vitales de l'homme, ne serait-il point aussi celui de toutes les fonctions intellectuelles ? Le ministre de la sensation, de la mémoire, de l'imagination enfin ? Et si l'imagination était elle-même l'un des phénomènes de cet agent, qu'auriez-vous fait, messieurs, en rapportant à la seule imagination tous les effets du magnétisme animal ? Vous auriez cru détruire partout *la cause du magnétisme* dans le temps que vous le faisiez agir très fortement dans un autre endroit : vous auriez conclu que cette cause n'existe pas parce que vous-mêmes la *faisiez existe*r ailleurs ; enfin vous auriez prouvé qu'il n'y a point de magnétisme animal, à peu près comme je prouverais à un homme vigoureux qu'il n'a point de bras en le faisant garrotter d'importance.

« Quand vous avez voulu prouver que cette action réciproque appelée *magnétisme animal* était une chimère, vous avez tâché *d'ébranler l'imagination* d'une personne sensible et vous avez aussitôt produit en elles quelques effets de magnétisme animal et puis vous avez conclu. Mais, de grâce, qu'est-ce *qu'ébranler l'imagination?* Pour moi j'entends par là qu'on détermine alors cette puissance intérieure et inconnue que nous appelons l'âme à faire tout d'un coup affluer dans le cerveau et du cerveau dans quelque autre partie du corps, une plus grande abondance de ce fluide que vous appelez *esprit animaux* et M. Mesmer, *fluide animalisé* ; or l'affluence subite d'une plus grande quantité de ce fluide actif dans une certaine partie du corps peut produire sans doute une sensation très marquée, très vive, et même dangereuse : qui vous nie que l'âme n'ait sur le corps cet étonnant pouvoir ?

« Mais en conclurez-vous que, par une loi digne de la bienfaisance de la nature, un homme en touchant ou seulement en approchant son semblable d'une manière fort simple, n'ait aussi le pouvoir de produire dans certaines parties de son corps l'affluence d'une certaine quantité de ce fluide ?

« Vous vous y êtes pris d'une autre manière et toujours en frappant l'imagination. Quand vous avez mis, en grand appareil, un bandeau sur les yeux de quelque sujet bien sensible, tout en le magnétisant réellement, vous l'assuriez qu'on ne le magnétisait pas ; ou vous le distrayiez de toute idée de magnétisme par quelque conversation animée et ménagée avec art : qu'arrivait-il de là ? Vous faisiez affluer les *esprits* et le fluide intérieur de la pensée vers la partie du corps où se portait l'attention et l'imagination : et pour lors le plus vigoureux magnétiseur restait sans pouvoir et ne paraissait rien opérer, et cela devait être. Le fluide dont l'action produit le magnétisme animal était fortement excité par vous-mêmes à produire le phénomène de l'imagination ; pouvait-il produire ces deux grands effets à la fois ?

« Il est donc vrai que dans votre fameuse objection de l'imagination vous n'avez vraisemblablement fait autre chose qu'opposer l'agent de M. Mesmer à lui-même, et que vous ne l'avez pas plus détruit que vous ne vous seriez insulté en vous appliquant bien fort sur la joue un soufflet de votre propre main ; ce qui prouverait seulement que vous avez une joue et une main et que tout cela est bien à vous. De même que l'agent de M. Mesmer produit l'imagination, il produit aussi le magnétisme animal : ces deux phénomènes appartiennent à cet agent, et quand l'un des deux combat l'autre, c'est la main qui frappe la joue. »

Sans attacher plus d'importance qu'il ne faut à une hypothèse qui ne nous paraît pas — du moins jusqu'à plus ample informé — susceptible d'une vérification expérimentale, on peut admettre que l'agent qui anime nos nerfs et qui conduit au cerveau les impressions sensitives en même temps qu'il conduit à la périphérie les impulsions motrices est aussi celui qui, s'extériorisant hors du système nerveux, sert de véhicule et d'instrument à l'influence magnétique exercée par un indi-

vidu sur un autre. Dès lors, l'action par laquelle mon cerveau
remue mon bras est au fond de nature identique à l'action par
laquelle il remuerait le bras d'une autre personne. Mais la suggestion, du moins telle que la comprend l'école de Nancy,
n'est qu'une forme particulière de l'action du cerveau et du
système nerveux sur le reste de l'organisme. Elle ne diffère
donc pas essentiellement du magnétisme.

Seulement il semble que dans tous ces phénomènes plus
ou moins extraordinaires, exceptionnels, la force inconnue qui
en est l'agent — qu'on l'appelle force nerveuse ou force neurique — se manifeste dans des conditions de diffusibilité et de
conductibilité tout à fait particulières. Chez les individus normaux, dans l'état normal, la force qui anime le système suit
pour ainsi dire des voies constantes et préordonnées, et si quelque cause externe ou interne tend à troubler son équilibre,
elle réagit immédiatement de façon à le rétablir. En outre,
elle reçoit sans doute le rayonnement des systèmes nerveux
étrangers, mais elle le neutralise en quelque sorte au fur et à
mesure qu'elle le reçoit, de sorte que tout se passe en apparence comme si elle ne le recevait pas. Au contraire, toutes
les fois que les phénomènes de suggestion et de magnétisme deviennent possibles, on dirait d'une part, que cette
force a acquis la propriété de se mobiliser avec une extrême
rapidité dans toutes les parties de l'organisme, si bien que
sous l'action de l'imagination ou de la volonté, ou bien sous
l'effet de certaines manœuvres et influences physiques, elle
se porte et s'accumule instantanément en certain points, abandonnant et évacuant en même temps certains autres ; d'autre
part, qu'elle a cessé d'être impénétrable ou du moins indifférente à la force de même nature que lui envoie un autre système nerveux, et qu'elle se laisse désormais influencer par
elle, comme si l'une et l'autre appartenaient à un même individu et étaient régies par une conscience unique.

En résumé, la condition commune de tous ces phénomènes
paraît être une sorte de *plasticité* anormale de la force nerveuse, qui se trouve ainsi capable de subir docilement toutes

les impressions qui lui viennent soit du dedans, et c'est alors la suggestion ordinaire ou pour mieux dire l'auto-suggestion, soit du dehors, et c'est alors le mesmérisme, soit simple, soit compliqué de télépathie improprement nommée suggestion mentale.

CHAPITRE X

RECHERCHES EXPÉRIMENTALES SUR LE SOMMEIL PROVOQUÉ A DISTANCE

Comment se produit l'hypnose ? Est-elle toujours, comme le prétend l'école de Nancy, un simple effet de la suggestion, c'est-à-dire de l'attente et de la conviction conscientes du sujet ? Ou le mécanisme en est-il plus obscur et plus compliqué qu'il ne le paraît d'après les théories de cette école, et faut-il faire une part, au moins dans certain cas, à une influence personnelle de l'opérateur tout à fait distincte de la suggestion ?

La question à notre avis doit rester ouverte : ceux-là se trompent qui, se hâtant de la fermer, déclarent avec le professeur Bernheim que la suggestion est la clé de *tous* les phénomènes de l'hypnose. Ils se condamnent ainsi à passer sans les voir ou même en les niant de parti pris à côté de phénomènes très réels et très significatifs comme ceux que nous nous proposons de faire connaître ici.

I

Voici quel fut le point de départ des recherches suivantes.

En septembre 1892, j'étais installé avec tous les miens, pour y passer les vacances, dans la petite ville d'Amélie-les-Bains.

On parlait beaucoup, cette année-là, dans le monde des baigneurs, des séances données au Casino par un jeune homme du pays qui se faisait appeler Dockmann. J'eus la curiosité d'y assister. Le médium, âgé d'environ vingt ans, brun et sec, visiblement très nerveux, avait, paraît-il, servi de sujet à un médecin de la marine, et, à la suite de ces expériences, avait senti s'éveiller en lui la vocation de liseur de pensées. Tout le monde connaît ce genre de spectacle où un assistant réussit plus ou moins heureusement à transmettre sa volonté à un médium, sans paroles, sans gestes, et même sans contact, par un simple effort mental.

La pénétration du jeune montagnard me parut souvent mise en défaut, et lui-même m'avoua qu'il essayait de deviner à toute sorte d'indices les intentions de son conducteur. « Vous auriez besoin, lui dis-je en riant, de vous faire endormir à nouveau pour recouvrer votre ancienne lucidité ; si le cœur vous en dit, je suis tout prêt à vous rendre ce service. » Dockmann parut surpris et quelque peu choqué de ma proposition : « C'est moi qui endors les gens, dit-il ; on ne m'endort plus. »

Pourtant, quelques jours plus tard, probablement pour complaire au maire de la ville qui semblait avoir le désir d'assister à une séance d'hypnotisme, Dockmann consentit à se laisser faire. Donc un soir, ver dix heures, devant un cercle de quatre à cinq personnes, je lui saisis les pouces et le regardai fixement dans les yeux : au bout de quelques minutes, le voilà endormi, si toutefois on peut appeler sommeil l'état comateux, cataleptique, où il paraît plongé. Tout son corps est raidi ; ses mâchoires sont crochetées, et j'obtiens à grand'peine de brèves réponses à mes questions. Le réveil se produit avec une extrême lenteur. Un second sommeil présente les mêmes caractères, sauf que le réveil est plus prompt. Bref, le sujet ne semble guère intéressant, et je ne vois pas grand'-chose à en tirer.

Le lendemain, selon mon habitude, je me rendis au Casino vers une heure de l'après-midi pour y prendre le café et assister à la répétition de la pièce qui devait être jouée le soir. Le petit théâtre emplit le fond d'un jardin ombragé de grands arbres ; des tables, des sièges y attendent les consommateurs ; et, dominant la scène et le jardin, une longue terrasse reçoit, chaque jour, les habitués qui viennent y jouer leur partie de *manille*.

Je m'assois sur la terrasse, et tout en dégustant le café qu'on vient de me servir, je laisse errer mes regard au-dessous de moi. Dockmann est assis dans le jardin avec un ami qui parcourt un journal : il me tourne presque le dos et s'occupe à rouler une cigarette. Comment l'idée me vint-elle d'essayer l'expérience dont on va lire le récit ? Je ne sais, mais enfin cette idée me vint, et de toutes les forces de ma volonté, je la mis immédiatement à exé-cution. Concentré, isolé dans cette seule pensée, regardant fixe-ment dans la direction de Dockmann, je lui ordonnai de cesser tout mouvement et de s'endormir. A aucun moment il ne parut s'apercevoir de mon regard, mais assez rapidement je vis ses gestes se ralentir, ses yeux devenir fixes. La cigarette inachevée entre les mains, il abaissa tout à coup ses paupières, et resta immobile, pareil à une statue. Son ami lève la tête, l'aperçoit en cet état, l'interpelle et n'obtient pas de réponse. Une chanteuse, assise à la table voisine, s'effraie, jette déjà des cris. Je me hâte de descendre, et, en quelques secondes, lui soufflant vivement sur les yeux, je réveille mon sujet improvisé qui ne semble même pas savoir ce qui vient de lui arriver.

J'avais tenté cette expérience à tout hasard, ne comptant nullement sur un succès, et j'étais moi-même stupéfait du résultat. Le lendemain, l'occasion s'offre à moi de la renouveler. J'arrive au Casino vers une heure et demie. Cette fois, Dockmann était assis à la terrasse, seul, à une table où il écrivait une lettre, courbé en deux, le nez presque sur son buvard. Ma table était à cinq ou six mètres de la sienne ; entre lui et moi se trouvait un quadrille de joueurs de cartes. Je me concentrai de nouveau dans une tension nerveuse qui me faisait en quelque sorte vibrer de la tête aux pieds et j'ordonnai de toutes mes forces à Dockmann, tout en le couvant des yeux, de cesser d'écrire et de s'endormir. L'action fut moins rapide que la veille. On eût dit que le sujet luttait contre ma volonté. Après une ou deux minutes, il donna des signes visibles de crispation : sa plume restait en suspens, comme s'il cherchait en vain les mots ; il faisait avec la main le geste de quelqu'un qui écarte une influence obsédante ; puis il déchira la lettre commencée et se mit à en écrire une autre ; mais bientôt sa plume resta clouée sur le papier et il s'endormit dans cette position. Je m'approchai de lui avec plusieurs des assistants qui avaient interrompu leur jeu : tout son corps était contracturé, dur comme un morceau de bois ; on essaya inutilement de fléchir un de ses bras ; il ne perdit sa raideur que sous l'action de mes passes. Quelques souffles sur les yeux amenèrent le réveil. Quand il eut repris l'usage de ses sens, Dockmann me pria de ne plus renouveler ces expériences, il se plaignit d'avoir été très fatigué par celle de la veille. Il m'assura d'ailleurs s'être endormi les deux fois sans avoir eu le moindre soupçon que ce brusque sommeil lui fût envoyé par moi ni par personne.

II

Mon attention ayant ainsi été appelée d'une façon tout à fait inattendue sur le phénomène du sommeil provoqué à distance et à l'insu du sujet, je me promis bien de saisir toute occasion qui s'offrirait à moi de l'étudier.

Cette occasion me fut offerte par le jeune Gustave P., dont il a été déjà question au chapitre vii [1].

1. *Loco citato.* L'hypothèse du magnétisme animal d'après de nouvelles recherches.

J'avais fait avec lui plusieurs séries d'expériences, principalement pendant la première moitié de l'année 1894. Au cours d'une de ces séances, je me disposais à éveiller le sujet à ma façon ordinaire, c'est-à-dire par la suggestion verbale et en agitant l'air devant son visage, lorsqu'avant que j'eusse dit une parole et fait un geste, il s'éveilla spontanément. Je me demandai si ce réveil n'était pas l'effet d'une sorte de communication de pensée, et je me proposai de vérifier cette hypothèse par de nouvelles expériences spécialement instituées à cet effet ; mais, par malheur, Gustave P... dut quitter Paris pour s'embaucher en province et je le perdis de vue pendant plus de sept mois. Je repris mes séances avec lui en février 1895. Elles se continuèrent à partir de ce moment — sans grandes interruptions— jusqu'en juillet 1896 ; et j'eus ainsi occasion de constater, aussi souvent que je le voulus et dans les conditions les plus diverses, le phénomène du sommeil et du réveil provoqués à distance par une simple action mentale.

Ce phénomène devint pour moi aussi familier, et presque aussi facile à produire que le sommeil provoqué par la suggestion, le regard ou les passes ; il me serait donc impossible de relater ici tous les cas où je l'ai produit. Je me contenterai d'en donner quelques exemples choisis parmi les plus caractéristiques.

La difficulté particulière de cette sorte d'expérience, c'est qu'il faut que le sujet ne puisse soupçonner à aucun signe l'intention de l'expérimentateur : il doit être endormi absolument à son insu, dans les moments où il ne peut s'y attendre en aucune façon. Aussi n'est-il guère possible de combiner l'expérience à l'avance : elle doit le plus souvent être improvisée à l'instant précis où le hasard fait naître une occasion favorable, et sa force probante lui vient presque toujours des circonstances extrêmement particulières au milieu desquelles elle s'est produite. Qu'on excuse donc le caractère forcément anecdotique de la plupart des expériences dont nous allons faire le récit.

Le 27 février 1895 Gustave P... venait d'être endormi et, au cours de ce sommeil, j'avais expérimenté les phénomènes d'attraction et de picotement produits dans les différentes parties du corps par la présentation de la main, dont j'ai rendu compte au chapitre vii. — Comme ce genre d'expériences énervait très rapidement le sujet, je le réveillai et le laissai reposer, tout en causant avec lui de choses indifférentes. A ce moment, je m'aperçus que le feu s'éteignait dans la cheminée près de laquelle nous étions assis, et je sonnai pour que la domestique vînt le rallumer. Tandis qu'elle vaquait à cette opération, nous restions silencieux, Gustave et moi. J'eus alors l'idée de saisir cette occasion pour essayer de l'endormir par le seul effet de la volonté. Sans le regarder, mes yeux fixés dans la direction du foyer, je lui ordonnai mentalement de dormir, avec toute la force de volonté dont j'étais capable, et en moins d'une minute, avant que le feu fût rallumé, ayant levé les yeux vers lui, je m'aperçus qu'il dormait. Dès que nous fûmes seuls, je lui demandai pourquoi il s'était endormi sans ma permission ; il me dit qu'il avait senti tout à coup dans sa tête la même chaleur et le même trouble qui précédaient toujours chez lui le sommeil quand je l'endormais ; et c'est toute la réponse que je pus en tirer et qu'il reproduisit d'ailleurs invariablement chaque fois que je lui posai cette question dans la suite. Après un quart d'heure environ de sommeil employé à la reprise de nos premières expériences, le voyant de nouveau énervé, je lui dis qu'il allait dormir tranquillement dix minutes et que je le réveillerais ensuite, quand il serait tout à fait reposé. Puis j'allai à la fenêtre et, lui tournant le dos et regardant au dehors, je lui ordonnai mentalement de se réveiller. L'ordre mental fut plus fort que la suggestion verbale, car une minute ne s'était pas écoulée que le sujet poussait un profond soupir et s'éveillait. Quelques instants après, je l'endormais de nouveau par un acte intérieur de ma volonté.

A partir de ce jour, il ne se passa pas de séance où je n'expérimentai le phénomène, souvent plusieurs fois dans la même séance, à chaque occasion qui m'était offerte. Je remarquai, surtout dans les premiers temps, que j'éprouvais le lendemain une très grande lassitude, une sensation d'épuisement et de vacuité qui se localisait surtout dans l'occiput, et, coïncidence assez singulière, le lendemain de la séance que je viens de raconter, le sujet se plaignit à moi spontanément d'avoir éprouvé cette même sensation au même point. Du reste, l'action mentale nécessaire pour provoquer ainsi le sommeil s'accompagne toujours d'une extrême tension cérébrale ; il ne suffit pas de penser une seule fois qu'on veut endormir le sujet, il faut se concentrer, se fixer dans cette pensée ou plutôt dans cette volonté pendant une ou deux minutes, trente secondes au minimun ; et, à mesure que cette tension se prolonge, la fatigue nerveuse s'accroît rapidement et devient bientôt presque intolérable. Cependant l'habitude, ici comme ailleurs, diminue graduellement l'effort, et dans ces derniers temps, j'arrivais à endormir mentalement mon sujet sans en éprouver une trop grande fatigue.

III

J'ai rendu un assez grand nombre de personnes témoins de ces expériences, entre autres M. K..., interne de la clinique du Dr Bérillon. M. K... était venu chez moi un soir, accompagné d'un de ses amis qu'il endormait. Après avoir présenté un certain nombre d'expériences avec Gustave P..., je le réveillai définitivement, et m'adressant à M. K... et à son compagnon, je les priai de vouloir bien expérimenter à leur tour. Le sujet de M. K... fut immédiatement endormi par suggestion et Gustave, qui le regardait avec une-

très vive curiosité, nous fit part de l'intérêt qu'il prenait à ce spectacle. Pendant que son attention et celle de tous les assistants était tournée sur M. K... et sur son sujet, j'ordonnai mentalement à mon sujet de dormir. Comme je l'ai observé dans tous les cas analogues, c'est-à-dire quand son attention était fortement excitée par quelque objet ou quelque événement intéressants, il m'opposa inconsciemment une assez longue résistance, et il me fallut près de trois minutes pour provoquer le sommeil. Quand je le vis endormi, je le montrai du geste aux assistants. Ceux-ci, qui n'avaient pas été prévenus de mon action, crurent qu'il s'était endormi par imitation, par sympathie, en regardant le sommeil du sujet de M. K... Je leur fis comprendre par signes que j'étais la cause de ce sommeil, mais je vis bien qu'ils n'en étaient pas convaincus. Aussi, quelques instants après, je leur fis passer un papier sur lequel j'avais écrit : « Je vais l'éveiller mentalement » ; puis, tandis que M. K... continuait à expérimenter avec son sujet, j'ordonnai mentalement à Gustave P... de se réveiller. Cette nouvelle action fut à peu près aussi lente que la première ; mais enfin, après deux minutes environ de tension cérébrale, j'eus la satisfaction de voir Gustave P... ouvrir les yeux et sortir de son immobilité de statue. Aux paroles qu'il prononça ensuite, nous comprîmes qu'il n'avait aucun soupçon de ce sommeil intercalé. Je désirais convaincre entièrement les assistants de la réalité du phénomène : aussi je guettai l'occasion de le produire une seconde fois devant eux. Voici comment elle se présenta. Le sujet de M. K... ne dormait que d'un demi-sommeil. M. K... lui suggéra, à haute voix, que lorsque la pendule sonnerait dix heures il s'endormirait profondément. L'aiguille marquait à ce moment dix heures moins dix. Redoublement de curiosité chez Gustave P... dont les yeux vont alternativement du sujet à la pendule. Je préviens les assistants de mon intention par un mot manuscrit. (Gustave est accoutumé à voir ainsi circuler des notes, attendu que dans les expériences que je fais avec lui devant des assistants, je tiens à ce qu'on parle le moins possible.) La pendule marquait dix heures moins cinq, et Gustave dormait déjà. Je le laissai dormir jusqu'à dix heures et quart, et après avoir prévenu les assistants, toujours par écrit, je le réveille sans un mot, sans un geste par l'effort de ma volonté. Il renoue immédiatement le fil de sa conscience au point où je l'avais interrompu et, comme il s'attend à ce que le sujet de M. K... s'endorme profondément à dix heures, il est stupéfait de voir que la pendule marque dix heures passées, et nous l'entendons déclarer qu'il n'y comprend plus absolument rien.

Jusqu'ici je n'avais produit le sommeil par action mentale qu'au cours d'une séance déjà commencée, après avoir déjà endormi le sujet par d'autres procédés (le plus souvent par la présentation de la main devant le front ou par des passes). Pouvais-je l'endormir ainsi d'emblée, dès le début de la séance, après un intervalle de huit à dix jours où j'avais cessé de le voir ? J'expérimentai dans

ce sens, et l'expérimentation donna une réponse affimative. Le
Dr H., bibliothécaire de l'École de médecine, et un de ses amis
étant venus chez moi, commencèrent par interroger mon sujet
sur ses antécédents, sur ses impressions, etc. Tandis que Gustave causait avec eux, j'étais dans un autre groupe et lui tournais
le dos. Je lui ordonnai mentalement de s'endormir, et tout à coup,
au milieu d'une phrase, ses yeux se fermèrent, et il resta muet.
Comme cela lui arrivait toujours quand il entrait en somnambulisme, il n'était plus en rapport avec personne qu'avec moi.
Je refis une autre fois la même expérience dans des conditions
un peu différentes. J'avais longuement expérimenté avec G...
devant une assez nombreuse société chez des amis : la séance
était terminée, et l'on était passé au salon boire le thé. Mon sujet,
fort entouré, causait dans un groupe ; j'étais à l'autre extrémité
du salon dans un autre groupe, séparé de lui par plusieurs ran-
gées de personnes. Tout en ayant l'air d'être fort attentif à ce que
disait l'un de mes interlocuteurs, j'envoyai à mon sujet l'ordre
mental de s'endormir, et j'entendis les exclamation de surprise et
presque d'effroi que poussaient ceux qui l'entouraient en le voyant
tout à coup immobile, les yeux fermés, la parole en quelque sorte
coupée aux lèvres.

On a remarqué que, dans toutes les expériences qui précèdent,
j'étais dans le même appartement que le sujet, à une courte distance, sans obstacle matériel qui me séparât complètement de lui.
Le phénomène pouvait-il se produire, si nous étions dans deux
pièces différentes, avec une ou plusieurs portes entre lui et moi ?
Voici comment je réussis à résoudre le problème. Après une assez
longue séance à laquelle, si je ne me trompe, assistait M. K... dont
j'ai déjà parlé, Gustave me demanda l'autorisation de rentrer chez
lui (il demeurait à Montmartre). Lorsqu'il eut pris congé des personnes présentes, je l'accompagnai dans l'antichambre, mais au
moment de sortir, nous entendimes un bruit de cataractes : c'était
la pluie qui tombait à torrents. Malgré l'heure assez avancée, il
ne pouvait songer à se mettre en route par un temps pareil ; je
l'engageai donc à rentrer au salon jusqu'à ce que la pluie eût cessé.
Peu soucieux sans doute de voir recommencer les expériences, il
me pria de le laisser plutôt dans l'antichambre attendre le moment
de sortir. J'y consentis très volontiers et rentrai au salon rejoindre
mes amis, fermant derrière moi la porte qui séparait le salon de
l'antichambre. Je saisis alors cette occasion inopinée d'expérimenter le phénomène dans des conditions qui me paraissaient
absolument satisfaisantes. Au bout d'une minute de mon action,
on entr'ouvrit la porte, et on vit Gustave endormi dans l'antichambre sur la chaise où il s'était assis. La porte refermée, j'envoyai l'ordre mental du réveil : et une minute après, on voyait
Gustave, réveillé, se disposer à fumer une cigarette, n'ayant évidemment aucune conscience de ce court moment de sommeil.

Dans une autre séance, plusieurs de mes amis, parmi lesquels le

Dr B., s'étant réunis dans une pièce voisine pour expérimenter entre eux, j'interrompis mes expériences, et mon sujet et moi nous fîmes désormais le rôle de spectateurs. Comme l'assemblée était assez nombreuse, je pus quitter un moment la pièce sans que personne (sauf celui que j'avais prévenu de mon intention) s'aperçût de mon départ. Gustave, au moment où je m'en allai, était tout yeux et tout oreilles à ce qui se passait devant lui. Je m'en allai à l'autre extrémité de l'appartement : une antichambre, un long corridor, deux portes closes me séparaient de mon sujet. Je lui ordonnai mentalement de s'endormir. Une minute ne s'était pas écoulée que mon confident venait me dire : « Il dort » ; je le renvoyai à son poste et ordonnai mentalement le réveil. Encore une minute, et l'on venait me dire : « Il est réveillé. »

Il eût été évidemment intéressant d'expérimenter le phénomène à de plus grandes distances, par exemple de ma maison (dans le quartier de l'Europe) à Montmartre où il habitait. Je n'ai jamais osé le faire ; et cela pour plusieurs raisons D'abord en supposant que l'expérience eût réussi, je n'aurais eu aucun moyen pour le savoir ; car je ne pouvais pas mettre ou envoyer auprès de lui des contrôleurs qui seraient venus m'informer du résultat. La présence même de ces contrôleurs aurait pu d'ailleurs éveiller ses soupçons et lui faire deviner mes intentions : d'où l'objection toujours à craindre ; il s'est endormi non parce que vous avez voulu, mais parce qu'il s'est douté que vous vouliez l'endormir. D'autre part, toujours dans l'hypothèse d'un succès, j'ignorais dans quelle situation il serait surpris par le sommeil : il pouvait en résulter pour lui de graves dangers. Même dans le cas le plus favorable, s'il s'était endormi chez lui, parmi les siens, on n'aurait certainement pas attribué cet effet à une action exercée à distance ; les gens de son entourage en auraient conclu qu'il avait contracté, par suite de mes expériences, la fâcheuse maladie de s'endormir spontanément (ce qui ne lui est jamais arrivé) ; et je me souciais nullement d'encourir une telle responsabilité. — Mais on sait que M. Pierre Janet qui se trouvait à cet égard dans des conditions plus favorables a pleinement réussi au Havre ces mêmes expériences que nous n'avons pu ni voulu essayer.

On objectera peut-être que le phénomène se rattache d'une
manière indirecte à la suggestion, en ce sens que le sujet,
venant chez l'opérateur pour être expérimenté, s'il ne sait pas
quand et comment il doit être endormi, s'attend cependant à
être endormi d'une manière ou d'une autre, et que cette
attente générale, indéterminée, du sommeil est sans doute la
condition préalable du succès de cette sorte d'expérience.

Je ne m'attarderai pas à démontrer, que cette condition,
même en la supposant nécessaire, ne supprimerait nullement
la nécessité d'une action personnelle de l'opérateur pour provoquer le sommeil à tel moment précis, dans telles circonstances particulières. Mais cette condition n'est nullement
nécessaire comme le prouve le fait suivant dont je prie encore
une fois d'excuser le caractère anecdoctique. Gustave n'était
pas seulement ouvrier électricien ; il donnait aussi à ses
moments perdus des leçons de bicyclette. Justement il appre-
nait à monter à une personne de ma famille ; et nous allions
souvent tous trois par le chemin de fer de ceinture
jusqu'à la station de l'avenue du Bois de Boulogne près de
laquelle il donnait ses leçons. Pendant le trajet, soit à l'aller
soit au retour, il m'est souvent arrivé de l'endormir, par ma
volonté, d'un bout du compartiment à l'autre, tandis qu'il
regardait par la portière du wagon. Je ne l'éveillais parfois,
toujours de la même manière, qu'après que le train avait parcouru deux ou trois stations ; et comme il n'avait aucunement
conscience d'avoir été endormi, il ne parvenait pas à s'expliquer comment il avait traversé sans les voir ces stations
intermédiaires. On n'est donc pas autorisé à prétendre qu'il
fallait que le sujet fût sous l'influence de cette idée préalable,
qu'il allait être expérimenté, pour provoquer en lui le somnambulisme par une action mentale exercée à son insu et à distance.

VI

J'ai présenté à la Société d'hypnologie mon sujet Gustave
P. dans une de ses séances annuelles. J'ai pu me rendre

compte à cette occasion de l'extrême difficulté que présentent les expériences de cette sorte quand il s'agit de les montrer à un nombreux public. Ce n'est évidemment qu'à la condition de les voir reproduire un très grand nombre de fois, et chaque fois devant un nombre relativement restreint de personnes qu'on peut arriver à se faire une conviction définitive à leur endroit. Là est sans doute une des raisons pour lesquelles les faits de cet ordre n'ont jamais réussi à faire accepter leur réalité par les grandes assemblées savantes d'aucun pays.

J'avais donné rendez-vous chez moi à Gustave vers trois heures. Introduit dans mon cabinet, au bout de quelques instants il me pria de lui faire donner à boire. Je sortis de la pièce pour donner l'ordre qu'on allât chercher de la bière et, à travers la porte, je lui commandai mentalement de s'endormir. Quand j'ouvris la porte, je le trouvai endormi. Je le réveillai mentalement, et nous reprîmes notre conversation comme si rien ne s'était passé.

Un quart d'heure après, sur l'impériale de l'omnibus qui nous conduisait à l'Hôtel des Sociétés Savantes, j'essayai de l'endormir de nouveau, mais cette fois sans succès. Nous étions probablement trop distraits, lui et moi, pour que la communication se fît entre nos deux cerveaux.

On l'introduisit dans la salle de nos séances où il s'assit dans les rangs du public, pendant que je prenais place au bureau. Son attention paraissait entièrement accaparée par les lectures qu'il écoutait avec un visible intérêt. Je le désignai par écrit à notre président qui me demanda toujours par écrit, quand je voulais expérimenter, et à qui je répondis de même : « Immédiatement, si vous le désirez ». Sur son acquiescement je me concentrai dans la volonté de provoquer le sommeil : et, en moins d'une minute, mon sujet était endormi.

Notre président m'objecta qu'il avait peut-être deviné mon intention dans quelque changement de ma physionomie ou de mon attitude, et il fut convenu que j'irais dans la salle voisine et que là, j'essaierais d'endormir mon sujet à un moment fixé d'avance. — Mais alors se produisirent dans le phénomène des perturbations singulières dont nous aurions sans doute l'explication, si nous en connaissions le mécanisme intime.

Tout d'abord, tandis que nous faisions ces arrangements le sujet se réveilla spontanément sans que je lui en eusse donné l'ordre (ce qui ne lui était jamais encore arrivé) ; et, dès que je fus rendu dans la salle voisine, avant que j'eusse commencé à exercer mon action (car le moment convenu n'était pas encore arrivé) il se rendormit de nouveau, sans doute spontanément. Je me contentai donc de lui envoyer l'ordre du réveil, et il se réveilla en effet ; mais à partir de ce moment, on eût dit qu'il était entièrement soustrait à mon influence. J'essayais à plusieurs reprises de l'endormir de la salle voisine ; mais, mes efforts n'avaient d'autre résultat apparent que de produire en moi une extrême fatigue nerveuse.

Lorsque le moment fut venu de présenter Gustave au public, je l'endormis par la présentation de la main et montrai les particularités de ses divers états de sommeil, après avoir exposé la plus grande partie des expériences dont je viens de faire le récit ; puis, voulant donner au moins un exemple matériel d'action à distance, j'écrivis sur un tableau : « Je vais le réveiller à distance » ; et le sujet, que j'avais laissé seul sur sa chaise endormi à l'autre bout de la salle, se réveilla en effet en moins d'une minute.

Tels sont les faits sur lesquels je me borne aujourd'hui à appeler l'attention des lectures ; j'essaierai plus loin (ch. xx) d'en donner une interprétation.

CHAPITRE XI

LA TÉLÉPATHIE

I. — Le mot *télépathie* qui signifie *action de sentir ou de percevoir au loin*, est devenu dans ces derniers temps d'un usage courant pour désigner un certain ordre de faits qui a été surtout étudié en Angleterre et en Amérique, principalement par la *Société des Recherches psychiques (Society for psychical Research)* et qui a de grandes affinités avec d'autres faits plus anciennement connus sous les noms de *pressentiment, double vue ou seconde vue, suggestion mentale et transmission de pensée.*

On pourrait, il est vrai, comprendre les uns et les autres dans le même groupe, et généraliser le sens du mot télépathie de manière à en faire le nom du groupe tout entier. Il désignerait alors toute espèce de phénomène dans lequel un être humain perçoit à distance et sans le secours des sens ordinaires soit la volonté ou la pensée d'une autre personne, soit des événements qui se produisent dans des lieux plus ou moins éloignés, soit même des faits encore à venir ou enfouis dans le passé le plus reculé.

Mais l'usage semble donner un sens plus étroit et plus précis au mot télépathie, et c'est pourquoi nous avons proposé [1] de donner le nom de *télépsychiques* à l'ensemble de ces phénomènes.

Appartiendront alors en propre à la télépathie tous les cas

---

1. Voir chapitre IV. « Un essai de classification des phénomènes psychiques.

dans lesquels un individu A perçoit spontanément ce qui arrive à un autre individu B séparé de lui par un plus ou moins grand intervalle.

Voici un exemple caractéristique de télépathie dont le récit a été fait par Agrippa d'Aubigné :

« Le roi étant en Avignon, le 23 décembre 1574, y mourut Charles, cardinal de Lorraine. La reine (Catherine de Médicis) s'était mise au lit de meilleure heure que de coutume, ayant à son coucher, entre autres personnes de marque : le roi de Navarre, l'archevêque de Lyon, les dames de Retz, de Ligne-rolles et de Sauves, deux desquelles ont confirmé ce discours. Comme elle était pressée de donner le bonsoir, elle se jeta d'un tressaut sur son chevet, mit les mains au-devant de son visage et avec un cri violent appela au secours ceux qui l'as-sistaient, leur voulant montrer auprès du lit le cardinal qui lui tendait la main. Elle s'écriait plusieurs fois : « Monsieur le cardinal, je n'ai que faire avec vous ». Le roi de Navarre envoie au même temps un de ses gentilshommes au logis du cardinal, qui rapporta comment il avait expiré au même point. »

L'étude des faits de télépathie a été surtout poursuivie de notre temps en Angleterre et en Amérique par une Société qui compte dans ces deux pays, surtout dans le premier, un grand nombre de représentants et qui s'est donné le nom de Société pour les recherches psychiques (*Society for Psychical Research*). Les résultats de cette étude sont consignés dans le livre de Gurney, Myers et Podmore, intitulé *Phantasms of the Living* (Fantômes des vivants) traduit en français et abrégé par Marillier sous le titre d'*Hallucinations télépathiques*[1]. En France, la revue du Dr Dariex, les *Annales des Sciences psychiques*, a réuni un assez grand nombre de faits du même genre. La principale préoccupation de ceux qui ont entrepris cette étude a été d'entourer les récits et témoignages ainsi recueillis et enregistrés des garanties d'authenticité les plus nombreuses et les plus sérieuses possible.

1. 4ᵉ éd. 1905, avec préface de Ch. Richet, Paris, Félix Alcan.

De cet ensemble de faits on retire l'impression, sinon la conviction, qu'il peut y avoir une sorte de communication, inexplicable par les conditions ordinaires, entre deux individus séparés par des distances souvent considérables.

II. — Les circonstances de la télépathie sont d'ailleurs assez variables.

Ainsi le phénomène se produit, tantôt pendant le sommeil, tantôt à l'état de veille. Dans le premier cas, il affecte la forme d'un rêve ; dans le second, il ressemble plutôt à une vision. Tantôt le voyant semble transporté en pensée hors de l'endroit où il se trouve et assister à la scène qui se déroule en un autre lieu ; tantôt, au contraire, la personne qui est l'objet de sa vision semble lui apparaître dans le lieu où il est lui-même, de sorte qu'il croit tout d'abord avoir affaire, non à une hallucination ou à un fantôme, mais à un être réel.

Il y a aussi toutes sortes de degrés dans la précision et l'exactitude de cette perception ou représentation anormale.

Parfois cela se réduit à l'évocation spontanée et soudaine d'une idée, l'idée d'un parent ou d'un ami auquel on n'avait aucune raison de penser en ce moment, accompagnée d'un trouble physique ou mental plus ou moins caractérisé, et il y a évidemment une grande analogie entre cette télépathie rudimentaire et ce qu'on appelle *pressentiment*.

D'autres fois, c'est un événement réel, mais inattendu et en apparence inexplicable, qui se produit tout à coup et qui semble être la nouvelle ou le symbole télépathique d'une mort, d'un accident, par exemple des craquements insolites, des coups frappés dans le mur, une glace qui se brise, un tableau qui se décroche, etc.

Plus souvent, c'est la vue d'une personne qui se montre tout à coup et disparaît, sans prononcer un seul mot, après avoir regardé le voyant.

Dans d'autres cas, l'apparition prononce des paroles, appelle au secours, profère des plaintes, des avertissements, etc.

Enfin, dans les cas de télépathie les plus remarquables,

tout se passe comme si le voyant assistait de loin à la scène qui se déroule, en effet, au même instant, dans un lieu bien éloigné, parfois dans l'autre hémisphère.

III. — De tels faits soulèvent dans l'esprit de quiconque les entend rapporter un grand nombre de questions auxquelles il n'est guère facile de répondre.

I. — Tout d'abord faut-il ajouter foi au témoignage des gens qui les racontent ?

Beaucoup d'entre eux ne les connaissent que de seconde ou troisième main ; souvent un long intervalle s'est écoulé entre le moment où le fait a eu lieu et celui où il est rapporté, et par suite l'imagination a pu travailler à son aise pour combler les lacunes de la mémoire.

Cependant, même en tenant compte de ces objections, il reste un trop grand nombre de cas authentiques pour qu'on puisse écarter en bloc tous les témoignages comme essentiellement indignes de foi.

Alors se pose le problème : Y a-t-il vraiment un rapport de causalité entre la vision télépathique et l'événement qui a été l'objet de cette vision ? ou n'est-ce pas plutôt une simple coïncidence ?

Supposons, en effet, que la vision télépathique soit une hallucination qui se trouve concorder par hasard avec un événement réel : elle sera remarquée en raison de cette concordance, tandis qu'on n'attachera aucune importance à une hallucination qui ne paraîtra répondre à rien d'objectif.

Il s'agirait donc de savoir s'il ne se produit pas dans l'ensemble de l'humanité toutes sortes d'hallucinations parmi lesquelles il s'en rencontre quelques-unes, en très petit nombre, qui coïncident fortuitement avec des réalités.

C'est pour résoudre ce problème que la Société des recherches psychiques a fait une enquête portant sur les hallucinations en général.

Nous n'entrerons pas dans les détails de la statistique où
elle en a résumé les résultats et à laquelle elle s'est efforcée
d'appliquer les principes du calcul des probabilités.

Disons seulement qu'elle a conclu à la probabilité d'un rapport de cause à effet entre l'hallucination télépathique et
l'événement connu par cette hallucination : si la concordance entre l'une et l'autre était due au hasad, la proportion
serait de 1/9000 tandis qu'elle est de 1/43.

II. — En admettant cette conclusion, comment se représenter le mécanisme par lequel la télépathie se produit.

Nous ne pouvons faire à cet égard que des hypothèses ;
et ces hypothèses consistent, en somme, à assimiler plus ou
moins complètement la télépathie, soit aux phénomènes de
suggestion mentale et d'action à distance, soit aux phénomènes
de clairvoyance et de lucidité que les anciens magnétiseurs
prétendent avoir souvent constatés.

Si nous reprenons le nom générique de *télépsychie* pour
désigner l'ensemble de ces phénomènes, nous distinguerons
une télépsychie *active* dans laquelle le rôle principal appartient à l'opérateur, à celui qui impose sa volonté ou transmet
sa pensée, le sujet étant un simple récepteur, et une télépsychie *passive* ou plutôt *perceptive* dans lequel le rôle principal
appartient au sujet, à celui qui voit ou perçoit l'événement à
distance.

Ces deux sortes de télépsychie sont combinées d'une façon
étroite et presque inextricable dans la plupart des cas : elles
peuvent cependant se produire séparément.

Soit par exemple un sujet hypnotique ou magnétique qui
s'endort ou s'éveille chaque fois que je lui envoie l'ordre de
s'endormir ou de s'éveiller, et seulement alors, qui devine ma
pensée dès que je fais un effort pour la lui communiquer, mais
qui cesse de la deviner dès que j'interromps cet effort : il est
clair que dans un tel exemple le côté actif de la télépsychie
prime absolument le côté passif ou perceptif. Il en serait de
même si je remuais les bras, les jambes, etc., d'un sujet, sans

qu'il en eût même conscience, par une série d'actes de volonté connus de moi seul.

Or certains cas de télépathie semblent se rapprocher de ce type : ce sont tous ceux où l'individu, objet de la perception télépathique, paraît avoir exercé une action positive, tout à fait incompréhensible d'ailleurs, sur celui ou ceux qui ont eu cette perception. On peut croire par exemple que certains mourants ont concentré toutes les forces de leur pensée expirante sur les êtres qui leur étaient chers, et que cette concentration a, malgré la distance, produit une impression télépathique sur les cerveaux de leurs parents ou de leurs amis. On peut même supposer que cette action télépsychique s'exerce parfois spontanément en dehors de toute volonté et non seulement sur des êtres humains, mais même sur des objets matériels. Le portrait d'une personne se décroche et tombe sans cause apparente sous les yeux des membres de sa famille : il n'y a pas là hallucination, vision télépathique : la chute du tableau est un fait réel que tout le monde perçoit : mais elle se produit au moment même où la personne meurt. S'il n'y a pas là une coïncidence fortuite, c'est donc qu'au moment de la mort il s'est produit sous l'influence de la pensée du mourant une sorte de décharge spontanée, analogue à celle d'un condensateur électrique, immédiatement suivie d'oscillations ou ondulations susceptibles de parcourir très rapidement de grandes distances et d'ébranler finalement un objet matériel. Ce serait l'équivalent des ondes hertziennes et de la télégraphie sans fil.

D'autre part, voici un sujet hypnotique ou magnétique qui, soit au moyen du verre d'eau ou de la boule de cristal, soit sur les injonctions de celui qui l'a mis en état de somnambulisme, voit des événements qui se produisent réellement à distance et qui sont d'ailleurs totalement inconnus des assistants : il ne saurait évidemment être question dans ce cas d'une action exercée sur le sujet par les choses ou les personnes qui figurent dans sa vision ; nous avons affaire ici à un cas de télépsychie purement perceptive.

Une telle faculté de voir, de percevoir ce qui se passe à distance, sans le secours des yeux, des oreilles, des organes ordinaires des sens, existe-t-elle à l'état latent chez quelques êtres humains, peut-être même chez tous, et peut-elle s'exercer spontanément ou être développée artificiellement sous certaines conditions encore inconnues ou mal connues? — Nous n'avons pas pour le moment à prendre parti dans la question; mais si cette faculté existe, il est infiniment probable qu'elle doit intervenir dans tous les cas de télépathie parfaite, c'est-à-dire dans tous ceux où l'événement lointain, objet de la télépathie, se trouve exactement perçu ou représenté.

Il n'est pas d'ailleurs interdit de combiner les deux hypothèses de la télépsychie active et de la télépsychie perceptive, et cette combinaison semble même indiquée dans la grande majorité des cas.

Voici comment pourrait se formuler cette hypothèse mixte. Premier moment : la volonté ou la pensée, même inconsciente, du mourant dégage une action télépsychique qui chemine instantanément à travers l'espace et qui est comme orientée dans une certaine direction : c'est le moment de la télépsychie active. Second moment : cette action arrivant à un individu déterminé éveille en lui, dans les parties inconscientes de son être, la faculté latente de percevoir ou de se représenter les choses à distance et détermine cette faculté à telle ou telle hallucination plus ou moins véridique : c'est le moment de la télépsychie perceptive.

On aurait tort d'ailleurs d'attacher une importance quelconque à toute tentative d'explication dans un ordre de faits si obscurs et si incertains. Il est infiniment plus urgent d'amasser de nouvelles observations et surtout de faire porter les recherches sur les faits du même ordre auxquels l'expérimentation est applicable, c'est-à-dire sur la suggestion mentale et la lucidité, obtenues artificiellement dans des conditions qui permettent une analyse et un contrôle vraiment scientifiques.

CHAPITRE XII

LES RAPPORTS DE LA TÉLÉPATHIE
ET DU MAGNÉTISME ANIMAL

Sous ce titre : *Le Magnétisme vital*[1], M. Gasc-Desfossés a écrit un livre courageux, car même à notre époque, un certain courage est nécessaire pour confesser à la face des savants hostiles et du public indifférent qu'on voit dans l'hypothèse mesmérienne du magnétisme animal une vérité, une grande vérité méconnue, et pour travailler à lui donner dans la science la place qui lui est obstinément refusée depuis plus d'un siècle, et qu'elle a cependant le droit d'occuper.

Je n'apprendrai rien à l'auteur en lui disant que sa tentative n'est pas la première et je ne le surprendrai pas non plus en lui disant qu'elle ne sera pas sans doute la dernière. Le magnétisme animal est une Amérique qu'on perd et qu'on retrouve alternativement tous les vingt ou trente ans ; et il en sera ainsi tant que la science ne se sera pas décidée à s'y installer et à l'exploiter définitivement. Aussi son histoire est celle d'un recommencement perpétuel. Tout nouveau chercheur qui aborde sur cette terre inconnue y refait les découvertes de ses devanciers et s'imagine de bonne foi être le premier à les faire. Réussit-il à exciter la curiosité publique, on s'en émeut, on s'y intéresse quelques jours, quelques mois peut-être, puis l'oubli se fait, et on n'en parle plus, sauf dans un petit cercle d'illuminés vulgairement traités de fous ou de charlatans, où le magnétisme est l'objet d'une foi aussi constante que superstitieuse.

1. *Le Magnétisme vital*, Paris (1ᵉ édition, 1897, 2ᵉ édit. 1907).

Il semble, cependant, à bien considérer les choses, que la question a avancé depuis Mesmer. Tout d'abord elle se pose en termes plus précis, moins équivoques. Mesmer et ses premiers continuateurs attribuaient indistinctement au magnétisme, c'est-à-dire à l'influence inconnue rayonnée par l'organisme humain et plus ou moins dirigée par la volonté ou la pensée, tous les phénomènes cataleptiques, somnambuliques, etc., qu'ils observaient ou produisaient au cours de leurs expériences : ils ignoraient ou du moins ne connaissaient pas suffisamment ces deux agents qui sont comme les frères cadets du magnétisme, l'un que Braid a découvert et étudié sous le nom d'*hypnotisme*, l'autre dont Faria, et après lui Grimes et Liébeault ont montré l'extraordinaire puissance sous les noms d'*imagination* et de *suggestion*. Aussi quand on s'aperçut qu'on pouvait produire la plupart des phénomènes attribués au magnétisme animal par la simple fixation du regard sur un point brillant, ou en agissant par la parole sur l'imagination et la crédulité des sujets, la conclusion qu'on se hâta d'en tirer, c'est que le magnétisme animal n'existait pas ; et aujourd'hui encore, nous entendons chaque jour les partisans des écoles de Paris et de Nancy répéter avec assurance ce parfait sophisme, sans parvenir d'ailleurs à se mettre d'accord entre eux, ceux-ci niant l'hypnotisme au profit de la suggestion, ceux-là niant la suggestion au profit de l'hypnotisme. La vérité c'est que nous sommes ici en présence de ce que Stuart-Mill appelle un cas de « pluralité des causes », ou, comme le dit Durand (de Gros) dans un très remarquable article [1], ces phénomènes sont *polyétiques*. c'est-à-dire susceptibles pour la plupart d'être produits indifféremment par l'une ou par l'autre de plusieurs causes distinctes. La reconnaissance explicite de cette vérité est à notre sens la première et indispensable condition du succès pour toutes les recherches qui concernent cet ordre de phénomènes. Quiconque les étudie en partant de cette idée préconçue qu'ils

1. *Les Mystères de la Suggestion* dans la *Revue de l'Hypnotisme*, 1896.

doivent tous se rapporter à une seule et même cause, se met d'avance dans l'impossibilité d'y voir clair.

Dès lors, les partisans du magnétisme animal doivent être bien persuadés qu'il existe au moins deux autres forces, l'hypnotisme et la suggestion, capables dans bien des cas de contrefaire ou de suppléer l'agent mesmérique ; et par cela même leur tâche, au point de vue expérimental, se trouve singulièrement déterminée et circonscrite. Il s'agit uniquement pour eux de résoudre dans un sens favorable à leur hypothèse ces deux problèmes : 1° Est-il possible de produire la plupart des effets habituels de l'hypnotisme et de la suggestion, en éliminant expressément ces deux agents, par le seul usage du rayonnement supposé de l'organisme et de la volonté qui le dirige ? 2° Est-il possible de produire, par la mise en œuvre de cet agent hypothétique, des effets que la suggestion et l'hypnotisme seraient évidemment impuissants à produire ? (en admettant bien entendu qu'on ne puisse pas davantage rapporter ces effets à d'autres causes).

S'il m'était permis de parler ici de mes expériences personnelles, je dirais que je me suis surtout attaché, dans toutes celles que j'ai faites jusqu'à ce jour, à poursuivre la solution du premier problème. Ceux qui ont bien voulu en lire le récit, ont pu voir qu'une pensée commune inspirait tous ces travaux : à savoir, obtenir sur des sujets les effets habituels de l'hypnotisme et de la suggestion, en excluant rigoureusement ces deux causes par un dispositif expérimental institué à cet effet, et en ne laissant agir, si elle existe, que la force biomagnétique de l'opérateur[1].

Ajouterai-je que si le problème du magnétisme animal s'est de nouveau posé dans ces derniers temps, c'est en partie au moins sous cette forme ? On sait comment, après les travaux de l'école de Paris et surtout de l'école de Nancy, la science officielle (j'entends par là celle qui siège dans les Académies et les Universités), croyait avoir définitivement anéanti l'hy-

---

1. Cf. chap. VII, VIII et X.

pothèse du magnétisme animal. « La suggestion, disait le professeur Bernheim, est la clé de tous les phénomènes de l'hypnose », et par suggestion il entendait la parole ou le geste de l'opérateur suscitant dans le cerveau du sujet une idée capable de s'imposer à son système nerveux et de se réaliser dans son organisme. Mais voilà que certains sujets paraissent obéir à la volonté ou à la pensée de l'opérateur, sans qu'aucune parole, aucun geste les leur révèle, parfois même hors de sa présence et à des distances plus ou moins considérables ; et les savants de Paris et de Nancy commencent à se demander s'il n'y a pas lieu d'admettre une forme particulière de la suggestion dite *suggestion mentale* dans laquelle la pensée ou la volonté de l'opérateur se communiquerait directement au sujet sans les intermédiaires habituels de la parole et du geste. Là-dessus les savants anglais font remarquer que cette communication de deux cerveaux à travers l'espace peut aussi se produire spontanément, comme en témoignent les cas relativement fréquents de *télépathie ;* et une Société se fonde, la Société des Recherches psychiques (*Society for psychical research*), pour étudier spécialement les phénomènes de télépathie et de suggestion mentale. Or, que sont ces phénomènes, sinon un groupe particulier des effets du magnétisme animal?

Il est vrai que les savants anglais et français qui les admettent et les étudient ne s'en doutent pas encore, ou n'en conviendraient pas volontiers. Ils n'y voient pas autre chose qu'une forme particulière, un cas extraordinaire, de suggestion, ou peut-être aussi d'hyperesthésie. Ils ne remarquent pas que ce qui caractérise avant tout ces phénomènes, c'est qu'ils impliquent la possibilité pour un cerveau de rayonner à distance, non pas sans doute la volonté ou la pensée, mais une influence susceptible de transmettre ou de reproduire la volonté et la pensée, comme des courants électriques envoyés par une pile le long des fils télégraphiques transmettent ou plutôt reproduisent la dépêche à l'autre extrémité. Si le cerveau de l'opérateur n'envoie rien au cerveau du sujet, et si l'espace intermédiaire ne contient rien qui les mette en relation l'un avec l'autre, cette communication de deux consciences est un phénomène surnaturel, suprascientifique, qui ne se rattache à aucun autre dans l'ensemble de notre expérience et dont il faut dès maintenant renoncer à trouver jamais l'explication. Aussi, quand les membres de la Société des Recherches psychiques opposent gravement entre elles les deux hypothèses de l'*effluence* et de la *thought-transference*, c'est-à-dire du *magnétisme animal* et de la *télépathie*, nous ne pouvons nous empêcher de voir ici un nouvel exemple des illusions produites par les mots sur les plus excellents esprits. N'est-il pas évident que la *thought-transference* n'est qu'une forme particulière de l'*effluence*, à savoir une effluence cérébrale et mentale, nécessairement plus compliquée et plus obscure que la simple effluence nerveuse et vitale?

Nous voyons, quant à nous, beaucoup plus d'inconvénients que d'avantages à aborder le problème par ce côté. Les partisans exclusifs de la télépathie semblent croire que le pouvoir d'influer à distance appartient uniquement dans l'organisme au cerveau, considéré dans son unité fonctionnelle comme l'organe propre de la volonté et de la pensée. Qu'ils s'en rendent compte ou non, c'est à l'élément psychique (abstraction ou même exclusion faite de l'élément nerveux) qu'ils attribuent cette mystérieuse propriété. — Aucune manière de voir, ne peut, à notre avis, être plus défavorable à la recherche scientifique. Si c'est l'âme, comme telle, qui, indépendamment de tout mécanisme, peut ainsi faire sentir son action à distance, nous pouvons bien constater le fait; mais ce fait échappe à toute explication scientifique, bien mieux à toute recherche expérimentale; car il n'y a d'explication et d'expérimentation possibles, selon la profonde remarque de Claude Bernard, que là où les phénomènes sont absolument déterminés dans leurs conditions matérielles.

D'ailleurs, si nous nous plaçons au point de vue philosophique, il n'y a absolument rien dans la nature de l'âme qui justifie une pareille conception. De ce qu'une certaine pensée est en moi (par exemple le principe d'un raisonnement), on conçoit à la rigueur qu'une autre pensée doive s'ensuivre, par exemple, la conclusion de ce raisonnement, attendu qu'il n'y a ici aucun intervalle, aucun espace ; mais de ce qu'une certaine pensée se produit dans mon esprit, comment s'ensuivrait-il qu'une autre pensée (identique ou non en espèce) dût se produire dans tel autre esprit, séparé du mien par toutes sortes d'intermédiaires ? Du moment qu'il est question d'espace, nous sortons de la sphère immatérielle de la conscience pour tomber dans le domaine de la matière et du mouvement ; l'explication mécanique des phénomènes, leur détermination expérimentale, deviennent immédiatement possibles et nécessaires.

Mais cette conception de la télépathie nous paraît tout aussi peu soutenable au point de vue physiologique. Sans doute, le cerveau a dans l'homme un rôle prépondérant et en quelque sorte unique ; il est l'organe de la vie consciente, de la vie intellectuelle et morale. Toutefois, ses fonctions psychologiques (si l'on peut les nommer ainsi) ont évidemment pour base et pour condition les propriétés physiologiques des éléments qui le composent. Ni les sensations ni la volonté ne seraient possibles si les fibres nerveuses ne possédaient par elles-mêmes la propriété de conduire le mouvement, si les centres nerveux ne possédaient celle de le recevoir et de le réfléchir en le transformant. Or ces propriétés ne sont pas particulières aux seuls éléments du cerveau ; elles sont communes à tous les éléments du système nerveux ; elles sont les propriétés générales des neurones. Dès lors, si la volonté, si la pensée, peuvent en effet se communiquer d'un cerveau à un autre, toutes les analogies non seulement nous autorisent, mais encore nous obligent à ne voir dans ce phénomène qu'une conséquence particulière de quelque propriété générale des cellules cérébrales et nerveuses, antérieure pour ainsi dire à la volonté et à la pensée elles-mêmes ; et en quoi pourrait consister cette propriété, sinon dans une sorte de rayonnement ou d'expansion de la force nerveuse que les phéno-

mènes de chaleur, de lumière et d'électricité nous rendent
relativement facile à concevoir !

Or, ce qu'il faudrait étudier en premier lieu, à notre avis,
d'abord pour en prouver l'existence, ensuite pour en déterminer les lois, c'est cette propriété générale d'agir à distance,
que, sous le nom de magnétisme animal, on doit, croyons-nous,
attribuer au système nerveux.

Nous ne pouvons que répéter ici ce que nous avons déjà
dit ailleurs :

« Dans toute science, un certain ordre s'impose ; tant qu'on
ne l'a pas trouvé, on erre au hasard. Certes, nous ne voudrions pas décourager les chercheurs qui s'appliquent avec
tant d'ingéniosité et de persévérance à éclaircir les mystères
de la télépathie, de la suggestion mentale, de l'extériorisation
de la sensibilité ou de la motricité ou d'autres phénomènes
plus extraordinaires encore, mais nous avons bien peur qu'ils
ne prennent la question par le mauvais bout. Il faut, dirions-
nous, commencer par le commencement, c'est-à-dire par les
faits les plus simples et les plus aisés à connaître; or, il
semble bien que les phénomènes de télépathie, de suggestion
mentale, etc., soient parmi les plus compliqués et les plus
obscurs. »

« Supposez un moment que nos savants ignorent absolument
tout de l'électricité ; ils ont seulement entendu parler d'un appareil en usage, au dire de certains voyageurs, en des pays
lointains, tel qu'il suffit d'y prononcer quelques paroles pour
être entendu instantanément aux plus grandes distances par
les personnes avec lesquelles on désire converser, et pour
entendre soi-même leurs réponses (on a reconnu le téléphone)
Faut-il croire de pareils récits? La plupart des savants les
traitent de fables et haussent les épaules. Quelques-uns
cependant font une enquête : ils prient tous ceux qui ont pu
avoir quelques renseignements sur ce merveilleux appareil de
vouloir bien les leur communiquer, et ils espèrent par ce
moyen non seulement s'assurer qu'il existe, mais encore
surprendre le secret de son mécanisme. Là-dessus, nombre

de voyageurs leur envoient le récit détaillé des conversations qu'ils ont eues par téléphone, mais sans pouvoir expliquer, car ils l'ignorent eux-mêmes, comment se fait la communication. N'est-il pas évident qu'on n'arrivera jamais ainsi à découvrir l'électricité? Il faut pour cela commencer par le commencement, c'est-à-dire constater tout d'abord que le frottement développe dans certaines substances la propriété d'attirer les corps légers, ou tout au moins que le zinc et le cuivre, mis en contact avec de l'eau acidulée, dégagent une force particulière, etc. — Pareillement, si l'on doit comprendre un jour les phénomènes de la télépathie, ce sera seulement après avoir expérimentalement constaté les effets les plus simples et les plus directs de l'action que les êtres vivants peuvent exercer à distance les uns sur les autres, et non en collectionnant à l'infini, comme le font la Société anglaise des Recherches psychiques et ses imitateurs français, des récits plus ou moins authentiques et circonstanciés des cas de télépathie spontanée. »

On échappe sans doute à la plupart de ces confusions et de ces difficultés, lorsqu'on ramène, comme le fait M. Gase-Desfossés, la question du magnétisme vital au second des deux problèmes dont nous avons donné plus haut la formule : et là surtout réside, selon nous, l'originalité de ce travail. Tant qu'on agit sur des êtres humains, sur des sujets, quelques précautions que l'on prenne pour exclure de ces expériences toute trace d'hypnotisme ou de suggestion, il est plus ou moins possible d'objecter que ces agents, et surtout le dernier, interviennent encore, même à l'insu et contre la volonté de l'expérimentateur; et telle est, en définitive, l'objection perpétuelle des partisans de la télépathie (ou suggestion mentale) à l'explication des phénomènes par le magnétisme animal. Mais quand on agit sur des objets matériels, sur des appareils de physique, pourra-t-on encore prétendre que ces appareils se laissent hypnotiser ou suggestionner à la façon des sujets? Et si les phénomènes qu'on y observe sont liés d'une façon régulière, mais sans contact et sans intermédiaires matériels, à la présence, aux mouvements, aux efforts volontaires de l'opérateur, ne faudra-t-il pas avouer que la force biomagnétique de l'organisme humain est la seule cause possible de tels effets ?

L'auteur du *Magnétisme vital* a donc grandement raison d'appeler l'attention de tous les savants sur les belles expériences faites par M. de Puyfontaine avec son galvanomètre. Il en a vu et en fait voir la capitale importance pour la vérification définitive du magnétisme animal. Elles font, pourrait-on dire, entrer la question dans une phase nouvelle, et peut-être, si les savants consentaient à les examiner et à les reproduire, suffiraient-elles à décider quelques-uns d'entre eux à entreprendre, avec toutes les ressources des méthodes scientifiques, une étude, à notre avis aussi intéressante et aussi féconde en découvertes, pour ne pas dire davantage, que les plus hautes parties de la physique et de la physiologie. Le magnétisme animal attend encore son Claude Bernard ou son Pasteur. Puisse ce livre le lui donner ! Si ce souhait se réalisait, j'aurais été mauvais prophète en prédisant à sa tentative le même sort qu'à celles qui l'ont précédée : combien je serais aise qu'il fît mentir ma prédiction !

CHAPITRE XIII

UN CAS D'APPARENTE TRANSPOSITION DES SENS

On trouve souvent dans les écrits des anciens magnétiseurs la mention d'observations fort singulières qu'ils décrivent sous le nom de *transposition des sens*. Selon eux, dans certains états particuliers de somnambulisme, les différents sens pourraient en quelque sorte se transposer les uns dans les autres. Ainsi, les organes du toucher pourraient exercer les fonctions habituellement dévolues à ceux de l'ouïe ou de la vue. Le somnambule verrait par le bout des doigts, entendrait par l'épigastre, etc.

Nous avons eu personnellement l'occasion de voir à Paris un sujet qui présentait des phénomènes de ce genre. Mme V..., bien connue du public habituel des séances de magnétisme, prétendait avoir la faculté, une fois mise en somnambulisme, de lire par le bout des doigts. Voici comment se passait l'expérience à laquelle nous avons bien souvent assisté, et que nous avons même plus d'une fois dirigée et contrôlée personnellement.

Tout d'abord, le sujet était endormi, de préférence par la fixation du regard. On lui apportait alors du papier gommé dont il faisait des bandes qu'il humectait et se collait sur les yeux de façon à obturer les paupières. Cela fait, on mettait par-dessus un épais bandeau fortement noué derrière la tête, et les spectateurs étaient priés d'envoyer au sujet tous les papiers écrits ou imprimés dont ils désiraient qu'il fît la lecture. Pour commencer le sujet demandait qu'on lui envoyât de préférence des textes imprimés en gros caractères, comme par exemple des titres de journaux. Il passait alors ses doigts sur le papier, parfois le portait à son front ou l'appliquait à son épigastre et, en général, lisait sans hésitation, sans erreur, avec une assez grande facilité. Parfois cependant le sujet se déclarait impuissant à rien voir : il priait alors qu'on le réveillât, puis qu'on l'endormît à nouveau, et, presque toujours à la reprise, l'expérience réussissait. Une fois mise en train, Mme V... déchiffrait comme en se jouant non seulement les cartes de visite et les lignes imprimées, mais encore des lettres, des notes écrites à l'encre ou au crayon, en caractères très fins souvent presque imperceptibles. Elle voyait même et décrivait ainsi des photographies. Enfin si on lui mettait entre les mains une montre dont les aiguilles marquaient une heure quelconque, elle percevait ou devinait l'heure en passant les doigts sur le verre ; mais elle prenait la précaution d'envelopper le boîtier dans un mouchoir, parce que, disait-elle, l'or lui faisait éprouver une sensation de brûlure. Au bout d'un certain temps, un quart d'heure environ, elle prétendait sentir que sa faculté déclinait et allait bientôt disparaître, et elle priait les personnes qui voulaient encore la mettre à l'épreuve de se hâter. Finalement : « Je ne vois plus, disait-elle ; réveillez-moi. » On enlevait alors le bandeau, et on pouvait constater que les bandes de papier gommé étaient bien restées collées sur les yeux. Après avoir humecté et détaché ces bandes le sujet était réveillé par les procédés ordinaires.

Un de mes amis, le Dr G. D..., que je rendis témoin de ce curieux phénomène, en parut fort frappé. « Il y a là évidemment, me dit-il, un cas extraordinaire d'hyperesthésie du toucher. » Cependant, bien que la bonne foi de Mme V... parût entière, je ne pouvais me défaire d'un certain scepticisme en raison de sa qualité de sujet professionnel. Peut-être, pensais-je, malgré le papier gommé et le bandeau, l'occlusion des yeux n'est-elle pas parfaite ; peut-être emploie-t-elle quelque truc pour faire glisser son regard à travers ou sous ces obstacles apparents jusqu'au papier qu'elle tient entre ses mains. Je voudrais pour être absolument sûr de la réalité du phénomène l'expérimenter avec un sujet neuf, qui n'en aurait jamais entendu parler, qui n'en aurait même aucune idée, et que personne n'aurait jamais endormi avant moi.

Le hasard me fit rencontrer ce sujet au début de l'hiver de 1904. Ludovic S..., âgé de vingt ans, était alors employé dessinateur dans un grand établissement industriel. J'expérimentai surtout avec lui dans les deux derniers mois de 1904 et dans les six ou sept premiers mois de 1905. Il partit au service militaire en octobre 1905, et je ne le vis plus qu'à de rares intervalles, lorsqu'une permission le ramenait pour quelques jours chez ses parents. En janvier 1907, la mort de son père survenue inopinément le libérait du service militaire comme soutien de famille. Mais une de nos administrations publiques, à laquelle il appartenait depuis un concours passé avec succès peu avant son départ pour le régiment, l'envoya dans un département du nord de la France où il est encore aujourd'hui.

Dans ces conditions, il ne m'a pas été possible d'expérimenter avec Ludovic S..., d'une façon aussi constante et aussi régulière que je l'aurais voulu. J'ai pu cependant observer dans les courtes et trop peu nombreuses séances qu'il a bien voulu me donner un grand nombre de phénomènes très intéressants parmi lesquels celui de l'apparente transposition des sens.

Dès ma première rencontre avec lui, je m'aperçus que j'avais affaire à un sujet d'une sensibilité extrême, bien qu'il n'eût jamais encore été suggestionné, hypnotisé ou magnétisé par personne. En effet, aussitôt après lui avoir appliqué, sans aucune explication préalable le diagnostic du Dr Moutin (attraction par les omoplates) je pus par simple suggestion paralyser ou contracturer les bras et les jambes, produire et maintenir l'occlusion des paupières, etc. Lui ayant ainsi fait fermer les paupières pendant quelques minutes, je me rendis compte, quand il les rouvrit, qu'il n'avait gardé aucun souvenir de tout ce qui s'était passé pendant l'intervalle. Dès lors, pour le mettre en état d'hypnose, dans toutes nos expériences subséquentes, je n'eus jamais recours qu'à ce procédé bien simple. « Veuillez fermer vos yeux, lui disais-je ; pouvez-vous les ouvrir ? » Presque toujours à cette première fois les yeux se rouvraient ; mais après la seconde ou troisième tentative, ils restaient clos. Je prenais alors un épais bandeau, qui m'a déjà servi pour des expériences de ce genre et dont j'ai donné ailleurs la description, et je l'appliquais sur le visage du sujet, de façon à l'empêcher de rien voir, même s'il en avait eu la velléité. Quand les expériences étaient finies, c'est-à-dire au bout d'un quart d'heure ou d'une demi-heure, je disais au sujet : « Vous pouvez ouvrir les yeux », et il ouvrait les yeux aussitôt, n'ayant gardé aucun souvenir de tous les incidents qui s'étaient passés pendant son état d'hypnose et ne paraissant ressentir aucune fatigue.

C'est au cours d'une de nos premières séances que j'eus l'idée d'essayer avec lui la reproduction des phénomènes observés avec Mme V... Comme il s'entretenait avec moi en état d'hypnose avec autant de liberté et de lucidité d'esprit qu'à l'état de veille, après lui avoir raconté les expériences de Mme V..., je lui demandais s'il voulait tenter de les reproduire. « Et vous croyez, me dit-il, que je pourrais ainsi lire les yeux fermés ? ». — « Je n'en sais rien, lui répondis-je, mais nous pouvons toujours essayer. »

Prenant alors une lettre au hasard dans un classeur, je la lui mis entre les mains, et sur sa demande, je lui expliquai comment il devait s'y prendre. « Faites, lui dis-je, comme faisait Mme V... Passez vos doigts sur le papier ; portez-le à votre front, à votre épigastre jusqu'à ce que vous sentiez quelque chose. » Après avoir consciencieusement essayé ces différentes manœuvres, S... me dit : « Je ne sens rien ; c'est une chose impossible. Il devait y avoir un truc. » Je lui fis remarquer qu'il se décourageait peut-être trop vite, qu'il fallait sans doute au début plus de temps et d'effort pour arriver à un résultat, et je l'invitai à recommencer la tentative. Il se remit à palper et à presser le papier avec un air de profonde attention, et, tout à coup, il eut une sorte de tressail-

lement. « Qu'y-a-t-il ? » lui demandai-je.— « Rien, » me répondit-
il. — « Si, insistai-je, il y a quelque chose, car vous avez tres-
sailli. » — » Non, c'est impossible, c'est absurde. » — « Peu importe
dites-moi exactement ce que vous avez ressenti. » — « Eh bien,
il m'a semblé qu'il devait y avoir écrit sur le papier : Mon cher
Camille.. » — « Il n'y a pas : Mon cher Camille ; il y a : Mon cher
Emile. Peut-être n'est-ce qu'une coïncidence ; nous allons bien
voir. »

Me souvenant alors que Mme V... recommandait de prendre
toujours pour commencer les expériences des textes imprimés en
gros caractères, je mis un journal entre les mains de S..., en lui
disant : « Lisez-moi le titre de ce journal. » Il me demanda de lui
indiquer l'emplacement exact du titre, y promena ses doigts, et
assez rapidement me dit : « N'est-ce pas le *Progrès de Lyon* ? » — »
Fort bien, lui dis-je, mais ce n'est peut-être encore qu'une coïncidence, car ce journal est très répandu dans la région. En voici un
autre. » — « N'est-ce pas le *Moniteur des tirages financiers* ? » — « Pour
le coup, le doute n'est plus possible. Bravo, mon ami ; vous voyez
bien que vous pouvez lire les yeux fermés. »

A ma grande surprise, il protesta : « Non, Monsieur, je ne lis
pas. » — « Comment, vous ne lisez pas ! Que faites-vous donc ? »
— « Je ne sens rien sous mes doigts, je ne vois rien devant mes
yeux, il me vient tout à coup à l'esprit, sans que je sache comment ni pourquoi, l'idée que ce doit être ceci ou cela. Je suppo-
serais volontiers que c'est vous qui me le suggérez par la pensée. » — « Après tout, lui répliquai-je, c'est bien possible, quoique
je ne m'en doute pas. Nous tâcherons d'éclaircir la chose une autre
fois. » Là-dessus, je l'éveillai et il prit congé de moi.

Il revenait me voir environ une semaine après. J'avais préparé
un assez grand nombre de carrés de papier sur lesquels étaient
écrits des mots, des phrases, au crayon, à l'encre noire, à l'encre
rouge, etc. S... les déchiffra tous avec une facilité vraiment éton-
nante. Je constatai cependant qu'il ne percevait pas la différence
des couleurs : ainsi, entre deux papiers portant le même nombre
écrit sur l'un à l'encre noire et sur l'autre à l'encre rouge, il ne fit
aucune différence. Il ne put rien lire sur un papier où j'avais écrit
avec une plume sèche, sans encre, ni avec une plume trempée
dans l'eau au moment même. Il reconnut parfaitement le dessin de
plusieurs objets, que j'avais tracés à l'encre par avance. Il continuait d'ailleurs à avoir l'impression qu'il ne lisait pas, qu'il ne
voyait pas, mais qu'il devinait plutôt, par une sorte d'intuition
mentale. Cette dernière expression est du moins celle qui me semble
rendre le mieux sa pensée. Je ne pus pas arriver à me rendre
compte ce jour-là du rôle que je jouais personnellement dans le
phénomène.

C'est seulement dans une troisième séance qu'il me fut possible
de résoudre ce problème. A cette séance assistait un assez grand
nombre de personnes, auxquelles je montrai d'abord le phéno-

mène de la lecture par les doigts, tel que je viens de le décrire. Une d'elles me demanda si le sujet lisait véritablement ou s'il ne lisait pas plutôt dans ma pensée. Je répondis que je n'en savais rien, que la seconde hypothèse était celle que le sujet faisait lui-même, et que l'occasion était bonne pour la vérifier. Je priai donc mon interlocuteur d'écrire une phrase de sa composition sur un morceau de papier. Cet écrit plié, dont j'ignorais par conséquent le contenu, fut mis par moi entre les mains de S... qui l'ouvrit et le déchiffra sans difficulté, sauf une erreur qu'il fit sur l'initiale d'un mot. De fait, en raison d'une particularité de cette écriture, une personne lisant avec ses yeux aurait pu également s'y tromper.

Mais une autre expérience faite au cours de cette séance prouva plus complètement encore que le sujet percevait bien directement par lui-même, et non par l'effet d'une transmission ou d'une influence étrangère. En effet, un des assistants, prenant un livre sur un meuble, et l'ouvrant au hasard, le mit entre les mains de S..., qui commença à déchiffrer la page où le livre avait été ouvert. Cette fois, ni moi, ni personne dans l'assistance ne connaissions d'avance le texte qu'il lisait ainsi. Il ne pouvait donc plus être question de suggestion mentale, ni de transmission de pensée.

Dans toute la série des expériences que je fis ensuite avec Lud. S..., je m'efforçai d'analyser ce curieux phénomène. Voici en résumé les résultats que j'ai obtenus et les conclusions auxquelles je suis arrivé.

Tout d'abord, jusqu'où s'étend cette sensibilité spéciale? Nous avons vu qu'elle ne paraît pas être affectée par les couleurs, ni par une simple forme à laquelle n'adhérerait pas une plus ou moins grande quantité de matière. Elle aurait donc besoin, ce semble, d'un certain relief pour s'exercer. Notons cependant que Lud. S... déchiffre très exactement des photographies en passant simplement les doigts sur leur surface. Mais il est possible après tout, et même probable, que les sels photographiques se décomposent en couches inégales sous l'action de la lumière. — Remarquons aussi, bien que le fait reste tout à fait incompréhensible, que le sujet a pu percevoir ce relief au travers d'un verre (on se souvient comment Mᵐᵉ V... déchiffrait l'heure). D'autre part, S... n'a pu lire un papier recouvert par un autre papier. Mais, peut-être y aurait-il réussi avec un peu plus de temps et de patience, et toute cette dernière série d'expériences serait à recommencer.

Quelle est la nature de cette sensibilité spéciale, et quel en est le siège organique? — Le sujet, nous le savons, du moins au début, se refusait à l'assimiler soit à la vue, soit au toucher : nous pourrions dire qu'elle lui paraissait être un phénomène purement cérébral. Cependant ses impressions à cet égard se sont peu à peu modifiées. Un jour, je le priai de mettre un gant à sa main droite, et une fois la main gantée, je l'invitai à déchiffrer une ligne d'écriture. Après avoir essayé pendant une minute environ, il me déclara que c'était impossible. J'insistai : il palpa, il pressa plus fort le papier, et lut exactement le texte ; puis spontanément: « Vous devez avoir raison, me dit-il ; le toucher doit être pour quelque chose dans ce que je fais : je ne sais pas ce que je sens au bout de mes doigts, mais cela doit m'aider à deviner. » Cette impression de quelque chose au bout des doigts qui aide à deviner, quoique toujours très vague, s'est affirmée cependant de plus en plus à mesure que les expériences se sont répétées. Parallèlement, quoique peut-être d'une façon plus vague encore, le sujet a pris peu à peu conscience de représentations visuelles incorporées à son intuition mentale. Peut-être, si cette évolution se continuait, en arriverait-il à avoir l'illusion d'une véritable lecture.

Il semble donc que l'essence du phénomène consiste dans une extraordinaire hyperesthésie du toucher, ou tout au moins que cette hyperesthésie en soit la condition première.

Dans cette hypothèse, voici comment on pourrait analyser le phénomène.

1° En vertu de l'extrême sensibilité développée par l'état d'hypnose, les nerfs du toucher, impressionnés par le relief de l'écriture, de l'imprimerie ou de la photographie transmettent au cerveau du sujet des impressions extraordinairement délicates et précises. A ces impressions répondent des *sensations tactiles* dont il n'a pas conscience, mais qui n'en sont pas moins réelles. Nous avons montré ailleurs, dans notre étude de la *cryptopsychie*, l'existence et l'importance des sensations inconscientes ou subconscientes.

2° On doit supposer maintenant un fait plus extraordinaire encore, à savoir que ces sensations tactiles inconscientes évoquent tout un ensemble de représentations visuelles, auditives, motrices, etc., correspondant aux différentes lettres de l'alphabet, à leur combinaison en syllabes, en mots, en phrases, etc., et finalement à la signification intellectuelle de toutes ces choses. Or, tout cet ensemble se déroulerait dans la subconscience du sujet : seule, la signification intellectuelle, qui en est pour ainsi dire la résultante, émergerait dans la conscience proprement dite.

Il y aurait donc une certaine analogie entre le cas de S... et celui des aveugles qui lisent, eux aussi, par le bout des doigts. Dans l'un comme dans l'autre, les sensations tactiles de relief évoqueraient des représentations verbales. — Mais cette analogie fondamentale recouvre des différences très importantes : 1° L'aveugle doit apprendre à lire, et il lui faut pour cela beaucoup de temps et de peine. Lud. S... a lu du premier coup, ou peut s'en faut. — 2° L'aveugle se rend compte de la façon dont il lit et il sait comment il a acquis la faculté de lire. S... lit sans savoir comment. Ajoutons que l'aveugle a besoin pour lire d'un relief spécial, artificiel, alors que S... semble percevoir tout relief naturel quelconque.

Mais, dira-t-on, cette explication n'est qu'une hypothèse : est-il possible de la vérifier ?

Tout le monde a plus ou moins entendu parler de l'originale découverte de M. de Rochas à laquelle il a donné le non d'*extériorisation de la sensibilité*. C'est surtout grâce à ce phénomène d'extériorisation de la sensibilité que nous avons pu nous rendre compte du rôle fondamental du toucher dans la lecture de notre sujet.

Rappelons brièvement en quoi consiste ce phénomène. Le sujet étant endormi, non prévenu de ce qui va suivre, les yeux soigneusement bandés pour éviter toute simulation et toute suggestion, reçoit un verre aux trois quarts plein d'eau, qu'il tient sur la paume de sa main gauche largement ouverte et sur lequel il pose et maintient sa main droite. L'opérateur fait quelques passes le long du bras droit et de la main droite, et, après une ou deux minutes, il explore par des pincements ou des piqûres la sensibilité cutanée de cette main. Si le sujet réagit, il continue les passes. Un moment vient où le sujet ne réagit plus; mais il suffit alors de pincer ou de piquer *brusquement* à quelques centimètres au-dessus de la peau pour provoquer des réactions immédiates très vives. Tout cela, bien entendu, dans le plus parfait silence.

Dès la première fois, où j'expérimentai l'extériorisation de la sensibilité avec Lud. S..., dans les conditions que je viens de dire, ce phénomène se manifesta avec une instantanéité et une netteté remarquables. Comme il ne consiste en somme que dans une modification spéciale du sens du toucher, laquelle pourrait se définir « une endo-anesthésie cutanée doublée d'une exo-hyperesthésie tactile », l'idée me vint qu'il pourrait servir à vérifier si la double vue apparente de S... ne relevait pas en réalité du toucher. Dans cette hypothèse en effet, toute modification un peu profonde du toucher devait avoir sa répercussion sur cette double vue, et par suite, le toucher s'extériorisant, elle devait aussi s'extérioriser, c'est-à-dire s'exercer non plus à même la peau, mais à quelques centimètres de distance. L'expérience allait-elle confirmer ce raisonnement?

Après avoir constaté, dès le commencement de la séance, que le sujet avait conservé sa faculté de lire par les doigts dans les conditions ordinaires, je procédai à l'extériorisation de sa sensibilité, selon le dispositif précédemment indiqué. Quand la main droite, superposée au verre, fut devenue insensible, les pincements pratiqués à quelques centimètres au-dessus de la face dorsale étant au contraire ressentis avec une force extrême, je pris un carré de papier sur lequel étaient écrits quelques mots, et le tenant vis-à-vis des doigts de la main droite superposée au verre, à trois ou quatre centimètres de distance, je lui imprimai un mouvement de translation lente, de façon à faire défiler en quelque sorte la ligne des caractères parallèlement à la ligne des doigts. Aussitôt, sans aucune indication de ma part, ceux-ci s'agitèrent comme les antennes d'un insecte, et le sujet se mit à lire exactement le texte écrit. Je recommençai l'expérience, le verre étant ôté, la main simplement posée sur un appui, et les doigts relevés. Le résultat fut identique. Je pus d'ailleurs vérifier indéfiniment le phénomène dans les séances subséquentes.

Restait à savoir si cette main à la sensibilité extériorisée, qui

percevait ainsi l'écriture à distance, avait perdu en même temps
comme le raisonnement le suggérait, la faculté de percevoir l'écriture en contact direct. Ici encore l'expérience confirma le raisonnement. Les doigts de la main extériorisée, pincés et piqués à
même la peau, ne manifestèrent aucune sensibilité ; en revanche,
ils se montrèrent extrêmement sensibles à des pincements et des
piqûres pratiquées dans l'air à trois ou quatre centimètres en
avant de leurs extrémités. Pareillement, le sujet put lire quand
le papier était placé à quelque distance de ses doigts, mais il
devint impuissant à lire quand le papier fut mis immédiatement
en contact avec eux.

Nous sommes donc, ce semble, autorisés à conclure par tout ce
qui précède qu'il s'agit dans l'espèce d'un phénomène du toucher
auquel la vue proprement dite est complètement étrangère.

Cependant, en présence de faits aussi étranges, un doute subsis-
tait encore dans mon esprit. Comme je n'avais jamais jusqu'alors
expérimenté qu'à la lumière, n'était-il pas possible que, malgré
tout, malgré les yeux clos, malgré le bandeau interposé, le sujet
pût réussir à s'aider de quelques sensations visuelles ? Pour lever
ce doute, il aurait fallu pouvoir expérimenter dans une complète
obscurité.

L'occasion de faire cette expérience me fut enfin donnée au
cours d'une des dernières visites que me fit S... Jusqu'alors, il
était venu habituellement pendant le jour. Cette fois, il vint en
hiver, à la nuit tombante. Les volets des fenêtres étaient clos ; la
pièce était éclairée par un seul bec de gaz, système Auer, avec
allumeur automatique. Je n'ai pas besoin de rappeler que cette
expérience, comme toutes les précédentes, fut absolument *silencieuse*, c'est-à-dire que, ni avant ni pendant, ni après, je ne donnai
aucune indication, aucune explication au sujet. Après m'être
assuré, comme toujours, que le sujet avait conservé sa faculté de
lire par les doigts dans les conditions ordinaires, je pris un écrit
dont j'ignorais le contenu, je le mis entre les mains du sujet, et,
au moment précis où il commençait à y passer ses doigts, j'étei-
gnis brusquement le bec de gaz. Le sujet lut à haute voix, tout
comme s'il y avait eu de la lumière. Le bec de gaz étant rallumé,
je constatai que sa lecture était exacte. Je répétai l'expérience
avec d'autres textes dans les mêmes conditions : le résultat fut
toujours identique.

Il ne paraît donc plus possible de douter que le phénomène
présenté par S... soit exclusivement, comme nous l'avons dit,
un phénomène du toucher auquel la vue reste complètement
étrangère.

Toutefois, il est certain que la part du toucher dans l'ensemble
du phénomène doit être beaucoup moins importante que celle

du cerveau. — Serait-il possible de faire la part de l'un et de
l'autre? Par exemple, devons-nous supposer une hyperesthésie
du toucher, une hyperesthésie en quelque sorte périphérique,
déterminée par l'état d'hypnose, qui, apportant au cerveau
des sensations d'une intensité et d'une netteté extraordinaires,
permettrait à celui-ci de les interpréter immédiatement comme
signes de représentations verbales? Ou au contraire, devons-
nous supposer que, le toucher conservant sa sensibilité normale,
l'état d'hypnose détermine plutôt une sorte d'hyperesthésie
cérébrale ou centrale, qui permet au cerveau d'isoler et d'in-
tensifier les impressions du toucher en même temps que de
les utiliser comme moyen de lecture?

Si on admet la seconde hypothèse, il faudra supposer que
non seulement un sujet tel que S..., mais encore tout individu
normal, le premier venu, promenant ses doigts sur une page
d'écriture, ou d'imprimerie, sur une image photographique, etc.,
en reçoit par l'intermédiaire des nerfs du toucher des impressions absolument distinctes, aussi distinctes que celles que ces
mêmes objets feraient sur les cônes et bâtonnets de sa rétine;
mais que, faute d'une aptitude ou d'une disposition particulière
de son cerveau, il est actuellement incapable de les percevoir
et par conséquent aussi de les interpréter.

Évidemment la première hypothèse est celle que les faits
semblent suggérer tout d'abord : et cependant, l'expérimentation va nous montrer qu'elle est fausse et nous obliger à
lui préférer la seconde.

*M'inspirant de mes recherches antérieures sur la « conductibi-
lité de la force psychique [1] », j'eus l'idée de doubler en quelque
sorte le sujet d'un individu normal, celui-ci représentant le rôle
du toucher, celui-là le rôle du cerveau dans le phénomène total,
dont j'obtiendrais ainsi l'analyse.*

*Voici comment je réalisai cette expérience. Je commençai par
disposer deux sièges l'un devant l'autre, dans le même sens, de
manière que la personne assise sur le premier tournât le dos à la
personne assise sur le second. Puis, le sujet endormi, les yeux
bandés, étant assis sur le second siège, je m'assis moi-même*

---

1. Voir chapitre XX.

sur le premier. Portant alors mon coude droit en arrière, je dis à
S... : « Étendez votre main droite, prenez mon coude, serrez-le
bien. » Cela fait, je pris au hasard un journal sur une table, je le
déployai sur mes genoux, et passant lentement mes doigts sur le
titre, je dis à S... : « Lisez ! » Je sentis les doigts du sujet se cram-
ponner convulsivement à mon olécrane, et, à mesure que mes
doigts passaient sur un caractère, S... l'épelait à haute voix. Il
lut ainsi : « L, I, N, D, E, P, E, N, D, A, N, T, D, E, S, P, Y, R, E, N,
E, E, S, O, R, I, E, N, T, A, L, E, S. — Que signifie, lui demandai-
je, ce que vous venez de lire ? Je n'en sais rien, me répondit-il :
je n'ai pas fait attention. » Je recommençai à passer les doigts
plus rapidement sur le papier, et il lut sans difficulté : L'Indépendant des Pyrénées-Orientales.

Le phénomène était si étrange, si incroyable, que malgré moi, je
supposai une transmission de pensée. Retournant brusquement le
journal et fermant les yeux, je promenai mes doigts sur la partie
supérieure de la quatrième page : il lut alors : « Eaux minérales »,
mais j'avais eu le temps d'entrevoir cette annonce. A ce moment,
je fis glisser mes doigts au-dessous et par côté. Le sujet lut :
« Voitures automobiles. » Je rouvris les yeux ; c'était bien le
texte, inconnu de moi, sur lequel ma main venait de passer. Du
reste une tierce personne étant survenue, je la priai de placer et
diriger mes doigts sur diverses annonces prises au hasard dans la
quatrième page, tandis que je tenais les yeux fermés. S... lut
chaque fois exactement.

Depuis, j'ai plusieurs fois renouvelé cette expérience de la lecture par le coude.

Essayons de tirer les conséquences qu'elle implique.

1° Que se passe-t-il chez moi lorsque, le dos tourné au
sujet qui tient mon coude, je promène mes doigts sur des
caractères imprimés ? Rien de plus, évidemment, et rien de
moins que ce qui a lieu normalement toutes les fois que
j'accomplis cette même opération dans les circonstances ordinaires. Et cependant, il faut bien que l'imperceptible relief
des caractères fasse des impressions distinctes sur mes nerfs
tactiles, puisque c'est la condition indispensable pour que le
sujet puisse lire. Donc, normalement, en dehors de toute
hyperesthésie, l'organe du toucher est impressionné par les plus
petites différences de relief qui peuvent exister dans les objets ;
mais ces impressions, faute d'atteindre un certain quantum,
ne sont pas perçues par notre cerveau. Ainsi se trouve vérifiée
encore une fois, et de la façon la plus inattendue, par cette

expérience, la célèbre théorie leibnizienne des petites perceptions insensibles.

2° Que se passe-t-il chez le sujet? Ici, il est certainement
plus difficile d'y voir clair. Nos connaissances actuelles en
physiologie ne nous permettent pas de comprendre comment
sa main, en contact avec le coude, peut recevoir au travers
des muscles, de la peau et des vêtements, le contre-coup des
vibrations ou oscillations nerveuses qui passent dans cet endroit
en un organisme étranger. Il y aurait là un phénomène tout à
fait analogue à ce qu'on nomme en électricité industrielle une
prise de courant. Peut-être aussi se développe-t-il dans les nerfs
tactiles du sujet des courants induits qui reproduisent sym-
pathiquement les courants directs d'un autre système. Quoi
qu'il en soit, ces impressions qui, arrivant à mon cerveau, s'y
engloutissent en quelque sorte sans laisser de trace, arrivant
au cerveau du sujet, y sont immédiatement perçues et interpré-
tées, quoique d'une façon presque entièrement inconsciente.

Il serait intéressant d'étudier plus en détail le mécanisme
de cette communication entre le sujet et l'opérateur, de déterminer par exemple le rôle respectif des différents nerfs de la
main et du bras, cubital, radial et médian. Si jamais l'occasion
s'en présente, nous nous promettons bien de pousser nos
recherches dans ce sens.

Toutefois, nous ne prétendons pas conclure des observations
et expériences précédentes que la transposition des sens, telle
que les anciens magnétiseurs ont cru la constater, n'existe
pas. Dans cet ordre de recherches, il faut bien se garder de
généraliser *a priori*, surtout quand il s'agit de négation. Des
faits extérieurement très semblables, ou même en apparence
identiques, peuvent être produits par des causes absolument distinctes; et seule une longue et patiente analyse, fondée non sur le
raisonnement, mais sur l'expérimentation, peut réussir à mettre
en lumière leur diversité fondamentale. Aussi, de ce qu'un
fait de ce genre est produit dans telles circonstances par une
certaine cause, on n'a nullement le droit d'en conclure *ipso
facto* qu'il ne peut pas être produit dans une autre circonstance

par une cause toute différente. Le phénomène que nous avons décrit s'observera peut-être chez d'autres sujets comme un effet de transmission de pensée ou de suggestion mentale; ailleurs il pourra être obtenu (quoique jusqu'à un certain point seulement) par une simulation plus ou moins adroite, par ce que nous avons nous-même appelé un truc. Il peut donc exister encore d'autres procédés, d'autres mécanismes encore inconnus, ou non analysés, qui permettraient de le reproduire, dans des conditions cependant toutes différentes.

Nous nous bornons donc à affirmer que, tout au moins dans le cas étudié par nous, la transposition des sens n'est qu'apparente, et qu'elle consiste en réalité dans une interprétation subconsciente supranormale de sensations tactiles habituellement inaperçues.

CHAPITRE XIV

CONTRIBUTION A L'ÉTUDE DE LA TÉLÉPSYCHIE

Sous le nom général de télépsychie, nous réunissons tous les phénomènes dans lesquels se manifeste sous une forme ou sous une autre, mais toujours en dehors de toute suggestion verbale, l'influence qu'un être humain exerce à plus ou moins longue distance sur un autre être humain. Les phénomènes de télépathie, si abondamment collectionnés par la Société des Recherches psychiques, en sont l'espèce la plus connue, mais ce genre en contient beaucoup d'autres. Nous en étudierons ici trois principalement, que nous avons eu occasion d'observer et d'expérimenter au cours de ces dernières années avec le sujet Ludovic S... dont nous avons déjà parlé au chapitre précédent. Ce sont : 1° le phénomène anciennement décrit par les magnétiseurs sous le nom de *rapport magnétique* ; 2° l'extériorisation de la sensibilité ; 3° la transmission de pensée.

Avant d'entrer dans la description de ces différents phénomènes, je dois rappeler, une fois pour toutes, les conditions générales dans lesquelles j'ai toujours expérimenté. Ce sont d'ailleurs les mêmes que celles déjà indiquées dans le chapitre « Un cas de transposition apparente des sens ». Afin d'éviter toute simulation et toute suggestion, je recouvre les yeux du sujet endormi d'un épais bandeau qui exclut toute possibilité de voir ; je m'impose à moi-même, et j'impose à tous les assistants, s'il y en a, la loi d'un silence absolu. Pour que des expériences de ce genre aient quelque valeur, il faut, selon nous, que pendant toute leur durée le sujet soit *aveugle*, et que l'expérimentateur et les assistants soient *muets*.

I

Le phénomène du *rapport* consiste en cette particularité que présentent certains sujets de n'être en relation pendant l'état l'hypnose qu'avec une seule personne, à savoir celle qui les a mis dans cet état. En d'autres termes le sujet qui présente ce phénomène entend son magnétiseur, mais n'entend que lui : toute autre personne est pour lui, sujet, comme si elle n'existait pas.

Dès mes premières expériences avec Ludovic, je constatai ce phénomène du rapport, du moins aussitôt qu'un tiers fut admis à y assister. Ce tiers ayant pris spontanément la parole pour interpeller Ludovic S..., nous fumes fort surpris de voir celui-ci rester impassible et bouche close, comme s'il n'avait rien entendu. « Pourquoi ne répondez-vous pas, demandai-je au sujet ? — Je vous réponds, me répliquat-il. — A l'instant, repris-je, on vous a fait une question : pourquoi n'avez-vous pas répondu ? — Quelle question ? Je n'ai rien entendu. »

Depuis lors, chaque fois qu'une ou plusieurs personnes assistaient à mes expériences, je les invitais, soit par signe, soit par écrit, à adresser la parole au sujet, et presque toujours le sujet paraissait ne pas les entendre.

Toutefois, si, pendant qu'une de ces personnes parlait au sujet, je me mettais en contact avec elle, par exemple en lui touchant la main ou l'épaule, aussitôt, celui-ci dressait l'oreille, se tournait dans la direction de la voix, et répondait. En revanche, dès que cessait le contact, il redevenait sourd et muet à l'égard de cet interlocuteur tout en continuant à m'entendre et à me parler.

Par quel procédé le sujet parvient-il à se rendre compte du moment précis où s'établit le contact entre l'opérateur et l'un des assistants, et du moment précis où ce contact est supprimé ? — C'est là un problème dont la solution nous échappe entièrement. N'oublions pas, en effet, que le sujet a les yeux bandés, que l'opérateur et l'assistant sont souvent à une assez grande distance de lui, au lieu qu'étant très rapprochés l'un de l'autre, il leur suffit d'un mouvement imperceptible pour produire et pour suspendre le contact.

Il s'en faut d'ailleurs que le phénomène soit toujours identique à lui-même dans tous ses détails. Il se présente au contraire avec des variations assez notables dont il est bien difficile de donner une explication.

Ainsi, certaines personnes — fort rares, il est vrai, — peuvent entrer d'emblée en rapport avec le sujet, sans aucun contact préalable avec l'opérateur. D'autres, une fois mises en rapport par un premier contact, continuent à être entendues du sujet et à converser avec lui, sans avoir besoin désormais de la médiation de l'opérateur.

Dans certains cas, le contact n'est pas nécessaire ; il suffit d'une certaine proximité entre l'opérateur et l'interlocuteur étranger. Tout se passe alors comme s'il existait autour de l'opérateur une sphère d'influence d'un rayon plus ou moins étendu. Toute personne placée en dehors de cette sphère n'existe pas pour le sujet : elle devient d'autant plus perceptible qu'elle se rapproche davantage du centre.

C'est ce que j'ai observé dans la très curieuse expérience que voici.

Une personne, Mlle. J. D..., placée tout près de moi, commença à réciter à haute voix une pièce de vers, que le sujet parut écouter avec attention et intérêt ; puis, tout en continuant à réciter, elle s'éloigna de moi peu à peu et sans bruit. Au fur et à mesure que la distance devenait plus grande, le sujet donnait des signes d'étonnement et d'impatience : « Je n'entends plus aussi bien, disait-il ; pourquoi baissez-vous la voix? Parlez donc plus fort ; vous n'articulez pas, vous chuchotez : je n'entends plus rien. » Mais à mesure que Mlle D... revenait vers moi, le sujet recommençait à l'entendre plus distinctement. Les résultats étaient les mêmes lorsque Mlle D... et moi étant placés l'un à côté de l'autre à l'extrémité de la pièce, je m'éloignais, puis me rapprochais d'elle par degrés. La netteté des perceptions du sujet variait en quelque sorte en proportion de la distance qui me séparait de mon aide.

Le temps et les occasions m'ont malheureusement fait défaut pour pousser plus avant cette étude. Il semble qu'elle pourrait nous ouvrir une voie vers la connaissance scientifique de cette force encore si mystérieuse que nous continuons d'appeler faute d'un nom meilleur le magnétisme animal. On entrevoit en effet dans les phénomènes que nous venons de décrire la possibilité d'une mesure ; et c'est surtout par la mesure, on le sait que la science arrive à se rendre définitivement maîtresse des différents ordres de phénomènes naturels.

Malheureusement le fil conducteur nous fait défaut : je veux dire que les faits jusqu'ici observés ne nous ont pas encore suggéré d'hypothèse qui puisse servir de point de départ à toute une série de raisonnements et d'expériences. Or, faute d'une hypothèse expérimentale, on tâtonne indéfiniment.

La plupart des théoriciens, d'ailleurs en très petit nombre, qui se sont occupés du phénomène du rapport, s'inspirant des idées de l'école de Nancy, croient pouvoir l'expliquer par la suggestion. L'opérateur, disent-ils, suggère à son sujet que celui-ci doit être exclusivement en rapport avec l'opérateur, c'est-à-dire, avec la personne qui l'a endormi. Faute de cette suggestion préalable, le sujet est immédiatement en rapport avec le premier venu.

Il se peut que les choses se passent ainsi pour certains opérateurs et pour certains sujets ; car il faut toujours bien se garder en ces matières de nier les résultats obtenus par d'autres chercheurs. Mais, ce que nous pouvons affirmer hautement, c'est qu'en ce qui nous concerne, nous n'avons jamais fait une telle suggestion. Le rapport exclusif du sujet avec l'opérateur s'est toujours établi spontanément et en quelque sorte à notre insu : il s'est manifesté de la façon la plus inattendue, au moins au début, lorsqu'un des assistants a de lui-même interpellé le sujet. Pareillement, toutes les variations du phénomène, toutes ses irrégularités telles que nous les avons retracées, ont toujours été spontanées, non prévues, non voulues par nous, indépendantes par conséquent de toute suggestion.

On pourrait, il est vrai, essayer de sauver la théorie suggestionniste du rapport en présentant ce phénomène comme le résultat d'une auto-suggestion. Le fait même d'endormir un sujet lui suggère implicitement l'idée qu'il doit être attentif uniquement à la personne de l'opérateur, c'est sous l'influence de cette idée qu'il s'endort, et par suite il est tout naturel que pendant toute la durée de son sommeil, il soit exclusivement en relation avec son hypnotiseur. Dans cette hypothèse le sujet entend en réalité les paroles qui lui sont adressées par d'autres personnes ; mais en vertu de son idée fixe, il les exclut de son attention, il s'interdit de les percevoir, ou, si l'on aime mieux, il en arrête la perception dans sa subconscience. — Cette hypothèse est très ingénieuse et doit contenir, pensons-nous, une certaine part de vérité ; mais nous ne croyons pas qu'on ait jamais fait d'expériences précises pour la vérifier. Elle paraît contredite par le cas des sujets qui bien qu'endormis dans les conditions ordinaires, ne présentent pas le phénomène du rapport, ou bien le présentent avec certaines personnes et ne le présentent pas avec d'autres, comme nous l'avons observé nous-même ; à moins de supposer que certains sujets, sans qu'on puisse d'ailleurs savoir pourquoi, se suggèrent à eux-mêmes d'entendre celui-ci et non celui-là, alors que d'autres se suggèrent de n'entendre personne hormis l'opérateur. Par malheur il est vraiment trop commode d'éluder toutes les difficultés en multipliant des hypothèses invérifiables. C'est le procédé favori des partisans de la suggestion quand même : il n'est rien moins que scientifique.

Même en admettant que le sujet ait la perception subconsciente des paroles à lui adressées par les personnes avec lesquelles il n'est pas en rapport, ce qui nous paraît vraisemblable et ne serait pas difficile à vérifier, il reste à s'expliquer comment il se fait que le sujet prenne conscience de ces perceptions par cela seul que ces personnes se mettent en contact, même passagèrement, avec l'opérateur. Ce contact, qu'il ne peut pas voir, qui ne s'accompagne d'aucun bruit, par quel mystérieux signe en est-il averti? Est-ce à dire qu'en dirigeant et concentrant toute la force de son attention sur la personne de l'opérateur, le sujet acquière ainsi, malgré la distance qui l'en sépare, une sorte d'intuition de l'état général du système nerveux de celui-ci? Mais quelle idée se faire de cette communication entre deux systèmes nerveux? — quelle idée du moins qui puisse se traduire en hypothèses de détail un peu précises et susceptibles d'être vérifiées par des expériences ultérieures? En tout cas cette communication, si elle existe, n'est que partielle; car si elle était complète, le sujet verrait ce que voit et entend l'opérateur lui-même, et par conséquent, il verrait et entendrait les autres personnes qui sont vues et entendues par l'opérateur. Donc, cette communication hypothétique, bien que conditionnant l'étendue du champ des perceptions auditives conscientes du sujet, ne porterait directement que sur la sensibilité générale tactile de l'opérateur. En d'autres termes, le sujet sentirait subconsciemment les contacts opérés sur l'opérateur et cette sensation subconsciente serait pour lui comme un signal qui tournerait son attention vers les perceptions auditives et ferait ainsi passer celles-ci de la subconscience à la conscience distincte.

Amenée à ce degré de précision relative, l'hypothèse qui précède permettrait sans doute d'imaginer des expériences propres à éclaircir le problème de la nature du rapport magnétique. Il faudrait avant toute chose examiner dans quelle mesure les impressions tactiles de l'opérateur se répercutent dans la subconscience du sujet. Ceci une fois connu, on étudierait les relations qui peuvent exister entre ces répercussions subconscientes et les variations des perceptions auditives du sujet.

II

Le phénomène de l'*extériorisation de la sensibilité* découvert par M. de Rochas nous paraît présenter beaucoup d'analogie avec le phénomène du rapport. On sait en quoi il
consiste.

Le sujet étant endormi et, ajouterions-nous, mis dans l'impossibilité de rien voir par l'apposition d'un bandeau, on place,
sans lui donner aucune explication, un verre aux trois quarts
plein d'eau entre ses deux mains, de telle sorte par exemple que
ce verre repose sur la face palmaire de la main gauche horizon-
talement étendue, tandis que la face palmaire de la main droite
recouvre la partie supérieure, à quelques centimètres au-dessus
de l'eau. L'opérateur fait des passes au-dessus de la main superposée au verre et après quelques instants, explore par des contacts, des pincements, des piqûres, etc., la sensibilité de la face
dorsale de cette main. Si la sensibilité subsiste, il continue les
passes ; mais au bout d'un certain temps, de cinq à dix minutes,
le sujet ne réagit plus. Alors, sans rien dire, l'opérateur pince
brusquement l'air à trois ou quatre centimètres au-dessus de la
peau et immédiatement, le sujet accuse par ses mouvements, par
une grimace caractéristique, même par un cri, une sensation
très vive. Il en sera de même pour une piqûre pratiquée dans
l'air de la même façon. Bien plus si on retire le verre d'entre les
mains du sujet, et qu'on l'en éloigne même à plusieurs mètres de
distance, tout contact, pincement, piqûre, etc., soit dans l'eau
même, soit à quelques centimètres au-dessus, toujours dans le
plus profond silence, est immédiatement suivi d'une réaction du
sujet.

J'ai expérimenté ce phénomène avec un assez grand nombre
de sujets. Chez Lud. S., il s'est produit dès l'origine, en dehors de
toute explication, de toute suggestion préalables, avec une netteté
et une rapidité extraordinaires. Le seul changement qui se soit
produit dans l'évolution du phénomène, c'est que le sujet qui se
prêtait d'abord sans résistance, d'une façon en quelque sorte
indifférente à ce genre d'expériences, a fini par le reconnaître et
le redouter, à cause de l'extrême intensité des sensations, le plus
souvent douloureuses, dont il était pour lui l'occasion. Il a fini
aussi par se rendre compte du rôle joué par l'eau dans ce phénomène. Spontanément, il en est venu à se préoccuper, à s'inquiéter du
traitement réservé à cette eau ; et, comme je lui en demandais
un jour la raison, il me fit cette réponse singulière : « C'est que
cette eau, c'est moi! » Toutefois, si les sensations éprouvées par

lui dans ce qu'on pourrait appeler sa sensibilité extériorisée paraissaient être infiniment plus vives que les sensations normales correspondantes, elles ne paraissaient pas être nettement localisées. Les contacts, pincements, piqûres, etc., semblaient être ressentis non dans tel ou tel point particulier du corps, par exemple dans la main, mais dans le corps tout entier ; et c'est peut-être là ce qui en explique l'extraordinaire intensité.

Ce phénomène de l'extériorisation ouvre évidemment un champ illimité à nos suppositions et à nos recherches. Faute de temps et de facilités suffisantes pour disposer du sujet à notre gré, nous avons dû nous borner à un petit nombre d'expériences. Nous nous sommes surtout attachés à celles qui permettaient de déterminer le degré de généralité du phénomène.

M. de Rochas paraît avoir considéré l'extériorisation de la sensibilité comme un phénomène exceptionnel, qui ne se produit que chez certains sujets et qui suppose même chez ces derniers un état tout particulier. Nos observations et nos réflexions nous avaient au contraire amené à conjecturer que c'était là un phénomène général, commun non seulement à tous les sujets, mais même à tous les individus de l'espèce humaine, phénomène normal, pourrait-on dire, mais, comme beaucoup d'autres, condamné à rester *cryptoïde* tant que les conditions de sa *révélation*, au sens où on emploie ce mot en photographie, ne se trouvent pas réalisées.

Voici les deux expériences destinées à vérifier cette hypothèse, que j'avais déjà faites avec d'autres sujets, et qui, refaites avec Lud. S..., m'ont donné les mêmes résultats.

1ro *Expérience.* — Après avoir endormi Lud. S..., et lui avoir bandé les yeux, je m'éloigne de lui et prends entre mes deux mains un verre à moitié plein d'eau comme si je voulais moi-même extérioriser ma sensibilité. Après avoir tenu le verre pendant un certain temps, environ cinq à dix minutes, je m'approche du sujet, qui bien entendu ignore entièrement la manœuvre précédente, je lui fais tenir le verre de la main gauche et introduire dans l'eau l'index et le médius de la main droite ; je m'éloigne de nouveau et vais me placer auprès d'un des assistants à qui j'ai dit d'avance, à l'insu du sujet, ce qu'il avait à faire. Chaque fois que ce tiers me pince, me pique, etc., en un endroit quelconque du corps, le sujet réagit instantanément avec une très grande force. Tout se passe donc comme si je m'étais moi-même extériorisé dans le verre, et comme si tout ébranlement produit dans mon système nerveux se répercutait le long d'un fil invisible aboutissant au verre d'eau dans le système nerveux du sujet.

2° Expérience. — Je procède tout d'abord comme dans l'expérience précédente: mais, au lieu de placer entre les mains du sujet le verre où je me suis extériorisé, je vais le poser sur une table à côté d'un des assistants prévenu comme il a été déjà dit. Je m'approche alors de Lud. S..., et j'établis un contact entre lui et moi en lui prenant la main. Chaque fois que l'assistant pince, pique, etc., la surface de l'eau, le sujet réagit synchroniquement avec une force extrême. Tout se passe donc cette fois encore comme si l'ébranlement imprimé à l'eau du verre se répercutait le long d'un fil invisible jusqu'à mon système nerveux qui n'en est pas d'ailleurs impressionné, et de là, par une sorte de conduction, jusqu'au système nerveux du sujet qui en reçoit et traduit l'impression consciente.

Le succès de ces deux expériences me fit venir l'idée d'en essayer une troisième qui établirait la possibilité de créer artificiellement une communication des sensibilités entre l'opérateur et le sujet. — Voici comment je procédai :

Après avoir endormi le sujet et lui avoir bandé les yeux, je mis entre ses mains le verre d'eau destiné à recevoir sa sensibilité extériorisée, puis je pris moi-même un second verre d'eau destiné à recevoir la mienne, et nous restâmes ainsi, le sujet et moi, un certain temps, jusqu'à ce que l'extériorisation se fût produite pour S... Je pris alors son verre et j'allai le placer ainsi que le mien sur une table à quelques centimètres l'un de l'autre. Un fil de cuivre recouvert de gutta-percha, sauf à ses deux extrémités, avait été façonné par moi d'avance en forme d'U. Je chargeai deux assistants, toujours silencieusement, de tenir plongée chacune des extrémités du fil dans chacun des verres. Ce fil servait donc en quelque sorte de conducteur entre les deux récipients. Cela fait, j'allai m'asseoir auprès d'une autre personne également prévenue, à l'insu du sujet, du rôle qu'elle avait à jouer. Lud. S... était assis à deux ou trois mètres de moi et nous étions tous les deux à trois ou quatre mètres environ de la table où se trouvaient les deux verres. Aussitôt que mon voisin se mit à me pincer, à me piquer, etc., le sujet réagit à chaque fois avec une très grande force. — Tout se passait donc comme si l'ébranlement produit dans mon système nerveux se propageait le long d'un premier fil invisible jusqu'au verre où j'avais extériorisé ma sensibilité, passait de là par l'intermédiaire du fil de cuivre dans le verre où le sujet avait extériorisé la sienne, puis se propageait enfin le long d'un second fil invisible jusqu'au système nerveux du sujet.

Toutefois, à un moment donné, le sujet cessa de réagir, bien que mon voisin vînt de me tirer les cheveux au-dessus du front avec une assez grande force. Je m'imaginai que cet arrêt dans la transmission de mes sensations était dû à la disparition de l'influence contenue dans les verres ; mais en me retournant vers la table, je vis par les gestes de mes deux aides que la véritable cause de l'arrêt était tout autre. L'un d'eux avait trouvé plaisant d'interrompre la communication en retirant de l'eau l'extrémité du fil confié à sa garde. Il avait ainsi, sans le vouloir, institué la contre-épreuve de mon expérience. Dès qu'il eut replongé le fil dans l'eau, la transmission recommença. Le tiraillement des cheveux sur mon front se traduisit pour Lud. S... en une sensation d'arrachement éprouvée sur toute l'étendue de la surface du corps ; aussi commença-t-il à se plaindre et à protester, visiblement impatient de voir abréger la séance. Mon voisin eut alors l'idée de recourir à des impressions plus douces. Il prit une de mes mains et la caressa doucement à plusieurs reprises. Nous vîmes aussitôt le bas du visage de Lud. S...s'égayer d'un sourire. « Oh ! cela, dit-il, tant que vous voudrez ! » — « Pourquoi donc ? que vous fait-on maintenant ? » — « On me caresse. » De même, Lud. S... ressentit synchroniquement les souffles chauds ou froids envoyés par mon voisin sur la face dorsale de mes mains, mais toujours sous forme d'impressions diffuses auxquelles semblait participer l'organisme tout entier.

Cependant les sensations du goût parurent se transmettre dans des conditions un peu différentes. Comme j'avalais quelques gouttes de chartreuse, le sujet exécuta synchroniquement des mouvements de déglutition et se mit à dire : « Qu'est-ce que vous me faites boire là ? c'est bien fort ; on dirait de l'eau-de-vie. » J'avalai de nouveau quelques gouttes, silencieusement, comme toujours, cela va sans dire. Nouveau mouvement de déglutition chez le sujet et nouvelle remarque : « C'est fort, mais c'est doux ; n'est-ce pas du malaga ? » Sans répondre j'avalai encore quelques gouttes. Le sujet avale en même temps et s'écrie : « Ne continuez pas, cela me monte à la tête. » Je déclare alors à haute voix que l'expérience me paraît avoir assez duré et qu'il est temps de décharger les verres. Immédiatement le sujet se lève en s'écriant : « Oui, oui où est mon verre ? » et il fait un pas comme pour se porter dans sa direction ; mais il tombe aussitôt de tout son long sur le tapis. Les assistants et moi-même, un peu effrayés, je l'avoue, nous nous empressons de le relever, de le faire asseoir. Je lui demande ce qui lui arrive. « Je suis gris, me répond-il. » Je me hâte de lui enlever le bandeau et de le réveiller. Il ne reste plus de trace de son ivresse ; aucun souvenir, ni, à ce qu'il m'assure, aucune fatigue.

Il serait intéressant de reprendre ces expériences, en essayant de déterminer le rôle que joue le verre d'eau dans le phénomène de l'extériorisation, par exemple en faisant varier les éléments dont il se compose, nature du récipient, nature du liquide, etc., ainsi que les circonstances ambiantes.

III

Au cours de mes séances avec Lud. S..., j'ai observé quelques faits de transmission de pensée qui me paraissent rentrer comme les faits précédents dans le cadre général de la télépsychie.

Je me contenterai de les décrire sans essayer d'en donner d'explication, car je ne vois pas jusqu'ici d'hypothèse qui permette de soumettre ce genre de phénomènes à une expérimentation régulière. On peut sans doute essayer de les provoquer, mais comme on le fait sans idée directrice, et pour ainsi dire au hasard, les résultats qu'on obtient ne sont pas de véritables expériences et n'ont que la valeur de simples observations.

Ajoutons que nous n'avions pu réussir jusqu'ici à obtenir de phénomènes de ce genre avec aucun autre sujet. C'est surtout au cours des expériences décrites ailleurs sous ce titre: *Un cas d'apparente transposition des sens*, que nous avons eu occasion de constater trois ou quatre fois la transmission de la pensée.

1º Lud. S..., les yeux bandés, endormi, venait de déchiffrer les premiers mots d'une carte postale en promenant les doigts sur le texte. En marge de la carte se trouvait photographié le portrait de mon correspondant. Louis S... décrivit ce portrait après avoir promené ses doigts à sa surface. Je lui demandai s'il connaissait cette personne. Il me répondit que non, et il est en effet très vraisemblable qu'il ne la connaissait pas, en ce sens qu'il ne l'avait jamais vue. « Donnez-moi la main, lui dis-je », et aussitôt qu'il me l'eût donnée : « Je pense le nom de cette personne : Quel est-il ? » Presque immédiatement, sur un ton interrogatif : « Monsieur S. L....? » C'était exact. Je dois dire que le nom de cette personne est très connu dans la ville où nous habitons, bien qu'elle n'y fasse que des séjours intermittents.

2° Je mets entre les mains de Lud. S..., une photographie en le priant de me la décrire. Il le fait très exactement : « C'est une jeune dame ou demoiselle qui a dû être photographiée dans un jardin, car il y a derrière elle un treillage comme on en voit sur les murs des jardins. » — « Savez-vous son prénom ? » — « Pas du tout. » — « Donnez-moi la main ; je vais vous le dire mentalement. » Presque aussitôt, sur le même ton interrogatif : « Jeanne ? » — Bien deviné.

3° Je mets entre les mains de Lud. S..., toujours dans les mêmes conditions, une photographie d'assez grand format. « C'est, me dit-il après l'avoir explorée, un groupe de trois jeunes enfants. » — « Les connaissez-vous ? » — « Non. » — « Faites bien attention. » — « Ah ! oui, ce sont vos enfants, mais beaucoup plus jeunes. » — « Décrivez-les-moi. » — « A gauche, celui-là, qui a huit ans, est votre fils aîné ; à droite, ce petit garçon de six ans est votre second fils ; au milieu une petite fille de quatre ou cinq ans que je ne connais pas. » — « Pourquoi dites-vous que c'est une petite fille ? » — « Parce qu'il a les cheveux longs. » — « Vous vous trompez, c'est un petit garçon. » — « Ah ! oui. » — Où est-il maintenant ? » — « Il est mort. » — « Comment s'appelait-il ? » — « Et en lui posant cette question, je lui prends la main. Il me répond aussitôt sans aucune autre indication : « Pierre. » La réponse est exacte.

4° La dernière observation s'est produite dans des circonstances un peu plus complexes. Je venais à peine d'endormir Lud. S... et de lui bander les yeux quand on frappe à la porte de mon cabinet. On m'informe que quelqu'un que j'attends est arrivé : il s'agit de mon médecin qui est déjà monté à l'étage supérieur. « Je suis obligé de vous laisser un moment, dis-je alors au sujet. Tenez, voici une revue : il y a là un article qui vous intéressera : vous pourrez le lire en m'attendant. « Lud. S... prend la revue et commence à lire l'article en passant ses doigts sur les lignes. Je vais alors retrouver le Dr D... que j'ai appelé pour un de mes enfants indisposé. Une fois sa consultation faite, je lui demande s'il veut voir quelque chose de curieux, et sur sa réponse affirmative je l'introduis dans mon cabinet. Nous y trouvons le sujet en train de lire par le bout des doigts. J'interpelle Lud. S... « Eh bien ! cet article vous semble-t-il intéressant ? » — Oui, Monsieur. » — « De quoi parle-t-il ? » Docilement il commence à m'en faire le résumé. Je l'interromps pour lui demander d'en lire à haute voix les premières lignes et il obéit aussitôt. Me tournant alors vers le Dr D..., qui paraît plutôt étonné de ce spectacle,

je lui fais signe d'adresser la parole à Lud. S.,. Mais celui-ci ne
bronche pas plus que s'il était sourd : il présente en effet, comme
nous l'avons dit plus haut, le phénomène du rapport magnétique.
De nouveau, sur un signe de moi, le docteur l'interpelle, mais
sans plus de succès. Tout à coup, je touche le docteur pendant qu'il parle. Le sujet sursaute, comme pris de terreur :
« Qui est là ? Qui me parle ? Nous ne sommes donc pas seuls ? » —
« Rassurez-vous, lui dis-je ; c'est un de mes amis qui est entré
avec moi sans que vous y fassiez attention. » — « Ah ! il peut se
vanter de m'avoir fait une jolie peur. » — « Le connaissez-vous ? »
— « Ma foi non. » — « Prenez-moi la main ; je vais penser son
nom. » — « Est-ce que ce n'est pas M. Blanchon ? » — Après un
moment de réflexion, je reconnais le nom défiguré d'une personne
qu'il a vue précédemment dans mon cabinet et que j'ai fait
assister à quelques-unes de mes expériences. « Non, lui-dis-je ;
n'essayez pas de deviner ; écoutez plutôt ce que je pense. » —
« Je ne distingue pas bien : il me semble que j'entends : Ort, ort,
ort. » — « Ecoutez bien ; je vais penser l'une après l'autre les
deux syllabes du nom : voici la première,.. Voici la seconde. Eh
bien ? » — « Je ne suis pas sûr de bien entendre. » — « Mais enfin,
qu'entendez-vous ? » — « Il me semble que la première syllabe
est : Du et la seconde : sort. Est-ce que c'est cela ? » — « Mais oui,
c'est en effet le D' Dussort [1]. »

Tels sont les principaux faits de transmission de pensée, ou
comme on dit quelquefois de suggestion mentale, que nous
avons observés avec Lud. S..., et dont le nombre se serait
sans doute augmenté si nous avions pu avoir ce sujet plus
souvent ou plus longtemps à notre disposition. Ils suffisent
sans doute à montrer, ainsi que les autres faits télépsychiques
précédemment étudiés, la radicale insuffisance des explications fondées sur la seule suggestion dans tout cet ordre de
phénomènes et la nécessité d'admettre, à un degré ou sous
une forme quelconque, l'existence d'une force plus ou moins
analogue aux forces physiques rayonnantes, qui serve d'intermédiaire entre les systèmes nerveux des êtres humains.

1. Il va sans dire que, pour des raisons faciles à comprendre, nous
avons modifié les noms, mais notre récit reste rigoureusement conforme
à la réalité.

CHAPITRE XV

L'EXTÉRIORISATION DE LA SENSIBILITÉ

On sait que Mesmer attribuait les effets singuliers produits sur un grand nombre de personnes par le regard, les passes, l'imposition des mains, etc., à une influence émanée du corps humain et de même nature que celle qui émane de l'aimant : de là le nom de *magnétisme animal* souvent donné à sa théorie. Braid a cru ruiner cette hypothèse par sa découverte de l'*hypnotisme* : du moment qu'on peut endormir une personne par des procédés tout physiques, par exemple en lui faisant fixer les yeux pendant un certain temps sur un point brillant, il n'est nullement nécessaire, semble-t-il, de supposer que les yeux, les mains, etc. de l'opérateur émettent un fluide quelconque. Sa conviction s'est imposée à tous les savants qui appartiennent à l'école de Paris. Sans admettre la même explication des phénomènes hypnotiques dont la suggestion, c'est-à-dire l'imagination, lui paraît être la cause unique et suffisante, l'école de Nancy se refuse de même à admettre aucune analogie entre ces phénomènes et les effets produits par l'aimant ou par l'électrité : peut-être même à cet égard va-t-elle plus loin dans la négation que sa rivale.

Cependant un certain nombre de chercheurs sont restés convaincus que l'hypothèse de Mesmer n'était que le pressentiment d'une grande vérité, et ils s'efforcent d'en donner la vérification expérimentale. Celui de nos contemporains qui aura le plus contribué à avancer la solution du problème est certainement M. de Rochas.

Pour prouver l'existence réelle, objective de l'influence

magnétique, on peut sans doute employer plusieurs méthodes.
M. de Rochas semble avoir repris et perfectionné la méthode
imaginée par le baron de Reichenbach, célèbre chimiste allemand, qui, d'abord tout à fait éloigné des idées de Mesmer,
fut en quelque sorte forcé par les faits eux-mêmes à y revenir. Cette méthode consiste à utiliser la sensibilité supérieure
de certaines personnes (celles qu'on appelle des sensitifs ou
des sujets) pour la perception des effluves magnétiques. Elle
est sujette à une objection très grave : c'est qu'elle nous con-
damne à croire les sujets sur parole quand ils nous rendent
compte de leurs impressions ; or, tout sujet est plus ou moins
apte par nature soit à subir des suggestions, soit à se suggestionner lui-même. Dès lors, quand un sujet nous assure qu'il
voit des effluves bleus ou rouges, on peut toujours se
demander si ses perceptions sont bien réelles ou si ce n'est
pas nous qui les lui avons inconsciemment suggérées par
nos questions, et même si elles ne sont pas des effets spontanés de son imagination. Cependant la difficulté n'est pas
insurmontable, et M. de Rochas l'a très ingénieusement sur-
montée. Tout le premier chapitre du livre[1] qu'il a consacré à
ce sujet, contient l'exposé d'une série d'expériences destinées
à prouver l'objectivité des effluves magnétiques, et peut être
donné comme un véritable modèle de l'application de la
méthode expérimentale à un ordre de recherches où ce n'est
pas trop des efforts combinés du physicien, du physiologiste
et du psychologue pour arriver à la découverte de la vérité.

Voici le résumé de ces expériences, qui ont porté principalement sur les effluves des électro-aimants et des aimants :

« 1° Au moyen de l'électro-aimant nous faisons naître, ou
nous supprimons, ou nous intervertissons à volonté, à l'insu
du sujet, les pôles magnétiques du noyau de fer doux ; non
seulement les descriptions de l'effluve concordent parfaitement
avec ces opérations, dans les vingt-deux expériences exé-
cutées, mais le sujet constate même le passage du courant

---

1. M. de Rochas, *L'Extériorisation de la sensibilité*. Paris, Chamuel.

à un moment où l'opérateur croyait l'avoir supprimé. Avec un noyau d'acier que le sujet ne pouvait pas cependant distinguer du fer doux, des effluves décrits au moment du passage du courant persistent ensuite.

« 2° L'extrémité des doigts et les pôles d'un aimant puissant, placés devant la fente du spectroscope, donnent lieu à des colorations très nettes; on vérifie que la description de chaque coloration concorde bien avec la position de l'oculaire qui permet seule d'admettre dans le champ la radiation lumineuse correspondante; on vérifie aussi que le sujet ne voit plus rien dès que, à son insu, on éloigne et l'on détourne de la fente du spectroscope ce qui est, d'après les descriptions antérieures du sujet, l'emplacement de l'effluve.

« 3° L'axe commun des deux nicols est dirigé au-dessus des pôles d'un gros aimant, avec les précautions nécessaires pour que le champ ne contienne pas autre chose qu'un fond sombre; le sujet voit ce champ éclairé en bleu au-dessus du pôle nord et en rouge au-dessus du pôle sud. Si on fait tourner le polariseur ou l'analyseur, le sujet décrit très nettement, et sans aucune hésitation, des variations d'intensité de ces lumières, et on constate que les positions des maxima et minima décrits correspondent bien à celles qui résultent des lois de la polarisation. Si l'appareil est dévié de la direction des pôles, le sujet ne voit plus rien. »

Ces expériences ont été faites par deux opérateurs dont les attributions étaient nettement séparées, l'un s'occupant seulement de placer le sujet dans l'état convenable, l'autre exécutant les opérations (aimantation par un courant, réfraction et polarisation de la lumière) à l'insu du sujet et aussi du premier opérateur, sans s'occuper en aucune façon de la partie hypnotique.

Afin d'éliminer l'influence de la suggestion, aucune parole susceptible d'influencer le sujet n'était prononcée devant lui, soit à l'état de veille, soit à l'état hypnotique.

Enfin ce sujet présentait cette particularité remarquable qu'il pouvait dessiner et peindre, au moment même de l'obser-

18

vation et d'après nature, les effets qu'il disait apercevoir.

Dans ces conditions, l'objectivité des effluves ne nous paraît pas contestable.

On remarquera cependant que les expériences ont surtout porté sur les effluves des aimants et des courants électriques et accidentellement sur les effluves de la main. Tout en souhaitant que M. de Rochas fasse méthodiquement pour ceux-ci ce qu'il a fait pour ceux-là, il n'en paraît pas moins établi par ces expériences mêmes que la main envoie des effluves tout à fait analogues à ceux des aimants et des courants.

C'est là un fait d'une importance énorme, car une fois bien établi, il prouve, contrairement aux assertions de l'école de Nancy et de l'école de Paris, que l'agent magnétique existe dans le corps humain. De là à conclure que cet agent intervient dans la plupart des phénomènes jusqu'ici attribués exclusivement par ces écoles à l'hypnotisme et à la suggestion, il n'y a qu'un pas, et ce pas, croyons-nous, la science, sous la pression des faits, finira bien par le franchir.

Est-ce à dire que la suggestion, si on ne prend pas les précautions nécessaires pour l'exclure, ne puisse pas toujours interférer ses effets avec ceux de l'agent magnétique? M. de Rochas est si loin de le nier qu'il a institué une série d'expériences spéciales expressément destinées à vérifier cette influence de la suggestion, et voici la conclusion qu'il en tire : « Il est absolument indispensable de ne rien manifester devant le sujet, en paroles ou en actes, qui puisse l'influencer dans ses descriptions, et cela quel que soit l'état de veille ou de léthargie apparente dans lequel il se trouve. » C'est faute d'avoir scrupuleusement observé ces précautions que les partisans du magnétisme ont fait pour ainsi dire le jeu de ses adversaires. S'ils s'étaient toujours astreints à cette rigoureuse méthode, il y a longtemps que la question du magnétisme animal, dont on discute encore, et qui est même tranchée par la plupart des savants dans le sens de la négative, serait définitivement résolue par les faits, lesquels prouvent jusqu'à l'évidence, quand on sait bien les interroger, la vérité de l'hypothèse mesmérienne (réduite à ses grandes lignes) et l'erreur profonde, insoutenable, des partisans exclusifs de la suggestion.

Faut-il cependant parler en toute franchise? Nous regrettons que M. de Rochas, dans le chapitre qui porte pour titre : Extériorisation de la sensibilité, se soit départi ou ait paru se départir de la rigueur de la méthode qu'il avait si admirablement appliquée jusque-là. Certes, nous sommes convaincu de la réalité du phénomène qu'il a le premier observé et décrit sous le nom d'extériorisation de la sensibilité ; nous l'avons nous-même reproduit et constaté dans des conditions qui ne nous laissaient aucun doute à cet égard ; mais nous savons aussi que chez un grand nombre de sujets et dans bien des circonstances, la suggestion, si on ne prend pas le soin de lui fermer la porte, se glisse dans ce phénomène, soit pour le compléter, soit même parfois pour le simuler à l'insu de l'opérateur et du sujet.

C'est pourquoi nous voudrions qu'on s'attachât à l'obtenir en quelque sorte à l'état de pureté absolue, dût-il par cela même paraître moins précis, moins parfait aux yeux d'observateurs superficiels (comme le sont malheureusement presque tous ceux qu'on appelle à venir vérifier et contrôler les expériences des savants qui se sont au contraire spécialisés dans cet ordre de recherches) ; on serait sûr du moins de savoir très exactement en quoi consiste et jusqu'où va l'extériorisation de la sensibilité, abstraction faite de tout élément étranger.

La science de ces faits extraordinaires, quel que soit le nom que lui réserve l'avenir, nous paraît avoir déjà dépassé la période des observations et des expériences approximatives, et ce sont justement des travaux comme ceux de M. de Rochas qui sont la principale cause de ce progrès ; aussi ne pouvons-nous plus, comme les anciens partisans du magnétisme animal, lesquels soupçonnaient à peine la puissance de la suggestion, nous contenter avec des « à peu près » en fait de preuves. Cette rigueur est d'autant plus nécessaire que les négateurs sont ici légion. Le devoir de ceux qui étudient ces phénomènes avec la conviction bien fondée qu'ils sont réels est d'aller au-devant de toutes les objections, de toutes les critiques ; c'est à eux de multiplier, d'exagérer les précautions, bien assurés qu'elles n'en servirent que mieux à faire éclater la vérité. Ces réserves faites, nous ne pouvons que signaler au lecteur comme dignes de la plus sérieuse attention tous les faits si intéressants, si nouveaux, rapportés par M. de Rochas dans le second chapitre de son livre.

Les chapitres qui suivent, et qui portent pour titre l'Envoûtement, la Poudre de sympathie, la Guérison magnétique des plaies par la transplantation et les théories de Maxwel, font honneur à l'extraordinaire érudition de M. de Rochas et présentent un grand intérêt historique, mais nous craignons qu'ils ne nuisent plutôt, dans l'esprit de la plupart des lecteurs, à l'impression que devrait leur laisser la physionomie de cet ouvrage. Ne seront-ils pas moins sensibles au caractère méthodique et scientifique des recherches de l'auteur qu'à l'étrangeté souvent extravagante ou fabuleuse des légendes et anecdotes dont il leur inflige le compromettant voisinage ? Sans doute lui-même déclare qu' « il ne saurait trop insister sur ce qu'il n'affirme nullement la réalité des faits contenus dans les récits qu'il rapporte ; il est simplement le chroniqueur d'une tradition (à propos de l'envoûtement) qui, par sa persistance et son universalité, mérite d'attirer au moins l'attention de ceux qui étudient les progrès et les aberrations de l'esprit humain », mais il n'en est pas moins vrai que tous ceux qui sont indifférents ou hostiles à cet ordre de recherches ne verront pas ou ne voudront pas voir sa déclaration, et confondront dans la même incrédulité les faits patiemment observés et scrupuleusement contrôlés des premiers chapitres et les histoires invraisemblables et invérifiables des derniers.

Tel qu'il est, ce livre apporte la preuve d'une vérité dont on ne saurait exagérer l'importance et qui transformera singulièrement, le jour où elle sera connue de tous, les problèmes si troublants, comme les appelle M. de Rochas, de l'existence de l'âme et de la nature de ses rapports avec le corps. « Jusqu'ici, ajoute-t-il, les philosophes ont envisagé la question du côté métaphysique ; j'essaie de l'aborder par la méthode expérimentale. » Les résultats qu'il a déjà obtenus nous font espérer qu'il continuera à éclairer de plus en plus par ses travaux cette obscure question des rapports du physique et du moral, qui s'impose de jour en jour avec une insistance croissante à l'étude de la science et de la philosophie contemporaines.

CHAPITRE XVI

L'EXTÉRIORISATION DE LA MOTRICITÉ

Nous avons analysé dans le précédent chapitre l'ouvrage de M. de Rochas sur l'extériorisation de la sensibilité. De l'ensemble des faits qui s'y trouvaient rapportés semblait sortir cette conclusion qu'il existe dans le corps humain une force capable de rayonner à distance, de s'extérioriser plus ou moins loin, et que cette force est celle-là même qui dans le système nerveux est le véhicule de la sensibilité, celle qui transporte aux centres cérébraux les impressions reçues à la périphérie de l'organisme.

Poursuivant ses recherches dans la même direction, mais en suivant une autre voie, M. de Rochas[1] s'est proposé, de prouver que la force qui, dans le système nerveux est l'instrument de la motricité, celle qui transporte à la périphérie de l'organisme les impulsions parties des centres cérébraux et qui sans doute est identique en essence à la précédente, peut aussi s'extérioriser à des distances plus ou moins considérables et produire des mouvements, des déplacements d'objets matériels. De part et d'autre, c'est la vérification expérimentale de l'hypothèse mesmérienne du magnétisme animal, à laquelle la science officielle n'oppose encore aujourd'hui que des négations systématiques, ou, ce qui est pire, l'indifférence et le silence du parti pris.

Le fait que M. de Rochas prétend établir d'une façon spéciale dans ce livre, c'est selon la définition qu'il en donne lui-

1. De Rochas, *L'extériorisation de la motricité.* Paris, Chamerot.

même « la mise en mouvement sans contact d'objets inertes, à l'aide d'une force émanant de l'organisme de certaines personnes », et les preuves expérimentales de ce fait sont divisées par lui en deux groupes ; le premier contient toutes les expériences faites sur Eusapia Paladino, et dont les plus récents l'ont été en 1895 par M. de Rochas lui-même à l'Agnélas, en compagnie du Dr Dariex et de plusieurs autres expérimentateurs ; le second rapporte des observations et expériences plus anciennes, notamment celle du comte de Gasparin en 1854, celle de la Société dialectique de Londres en 1869, celles de W. Crookes, les expériences faites avec Slade, celles de Mac-Nab, de Pelletier, du Dr Paul Joire de Lille, enfin le cas des femmes électriques et celui des maisons hantées où la même force paraît se manifester.

Nous ne pouvons entrer ici dans l'examen détaillé de tous les phénomènes dont le livre de M. de Rochas contient la minutieuse énumération : qu'on nous permette seulement d'en signaler deux qui nous paraissent typiques et que nous empruntons au récit des expériences de l'Agnélas.

« Eusapia, les pieds et les mains tenus, prévient qu'elle va tirer la clé du bahut placé à sa gauche, et trop éloigné d'elle pour que sans se pencher très fortement elle puisse l'atteindre soit avec les mains, soit avec les pieds. D'ailleurs M. de Watteville est placé entre le médium et le bahut, si bien que le médium ne saurait atteindre le bahut qu'en passant à côté de M. de W... ou même en le poussant. En outre, la lumière est suffisante pour qu'on puisse voir nettement si Eusapia dirige un de ses membres vers le bahut. Aussitôt on entend grincer distinctement la clé dans la serrure, mais la clé, mal engagée, refuse de sortir. Eusapia prend d'une main le poignet gauche de M. Sabatier et des doigts de l'autre main lui entoure l'index. Elle produit autour de ce doigt des mouvements alternatifs de rotation auxquels correspondent des grincements synchrones de la clé tournant tantôt dans un sens, tantôt dans un sens contraire. Quelques minutes plus tard, Eusapia saisissant de ses deux mains la main de M. S..., qui est assis à droite, par des gestes saccadés de va-et-vient, comme pour ouvrir la porte du bahut située à gauche à un mètre de distance environ et derrière M. de W... Aussitôt la porte du bahut s'agite et produit des sons saccadés et tumultueux comme ceux d'une porte qu'on s'efforce d'ouvrir, mais qui résiste, la serrure n'étant pas ouverte. A ce moment, M. de W... demande s'il n'y a pas lieu de dégager directement la clé du bahut, que les efforts d'Eusapia n'ont pu que faire tourner sans l'ouvrir. Sur avis conforme des observateurs, M. de W... tourne la clé, ce qui rend libre la porte du bahut. Alors sur un nouveau geste d'Eusapia, la porte s'ouvre. Eusapia, s'inclinant vers M. S... placé à sa droite, met chacune de ses mains sur la joue correspondante de M. S... Les pieds sont toujours bien tenus, le droit par M. S..., le gauche par M. de W... Eusapia frappe des deux mains en cadence les joues de M. S... La porte de l'armoire s'ouvre ou se ferme alternativement en cadence. Un coup sur les joues l'ouvre, le coup suivant la ferme. Les mains sont parfaitement vues et senties, les mouvements de la porte sont également vus et entendus, car la porte vient frapper en s'ouvrant contre la chaise de M. de W.., assis devant le bahut (entre le bahut et Eusapia) et en se fermant contre le bahut lui-même. Les mouvements de la porte sont proportionnés comme vivacité aux mouvements des mains. Après un certain nombre de coups ainsi portés, Eusapia pousse vivement la tête de M. S... vers le bahut, la porte se ferme avec violence. »

Voici le second phénomène qui n'est pas moins significatif que celui dont on vient de lire la description et qui nous semble avoir été observé dans des conditions tout aussi satisfaisantes.

« Sur la table du salon d'un mètre de longueur environ, lourde et bien calée, est placée, vers l'une des extrémités, une forte lampe à pétrole donnant une belle lumière et munie d'un abat-jour en mousseline blanche. La table est brillamment éclairée. Il est six heures et demie environ. On va passer pour le dîner dans la salle à manger qui est à côté ; Eusapia est en état normal et non en transe.

« Sont présents : MM. de Rochas. Dariex, Sabatier, de Grammont, de Watteville.

« M. de G... demande à Eusapia si elle se sent capable, dans cet état normal et en pleine lumière, d'agir par la simple imposition des mains sur un pèse-lettres à plateau et à bascule qu'il a dans sa valise de voyage. Eusapia répond qu'elle n'en sait rien, mais qu'elle est disposée à l'essayer. Les membres de la commission expriment le désir qu'une semblable expérience soit faite immédiatement, car le contrôle en est excessivement facile, son caractère improvisé ne permettrait pas de soupçonner la préparation préalable d'un artifice, et son succès ferait dans leur esprit disparaître bien des doutes. M. de G... vient chercher son trébuchet à plateau dans sa chambre au premier étage, et l'instrument est placé sur la table à 60 centimètres de la lampe à pétrole, de manière que l'observation en soit très facile pour tous les observateurs. Le trébuchet est muni d'un plateau et d'un contrepoids placé à l'extrémité d'un levier coudé. Le mouvement d'une longue aiguille sur un cadre indique le poids correspondant au degré d'abaissement du plateau. La situation la plus abaissée du plateau correspond à un poids de 50 grammes placé sur le plateau. Eusapia se met debout, près de l'extrémité de la table, où est placé le trébuchet dont l'aiguille marque o... MM. de Rochas, S..., de G..., et de W... se disposent autour de la table et portent leurs regards très attentifs sur le plateau et sur les mains d'Eusapia. Eusapia essaie d'abord infructueusement de le faire mouvoir en plaçant une seule main à quelques centimètres au-dessus du plateau. Réunissant alors en pointe les doigts de chacune des mains, elle place celles-ci l'une à droite, l'autre à gauche du plateau et concentre sa volonté sur ce point. L'extrémité des doigts de chacune des mains est distante de 3 ou 4 centimètres au moins des bords du plateau, et se trouve absolument sans contact avec ce dernier. Eusapia esquisse avec les mains quelques faibles mouvements de haut en bas. Au début le plateau est immobile ; bientôt il oscille à plusieurs reprises, synchroniquement avec les mains. Enfin Eusapia ayant abaissé les mains, le plateau s'est abaissé à fond, c'est-à-dire jusqu'au point extrême de sa descente et est ensuite remonté. Pendant ce temps le médium n'a fait aucun autre mouvement des mains; la table, solidement calée, n'a subi aucune espèce d'ébranlement.

« Immédiatement après et dans les mêmes conditions d'éclairage, l'expérience est recommencée. Le Dr Dariex, qui n'a pas assisté à la première, est venu ajouter son contrôle à celui des quatre observateurs. » Elle donne le même résultat.

« D'ailleurs, en présence des mêmes observateurs, l'expérience a été reprise avec de nouveaux moyens de contrôle. Pour s'assurer des mouvements des mains et pour les maintenir à distance du pèse-lettres, M. S... s'est placé derrière le médium et passant les bras de chaque côté de sa taille, a saisi la main droite du médium avec sa main droite, et la main gauche du médium avec sa main gauche, les emprisonnant l'une et l'autre avec ses doigts, et laissant seulement saillir un peu l'extrémité des doigts d'Eusapia réunis en pointe. En outre en se penchant légèrement sur le côté, il voyait très bien le pèse-lettres et les mains. Dans ces conditions, il a accompagné les mouvements des mains du médium et s'est assuré qu'elles se mouvaient bien dans les plans verticaux, sans obliquer vers le pèse-lettres et sans entrer en contact avec lui. Le pèse-lettres s'est de nouveau abaissé à fond pour la troisième fois, et aucun des observateurs n'a pu apercevoir le moindre contact. »

Deux ou trois faits bien constatés, bien contrôlés, comme ceux dont on vient de lire le récit (et c'est la raison même pour laquelle nous l'avons reproduit textuellement), valent évidemment mieux pour faire la preuve décisive, définitive de l'action motrice à distance que des centaines d'observations plus ou moins douteuses sur lesquelles il est toujours possible d'épiloguer.

Nous ne voyons pas en effet quelles objections les incrédules les plus déterminés pourraient opposer à ces expériences et surtout à la seconde.

On sait que les expérimentateurs de Cambridge ont cru découvrir, disons même, si l'on veut, ont découvert des tentatives de fraude dans certaines séances d'Eusapia qui aurait essayé de soustraire une de ses mains à leur contrôle et fait des mouvements plus ou moins suspects dans la direction des objets qu'elle devait mouvoir. — Admettons qu'il en soit ainsi : a-t-on le droit d'en conclure que les faits observés par M. de Rochas et ses amis, dans les conditions que nous venons de voir, perdent toute valeur probante et qu'il n'y a pas lieu d'en tenir compte? Cette méthode de discussion est vraiment trop sommaire. C'est pourtant celle que les partisans du statu quo scientifique appliqueront très vraisemblablement aux nouvelles recherches de M. de Rochas, comme ils nous l'ont appliquée à nous-même, lorsque rendant compte dans la dernière *Année psychologique* d'expériences infiniment plus modestes sur l'action exercée à distance par un opérateur sur un sujet, on nous a simplement fait remarquer qu'il serait bon de s'adjoindre pour de telles recherches le concours d'un prestidigitateur de profession. — Mais il existe une méthode plus sommaire encore dont nous souhaitons à M. de Rochas de ne pas subir la cruelle application : celle-là supprime purement et simplement toute discussion en feignant d'ignorer les recherches faites et les résultats obtenus. On se contente d'affirmer chaque fois que l'occasion s'en présente, — et cette occasion même on se garde de la faire naître, car on semblerait ainsi s'intéresser à un ordre d'études qu'on dédaigne — que des faits de cette sorte n'ont jamais été constatés dans des conditions suffisamment scientifiques.

Il faut d'ailleurs le reconnaître, la constatation de ces faits est entourée de difficultés particulièrement redoutables.

Nous ne voulons pas seulement parler ici des supercheries volontaires ou involontaires, auxquelles les médiums vrais ou faux sont soupçonnés d'avoir si souvent recours et contre lesquelles on ne saurait prendre de trop rigoureuses précautions; nous supposons qu'il s'agit de faits réels, sincères, authentiques. Tels qu'ils se présentent à nous jusqu'ici, ces faits nous apparaissent comme des accidents rares, exceptionnels, essentiellement capricieux, liés à la présence d'un individu déterminé, tel que Douglas Home, Henri Slade ou Eusapia Paladino, sans qu'on puisse être assuré qu'ils se produiront toujours, même quand cet individu sera présent, et en se replaçant dans les mêmes conditions où on les aura déjà vus se produire. Les savants, accoutumés à expérimenter en physique, en chimie, exigent en quelque sorte des faits de la nature qu'ils soient toujours disponibles, toujours prêts à répondre à l'appel du premier expérimentateur venu qui se met dans les conditions requises : ils se défient des phénomènes qu'on ne peut observer qu'à la condition de faire venir à grands frais d'Angleterre, d'Amérique ou d'Italie un certain sujet qui seul a la propriété de les produire, non constamment, mais lorsqu'il se trouve dans un de ses bons jours. Il n'est pas donné à tout le monde, disait un proverbe ancien, d'aller à Corinthe. On pourrait dire de même qu'il n'est pas donné à tout le monde d'aller à Carqueiranne ou à l'Agnélas. D'où la nécessité pour tous ceux qui n'ont pas assisté à ces expériences de ne les connaître que par le témoignage d'un petit nombre d'observateurs privilégiés et d'ajouter foi à leurs rapports, s'ils ne peuvent ou ne veulent suspecter soit leur véracité, soit leur clairvoyance. La critique des témoignages, qui est proprement la méthode de l'histoire et des sciences d'érudition, se substitue ainsi à la méthode des sciences expérimentales, c'est-à-dire à l'observation directe des faits et à leur reproduction artificielle.

Il semble même qu'à cet égard, les faits spécialement étudiés par M. de Rochas dans le présent livre soient dans une condition plus défavorable que ceux qui faisaient l'objet de son précédent ouvrage, ou en général que les faits ordinaires de suggestion, d'hypnotisme et de magnétisme animal. Ceux-ci en effet, s'ils ne peuvent pas être obtenus avec n'importe quel être humain, sont tels cependant qu'on peut les réussir avec un nombre relativement considérable de personnes : il suffit donc d'expérimenter sur une assez grande étendue pour être certain de les observer ; et quoique leur déterminisme ne nous soit pas parfaitement connu, nous en savons cependant assez pour pouvoir les provoquer à volonté chez des sujets appropriés.

Tout cela est vrai, sans doute, mais tout cela ne prouve pas qu'on ne doive pas étudier cet ordre particulier de faits et que ceux qui s'appliquent à leur étude soient des esprits faux et chimériques. Bien au contraire, nous devons leur être d'autant plus reconnaissants de leurs efforts qu'ils sont aux prises avec de plus grandes difficultés.

Gardons-nous de croire, comme semblent le faire certains savants, qu'il existe dans la nature deux sortes de faits, les faits scientifiques et ceux qui ne le sont pas, les premiers seuls dignes d'être étudiés, les seconds, hérétiques, excommuniés, bons à traiter par l'indifférence ou le mépris. Un fait, par lui-même, n'est pas scientifique : il est réel, naturel, ou il n'est rien. C'est nous qui le rendons scientifique, le jour où nous avons su découvrir ses propriétés, ses rapports, les conditions nécessaires et suffisantes de son existence. Pour certains ordres de faits, ce travail qui nous incombe se trouve relativement facile ; pour d'autres, il est hérissé de difficultés de toutes sortes ; mais ceux-ci ne sont ni plus ni moins scientifiques que ceux-là.

Toute la question est donc de savoir si les faits dont nous parle M. de Rochas sont bien réels ; s'ils le sont, nous devons les prendre tels que la nature nous les donne, car pourquoi la nature serait-elle obligée de s'assujettir à nos convenances et de se plier à nos aises? Pouvons-nous observer ou reproduire à volonté tous les phénomènes astronomiques, et par exemple le passage de Vénus sur le soleil? Rare ou fréquent, exceptionnel ou habituel, capricieux ou régulier, un fait est un fait; à nous de l'étudier et d'en découvrir la loi. Le jour où cette loi nous sera connue, ce qui nous paraissait rare, exceptionnel et capricieux, deviendra fréquent, habituel et régulier.

M. de Rochas a donc hautement raison de revendiquer la légitimité de ses audacieuses recherches dans ce monde encore inconnu qu'il s'efforce de conquérir à la science, et nous ne pouvons que sympathiser avec les sentiments qui lui ont inspiré ces belles paroles : « Refuser de s'occuper de certains phénomènes, quand on est convaincu de leur réalité, par crainte du qu'en dira-t-on, c'est à la fois s'abaisser soi-même en montrant une faiblesse de caractère méprisable et trahir les intérêts de l'humanité tout entière. Nul ne saurait, en effet, prévoir les conséquences d'une découverte quand il s'agit de forces nouvelles : celle qui, il y a cent ans, ne se manifestait que par la contraction des cuisses de grenouilles suspendues au balcon de Galvani, n'est-elle point la merveilleuse source de mouvement et de lumière qui, aujourd'hui, anime nos locomotives les plus puissantes et illumine les côtes de nos continents? »

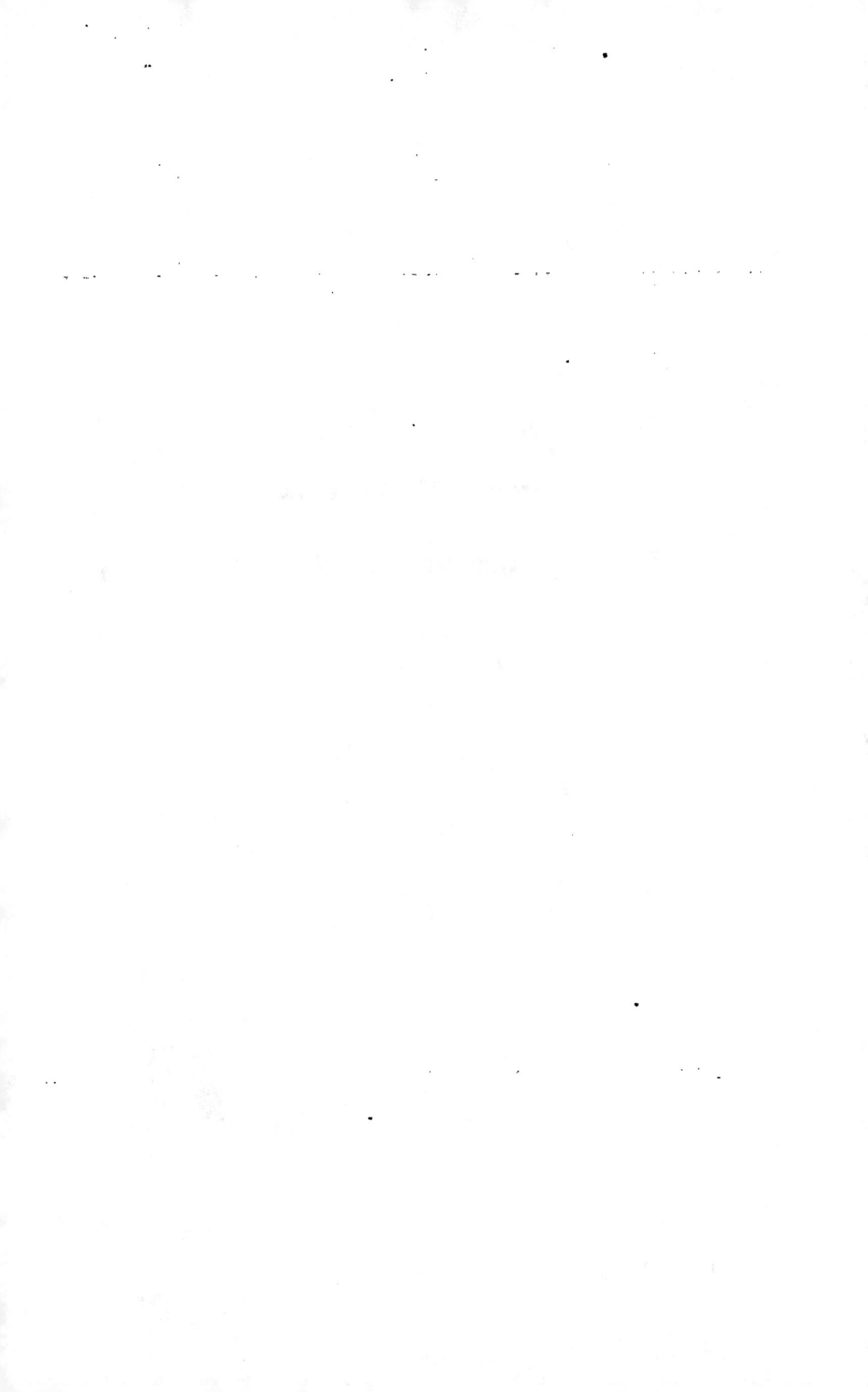

QUATRIÈME PARTIE

LES PHÉNOMÈNES SPIRITOÏDES

CHAPITRE XVII

DEUX SÉANCES D'EUSAPIA

Quoiqu'il eût à peine dépassé quarante-cinq ans, mon ami Charles R... était un savant déjà célèbre : professeur de physiologie dans une des plus grandes écoles de l'Europe, il aurait pu, comme bien d'autres, s'endormir dans l'heureuse quiétude de la science officielle ; mais c'est une âme ardente, un esprit curieux, que l'inconnu attire : aussi va-t-il hardiment au-devant de tous les mystères, prêt à soulever le voile qui les couvre, sans souci de l'étonnement qu'il excite parfois chez ses confrères, sans crainte des railleries que ne lui ménagent pas les sots.

« Voudriez-vous, m'écrivait-il dans le courant de décembre 1897, assister à une séance d'Eusapia Paladino ? Je dois expérimenter avec elle samedi soir. Vous vous rencontrerez chez moi avec M..., de Cambridge et F..., de Genève. J'attends beaucoup d'expériences faites avec de tels observateurs. »

Vous jugez si j'acceptai avec empressement pareil rendez-vous. Donc le samedi suivant à peine débarqué par l'express à la gare de Lyon, je me faisais conduire dans le faubourg Saint-Germain au vieil hôtel monumental où habite mon ami. A dix heures nous étions réunis dans son vaste cabinet, haut de plafond comme une cathédrale aux grandes fenêtres drapées de lourdes tentures, aux murs couverts de livres de tous côtés.

Aux deux savants dont il m'avait annoncé la présence s'étaient joints deux amis très intimes de notre hôte. M. de X..., ambassadeur de France près d'une grande puissance étrangère et sa charmante femme. Nous ne tardâmes guère à voir arriver le médium.

Bien prise en sa petite taille, Eusapia, paraît âgée d'environ quarante ans. Sa tête énergique, aux yeux perçants, une véritable tête d'impératrice romaine, est couronnée de cheveux noirs où pointe à droite une mèche blanche. Je suis le seul des assistants qu'elle ne connaisse pas : aussi me regarde-t-elle d'abord avec un air où je crois démêler une appréhension mêlée de défiance. Mais elle se familiarise bientôt avec moi.

On prépare pour la séance l'espèce d'abri où doit se condenser, paraît-il, hors des atteintes de la lumière, la force mystérieuse émanée du médium. C'est tout simplement l'embrasure d'une des profondes fenêtres du cabinet ; la dernière près du mur à droite : nous y portons un tabouret sur lequel reposent une assiette pleine de farine, qui ne servira d'ailleurs à rien, et une cithare, puis nous laissons retomber les deux rideaux. Le dos tourné à cette sorte de chapelle improvisée, Eusapia s'assied sur une chaise à dix centimètres environ de la fenêtre, et l'on met devant elle une table quadrangulaire, en bois blanc, un peu plus longue que large, une vulgaire table de cuisine.

Nous prenons tous place autour de la table, sauf notre hôte qui s'occupe de régler l'éclairage et qui note au fur et à mesure les incidents ; je suis à la droite du médium, M. M.. à sa gauche, et nous tenons chacun une de ses mains, les autres assistants font la chaîne avec nous, comme dans les séances de spiritisme ordinaire. Nous causons très librement. Eusapia semble très désireuse de convaincre M. M... qui après avoir vu et cru à l'île Roubaud a laissé vaciller sa foi à Cambridge, lorsque M. Richard Hodgson réussit à persuader à tous ses collègues de la *Société des Recherches Psychiques* qu'ils n'avaient devant eux qu'une assez maladroite simulatrice. Peu à peu son état change, elle est plus taciturne, plus nerveuse ; et une sorte de hoquet hystérique soulève fréquemment sa poitrine. En même temps la table se meut sous nos mains ; elle s'agite, elle quitte le sol des trois pieds et reste ainsi quelques secondes en équilibre instable, quoique nous pesions sur elle de toutes nos forces, mes voisins et moi, sans parvenir à la faire retomber. Le professeur F... est invité par Eusapia à prendre entre ses mains un pan de sa robe, bientôt il déclare qu'il sent dans ce pan de robe des mouvements tout à fait semblables à ceux d'un animal qui y serait emprisonné. La lumière, dont l'éclat semble blesser la sensibilité à fleur de peau du médium, a été graduellement baissée ; on distingue cependant le corsage clair d'Eusapia et sa tête sur laquelle elle a mis un mouchoir blanc. Ses pieds et ses genoux sont tenus d'abord par notre hôte, plus tard par M. F.. : nous nous assurons, M. M... et moi, par des épreuves répétées, que nous tenons bien chacun une main différente.

C'est alors qu'Eusapia soulevant sa main gauche emprisonnée dans celle de M. M... la porte, sans se retourner dans la direction de l'un des rideaux et fait un geste d'appel : *Veni*, dit-elle avec effort, *veni* et elle pousse des soupirs, elle gémit presque comme une femme en travail.

Merveille ! nous voyons tous le rideau qui se gonfle comme

poussé par un souffle intérieur et qui s'avance vers le médium C'est au tour de ma main d'accompagner la main droite d'Eusapia. Cette fois le rideau situé de mon côté est comme emporté par un coup de tempête et il s'abat sur mon front et mon épaule, recouvrant en partie la table, non sans m'avoir assez désagréablement frôlé l'œil droit en passant. Presque aussitôt je me sens touché à l'épaule droite, tandis que je tiens fermement la main d'Eusapia dans ma main gauche. Ce sont deux contacts successifs, et dans le second je distingue l'impression des doigts et celle du pouce. Les mêmes phénomènes se produisent rapidement du côté de l'autre contrôleur.

Les deux rideaux maintenant par leur bord inférieur recouvrent les épaules d'Eusapia et les nôtres et descendent sur nos bras et nos mains jusque sur la table.

Mᵐᵉ de X... se lève, passe la main, non sans une certaine appréhension derrière le rideau près du mur, elle saisit la cithare et la tient, mais presque aussitôt elle pousse un cri de frayeur, car elle sent, dit-elle, une main qui la touche; et elle laisse tomber l'instrument dont nous avons tous entendu vibrer les cordes.

Nous l'exhortons à reprendre la cithare et à montrer plus de courage. A peine Mᵐᵉ de X... a-t-elle passé de nouveau la main derrière le rideau, qu'elle déclare sentir encore des contacts : on la tire, s'écrie-t-elle, on me l'enlève! et voilà que la cithare, échappée en effet à sa main, passe entre l'ouverture des deux rideaux par-dessus la tête d'Eusapia et vient se poser doucement sur la table entre les deux mains du médium tenues par M. M... et par moi.

Je cède ma place à un autre contrôleur, M. F... et j'entends les assistants qui accusent de moment en moment des sensations de contacts inattendus. M. M..., d'une de ses mains, tient la main d'Eusapia et de l'autre tient sa nuque. A plusieurs reprises cette main, ainsi posée sur la nuque du médium est alternativement pincée et caressée. Mᵐᵉ de X... pose sa main sur le rideau, elle y rencontre une résistance et par moments aussi, elle y sent comme une main qui presse la sienne. Je me lève, je vais porter ma main sur le rideau, à gauche d'Eusapia, à vingt centimètres au moins au-dessus de sa tête que je vois très distinctement ; à l'instant précis où ma main touche le rideau, elle est repoussée avec force comme par un coup d'une autre main qui viendrait par derrière.

Mais il est déjà tard, près d'une heure du matin.

Le médium paraît horriblement fatigué. Nous levons la séance en nous donnant de nouveau rendez-vous pour le lundi suivant. M. M... qui doit retourner en Angleterre nous fait ses adieux : il part, convaincu de la sincérité des phénomènes auxquels nous venons d'assister.

La séance du lundi a été beaucoup plus courte, elle a à peine duré deux heures ; les phénomènes ont été moins fréquents, moins variés, moins dramatiques, mais elle a eu cet immense avantage de se passer à une lumière assez forte pour permettre à tous les assistants de distinguer avec une netteté parfaite tous les mouvements du médium. A aucun moment nous n'avons perdu de vue sa tête, ni ses mains, de sorte qu'à la rigueur, on aurait pu se dispenser de lui tenir celles-ci comme on l'a fait. M. Camille Flammarion, l'astronome bien connu et M. Ad. Brisson, rédacteur au *Temps* et directeur des *Annales Politiques et Littéraires*, se sont acquittés du contrôle. Ils avaient à cœur l'un et l'autre qu'il fût absolument rigoureux, et le médium s'est soumis à toutes leurs exigences. Chacun d'eux tenait sous son talon un des pieds du médium emprisonné pour ainsi dire contre un des pieds de la table et tenait en même temps dans sa main une des mains du médium posée sur la table et d'ailleurs nettement visible pour tous les assistants.

Le premier phénomène produit par Eusapia a consisté dans des coups frappés dans l'intérieur de la table sans contact apparent. Prenant et élevant dans sa main la main d'un de ses contrôleurs, elle faisait le geste d'envoyer un coup vers la table, puis un second, puis un troisième, et à chaque fois il semblait qu'on entendît tomber sur la table une goutte sonore. Après cela j'ai vu de nouveau les rideaux s'écarter et se mouvoir à l'appel de sa main, toujours accompagnée de la main du contrôleur : mais cette fois sans brusquerie, sans violence. A deux reprises, M. Flammarion s'est senti touché assez fortement, semble-t-il, à la hanche et à la jambe ; mais malgré tout son désir il n'a pu obtenir le déplacement d'aucun des objets, cithare et tambourin, qui avaient été placés derrière le rideau. Du reste le médium était visiblement indisposé, et la plus élémentaire prudence nous interdisait de pousser plus loin des expériences qui auraient pu compromettre gravement sa santé.

Tels sont les faits dont j'ai été témoin. Je ne me charge pas de les expliquer.

CHAPITRE XVIII

LE SPIRITISME CONSIDÉRÉ COMME DOCTRINE

On peut voir dans le spiritisme un ensemble de faits plus ou moins mystérieux, plus ou moins étranges, qui demandent à être observés et contrôlés scientifiquement, en attendant qu'on réussisse à les expliquer par des lois déjà connues ou que leur étude même contribue à nous faire découvrir des lois encore inconnues et, à notre avis, c'est à la seule condition de l'envisager ainsi qu'il est possible de lui donner accès dans la science.

Mais on peut y voir aussi une doctrine philosophique, morale et religieuse, qui prétend se substituer aux anciens systèmes, aux anciens dogmes, et apporter enfin les solutions décisives de tous les grands problèmes métaphysiques et sociaux. Ainsi compris, le spiritisme n'a plus rien à voir avec la science, et faut-il le dire? il ne présente plus pour la philosophie qu'un très médiocre intérêt, car il est facile de reconnaître en lui un amas confus d'hypothèses empruntées à toutes les vieilles écoles idéalistes, spiritualistes et mystiques, avec cette circonstance aggravante qu'elles ne se proposent plus à nous comme des opinions humaines dont nous pouvons connaître et critiquer les auteurs, mais comme des révélations surnaturelles émanant d'êtres invisibles et irresponsables.

Or, le docteur Gyel, dans un livre récent[1], malgré ses prétentions scientifiques, se place en somme au second point de vue. Le spiritisme est, pour lui, « une philosophie à la fois très simple, très claire et très belle », et même il ajoute avec une admi-

---

1. Dr E. Gyel, *Essai de revue générale et d'interprétation synthétique du spiritisme.*

rable candeur : « Combien de systèmes philosophiques dont on nous a si longtemps obsédés étaient à tous égards inférieurs au spiritisme ! » Ces systèmes, est-il bien sûr de les connaître autrement que par ouï-dire ? S'il prenait la peine d'étudier directement les œuvres d'un Platon, d'un Plotin, d'un Leibnitz et bien d'autres encore, peut-être serait-il tout surpris d'y retrouver, sous des formes d'une incomparable beauté, ces mêmes doctrines qui l'enchantaient déjà sous les pauvres affublements du spiritisme.

Il ne faut donc chercher dans ce livre aucun essai de critique, mais si l'on désire avoir un exposé complet, quoique fidèle et bref des idées spirites, on sera satisfait de l'y rencontrer.

L'ouvrage, qui compte à peine cent trente pages, est divisé en quatre parties.

La première traite de la doctrine spirite que l'auteur ramène à un petit nombre de points : union indissoluble de la matière et de l'intelligence, leur évolution progressive et continue, d'où la nécessité pour chaque âme d'une série indéfinie d'incarnations et de désincarnations, et l'existence d'un intermédiaire entre l'âme et le corps, le *périsprit* ou *corps astral*, qui assure la conservation de l'individualité à travers toutes les métamorphoses.

Dans une seconde partie sont catalogués les différents faits spiritiques (mouvements, coups frappés, écriture automatique, apports, matérialisations etc., etc.), et l'on indique les conditions habituelles dans lesquelles ils se produisent, ainsi que les noms de ceux qui les ont étudiés (M. Crokes, Wallace, Zoellner, de Rochas, etc.).

La troisième partie, sous le nom de « preuves indirectes », contient une série de considérations destinées à montrer l'accord du spiritisme avec toutes les sciences, astronomie, physique et chimie, sciences naturelles, physiologie, pathologie, etc., etc.

Enfin la quatrième partie énumère les conséquences morales, religieuses et sociales du spiritisme.

CHAPITRE XIX

LE RAYONNEMENT HUMAIN ET LA TÉLÉKINÉSIE MÉDIANIQUE

L'être humain est-il capable d'exercer au delà des limites visibles de son organisme une influence rayonnante plus ou moins comparable à celle d'une source de chaleur, de lumière ou d'électricité? C'est la question qui se pose encore de notre temps et à laquelle la science n'a pas donné de réponse définitive, bien que la plupart des savants soient plutôt portés à nier la réalité de cette influence ou du moins à la mettre en doute.

On sait comment fut accueillie par les savants de l'époque la théorie mesmérienne du magnétisme animal. La découverte de l'hypnotisme par Braid et Charcot, de la suggestion par Faria et Liébeault parut aux yeux de beaucoup de gens ruiner pour jamais l'hypothèse d'un rayonnement humain. Cette hypothèse persiste cependant, elle renaît sous diverses formes avec les faits de suggestion mentale et de télépathie étudiés par un grand nombre d'observateurs en France, en Angleterre, en Amérique, un peu partout et plus récemment encore, avec les rayons N de Blondlot et Charpentier, très vivement contestés, il est vrai, par la presque unanimité des physiciens et des physiologistes.

La grande difficulté pour établir l'existence de ce rayonnement, c'est l'intervention, qui semble toujours à craindre, de la suggestion dans les expériences qui s'y rapportent.

Nous avons exposé ailleurs [1] la méthode à suivre pour éliminer

1. Voir chap. VIII.

la suggestion dans toutes ces expériences et nous n'y reviendrons pas ici. Disons qu'elle consiste à isoler complètement le sujet, d'abord en lui ôtant toute possibilité de voir ce qui se passe autour de lui, puis en observant et en faisant observer, avant, pendant et après les expériences un silence absolu, enfin en n'agissant qu'à distance, sans contact, par le rayonnement supposé de tel ou tel organe de l'opérateur, principalement de la main.

En opérant dans ces conditions, on est amené à tirer des faits observés les conclusions qui vont suivre. Ces conclusions ne sont données ici que comme des hypothèses, destinées à provoquer de nouvelles expériences et à être plus ou moins complétées, rectifiées par elles.

Tout d'abord, on constate que certains individus émettent, principalement par la main, une influence qui semble rayonner à distance et qui, tombant sur le système nerveux d'un sujet, y détermine, le plus souvent à l'insu de celui-ci, des effets variés, dont les principaux sont : l'anesthésie, la contracture, des mouvements involontaires, et quand l'action est portée sur le cerveau, un état d'engourdissement ou même le sommeil.

On serait d'abord tenté de supposer que cette faculté de rayonner ou d'influer à distance est commune à tous les êtres humains ; mais les expériences prouvent que chez un assez grand nombre d'entre eux, elle est habituellement si faible, si insignifiante, qu'elle peut être considérée comme nulle. A ce point de vue donc les êtres humains pourraient se diviser en deux catégories :

1° les actifs ou rayonnants ;

2° les non rayonnants ou inactifs.

Considérons un moment un individu de la première catégorie. Devons-nous supposer que son rayonnement se produit seulement lorsqu'il se trouve en présence d'un sujet ? Ce serait comme si l'on supposait qu'un aimant n'envoie ses radiations que lorsqu'il est en présence de la limaille de fer. En réalité, quand cet individu opère pour la première fois sur un certain nombre d'autres individus, il ignore quels sont parmi eux ceux qu'il influencera et ceux qui seront réfractaires à son influence : c'est l'expérience seule qui le lui apprend. Donc nous devons supposer que l'émission de cette influence est continuelle et qu'elle se fait aussi bien à l'égard des sujets capables de la ressentir qu'à l'égard de ceux qu'elle trouve insensibles, et même à l'égard des objets matériels aussi bien qu'à l'égard des êtres humains.

Donc si j'appartiens par hypothèse à la première catégorie (celle des actifs ou rayonnants), lorsque j'approche ma main du corps d'une autre personne ou d'un objet quelconque, à plus forte raison si je la mets en contact avec eux, je leur envoie d'une façon constante une radiation, un courant, en un mot, une influence, tout comme l'aimant envoie constamment ses effluves à tous les objets qui l'entourent, bien que seuls certains objets soient susceptibles de les recevoir, ou tout au moins de les déceler.

Mais alors se pose cette question : comment se fait-il, si ce rayonnement existe, qu'il ne produise des effets appréciables que dans certaines circonstances en somme assez rares, de sorte que dans la plupart des cas tout se passe pratiquement comme s'il n'existait pas, et que par suite il ne semble pas y avoir de différence entre les soi-disants actifs ou rayonnants et les soi-disants non rayonnants ou inactifs ? Pour répondre à cette question, il nous faut maintenant considérer non plus ceux qui exercent cette influence, mais ceux qui la reçoivent.

Que se passe-t-il lorsqu'un individu rayonnant par hypothèse envoie ce rayonnement sur un second individu qui n'en est nullement affecté ? On peut faire deux suppositions ; ou bien le second individu est comme fermé au rayonnement du premier : il l'arrête, il le repousse ; ou bien au contraire, il lui est si complètement ouvert, il s'en laisse pénétrer avec une telle facilité, que ce rayonnement le traverse instantanément et sans avoir le temps de produire en lui de modification sensible. Laquelle de ces deux hypothèses est vérifiée par les faits ?

Voici la réponse de l'expérience : désignons par A l'individu supposé rayonnant, par B l'individu supposé inactif, mais en même temps, incapable d'être influencé par le rayonnement de A, et appelons C un troisième individu qui soumis directement à l'action de A manifesterait des anesthésies, des contractures, etc., dans les conditions expliquées plus haut. Si nous faisons agir A sur B, il ne se produit rien apparemment : de même, si nous faisons agir B sur C, mais ; si faisant agir A sur B, nous faisons, pendant que cette action se continue, agir B sur C, nous constatons que C est modifié exactement comme si A agissait directement sur lui. Tout se passe donc, comme si l'influence de l'individu rayonnant traversait l'individu en apparence insensible, mais en réalité perméable et conducteur.

Par conséquent, au point de vue de la réception, les êtres humains se divisent en deux catégorie , d'une part les *conducteurs* ou *perméables* qui laissent passer l'influence, et c'est, semble-t-il, le cas ordinaire dans l'espèce humaine, d'autre part les *imperméables* ou *isolants* qui arrêtent l'influence et qui lui donnent ainsi vraisemblablement le temps et l'intensité nécessaires pour produire des effets appréciables.

Puisque le rayonnement humain dirigé sur les objets matériels ne produit d'ordinaire aucun effet apparent, nous devons sans doute assimiler ces objets aux individus perméables ou conducteurs. Il est donc permis de supposer que l'influence rayonnée d'une façon continue par certains êtres humains est continuellement dissipée et perdue à travers tous les objets matériels environnants, doués par rapport à elle d'une conductibilité absolue.

On s'étonnera peut-être qu'une force puisse ainsi exister et agir d'une façon permanente, sans cependant révéler d'ordinaire son existence et son action par aucun effet appréciable. Mais les plus récentes découvertes de la science ont déjà commencé à familiariser les savants avec la notion d'une telle force. Sans parler de l'électricité, qui a été pendant si longtemps ignorée et dont le rôle est pourtant si considérable dans la nature, nous citerons d'abord les ondes dites hert-

ziennes qui accompagnent toute décharge électrique et qui traversent tous les corps avec une rapidité inconcevable. Le professeur Branly a montré qu'un tube contenant de la limaille
de fer s'électrise sur leur passage ; c'est même sur ce principe,
on le sait, qu'est fondée la télégraphie sans fil. Mais à défaut
du réactif spécial qui les manifeste, ces ondes cheminent à
travers tous les corps sans que rien puisse faire soupçonner
leur existence. Pareillement les courants alternatifs de haute
fréquence étudiés par le professeur d'Arsonval traversent les
différents corps et notamment le corps humain dans les conditions telles qu'il est impossible de s'apercevoir de leur passage ; et cependant il suffirait de modifier ces conditions pour
que l'individu qu'ils traversent fût immédiatement foudroyé.
On peut d'ailleurs les révéler en mettant entre les mains de
cet individu une ampoule électrique qui deviendra lumineuse
sous leur influence. Il n'est donc nullement contraire aux
analogies scientifiques de supposer que le corps humain émet
lui-même des radiations de ce genre.

Que se passe-t-il donc lorsque la radiation rencontre un
organisme qui l'arrête au lieu de la conduire, comme le cas se
produit chez ceux qu'on appelle des sujets ? Nous pouvons supposer que cette radiation est non seulement arrêtée, mais
tranformée, à peu près comme un rayon lumineux subit une
réfraction ou diffraction en passant d'un milieu dans un autre.
Mais il reste à savoir en quoi cette tranformation consiste.

Puisque l'état originel et normal de la force émise par la
radiation humaine consiste dans une fluidité absolue, il semble
que cette transformation ne puisse elle-même consister que
dans une modification de cette fluidité; en d'autres termes, la
force, d'absolument fluide qu'elle était dans son foyer d'émission, devient par l'effet de la réaction du sujet qui la reçoit,
plus ou moins *visqueuse*, c'est-à-dire que sa fluidité diminue.

Une partie des effets observés dans les expériences de
magnétisme semble justifier cette interprétation. Par exemple,
dans l'expérience du Dr Moutin, le contact des mains de l'opé-
teur avec le dos du sujet détermine une sorte d'ahérence telle

que le sujet accuse souvent à l'impression d'être tiré en arrière
par des fils invisibles.

De même la main de l'opérateur, présentée à quelque distance du coude, du genou, de la main, du pied du sujet, déter-
mi* e dans ces diverses parties des mouvements attractifs con-
co.dant avec ses mouvements propres, et cela en dehors de
toute simulation et de toute suggestion possibles.

D'après ces considérations, le sujet ne se bornerait pas à
arrêter le rayonnement de l'opérateur; il en changerait la
modalité, il ferait passer la force de l'état fluide à l'état visqueux, et ainsi transformée, cette force manifesterait des propriétés toutes nouvelles.

Si l'on se reporte maintenant aux faits constatés par un
assez grand nombre d'observateurs dans les séances de spiritisme et consistant en déplacements d'objet sans contact, on
est amené à se demander s'il n'y a pas identité de nature entre
ces faits et ceux dont nous venons de parler.

Lorsqu'un médium après avoir posé ses mains sur un
meuble, table, guéridon. etc. soulève ce meuble et le tient
suspendu au-dessus du sol, par simple adhérence avec la
pulpe des doigts, lorsqu'il l'attire et le meut à distance en
approchant et remuant les mains, etc, il agit à l'égard de
cet objet exactement comme un magnétiseur à l'égard d'un
sujet magnétique. Il faudrait donc supposer que le meuble
ainsi actionné a été au préalable imprégné par le médium de
force visqueuse. Il nous est en effet impossible de supposer
ici que l'objet matériel soit comme le sujet humain le principe de la transformation de la force fluide en force visqueuse.
De toute évidence, cette transformation est l'œuvre non de
l'objet, mais du médium.

D'où cette conséquence que tout individu appelé médium,
s'il est capable de produire des effets du genre de ceux que
nous venons de décrire, ne rentre à proprement parler ni
dans la catégorie des opérateurs ni dans la catégorie des
sujets, mais qu'il équivaut à la réunion, à la fusion dans un
seul et même organisme de deux individus différents,

dont l'un serait opérateur c'est-à-dire fournirait incessamment de la force fluide, et dont l'autre serait sujet, c'est-à-dire ferait incessamment passer cette force à l'état visqueux.

Un fait qui semble confirmer cette hypothèse, c'est que dans presque toutes les séances de spiritisme le médium demande pour se mettre en train la présence et la coopération d'un certain nombre de personnes, parmi lesquelles certaines, incapables de produire elles-mêmes aucun effet, exercent cependant une influence très favorable au développement des facultés médianimiques. Or dans une chaîne quelconque de personnes les unes émettent vraisemblablement de la force à l'état fluide; les autres se contentent de la laisser passer et jouent par conséquent le rôle de simples conducteurs; d'autres enfin l'arrêtent au passage l'accumulent et la transforment : par suite, si l'une de ces dernières est un médium, sa production de force visqueuse se trouve en quelque sorte multipliée par toute la quantité de force fluide qu'elle reçoit sans cesse du cercle où elle est placée.

Peut-être notre hypothèse permettrait-elle de produire expérimentalement les phénomènes jusqu'ici observés un peu fortuitement au cours des séances spirites.

En effet, si le médium est par hypothèse l'unité naturelle d'un opérateur et d'un sujet, on devrait pouvoir créer un médium par l'union artificielle d'un sujet et d'un opérateur.

Supposons qu'un sujet, déjà éprouvé dans des expériences précédentes et reconnu comme éminemment apte à subir l'influence magnétique, pose sa main étendue sur un objet suffisamment mobile, comme le plateau d'une petite table très légère ; supposons d'autre part qu'un opérateur, déjà éprouvé dans des expériences précédentes et reconnu éminemment apte à exercer l'influence magnétique, superpose sa main à celle du sujet et maintiennent le contact pendant un temps suffisant : que devra-il se passer d'après l'hypothsée ? La radiation incessamment émise par la main de l'opérateur est incessamment arrêtée par la main du sujet, elle s'y accumule, elle s'y transforme, elle y devient visqueuse ; mais

sans doute, à un moment donné, quand la main du sujet est
en quelque sorte saturée, une partie de cette force ainsi
transformée se dépose dans l'objet qui est en contact avec la
main, et la surface de la table s'imprègne peu à peu de la
force visqueuse. Donc si, à ce moment là, l'opérateur soulève
lentement la main comme pour une sorte d'appel, non seulement la main du sujet sera attirée, mais aussi l'objet en contact avec la main. Telle est, croyons-nous l'expérience la plus
simple qu'on puisse instituer pour vérifier l'extension de notre
hypothèse magnétique aux phénomènes du spiritisme. Nous
nous proposons de la faire dès que nous en aurons l'occasion.

Dirons-nous que le hasard nous a fait assister il y a quelques
années à une expérience tout à fait voisine de celle que nous
venons de supposer, mais dont à ce moment-là nous étions
incapable de comprendre le sens?

En décembre 1894, j'allai passer quelques jours dans la petite
ville d'Amélie-les-Bains. J'appris qu'il s'y était formé depuis deux
ou trois mois environ un petit groupe de spirites qui obtenait des
phénomènes suffisamment caractérisés. Ce groupe se composait
principalement de la famille de l'instituteur, sa femme, ses deux
filles, une vieille tante et aussi de la femme et de la famille de
l'instituteur adjoint. Les phénomènes obtenus jusque-là étaient
tous exclusivement de l'ordre psychologique et consistaient en
des communications ou messages de soi-disants défunts. Je ne
cachai pas mon scepticisme en cette matière et je déclarai qu'à
mes yeux les *phénomènes physiques* étaient seuls vraiment intéressants.

« Qu'appelez-vous, me dit-on, phénomènes physiques ? » Sans
donner aucune explication, je proposai d'essayer d'en produire
et tout le monde consentit à se prêter à l'expérience. Les mains
des assistants se placèrent sur le plateau octogonal d'un petit
guéridon à trois pieds et moi-même j'étendis les miennes à quelque distance au-dessus de toutes ces mains juxtaposées. Après
quelques minutes d'attente, élevant brusquement mes deux mains,
je fis aux médiums le signal d'imiter mon geste : O merveille !,
la table quitta le sol des trois pieds comme adhérente aux mains
des médiums, mais cela dura l'espace d'un éclair; à notre cri de
surprise, elle retomba instantanément. Personne ne voulut avoir
triché, mais quand nous essayâmes de provoquer de nouveau le
phénomène, nos efforts restèrent vains ; la table se dressait bien
sur un de ses pieds, mais elle ne parvenait plus à quitter le sol.

« Essayons, dis-je une autre méthode. » Les mains furent de nouveau appliquées sur la table et il fut convenu qu'au signal donné par moi, elles s'élèveraient doucement de quelques centimètres et resteraient étendues toutes ensemble de façon à former voûte au-dessus. Quand je crus le moment venu, je donnai le signal et présentant mes mains à quelque distance d'un des côtés de l'octogone, je fis le geste d'attirer la table vers moi. A ma profonde stupéfaction la table glissa sur le parquet dans ma direction, et à chaque fois que mes mains renouvelaient leur appel, le glissement recommençait. Les médiums debout, leurs mains faisant voûte au-dessus d'elle, la suivaient pas à pas. Le phénomène se produisait à plusieurs reprises dans cette séance, et dans plusieurs séances qui suivirent. Je fis même transporter le guéridon chez moi et désirant expérimenter dans des conditions un peu plus précises, j'eus recours au dispositif que voici. Je traçai sur le plancher un cercle de craie autour de chacun des trois pieds de la table et la table elle-même fut isolée au centre d'un grand cercle tracé de la même façon. Défense fut faite aux pieds des médiums de franchir cette limite. Un des assistants, placé en dehors du groupe des opérateurs fut prié de se tenir penché pour observer si à aucun moment, les mains des médiums ne prenaient contact avec la surface de la table et de crier halte s'il remarquait quelque chose de suspect. Dans ces conditions, en pleine lumière, à deux heures de l'après-midi, la table à plusieurs reprises quitta sa place et parcourut près de deux mètres sur le sol. Les cercles tracés sur le plancher permettaient de mesurer très facilement l'espace parcouru par elle.

Il semble que cette expérience ait réalisé les conditions énumérées plus haut : mais il serait très intéressant de la recommencer à bon escient, en dehors de toute intrusion de l'hypothèse spirite, par la seule combinaison d'un opérateur et d'un sujet magnétique.

Redisons en terminant qu'il faut voir dans l'hypothèse que nous proposons ici, non une hypothèse théorique, destinée à expliquer systématiquement tout un ensemble de faits, mais une hypothèse expérimentale, simplement utile pour imaginer des expériences. C'est pourquoi il n'est pas nécessaire, qu'elle soit précisée jusque dans ses moindres détails, car ce sont les expériences mêmes suggérées par elle qui, en même temps qu'elles la vérifieront, la préciseront graduellement. Pour tirer le magnétisme animal de l'injuste discrédit où l'ont tenu jusqu'ici les savants, il est indispensable de lui appliquer les règles de la méthode expérimentale si lumineusement exposées par Claude Bernard ; c'est par des faits, non par des raisonnements, qu'il finira par s'imposer à la science.

CINQUIÈME PARTIE

ESSAI DE GÉNÉRALISATION

CHAPITRE XX

LA CONDUCTIBILITÉ DE LA FORCE PSYCHIQUE

I

Bien que la science officielle se refuse encore à admettre l'existence d'une force particulière inhérente à l'organisme humain, plus ou moins analogue à la force électrique ou magnétique et susceptible comme celle-ci de rayonner ou d'influer à distance, nous croyons cependant que cette hypothèse finira par s'imposer avant longtemps à tous ceux qui étudieront sans parti pris l'ensemble des phénomènes dits hypnotiques et psychiques, comme la seule qui puisse expliquer nous ne disons pas la totalité, mais un bon tiers de ces phénomènes et peut-être même, davantage.

Sans doute, l'hypothèse de la suggestion, telle que l'a comprise et exposée l'école de Nancy, s'est montrée entre les mains de ses partisans merveilleusement apte à rendre compte de beaucoup de faits où on avait cru voir tout d'abord des cas de télépathie ou de magnétisme animal ; mais, si loin qu'on l'étende, elle ne nous semble pas pouvoir expliquer tous les faits de ce genre, et ceux qui la soutiennent exclusivement se trouvent bientôt conduits à défigurer ou à nier de parti pris les faits qu'ils ne parviennent pas à faire rentrer dans ses cadres.

Nous avons essayé de montrer ailleurs[1] que la suggestion n'exclut pas nécessairement l'existence d'une autre force,

1. Voir chap. IX.

celle-là même que Mesmer a cru découvrir dès l'origine et
qui, à la différence de la suggestion (laquelle est purement
interne ou pour ainsi dire intra-organique) consiste dans l'influence encore non définie, non étudiée, qu'un organisme
exerce sur un autre, une force externe ou inter-organique,
qui présente les plus grandes analogies avec l'électricité et
le magnétisme, du moins autant que nous pouvons en juger
jusqu'ici par ses effets.

C'est de cette force que nous entendons parler ici sous le
nom de *force psychique*, et prenant pour accordé qu'elle existe,
nous voudrions appeler l'attention des chercheurs sur une
de ses propriétés les plus remarquables, à savoir sa *conductibilité*, et montrer le parti qu'on pourrait tirer de cette propriété, au point de vue de la méthode, pour l'étude expérimentale de tout cet ordre de phénomènes.

Peut-être les recherches ultérieures conduiront-elles à mor-
celer l'unité de la force psychique et à distinguer plusieurs
forces différentes là où nous n'en supposons qu'une. Ainsi
l'agent mesmérique ou proprement magnétique est peut-être
distinct de l'agent télépathique, et peut-être l'un et l'autre
sont-ils distincts de l'agent proprement psychique, de celui
par lequel les médiums produisent ces phénomènes à peine
croyables de déplacements d'objets, de matérialisations, etc.,
qu'un certain nombre d'observateurs, tels que William
Crookes, Lombroso, Ch. Richet, etc., ont signalés, et dont la
réalité est encore mise en doute par la grande majorité des
savants.

Mais quelque différents que puissent être ces agents, ils
obéissent sans doute à la grande loi de la conservation de la
force, et par conséquent il est toujours permis de les considérer comme autant de modalités de l'énergie universelle,
nécessairement solidaires les unes des autres et plus ou
moins directement convertibles entre elles ou même trans-
formables en ces modalités plus fréquentes, plus générales qui
s'appellent chaleur, lumière, électricité. En tout cas, malgré
les différences plus ou moins profondes qui les séparent, ils

nous paraissent présenter tous cette propriété commune, la *conductibilité*, dont nous voulons faire l'objet de la présente étude.

II

M. Pierre Janet, dont la haute compétence en cet ordre de questions est universellement connue, rendant compte dans la *Revue philosophique*[1] du livre du Dr Baréty. *Le magnétisme animal étudié sous le nom de force neurique*, reconnaissait que la question du magnétisme animal, bien que tranchée d'ordinaire par la négative, n'avait jamais été scientifiquement résolue, et qu'elle se posait encore à l'examen des chercheurs ; il avouait que certains phénomènes d'attraction, d'anesthésie, etc., produits sur des sujets en dehors de toute suggestion apparente par le seul contact ou la seule présence des opérateurs, l'avaient souvent frappé, qu'il avait remarqué comme particulièrement suggestif le phénomène de la chaîne dite magnétique, mais il ajoutait aussitôt que, s'il fallait reprendre l'étude de tous ces faits, c'était à la condition de ne pas suivre les errements des anciens observateurs

1. *Revue philosophique*, 1888, p. 91. « Il n'est pas douteux que sur bien des points ce retour au passé ne soit parfaitement légitime et que l'auteur n'ait eu raison d'appeler l'attention sur des observations méconnues ou ridiculisées. Tous les observateurs ont eu fréquemment l'occasion de constater des phénomènes analogues, et quant à moi, j'ai été frappé depuis longtemps par certaines anesthésies sensorielles survenues à l'approche de mes doigts et par les effets curieux de la chaîne magnétique. Mais n'est-il pas nécessaire, quand on recommence une œuvre déjà plusieurs fois comdamnée, de ne pas la refaire exactement comme ses devanciers, et d'éviter les écueils sur lesquels ils ont succombé ?... » Peut-on dire que M. Baréty ait accompli cette condition indispensable ? Malheureusement il ne semble pas qu'il en soit ainsi. » Et plus loin dans le même article : « L'étude du magnétisme animal n'était pas complète tant que l'on n'avait pas réuni et discuté les faits qui avaient fait naître la théorie du fluide magnétique... Les théories de M. Baréty et de ceux qui s'occupent comme lui des phénomènes de polarité doivent contenir beaucoup de vérité, et un livre comme celui-ci aura toujours un résultat, c'est de réveiller l'attention sur des phénomènes importants qu'on était trop disposé à négliger. » Les prévisions de M. Pierre Janet ne semblent guère s'être réalisées, et si l'attention du public et des savants a été réveillée par le livre de M. Baréty, il faut avouer qu'elle s'est bien vite rendormie.

et de leur appliquer une méthode nouvelle plus rigoureuse
et plus précise.

Cette méthode, nous nous sommes efforcés d'en donner
les principales règles dans un précédent chapitre et nous
prenons la liberté de les reproduire ici en les expliquant.

1° Expérimenter toujours et exclusivement avec des personnes à l'état de veille.

2° Mettre les sujets dès le début et pendant toute la durée
des expériences, dans l'impossibilité absolue de voir ce qui
se passe autour d'eux en leur bandant hermétiquement les
yeux.

3° Observer, avant et pendant toute la séance, le silence le
plus rigoureux en imposant même cette loi aux aides et aux
assistants.

4° S'abstenir scrupuleusement de tout contact avec le
sujet. Il ne faut pas que le sens du toucher puisse suppléer
chez le sujet le sens de la vue et de l'ouïe et lui permette de
soupçonner ce qui se passe autour de lui.

5° Enfin combiner les expériences de telle façon que l'opérateur lui-même, au moins la première fois où il les fait, ne
puisse pas prévoir quel en sera le résultat et n'en soit
informé que par l'issue.

Toutes ces précautions ont pour but d'*isoler* complètement
le sujet à la fois au point de vue physique et au point de vue
mental. Il faut qu'il ignore absolument la nature des expériences qu'on veut tenter sur lui de façon qu'il réagisse
autant que possible, comme le ferait un instrument de physique.

Il y a en effet, dans tout cet ordre de recherches, quatre
causes principales d'illusions et d'erreurs contre lesquelles les
observateurs et expérimentateurs ne sauraient trop soigneusement se tenir en garde et qui sont d'autant plus redoutables
qu'elles s'unissent entre elles et se renforcent dans presque
tous les cas.

La première, dont on a peut-être exagéré l'importance, est
la *simulation* des sujets, frauduleuse ou complaisante, volon-

taire ou involontaire. Seulement pour simuler, pour truquer les expériences, il faut que les sujets sachent ou devinent les phénomènes qu'on attend d'eux, soit qu'ils les aient déjà vus présenter par d'autres sujets, soit que les opérateurs les annoncent eux-mêmes avant d'essayer de les provoquer. C'est pourquoi les expériences de suggestion proprement dite se prêtent en général à la simulation (comme l'école de la Salpêtrière l'objecte très justement à l'école de Nancy); c'est pourquoi aussi les expériences de magnétisme, pour être probantes, doivent être combinées de telle façon que les sujets ne puissent pas savoir d'avance quel genre de phénomènes on désire produire ou observer ; d'où la nécessité de garder en leur présence un silence absolu et de les mettre, en les aveuglant, dans l'incapacité de savoir ce qui se passe autour d'eux.

La seconde cause d'erreur, dont on ne saurait au contraire exagérer l'importance, c'est la *suggestion*, à laquelle les sujets sont extraordinairement sensibles et que les expérimentateurs exercent bien souvent à leur insu, non seulement par leurs paroles, mais encore par leurs gestes, leurs regards, leur manière habituelle et personnelle de conduire les expériences, etc., etc.

Sur ce point, l'école de Nancy a justement reproché à l'école de la Salpêtrière de s'être trop peu défiée de la suggestion. Mais comme dit le proverbe, un homme averti en vaut deux. Pour couper court à toute possibilité de suggestion verbale, il suffira, ce semble, que les expérimentateurs s'imposent à eux-mêmes et imposent aux assistants la loi du silence absolu avant, pendant et après les expériences. D'autre part, si on a vraiment rendu les sujets incapables de rien voir, et si on s'abstient rigoureusement de les renseigner même par le plus léger contact, les voies ordinaires de la suggestion indirecte se trouvent ainsi fermées, et il ne reste plus qu'à varier à chaque fois l'ordre et la nature des expériences (au moins dans le détail) pour être assuré que, si la suggestion peut intervenir encore, ce n'est plus en tout cas que sous forme d'auto-suggestion. Mais il est impossible que les auto-suggestions des sujets concordent constamment et précisément avec les actions exercées sur eux à leur insu par les expérimentateurs. D'ailleurs, les sujets, étant éveillés et dans leur état normal, sont par cela même beaucoup moins suggestibles que lorsque l'on expérimente sur eux en les mettant préalablement en état d'hypnose.

La troisième cause d'illusion et d'erreur, c'est l'extrême sensibilité des sujets, leur *hyperesthésie* qui leur fait percevoir des impressions absolument insaisissables à une sensibilité ordinaire. Ainsi, dira-t-on, lorsque présentant votre main à quelques centimètres de la peau du sujet, vous constatez, après trente ou quarante secondes une anesthésie, une contracture ou quelque autre modification plus ou moins anormale dans la partie que vous avez visée, vous auriez tort d'en conclure que votre main envoie une radiation d'espèce encore inconnue, cause présumée des effets que vous observez : tout s'explique par l'hyperesthésie du sujet qui a senti la chaleur de votre main, et s'est suggéré, peut-être inconsciemment, l'anesthésie et la contracture. — S'il n'est pas possible d'écarter entièrement l'objection *a priori*, on l'affaiblira du moins singulièrement en faisant remarquer que l'hyperesthésie des sujets n'existe en général que dans les états hypnotiques, et qu'il n'y a pas lieu par conséquent de la supposer chez les sujets sur lesquels on expérimente, ceux-ci étant éveillés et dans leur état normal ; qu'il est d'ailleurs facile de se rendre compte expérimentalement qu'elle n'existe pas chez eux, attendu qu'abstraction faite des phénomènes spéciaux déterminés par l'action personnelle des expérimentateurs, leur sensibilité se comporte à tous égards comme celle d'une personne ordinaire ; qu'en particulier tandis que certains expérimentateurs provoquent constamment sur eux ces phénomènes, certains autres, opérant dans les conditions identiques, ne réussissent jamais à les provoquer, — à moins qu'ils ne se mettent en contact avec les précédents ; par où on entrevoit déjà comment cette singulière conductibilité de la force psychique peut servir à en prouver l'existence et à en contrôler les véritables effets.

Enfin la dernière cause d'erreur, et non la moins redoutable, c'est l'extrême perspicacité des sujets, ce qu'on pourrait appeler leur *hyperesthésie intellectuelle*, qui leur fait deviner à des indices souvent presque imperceptibles ou même, si l'on admet la possibilité de la télépathie ou suggestion mentale, sans l'intermédiaire d'aucun signe, d'une façon en quelque sorte immédiate, les intentions cachées des opérateurs.

Il importe toutefois de distinguer ces deux sortes de perspicacité : l'une, admise universellement, pourrait s'appeler la *perspicacité hypnotique*; l'autre, encore contestée par la grande majorité des savants, bien que les membres de la *Société des Recherches psychiques* soient disposés à la voir presque partout, la *perspicacité télépathique*.

En ce qui regarde la première, la méthode dont nous venons de donner les règles ne lui laisse qu'un champ d'action bien étroit, puisque les sujets sont et restent, comme on doit s'en assurer de temps en temps au cours des expériences, éveillés et dans leur état normal, et puisqu'en outre, tous les indices auxquels leur perspicacité pourrait prêter un sens ne peuvent plus leur parvenir par les voies ordinaires de la vue, de l'ouïe et du toucher. Cette perspicacité même, il est possible et nécessaire de la mettre de temps en temps à l'épreuve en lui fournissant de faux indices, en essayant de l'engager sur de fausses pistes, comme nous l'avons fait nous-même plusieurs fois au cours de nos expériences personnelles; et l'on se convaincra sans doute, comme nous, qu'elle est infiniment moins active et subtile qu'on s'est plu à le supposer, tout au moins si les conditions exigées par notre méthode sont rigoureusement remplies d'autre part.

Ce n'est pas ici le lieu de discuter en détail le délicat problème de la télépathie et de la suggestion mentale. Si on admet que ce soit là un phénomène fréquent et pour ainsi dire usuel, il est certain que les difficultés de ce genre de recherches s'en trouvent considérablement accrues. Mais nous avons été frappé de ce fait que, chaque fois qu'on a essayé de prouver expérimentalement la suggestion mentale, les échecs ont été incomparablement plus fréquents que les succès, tandis qu'il faudrait au contraire supposer que ce même phénomène se produit avec la plus grande facilité, et pour ainsi dire à tout coup, dans des expériences où on ne cherche en rien à le provoquer.

En ce qui nous concerne, nous n'avons jamais réussi à suggérer une idée déterminée à aucun de nos sujets, quoique nous l'ayons essayé bien des fois, et que nous ayons pu en endormir et éveiller un par un simple effort de volonté, et nous n'avons jamais constaté non plus qu'aucun d'eux devinât spontanément nos pensées, nos intentions non exprimées. Cependant les cas où nous avons produit des anesthésies, des contractures, des attractions, etc. par la simple présentation de la main, dans les circonstances les plus variées et sur des sujets que nous voyions pour la première fois, sont relativement innombrables : par quel miracle aurions-nous dans tous ces cas réalisé, sans le vouloir et sans le savoir même, ce phénomène de suggestion mentale que nous n'avons jamais produit ni observé nulle part? La perspicacité télépathique des sujets nous paraît donc jusqu'à nouvel ordre quelque chose de rare et d'exceptionnel, et il nous semble que, là où elle existe, un expérimentateur un peu exercé n'aura pas trop de peine à la soupçonner d'abord et à la reconnaître ensuite, car il aura appris à se défier des sujets avec lesquels toutes les expériences réussissent invariablement, de quelque façon qu'on opère. Mais comme il lui sera sans doute arrivé, ainsi qu'à nous-même, de voir souvent les faits ne pas répondre à son attente, même dans des expériences recommencées avec les mêmes sujets et dans des circonstances apparemment identiques, peut-être ne lui sera-t-il pas trop difficile d'observer la cinquième règle de notre méthode : Tâcher de conduire les expériences de telle façon que l'opérateur lui-même ne puisse pas prévoir quel en sera le résultat, et n'en soit informé que par l'issue.

III

Aucun doute ne pouvant plus subsister maintenant sur la méthode par laquelle il convient, selon nous, de mener toutes les recherches relatives à la force psychique, il est temps d'aborder l'étude d'une des propriétés les plus générales et les plus importantes de cette force, à savoir sa *conductibilité*.

Au cours de cette étude, nous serons amené à citer nombre d'expériences encore inédites, que nous avons faites nous-même, d'après la méthode dont on vient de lire les prescriptions ; mais nous citerons en même temps d'autres expériences faites par d'autres chercheurs, dans des conditions peut-être moins rigoureuses, mais qui n'en sont pas moins intéressantes à cause de la concordance des résultats.

Si nous passons en revue les différents effets de la force psychique, depuis les plus simples et les plus ordinaires jusqu'aux plus complexes et aux plus exceptionnels, nous pouvons les disposer en une sorte de série dont voici les principaux degrés :

1° Phénomènes d'anesthésie, de contracture, d'attraction, etc., produits localement dans des régions plus ou moins étendues de l'organisme et souvent accompagnés de sensations diverses, froid, chaleur, picotement, etc.

2° Développement de la suggestibilité du sujet, toutes les fois que l'action de la force psychique a été dirigée sur le cerveau ou qu'elle s'y est propagée.

3° Production des différents états hypnotiques, léthargie, catalepsie, somnambulisme, avec les différents caractères propres à chacun de ces états et en particulier avec celui que les anciens magnétiseurs appelaient « le rapport » et que l'on observe surtout dans le somnambulisme.

4° Extériorisation de la sensibilité (phénomène surtout décrit par M. de Rochas et M. le Dr Paul Joire, de Lille).

5° Phénomène de communication de pensée (*throught-trans-ference* des Anglais, télépathie, suggestion mentale).

6° Action exercée sur des objets matériels, mouvements, bruits, lévitations, matérialisations, etc. (phénomènes dits spiritiques ou médianiques, habituellement produits par des médiums plus ou moins profondément imbus des croyances spirites).

Cette énumération serait à peu près complète, si elle contenait les effets thérapeutiques de la force psychique (magnétisme curatif, médecine psychique) et les phénomènes de lucidité ou de double vue, mais nous les avons omis volontairement, d'abord parce qu'à raison de leur très grande complexité, ils se prêtent mal à l'analyse expérimentale et ne peuvent être étudiés que par la voie toujours obscure et incertaine de l'observation, ensuite parce que ce sont aussi ceux sur lesquels nous avons le moins d'informations personnelles et que leurs rapports avec la conductibilité de la force psychique sont encore pour nous indéterminés.

Ces deux ordres d'effets étant réservés, nous croyons pouvoir affirmer que tous les autres sont susceptibles d'être *conduits*, c'est-à-dire produits à distance au travers de certains intermédiaires, et qu'ainsi la puissance de les produire peut être transmise par ceux qui la possèdent naturellement à ceux qui en sont naturellement dépourvus.

Remarquons tout d'abord que les intermédiaires, par lesquels la force psychique peut être ainsi conduite, sont de deux sortes : les uns sont de simples objets matériels, par exemple un fil métallique de fer ou de cuivre, identique à ceux qui conduisent l'électricité dans le télégraphe ou le téléphone ; les autres sont des êtres vivants, des êtres humains ; et c'est surtout ce second genre de conduction (conduction vivante ou organique) que nous étudierons ici, après avoir dit quelques mots du premier (conduction inorganique ou matérielle).

IV

Nous avons raconté ailleurs [1] comment nous avons été amené à entreprendre une suite d'expériences méthodiques sur l'action de la main dirigée à distance vers diverses parties du corps d'un sujet. Celui sur lequel j'expérimentais alors, Gustave P., présentait cette particularité remarquable, que je n'ai pas retrouvée chez d'autres et que lui-même paraissait avoir perdue quelques mois plus tard, que ma main droite et ma main gauche produisaient sur lui des effets différents ou même contraire. Présentée vis-à-vis du front à distance et plus ou moins longtemps, ma main droite le plongeait dans des états hypnotiques de plus en plus profonds ; ma main gauche le ramenait par degrés à l'état de veille, en dehors, bien entendu, de toute suggestion directe ou indirecte, les yeux du sujet étant hermétiquement bandés. Présentée dans les mêmes conditions vis-à-vis de quelque partie du corps, ma main droite y déterminait des mouvements attractifs plus ou moins énergiques, ma main gauche des picotements et des tremblements ; les deux mains présentées simultanément, la paume de l'une appuyée sur celle de l'autre, et les doigts dirigés perpendiculairement vers une partie du corps du sujet, ne neutralisaient pas leurs effets (ainsi que je m'y attendais lorsque je fis pour la première fois l'expérience), mais au contraire les combinaient et produisaient ce que le sujet appelait le *gâchis*, c'est-à-dire à la fois de l'attraction et du picotement.

C'est au cours d'une seance où j'avais pour assistant et pour aide un de mes collègues, M. Louis B..., professeur de physique à l'école Monge, plus tard au lycée Carnot, que j'expérimentai pour la première fois sur la conduction matérielle de la force psychique [2].

« Nous prîmes, mon collègue et moi, un fil de cuivre isolé par la gutta-percha, comme ceux qui servent pour les sonneries élec-

1. Voir chap. VII.
2. Voir chap. VII.

triques d'appartement ; je tins une des extrémités dénudées du
fil dans ma main droite et m'éloignai le plus possible du sujet,
mon collègue lui présenta l'autre extrémité, après l'avoir enroulée
autour d'une règle de bois qu'il tenait à la main, et nous vimes
la pointe produire le même effet qu'eût produit ma main droite
présentée à la même distance, c'est-à-dire attirer la partie du
sujet qu'elle visait. Je remplaçai la main droite par la gauche : le
fil de cuivre transmit fidèlement l'influence picotante comme il
avait transmis l'influence attractive. Je greffai sur le fil unique
présenté au sujet un second fil de manière à agir simultanément
avec les deux mains, et le fil unique conduisait sans les confondre
les deux actions réunies, ce que le sujet appelait le gâchis. »

L'année suivante, je repris ces mêmes expériences avec un
jeune étudiant en droit et en philosophie, Laurent V..., qui voulut
bien s'y soumettre pendant quelques mois, par pur dévoûment
scientifique, avec une conscience et une patience vraiment admirables[1].

Il venait chez moi deux fois par semaine, accompagné de deux
de ses camarades, l'un, B..., élève de l'École Normale Supérieure,
agrégé de philosophie, l'autre, C..., alors candidat à l'École Normale Supérieure, aujourd'hui élève de cette école dans la section
des sciences. B... me servait de secrétaire, C... faisait l'office d'aide.
Contrairement à ce que j'avais observé dans mes expériences
antérieures avec Gustave P.. je ne remarquai aucune différence
entre l'action de ma main droite et celle de ma main gauche ;
l'une et l'autre produisaient les mêmes effets d'anesthésie et de
contracture. Il n'y avait attraction des parties visées, par exemple
de la main ou du pied, du bras ou de la jambe que lorsque la
main de l'opérateur, après être restée quelque temps immobile
en face d'une de ces parties, exécutait elle-même le mouvement
qui se trouvait alors reproduit d'une façon presque synchronique.
Cependant, si je tenais dans ma main le bout d'un fil de cuivre ou
de fer et que l'autre bout fût présenté par C... au moyen d'une
baguette de verre autour duquel le fil était enroulé, l'influence
de la main était conduite par le fil et produisait, non sans quelque
retard, les mêmes effets. Je pouvais même ainsi obtenir des anesthésies extrêmement restreintes, nettement localisées sur une
étendue de quelques millimètres exactement sous-jacente à la
pointe du fil métallique. En enroulant autour des cinq doigts de
ma main des fils de cuivre dont les cinq pointes étaient ensuite
dirigées vers la peau du sujet, il semblait que l'action fût consi-

---

1. Ce sont ces expériences dont j'ai résumé les résultats dans la note
publiée par les *Annales des Sciences psychiques*, sous le titre « Une nouvelle méthode d'expérimentation pour vérifier l'action nerveuse à distance »,
et auxquelles l'*Année psychologique* de M. Binet, rendant compte de cette
note, regrette que je n'aie pas fait assister pour les contrôler un prestidigitateur de profession. Voir plus haut, chap. VIII.

dérablement intensifiée, au point que le sujet fit un brusque mouvement de recul en accusant la sensation de cinq griffes brûlantes qui se seraient enfoncées dans sa peau. — (Est-il besoin de répéter que le sujet avait les yeux étroitement bandés, que le plus profond silence était observé par B..., par C..., et par moi, qui ne communiquions entre nous qu'en écrivant sur des ardoises, et que tous les petits appareils employés, fils électriques, solénoïdes de cuivre, etc., soigneusement cachés avant l'arrivée du sujet, n'étaient mis au jour qu'après qu'on l'avait rendu incapable de rien voir ?) — Un fil de cuivre enroulé en solénoïde autour de mon bras, du poignet au coude, sur lequel j'adaptai un autre fil de cuivre dont je présentai la pointe au sujet, eut la même action que s'il avait été tenu dans ma main ou enroulé autour de mon doigt.

Tout se passait donc dans ces expériences comme si la force psychique de l'opérateur, émanant vraisemblablement de toutes les parties de son corps, quoique sans doute en plus grande quantité de ses doigts, pouvait être recueillie et conduite à distance par un intermédiaire matériel, tel qu'un fil de cuivre ou de fer.

Des expériences analogues, beaucoup plus nombreuses, beaucoup plus compliquées, ont été publiées par le Dr Baréty dans son livre *Le Magnétisme animal*. C'est ainsi qu'en tenant à la main trois aiguilles à tricoter disposées en triangle équilatéral au travers d'une lentille biconvexe, le docteur déclare avoir produit chez son sujet trois sensations de piqûres, qui se confondaient en une seule quand la main du sujet, la lentille et les aiguilles étaient aux distances convenables. Le Dr Baréty prétend même avoir mesuré la vitesse de conduction des rayons magnétiques ; transmis le long d'une ficelle de chanvre, ils parcouraient, selon lui, environ un mètre par seconde. — La publication de résultats si intéressants n'a pas réussi cependant à vaincre l'indifférence dédaigneuse ou hostile du monde savant, peut-être parce qu'il n'apparaît pas assez dans le livre du *Magnétisme animal* que l'expérimentateur ait compris l'importance capitale de la méthode dans cet ordre de recherches et qu'il se soit systématiquement appliqué à exclure de ses expériences jusqu'à la possibilité de la simulation et de la suggestion.

Dans un livre plus récent, L'*Hypnotisme scientifique*, le Dr Crocq fils, de Bruxelles, relate des expériences (p. 302-303),

où il semble bien s'être trouvé en présence du phénomène de
la conduction psychique, mais profondément imbu des idées
suggestionnistes de l'école de Nancy, il n'a pas voulu le voir
et ne l'a pas vu. Il s'agit d'un sujet endormi chez lequel
l'approche de l'aimant déterminait un phénomène de transfert.

« Je lève le bras droit du sujet : ce bras reste immobile, dans
la position que je lui ai donnée : j'approche un aimant *sans rien
dire*[1] de son bras gauche ; au bout de quelques secondes, le bras
droit s'abaisse insensiblement, le gauche s'élève et prend la position de l'autre. Je recommence cette expérience, elle réussit toujours : je la fais aux membres inférieurs ; même résultat ; je
place l'aimant derrière la tête du sujet ; ses bras s'élèvent, d'abord
le droit, puis le gauche. On pourrait croire que le sujet se guide
sur ma présence d'un côté ou de l'autre de son corps et qu'il sait
encore de quel côté j'approche l'aimant, bien que ses yeux soient
bandés. Il n'en est rien. Vous voyez, Messieurs, que je viens de
prier par signe M., R., K.., d'approcher l'aimant pendant que je par-
lais à dessein du côté opposé : le transfert s'est produit. M. G...
pense qu'il pourrait y avoir suggestion mentale : je me place
loin du sujet, je lui tourne le dos, je ne sais ce qu'il doit faire,
et le transfert réussit encore. Tout ceci semblerait indiquer l'existence réelle de l'action de l'aimant sur les sujets endormis ; mais si
j'approche mes poings au lieu d'approcher l'aimant, les mêmes
phénomènes se produisent derechef !

« On pourrait m'objecter que si Charcot, Luys, etc., attribuent
au fluide magnétique certaines actions sur le somnambulisme,
Luys, de Rochas, etc., croient que l'homme est chargé d'un fluide
analogue et par conséquent, quand j'approche mes poings, le
fluide qui s'en dégage peut agir semblablement sur le somnambulisme. Malheureusement, si j'approche ma canne au lieu d'approcher l'aimant ou mes poings, le transfert se fait encore : je puis
approcher un objet quelconque, toujours le phénomène se réalise.
Il faudrait donc admettre que tous (?) les corps sont bons conducteurs du fluide humain et que ce fluide humain est analogue
au fluide de l'aimant.

« *Je ne crois pas pouvoir accepter une telle théorie* et je *préfère*
conclure de ces expériences une chose bien simple : c'est que

[1]. Les mots sont soulignés dans le texte. Il semble qu'il y ait là une contradiction : car ce passage reproduit une démonstration faite par le
Dr Crocq devant d'autres médecins : dès lors, au moment même où il prétend expérimenter sans rien dire, il dit en réalité quelle expérience il va
faire, et informe par avance son sujet, en même temps que les assistants,
de ce qui va se passer.

mon sujet sent lorsqu'on approche un objet quelconque de son corps, qu'il est hyperesthésié, qu'il possède en somme une sensibilité très grande, une espèce de *pseudo*-extériorisation de sa sensibilité [1]. »

V

Mais le mode de conduction de la force psychique qui nous paraît le plus intéressant au point de vue des applications à en tirer pour de nouveaux procédés de recherche expérimentale, c'est celui qui s'opère par l'intermédiaire du corps humain.

Tous les hommes possèdent-ils la faculté de rayonner la force psychique ? — A priori, il paraît vraisemblable que oui ; mais, si nous consultons l'expérience, elle nous répondra que, chez certains individus, ce rayonnement est si faible qu'il ne se manifeste en tout cas par aucun effet sensible. Nous avons bien des fois constaté ce fait avec Laurent V., ainsi que nous l'avons raconté ailleurs [2].

« Dans ces conditions (celles que prescrit notre méthode : sujet éveillé, les yeux hermétiquement bandés, assistants absolument silencieux), dix ou un nombre quelconque d'opérateurs d'âge et de sexe différents, vont successivement présenter leur main, comme je le fais moi-même, vis-à-vis de telle partie du corps du sujet qu'il leur plaît de choisir. On constate que sur ces dix opérateurs, une certaine fraction produit les mêmes effets d'anesthésie, de contracture, de mouvements attractifs, etc., que je produis moi-même, avec plus ou moins de rapidité, plus ou moins d'intensité, etc ; tandis que l'autre fraction ne produit aucun effet appréciable, même après dix, quinze, vingt minutes de présentation. Donc, parmi les assistants, les uns dégagent l'influence magnétique, les autres ne la dégagent pas, et sans que rien ait pu nous le faire savoir *a priori*. Les résultats se maintiennent d'ailleurs d'une séance à une autre, c'est-à-dire que l'opérateur

1. C'est nous qui mettons les italiques et le point d'interrogation. L'auteur reconnaît d'ailleurs que son sujet est anesthésique, puisqu'on peut le piquer, le brûler, etc., sans produire de réaction, mais il prétend que cette anesthésie générale n'empêche pas en même temps son hyperesthésie spéciale. — Nous avons tenu à reproduire tout ce passage, parce qu'il donne un exemple typique de la manière dont expérimentent et argumentent les partisans exclusifs de la suggestion.

2. Voir chap. ix.

qui s'est montré efficace à une séance le sera en général aux autres séances suivantes, et de même celui qui n'a pas d'abord produit d'effet n'en produira pas ultérieurement.

« C'est ainsi que des deux camarades de Laurent qui l'accompagnaient chez moi, l'un, B... s'est révélé actif dès la première séance et l'est resté jusqu'à la fin ; l'autre, C... n'a jamais produit aucun effet, du moins toutes les fois où il ne se mettait pas en contact soit avec B.., soit avec moi. En effet l'influence magnétique peut se transmettre momentanément de celui qui la possède à celui qui ne la possède pas. Soit par exemple un individu A qui même après vingt minutes de présentation de la main n'a produit aucun effet sur un sujet magnétique, lequel a été au contraire influencé en moins d'une minute par un autre individu B. Eh bien ! il suffira que A mette une de ses mains dans celles de B et présente au sujet l'autre main restée libre pour qu'en une minute environ un effet d'anesthésie, de contracture, etc., se produise dans la partie vers laquelle il la présente. Qu'il cesse de tenir la main de B, et il redeviendra inefficace[1]. »

Nous avons souvent observé, quoique dans des conditions moins rigoureuses, le même phénomène de conduction dans certaines expériences où nous employions le procédé du Dr Moutin, qu'il a décrit dans sa thèse sous le nom du « Diagnostic de la Suggestibilité[2]. » Ce procédé consiste, on le sait, à appliquer sur les omoplates d'une personne les mains largement ouvertes, les pouces se rejoignant sur un nœud de la colonne vertébrale. Il arrive très souvent, quand on expérimente avec une personne sensible à la force psychique, qu'on l'attire avec force au point qu'elle en perd l'équilibre ou qu'elle est forcée de marcher à reculons. L'attraction peut même être sentie sans contact à cinq ou six mètres de distance. Mais ce qui est plus significatif, c'est qu'elle peut s'exercer sur un

---

1. Nous ajoutons : « Toutefois, — et j'ai fait moi-même l'expérience avec un philosophe français universellement connu que je m'honore d'avoir eu pour maître, M. A. F., — si l'individu qui n'agit pas reste assez longtemps en contact avec celui qui possède naturellement l'influence magnétique, il accumule, en quelque sorte, en lui-même cette influence, et une fois qu'il s'en est suffisamment chargé, il peut pendant un temps plus ou moins long opérer avec succès. » Ainsi la force psychique serait non seulement conductible, mais encore accumulable : telle est la conclusion qui semble ressortir de cette expérience faite avec Laurent pour sujet et dont l'idée revient d'ailleurs tout entière à M. A. F.

2. *Le Diagnostic de la Suggestibilité*, par le Dr Moutin. Paris, 1896.

sujet au travers d'un individu qui lui-même ne la ressent pas. Ainsi il m'est arrivé plusieurs fois, chaque fois que je l'ai essayé, d'attirer un de mes amis, le Dr S., très sensible au procédé de Moutin, au travers du corps d'une autre personne absolument insensible et incrédule, celle-ci le touchant à peine sur les épaules tout en présentant son dos à l'application de mes mains.

On retrouvera la même conductibilité des effets attractifs de la force psychique dans l'expérience si extraordinaire et presque incroyable dont j'ai fait le récit dans un précédent chapitre[1].

Il s'agit, on s'en souvient, d'un jeune homme des Pyrénées, âgé de quinze ans, Jean M., que j'ai eu pour domestique pendant six mois et dont la sensibilité hypnotique ou magnétique était extrême. On nous excusera de reproduire en partie ce récit.

« Un dimanche après-midi de janvier 1893, rentrant chez moi vers trois heures, après une courte absence, j'appris que Jean, ayant achevé son service, et se sentant fatigué, était allé se coucher. Sans entrer dans sa chambre dont la porte était entr'ouverte, je restai sur le palier à le regarder dormir. Il s'était étendu sur son lit, tout habillé, la tète dans l'angle opposé à la porte, les bras croisés sur la poitrine, les jambes posées l'une sur l'autre, les pieds pendant légèrement hors du lit... J'eus l'idée de faire une expérience. Toujours debout sur le palier, à une distance d'environ trois mètres, j'étendis ma main droite dans la direction et à la hauteur de ses pieds. Après une ou deux minutes (probablement moins, quelques secondes), je levai lentement la main, et à ma profonde stupéfaction, je vis les pieds du dormeur se soulever et suivre en l'air le mouvement ascensionnel de ma main. Trois fois je recommençai l'expérience, trois fois le phénomène se reproduisit avec la régularité et la précision d'un phénomène physique. Emerveillé, j'allai chercher Mme B... en lui recommandant de faire le moins de bruit possible. Le dormeur n'avait pas bougé. De nouveau, à deux ou trois reprises, ses pieds parurent attirés par ma main... Mme B... me prit la main gauche et, de la main restée libre, fit comme j'avais fait moi-même : elle réussit comme moi ; mais dès qu'elle cessa de me toucher, elle n'exerça plus aucune action. »

1. Voir chap. VII.

VI

Nous venons de voir comment les effets physiques et physiologiques les plus simples, les plus grossiers de la force psychique, anesthésie, contracture, mouvements attractifs etc., peuvent se transmettre par conduction ; des effets plus complexes, plus délicats, où l'élément psychologique intervient, obéissent, nous allons le voir, à la même loi.

Dirigée sur le cerveau d'un sujet, la force psychique y détermine, d'abord, d'une manière générale, une sorte d'exaltation de la suggestibilité, puis, si son action est suffisamment intense et prolongée, ces états particuliers que Charcot a le premier nettement distingués sous le nom de catalepsie, léthargie et somnambulisme.

Or « il me suffisait de présenter la main droite ouverte pendant une demi-minute devant le front de Gustave P., pour le mettre dans un premier état caractérisé par une suggestibilité extraordinaire (état de charme ou de crédulité), mais où il conservait toutes les apparences extérieures de l'état de veille ordinaire. Dans cet état, si l'un des assistants l'interpellait pour lui suggérer une hallucination, une paralysie, etc., le sujet qui l'entendait parfaitement et se rendait compte du sens de ses paroles n'obéissait nullement à ses suggestions mais si l'interlocuteur me tenait par la main (le sujet, cela va sans dire, ayant les yeux bandés), aussitôt ses suggestions devenaient aussi efficaces que si je les avais faites directement moi-même [1] ». Ainsi le pouvoir de suggestionner un sujet peut se transmettre par conduction d'un individu à un autre.

Je n'ai pas fait d'expérience sur la léthargie et la catalepsie au point de vue de la conductibilité ; mais le somnambulisme m'a donné l'occasion de constater un certain nombre de faits très curieux.

Pour mettre Gustave P. en somnambulisme, il me suffisait ou

[1]. Voir chap. ix.

de lui présenter la main droite devant le front pendant un certain temps, ou de lui faire un certain nombre de passes du vertex à l'épigastre. Une fois endormi, il n'était plus, sauf de très rares exceptions, en rapport qu'avec moi-même. Si une autre personne lui adressait la parole, il ne paraissait pas l'entendre ; en tous cas, il ne lui répondait pas ; seul, je semblais être en communication avec lui, et cela sans que je lui eusse fait aucune suggestion à ce sujet. Cependant, une autre personne pouvait se mettre en rapport avec lui en lui prenant la main, ou, ce qui est plus extraordinaire et nous ramène aux phénomènes de conduction, en me prenant la main à moi-même.

Dans certaines séances, le phénomène se produisait avec une régularité, une précision merveilleuse, le sujet, cela va sans dire, ayant les yeux étroitement bandés, et les assistants prenant toutes leurs précautions pour qu'il ne pût être renseigné par aucun indice sur ce qui se passait autour de lui. Par exemple, un de mes bras était étendu à demeure sur une table auprès de laquelle se tenait l'interlocuteur : chaque fois que celui-ci appuyait un de ses doigts sur ma main, le sujet l'entendait et lui répondait; dès que le contact cessait, fût-ce au milieu d'une phrase, le sujet montrait spontanément par ses questions, son silence ou son attitude qu'il avait cessé d'entendre. Pour donner encore plus de rigueur à l'expérience (tout en combinant la conductibilité matérielle avec la conductibilité vivante), je plantai deux clous aux deux extrémités d'une table et je les reliai par un fil de cuivre isolé dont les deux bouts dénudés pendaient de part et d'autre. J'étais assis à l'une des extrémités de la table et tenais l'un des bouts dans ma main ; les assistants étaient assis à l'autre extrémité, et chacun d'eux touchait du doigt l'autre bout ou suspendait le contact à sa volonté. C'est dans ces conditions que nous constations l'établissement ou la suppression instantanés du rapport entre le sujet et tel ou tel des assistants qui touchait ou cessait de toucher le bout du fil.

« Dans certaines autres séances, il se produisait des variations que je ne parvenais pas à m'expliquer. Par exemple, il fallait, parfois, pour que le rapport s'établît entre un des assistants et le sujet, que je prisse moi-même contact, soit immédiatement, soit médiatement avec l'un et l'autre à la fois. Tel fut sans doute le cas dans une séance à laquelle assista M. Ed. Gasc-Desfossés et qu'il raconte ainsi dans son livre du *Magnétisme animal*[1]. »

« M. B..., ayant mis son sujet Gustave P... dans l'état de somnambulisme, cause avec lui; le sujet n'est en rapport qu'avec lui seul et a les yeux bandés avec un double bandeau noir très épais qui couvre la moitié de sa figure et l'empêche de voir quoi que ce soit autour de lui M. B. touche alors d'une de ses mains une partie quelconque du corps du sujet pour entrer en contact physique avec

1. Paris, 1897, p. 286.

lui et tient dans l'autre main l'extrémité dénudée d'un fil de cuivre entouré de soie isolante sur toute sa longueur ; l'autre extrémité du fil, également dénudée, est prise par moi, et je pose au sujet quelques questions auxquelles il répond fort bien ; dès que je lâche l'extrémité du fil il n'entend plus rien, et mes questions restent sans réponse, tandis qu'il continue de converser avec M. B... qui le touche toujours ; dès que je reprends l'extrémité du fil conducteur, le rapport se rétablit. L'expérience, plusieurs fois recommencée, a donné invariablement des résultats concluants. Il y a donc communication certaine de fluide du corps de M. B... au mien par l'intermédiaire métallique, absolument comme s'il s'agissait de l'électricité physique. »

« D'autres fois, en opérant comme je l'indiquai plus haut, l'interlocuteur prenant contact avec moi par l'intermédiaire du fil, mais sans que je prisse moi-même contact avec le sujet, on observait un phénomène très singulier : le sujet percevait la voix de l'interlocuteur, mais ne discernait pas ses paroles. « J'entends qu'on « me parle, disait-il, mais je ne sais pas ce qu'on me dit : c'est «comme un bourdonnement qui vient de loin[1]. » Si alors je saisissais la main du sujet, il comprenait ce qu'on lui disait, souvent même ce qu'on lui avait dit dans la minute précédente et qu'il avait paru ne pas comprendre, comme si le rapport établi par moi avait une sorte d'effet rétroactif.

«D'autres fois enfin, surtout lorsque les assistants étaient très peu nombreux et que je prenais directement contact avec eux, le rapport finissait par s'établir entre eux et le sujet d'une manière permanente sans que mon intervention fût désormais nécessaire. Il se produisait, ce semble, quelque chose d'analogue à ce que nous avons déjà remarqué dans l'expérience faite avec M. A. F. »

Du reste, d'autres avant nous avaient signalé cette conductibilité du *rapport* somnambulique. Sans parler des anciens magnétiseurs, le D' Baréty, dans un article que la *Revue de l'Hypnotisme* a publié en 1888 sous le titre de *La Force Neurique*[2] rapporte des expériences qu'il a faites pour la

---

1. Comme j'expérimentais avec Gustave P... dans ces mêmes conditions devant une assistance de plus de cinquante personnes, il restait impassible au milieu des questions qu'on lui adressait de toutes parts ; mais dès qu'un des assistants l'interpellait en mettant le doigt sur le fil, on le voyait tressaillir et manifester une vive surprise : « Entendez-vous, me disait-il ? Quel est ce bruit ? On dirait le vent dans les fils du télégraphe », et il essayait de l'imiter « Zou ! Zou ! »

2. Le D' Marot (de Paris), en réponse à un questionnaire envoyé par le D' Crocq fils, déclare qu'il a refait et réussi quelques-unes des expériences

plupart en présence de son confrère le D' Planet et qui ont
évidemment la même signification que les nôtres. Le sujet L..,
âgé de trente-deux ans, hémianesthésique, n'entend, ne voit
et ne sent que trois personnes en état d'hypnose ; mais il peut être
mis en rapport avec d'autres personnes ou avec des animaux,
des objets quelconques, soit par le contact (avec le doigt), soit à
distance, au moyen d'un objet intermédiaire, ou même par le
regard, par l'extrémité des doigts dirigés vers les personnes
ou les choses qu'on veut ainsi mettre en rapport avec lui, bien
plus, vers leurs images réfléchies dans un miroir. « Toute
personne, dit le D' Baréty, mise par moi en rapport avec L..,
peut l'influencer comme je le fais moi-même directement, mais
seulement pendant le temps que cet état de rapport est maintenu
par moi. Elle peut, dans ces conditions, l'endormir, le réveiller
et le suggestionner à volonté, tandis que, lorsqu'elle agit
sans subir mon influence, elle n'a absolument aucune influence
sur lui. » L'article était d'ailleurs accompagné d'une note de
la Rédaction qui faisait remarquer que les recherches du
D' Baréty et les faits exposés étaient en désaccord complet
avec les doctrines qui prévalaient de plus en plus dans le
monde scientifique et que la *Revue de l'Hypnotisme* avait
inscrites en tête de son programme [1].

Cependant l'année suivante (1889), la *Revue de l'Hypnotisme* publiait et cette fois sans commentaire, sous ce titre
« Troubles fonctionnels des sens dans l'hypnotisme », un

---

de Baréty ; en particulier un objet ou une personne étaient vus par l'hypnotisé
lorsqu'ils étaient touchés du doigt par l'hypnotiseur et disparaissaient pour
l'hypnotisé dès que le doigt ne le touchait plus. Bien entendu, toutes les
précautions ayant été prises pour éviter les suggestions, l'hypnotisé ne
pouvait s'apercevoir en rien de ce que l'on faisait, et parlait sans être
questionné. « L'*Hypnotisme scientifique* D' Crocq. fils, p. 308.

1. *Revue de l'Hypnotisme*, 1888, p. 80. L'article est accompagné de cette note
très caractéristique. « Les *opinions* (sic) émises dans cet article par M. le
D' Baréty, sont en opposition complète avec les idées généralement admises
aujourd'hui. La plupart de nos collaborateurs, auxquels revient l'honneur
d'avoir réalisé dans ces études de si notables progrès, accordent, à juste
titre, une part prépondérante à la suggestion dans la production des
phénomènes de l'hypnotisme. Nous laissons donc à notre distingué confrère l'entière responsabilité de sa communication. » (N. D. L. R.)

article du D' Mesnet où se retrouvaient les mêmes observations, qu'on peut résumer ainsi : « Le sujet entend ou n'entend pas un assistant selon que celui-ci touche ou ne touche pas l'hypnotiseur. »

Voici un des passages les plus curieux de cet article.

« Je cesse de l'interpeller (le sujet Alix en somnambulisme) ; je me retourne vers M. X. assis derrière moi, qui lui avait, plusieurs fois, adressé vainement la parole.

« Je vais vous rendre témoin d'un fait très saisissant que vous allez expérimenter vous-même ; mais ne m'en demandez pas l'explication, car, scientifiquement, je ne pourrais vous la donner. Voici ma main gauche que je place derrière mon dos à votre disposition, et bien à l'insu de la malade ; ma main droite repose sur celle de la jeune fille ; considérez-moi comme un fil télégraphique dont vous vous servirez quand vous voudrez entrer en communication avec elle, en touchant du doigt ma main quand vous voudrez lui parler. Faites et agissez comme si je n'étais qu'un simple moyen de transmission entre elle et vous.

« M. X... commence l'expérience. Il adresse diverses questions à Alix qui n'entend pas et ne répond rien ; dès que M. X... se met au contact de ma main, elle répond aux questions qui lui sont faites. Vingt fois l'expérience est répétée, tantôt affirmative, tantôt négative, suivant que M. X... touchait ou ne touchait pas ma main. Qu'il baissât ou qu'il haussât le ton de sa voix, les résultats étaient invariablement les mêmes, répondant en tous points à l'hypothèse qui avait réglé les conditions de cette expérience, faite pour la première fois sur elle il y a quatre ans. »

Mêmes phénomènes observés par le D' Mesnet en 1881 sur un autre sujet. Marie (*Ibid.*, p. 264).

VII

Les phénomènes d'extériorisation de la sensibilité, encore peu connus, malgré les remarquables expériences de M. de Rochas dont le nom restera pour toujours attaché à cette belle découverte, semblent témoigner, eux aussi, en faveur de la conductibilité de la force psychique, du moins à en juger par les faits suivants dont je reproduis la description telle que je la trouve dans mes notes d'expériences.

Le sujet sur lequel j'expérimentais alors (septembre 1892) était le jeune Pyrénéen, Jean M., dont j'ai déjà parlé.

« J'essayai avec le même sujet l'expérience du transfert de la sensibilité de l'opérateur au sujet par l'intermédiaire d'un verre d'eau ; elle réussit du premier coup. Tous les pincements qu'on me faisait à moi-même étaient immédiatement ressentis par M..., tandis qu'il tenait entre ses mains le verre d'eau que j'avais au préalable tenu quelques instants entre les miennes... Le phénomène le plus curieux que j'observai alors, ce fut la *continuation du transfert à d'autres personnes*. Mme B... m'ayant pris la main, les pincements faits à Mme B... se transférèrent au sujet. Nous formâmes ainsi une sorte de chaîne composée de quatre personnes dont j'étais le premier anneau : tout pincement fait à l'une quelconque des personnes de la chaîne, — laquelle se trouvait hors de l'appartement, dans un corridor ouvrant sur l'escalier — était immédiatement ressenti par le sujet que nous apercevions à travers l'ouverture de la porte, endormi dans un fauteuil et se tordant de douleur chaque fois que l'un de nous était pincé.

« Je reproduisis des phénomènes analogues, toujours avec le même sujet, un soir, en présence de M. C..., directeur de l'école primaire d'A. et de sa famille. M... ayant été endormi, je lui recouvris entièrement la tête d'une serviette : puis, quand il eût tenu quelques secondes un verre d'eau entre ses mains, je fis voir à tous les assistants qu'il ressentait immédiatement tout contact que je pratiquais sur le verre. (Bien entendu, je fis simplement l'expérience, sans prévenir les assistants des phénomènes qui allaient se passer.) Mme B... ayant touché le pied du verre que j'avais replacé entre les mains du sujet, je constatai non sans surprise, qu'elle était en communication de sensibilité avec lui par l'intermédiaire de ce contact ; car il suffisait de la toucher elle-même pour que le sujet se sentit touché. Nous pûmes de nouveau former une chaîne dont le premier anneau était Mme B... touchant le verre tenu par M... ; mais cette fois encore je dus interrompre les expériences à cause de la violence presque effrayante des réactions manifestées par le sujet. »

J'ai été heureux de retrouver la confirmation de ces faits dans les expériences publiées par le Dr Paul Joire (de Lille) dans la *Revue de l'Hypnotisme* (janvier 1898).

« Le sujet mis en somnambulisme, le verre d'eau fut placé entre ses mains et chargé de sa sensibilité, comme dans les premières expériences. Je constatai alors qu'il éprouvait instantanément la sensation de piqûre lorsque je plongeais l'aiguille dans l'eau. Un de mes aides dans ces expériences délicates, M. Leuliotte, tenait attentivement les yeux fixés sur un chronomètre, tandis que les deux autres aides lui signalaient l'instant précis où je piquais la surface de l'eau avec l'épingle, et celui où la physionomie du sujet exprimait la sensation de douleur. Aucun temps appréciable ne put être relevé entre ces deux actions. Je fis alors prendre le verre d'eau par un aide qui le tenait de la main gauche et qui de la main droite tenait la main gauche du sujet. On put alors constater qu'il s'écoulait une fraction de seconde entre le moment où je piquai l'eau avec l'épingle et l'instant où la physionomie du sujet exprima la sensation. Faisant alors une chaîne de deux, trois personnes se tenant par la main entre le verre d'eau et le sujet, je constatai un retard progressif de la sensation. En employant cinq personnes j'obtins un retard de près de deux secondes entre le moment où l'épingle touchait la surface de l'eau et l'instant où le mouvement de physionomie du sujet indiquait qu'il éprouvait la sensation. »

VIII

Le livre d'Ochorowicz (*la Suggestion Mentale*) et les travaux de la *Society for Psychical Research* ont appelé dans ces derniers temps l'attention du public sur les phénomènes de télépathie et de communication de pensée; et l'on a pu croire que ce groupe de phénomènes psychiques allait enfin livrer ses secrets à la curiosité des chercheurs. Il ne paraît pas cependant que nous soyons beaucoup plus avancés dans la connaissance du mécanisme par lequel ils se produisent. C'est sans doute qu'ils se prêtent assez malaisément à l'application de la méthode expérimentale, sauf dans les cas relativement simples, comme ceux qui ont fait l'objet des ingénieuses expériences du D' Paul Joire. (*Revue de l'Hypnotisme*, octobre 1897. De la suggestion mentale : expériences nouvelles.)

Est-ce le hasard qui ne nous a jamais mis en présence de sujets télépathiques? Ou faut-il pour produire ces phénomènes une prédisposition particulière qui nous fait défaut? Nous devons confesser en tout cas que nous avons essayé plusieurs fois des expériences de suggestion mentale ou de transfert de pensée, et que nous n'avons jamais obtenu que des résultats négatifs, même avec des sujets extraordinairement sensibles sous tous les autres rapports[1].

Cependant nous avons réussi à produire un phénomène analogue, à savoir le sommeil et le réveil provoqués chez des sujets non prévenus, à distance, par un effort de volonté plus ou moins énergique et prolongé.

On trouvera dans les *Annales des Sciences Psychiques* (1896), page 56, le récit de la première expérience de ce genre que nous avons essayée et réussie avec un sujet presque inconnu de nous. Plus tard nous avons bien des fois produit ce phénomène avec Gustave P., et la *Revue de l'Hypnotisme* a publié le compte-rendu des expériences faites avec ce sujet[2].

Toutefois ces expériences ne nous paraissent pas pouvoir être considérées comme se rapportant absolument à la transmission de pensée, et voici pourquoi :

La véritable transmission de pensée consiste dans ce fait que le cerveau de A, en agissant sur le cerveau de B, suscite dans la conscience de B l'apparition d'une *idée* ou d'une série d'*idées* identiques à celles qui occupent au même moment la conscience de A. Or ce que mon cerveau envoyait au cerveau de Gustave P., dans toutes les expériences que j'ai faites avec lui, ce n'était pas l'*idée* du sommeil ou du réveil, mais une influence purement physique qui produisait le sommeil ou le réveil indépendamment de toute idée. Cette interprétation nous semble seule pouvoir rendre compte de toutes les particularités du phénomène.

Ainsi, chaque fois que j'essayai des expériences de suggestion mentale proprement dite, par exemple de transmettre au sujet éveillé l'idée d'un acte très simple, tel que : lève le bras droit, avance le pied gauche, etc., le sujet était impressionné plus ou moins rapidement par mon état de concentration cérébrale et de tension nerveuse ; mais il réagissait toujours

1. Voir cependant le chap. xiv écrit postérieurement à celui-ci.
2 Voir chap. x où ces expériences sont rapportées.

de la même manière, c'est-à-dire en s'endormant. Si j'essayais ce genre d'expériences avec le sujet endormi, il réagissait en s'éveillant. Mais voici un fait plus significatif.

Il m'est arrivé une fois d'essayer d'endormir par un effort de volonté un jeune homme, ami de Gustave qu'il avait emmené chez moi, lequel n'avait jamais été hynoptisé, mais qu'à sa physionomie je supposais très sensible. Tandis que l'attention de l'un et de l'autre était tout entière tournée sur la conversation qui se poursuivait au milieu d'une assez nombreuse assistance, je concentrai toute ma pensée sur le compagnon de Gustave et lui ordonnai mentalement de s'endormir. Il ne parut ressentir à aucun degré mon influence; mais je vis alors se produire ce phénomène bizarre; Gustave, auquel je ne songeai pas, s'endormit, puis s'éveilla, puis s'endormit encore et se réveilla, et ainsi de suite, indéfiniment, aussi longtemps que je continuai mon action.

Il semble donc bien que l'effet produit par ma volonté, ou plutôt par la tension de mon cerveau qui l'accompagnait, fût purement physique et indépendant de toute communication ou suggestion de pensée. Le sujet était-il éveillé, cette tension, en se propageant pour ainsi dire jusqu'à lui, l'endormait; était-il endormi, elle l'éveillait.

Peu importe d'ailleurs, pour la question qui nous occupe, l'interprétation qu'il convient de donner de ce phénomène. L'essentiel est de remarquer que ce phénomène obéissait, comme tous ceux dont nous avons parlé jusqu'ici, à la même loi de conductibilité.

J'ai invité plusieurs fois différentes personnes à essayer d'endormir à son insu Gustave P. par un effort de volonté ou à le réveiller dans les mêmes conditions que je l'avais moi-même endormi : aucune n'y a réussi[1]. Cependant, toutes les

---

1. Je dois cependant ajouter, pour être tout à fait exact, qu'au cours d'une de ces expériences, le sujet déclara spontanément éprouver une sensation de vertige ; il lui semblait que les meubles et les murs vacillaient autour de lui ; et cette impression, il m'accusa tout de suite de la produire par quelque manœuvre dont il ne se rendait pas compte. Mais l'opérateur improvisé eut beau continuer son action, il ne put que troubler encore l'état mental du sujet sans parvenir à produire le sommeil, tant qu'il n'eut pas pris contact avec moi.

fois que ces personnes ont pris contact avec moi, leur effort mental a suffi pour éveiller le sujet s'il était endormi, ou pour l'endormir s'il était en état de veille, toutes précautions prises, ne nous lassons pas de le répéter, pour que le sujet ne pût deviner à aucun indice les expériences auxquelles il était soumis et les circonstances particulières de chacune d'elles.

IX

Il resterait maintenant à montrer, pour clore notre étude de la série des effets de la force psychique, que le pouvoir d'influer à distance sur les objets matériels peut aussi se transmettre par conduction d'un individu à un autre.

Ce pouvoir, nous n'avons jamais eu l'occasion de l'observer personnellement[1], ni à plus forte raison de le soumettre à des expériences. Il semble d'ailleurs appartenir le plus souvent, non, comme tous ceux dont nous avons parlé jusqu'ici, à des opérateurs, mais bien plutôt à des sujets, ou du moins à ces individus, très analogues sous beaucoup de rapports à des sujets, qu'on appelle des *médiums*. Il paraît être une forme beaucoup plus rare et décidément exceptionnelle de la force psychique, et tous les exemples que nous en donnerons ici sont empruntés au seul médium Eusapia Paladino[2].

1. Ces lignes ont été écrites avant les séances d'Eusapia décrites au chapitre XVII.

2. Nous extrayons d'un livre paru longtemps après que ces lignes ont été écrites le passage suivant qui montre que d'autres phénomènes d'ordre spiritoïde obéissent aussi à la loi de conductibilité psychique. Il s'agit des « raps », c'est-à-dire des coups frappés sur des meubles, sur les murailles, sur les planches, etc. : « Il suffit quelquefois de toucher le médium pour avoir des raps en esquissant un mouvement sur la table, ou même en plaçant la main au-dessus, la face palmaire tournée vers le plateau : j'en ai fréquemment obtenu ainsi ; c'est une excellente *méthode pour avoir des phénomènes bien nets*. On éloigne la table du médium, de manière à éviter toute espèce de contact entre le sujet et le meuble. L'observateur se place à côté du médium, lui prend les mains dans l'une des siennes et promène l'autre ou même la laisse immobile au-dessus de la table. Rien n'est plus démonstratif que cette expérience. On n'oubliera pas que je parle d'expériences faites en plein jour. » J. Maxwell. *Les phénomènes*

L'attention de ceux qui ont expérimenté avec Eusapia ne s'est pas portée, malheureusement, sur les phénomènes de conductibilité, et cependant on peut trouver, croyons-nous, dans leurs expériences, de fortes présomptions, sinon des preuves décisives en faveur de la conductibilité de cette forme particulière de la force psychique.

Il y a d'abord tous les cas dans lesquels Eusapia produit à distance des mouvements d'objets non directement, en tendant vers eux sa propre main, mais en tendant la main d'un des assistants à laquelle elle imprime des mouvements.

En voici des exemples pris dans le rapport des expériences de l'Agnélas : (*Annales des Sciences Psychiques*, 1896.)

Page 25. — « La main de M. de Gramont est élevée par la main d'Eusapia, qui la tient au-dessus de sa tête. Aussitôt le rideau, quoique éloigné de cette main, s'agite au-dessus de la tête du médium.

Page 31. — « Eusapia prend la main droite de M. Maxwell et la porte à 0,30 au-dessus de la table ; la table oscille et puis s'élève de ce côté.

Page 46. — « Eusapia, saisissant de ses deux mains la main de M. Sabatier qui est assis à droite, fait des gestes saccadés de va-et-vient, comme pour ouvrir la porte du bahut situé à gauche, à un mètre de distance environ, et derrière M. de Watteville. Aussitôt la porte du bahut s'agite et produit des sons saccadés et tumultueux comme ceux d'une porte qu'on s'efforce d'ouvrir, mais qui résiste, la serrure n'étant pas ouverte. »

Il y a ensuite les cas, plus significatifs peut-être, où Eusapia communique par son contact aux assistants le pouvoir qu'elle possède de soustraire momentanément les corps à l'action de la pesanteur.

---

psychiques. Paris. Félix Alcan, 1903, p. 80. — Le même auteur, à propos des phénomènes de *télékinésie*, dit aussi (p. 99) : « Ce n'est pas toujours le médium qui obtient les meilleurs résultats dans la manœuvre que j'ai indiquée (lévitations et attractions de la table obtenues sans contact par des mouvements de la main faits à distance). J'ai vu certains assistants réaliser des mouvements plus marqués que le sujet lui-même. Il n'en est pas ainsi en général, mais le fait ne m'a pas paru rare. Il est assez déconcertant, car les personnes qui manifestent cette force relativement plus grande ne peuvent obtenir seules aucun fait supranormal : la présence d'un médium est nécessaire pour que l'énergie de leur action se manifeste. »

J'en trouve une indication, il est vrai un peu sommaire,
dans ce passage de M. de Rochas relatif aux expériences de
de Monfort-l'Amaury : (*Annales des Sciences Psychiques*,
1898, p. 165.)

« A Monfort-l'Amaury, comme dans les autres groupes où elle a
opéré, les spectateurs mettent généralement fin à la séance au
bout de deux ou trois heures, parce que le médium est complètement épuisé ; les spectateurs rompent la chaîne et on augmente
progressivement la lumière. Eusapia sort alors peu à peu de l'état
de transe, reprend l'usage de ses sens, se lève, marche, cause, et
finit par paraître se trouver dans son état normal. Cependant,
elle est toujours fortement chargée de force psychique, et c'est à
ce moment qu'elle produit en pleine lumière des phénomènes
qu'elle répète souvent plusieurs fois de suite au gré des observateurs. Elle vous dit par exemple de placer votre main sur une table,
sur le dossier d'une chaise, puis elle place la sienne par-dessus et
la lève : alors *votre main et le meuble qui est au-dessous suivent le
mouvement, et le meuble reste ainsi suspendu à votre propre main pendant quarante à cinquante secondes*[1], jusqu'à ce qu'il tombe brusquement pendant qu'Eusapia pousse un soupir de soulagement, comme
si elle venait de cesser un violent effort. »

X

En résumé, les phénomènes psychiques, étudiés d'un bout
à l'autre de la série, depuis les plus simples et les plus communs jusqu'aux plus complexes et aux plus rares, nous ont
tous paru obéir à la même loi générale de conductibilité.

Quelles conséquences devons-nous tirer de là ?

Nous en voyons de deux sortes. Les unes concernent la
théorie des phénomènes psychiques, la conception qu'il y a
lieu de s'en faire ; les autres, plus importantes peut-être, sont
relatives à la méthode par laquelle il convient de les étudier.

Tout d'abord la conductibilité de la force psychique nous
permettra peut-être d'expliquer la différence, jusqu'ici inex-

1. L'expérience serait beaucoup plus significative, au point de vue de
la conductibilité de la force psychique, si la main du médium, au lieu d'être
superposée à la main de l'opérateur, était appliquée sur son épaule.

plicable, qui distingue les sujets, c'est-à-dire les individus sensibles à l'action de cette force, du reste de l'humanité.

On peut prétendre sans doute que tous les hommes peuvent être plus ou moins influencés par la force psychique ou magnétique, comme on prétend qu'ils sont tous, quoiqu'à des degrés divers, hypnotisables ou suggestibles; mais il n'en est pas moins vrai que, pratiquement, les uns se révèlent actifs ou opérateurs, les autres passifs ou sujets, le plus grand nombre neutres, à la fois inefficaces et insensibles. A quoi tiennent ces différences? Plus particulièrement, d'où vient que tel individu, soumis à l'action magnétique, est influencé très rapidement et très profondément, alors qu'un autre, soumis à la même influence, même après un temps très long, n'en ressent aucun effet?

La première hypothèse qui vient à l'esprit, c'est que le premier est pour ainsi dire ouvert et comme perméable à cette action, tandis que le second lui est plutôt fermé et en quelque sorte imperméable; et on croit comprendre ces deux états opposés en imaginant que le rayonnement vital du premier se laisse repousser et pénétrer par le rayonnement plus fort de l'opérateur, auquel celui du second oppose au contraire une résistance qui l'équilibre et l'annule. Telle est l'interprétation que nous avons nous-même longtemps admise presque inconsciemment.

Mais les phénomènes de conductibilité que nous venons d'étudier nous suggèrent maintenant une interprétation toute différente.

Les perméables, ceux qui conduisent l'action psychique et se laissent entièrement traverser par elle, sans résistance et sans déperdition, ce sont justement les actifs et les neutres, en un mot les insensibles; et au contraire, les imperméables, ceux qui reçoivent l'action psychique, l'arrêtent, la retardent, la conservent et l'accumulent dans leur propre organisme où elle trouve ainsi le temps de produire tous ses effets, ce sont les passifs, les sujets.

La comparaison avec l'électricité s'impose.

Les sujets, pourrait-on dire, correspondent aux corps mauvais conducteurs de l'électricité, aux isolants ; les autres, non-sujets, aux corps bons conducteurs. Tant que l'électricité ne rencontre sur son passage que des corps bons conducteurs, elle les traverse, invisible, silencieuse, sans qu'aucun signe trahisse sa présence : tout se passe comme si elle n'existait pas. C'est seulement lorsqu'elle arrive à des corps mauvais conducteurs qu'elle s'arrête et s'accumule, et c'est alors aussi qu'elle manifeste son existence par les phénomènes les plus sensibles. Faites circuler des courants dans les fils métalliques : les effets calorifiques, lumineux, etc., que vous observez seront d'autant plus grands que la résistance opposée par les fils aux courants sera plus forte. De même, lorsqu'un opérateur impose sa main ou fait des passes sur un individu normal, la force magnétique ou psychique, ne rencontrant aucune résistance, est immédiatement conduite et dispersée dans ce qu'on pourrait appeler le réservoir universel des forces de la nature ; mais, si, au contraire, la même action s'exerce sur un sujet, elle ne chemine en lui que très lentement, sans doute à cause de l'imperméabilité relative de l'organisme, et par suite elle s'y accumule, elle s'y intensifie au point d'y produire des altérations, des perturbations plus ou moins profondes et durables.

Il n'y a là, disons-le bien hautement, qu'une hypothèse ; mais cette hypothèse se déduit très logiquement de la conductibilité de la force psychique et elle nous paraît valoir la peine qu'on essaie de la vérifier expérimentalement.

Une seconde conséquence de la même loi, c'est qu'elle nous explique pourquoi les phénomènes magnétiques et psychiques sont relativement rares et exceptionnels, tandis que la force qui les produit paraît au contraire très répandue et presque continuellement agissante. En effet, puisque cette force est naturellement conductible, qu'elle tend normalement à traverser les organismes, et sans doute aussi les corps inorganiques, sans y produire d'effets sensibles, jusqu'à ce qu'elle rencontre un milieu plus ou moins accidentellement

imperméable où elle puisse s'arrêter et s'accumuler, il s'ensuit qu'en règle générale les effets de cette force paraîtront rares
et exceptionnels, bien que son action soit constante et régulière. Ici encore, la comparaison avec l'électricité s'impose.
Tant qu'on n'a pas réussi à produire et à accumuler artificiellement l'électricité, les phénomènes électriques ont dû être
considérés comme des accidents, des curiosités, et en quelque
sorte comme des jeux de la nature; et cependant nous savons
bien aujourd'hui qu'il ne se produit pour ainsi dire pas de phénomène physique, chimique ou biologique, qui ne soit accompagné d'un dégagement d'électricité. De part et d'autre, nous
avons affaire à des phénomènes cryptoïdes.

Ainsi tombe l'objection que l'on entend si souvent opposer,
même par des savants qui se croient imbus du véritable esprit
scientifique, à l'étude des phénomènes psychiques, ou pour
mieux dire, *psycho-magnétiques*.

Ces phénomènes, disent-ils, sont trop rares, trop fugitifs,
trop capricieux, pour qu'on puisse les étudier : du moment
qu'un expérimentateur quelconque ne peut pas les observer
et les reproduire à sa volonté, toujours identiques dans les
mêmes conditions, ils sont nuls et non avenus pour la science :
ce ne sont pas des phénomènes *scientifiques* ; et celui qui
prétend les étudier se met par cela même en dehors de la
science : il est indigne du nom de savant. — Étrange sophisme,
auquel nous appliquerions volontiers le nom de *sophisme pares-
seux*, si les métaphysiciens n'avaient déjà réservé ce nom
pour un autre genre d'erreur! Comment ceux qui raisonnent
ainsi ne voient-ils pas que c'est justement la besogne qui
incombe à la science de rendre les phénomènes *scientifiques*,
c'est-à-dire d'en découvrir les conditions générales et invariables, ce que Claude Bernard appelait leur déterminisme, et
qu'elle manque à sa mission en refusant d'étudier des phénomènes dont les lois ne lui apparaissent pas de prime abord ?
Toute la question est de savoir si un phénomène est *réel;*
mais du moment qu'il existe, peu importe qu'il soit rare ou
fréquent, habituel ou exceptionnel, fugitif ou durable, capri-

cieux ou régulier : il est, cela suffit; donc il fait partie de
l'ordre de la nature ; et c'est à vous, savants, de découvrir,
si vous le pouvez, le mécanisme en vertu duquel il se produit.
Soyez tranquilles : le jour où vous aurez découvert ce mécanisme, le phénomène sera scientifique ; et vous pourrez alors,
si toutefois les conditions dont il dépend laissent place à l'intervention humaine, le produire et le reproduire aussi souvent,
aussi infailliblement que vous le voudrez. En somme, vous
vous plaignez que la nature ne fasse pas votre travail à votre
place, c'est-à-dire, qu'elle ne présente pas à votre étude des
phénomènes déjà tout préparés pour la facilité de vos observations et de vos expériences. Mais l'exemple même de l'électricité, si capricieuse aussi pour les premiers savants qui
l'ont étudiée, comme on peut s'en rendre compte en lisant
l'*Histoire de l'électricité* de Priestley, devrait suffire à vous
convaincre que la tâche à remplir tout d'abord, quand il s'agit
de phénomènes cryptoïdes, c'est justement de trouver le moyen
de les rendre observables et expérimentables à volonté. Seulement, pour trouver ce moyen, il faut le chercher, ou tout au
moins ne pas excommunier de la science ceux qui le cherchent.

Mais la connaissance de la conductibilité de la force psychique ne permet pas seulement de résoudre théoriquement
l'objection : elle permet de la lever pratiquement ; et c'est
surtout à ce point de vue que son importance nous semble
extrême. Elle donne en effet une méthode pour observer et
expérimenter les phénomènes psycho-magnétiques dans des
conditions de certitude et de rigueur absolument satisfaisantes.

Supposons en effet un savant à qui l'on propose d'étudier
des phénomènes de cet ordre, mais qui se trouve incapable
de les produire lui-même. Il a vainement essayé de magnétiser, d'endormir par des passes, d'anesthésier ou de catalep-
tiser par le prétendu rayonnement de la main, de suggestionner par la seule pensée, à plus forte raison de mouvoir à distance des objets matériels : il doit se contenter de voir ces

effets produits par des individus sans culture scientifique,
lesquels prétendent les produire en vertu d'un pouvoir particulier, mystérieux, quasi-magique. — Il est tout à fait conforme
aux lois de la nature humaine que ce savant refuse de prendre ces phénomènes au sérieux : plutôt que d'admettre un
seul instant leur réalité, il préférera les attribuer à la supercherie, à la fraude, à des connivences secrètes ou, plus poli-
ment, à des illusions, à des auto-suggestions inconscientes ; et
s'il voit quelque autre savant s'appliquer à leur étude, il sou-
rira de sa naïveté ou doutera de son bon sens. Que si ce
confrère prétend avoir, lui aussi, l'inexplicable privilège de
produire de tels phénomènes, le voilà, tout savant qu'il est,
en grand danger de passer pour un charlatan ou pour un fou.

Mais, si la force qui se manifeste par de tels effets est conductible, c'est-à-dire transmissible par contact de celui qui la possède à celui qui ne l'a pas naturellement, peu importe qu'un
individu donné soit ou ne soit pas capable de l'exercer par
lui-même : s'il ne l'a pas, il pourra toujours l'acquérir par
conduction et par suite être capable d'observer et d'expérimenter personnellement tout comme s'il la possédait. On n'est
donc plus obligé de croire sur parole les magnétiseurs ou
médiums professionnels, ou d'assister en simple spectateur
à leurs expériences : si véritablement les phénomènes qu'ils
nous montrent sont des effets de la force psychique et non des
artifices plus ou moins habilement truqués, nous devons
pouvoir les produire nous-mêmes, sans qu'ils aient autre chose
à faire qu'à nous communiquer par contact la force nécessaire à cet effet ; et nous pourrons les produire dans des conditions que nous aurons déterminées nous-même, de façon à
exclure toute possibilité de connivence ou d'auto-suggestion
et à nous convaincre pleinement et définitivement de leur
réalité objective.

Ainsi la méthode d'*expérimentation par conduction* fait,
en quelque sorte, rentrer les phénomènes psycho-magnétiques
dans le domaine commun : ils cessent d'être liés à l'individualité de tel ou tel personnage ; ils deviennent pour tout le

monde des objets d'observation et d'expérience possible ; on n'est plus excusable de se refuser à leur étude par un scepticisme de parti pris.

C'est surtout dans l'ordre des phénomènes les plus compliqués et les plus obscurs de la série psychique, transmission de pensée, mouvements d'objets matériels sans contact, que cette méthode permettra de faire enfin la lumière.

En ce qui concerne la transmission de pensée, il est assez plausible d'admettre qu'elle suppose, entre autres conditions, une sorte d'ajustement préalable entre l'opérateur et le sujet, et cet ajustement lui-même résulte d'une longue accoutumance de l'un à l'autre. Dès lors, nul ne s'étonnera que le premier venu ne puisse, sauf exception, transmettre d'emblée sa pensée, même au sujet le plus réceptif du monde, et que l'intermédiaire de l'opérateur habituel soit indispensable. — Mais, précisément pour cette raison, le phénomène devient très difficile à contrôler. Si je dois communiquer d'abord à ce tiers la pensée que je désire voir transmettre au sujet, qui me répond qu'il n'existe pas entre le sujet et lui un système de signes convenus d'avance, grâce auquel ils peuvent correspondre à l'insu des assistants, en dehors de toute télépsychie véritable? En fait, c'est bien ainsi que les choses se passent dans les exhibitions de soi-disant suggestion mentale, ou lecture de pensée, que donnent au public la plupart des entrepreneurs de ce genre de spectacle.

Il faudrait donc, pour ôter tout soupçon de connivence et toute possibilité de supercherie, que l'opérateur lui-même me mît en état de transmettre directement ma pensée par mon seul effort cérébral sans m'obliger à la lui communiquer au préalable. Dans ce cas, je serai bien assuré qu'il ne la révèle pas au sujet par un système quelconque de signaux, puisqu'il l'ignore lui-même. Or si, comme nous le croyons, la transmission de pensée obéit à la loi générale de la conductibilité psychique, il suffira, pour réaliser le phénomène dans des conditions d'authenticité irréprochables, que j'entre en rapport avec l'opérateur par le contact : le sujet n'aura besoin, pour compren-

dre ma pensée, que de la recevoir à travers cet intermédiaire
accoutumé. Comment douter de la réalité du fait de la suggestion mentale, s'il est possible à tout le monde de le vérifier
par un procédé aussi simple?

Il en serait de même de la télékinésie (mouvement imprimé
aux objets à distance) si, comme bien des indices tendent à
le faire croire, la force qui est en jeu dans ce phénomène peut
aussi se transmettre par conduction. Lorsqu'un médium,
dans une demi-obscurité, semble imprimer des mouvements
à un objet matériel sans contact apparent, par la seule vertu
de ses gestes, un sceptique peut toujours objecter la possibilité d'un « truc » qui échappe, grâce au peu de lumière, à
la clairvoyance des assistants, quelque fil, quelque cheveu
qui relie invisiblement l'objet aux mains du médium. — Supposons que la force télékinésique soit conductible : c'est désormais le sceptique lui-même qui, sous la seule condition d'être
touché par le médium, imprimera aux objets de son choix
des mouvements qu'il pourra accélérer, retarder, interrompre,
recommencer, en un mot varier et diriger à son gré. Nous
serions fort surpris si, dans de telles conditions, son scepticisme ne se changeait pas en un désir passionné d'étudier
expérimentalement toutes les circonstances d'un aussi merveilleux phénomène.

Il faut donc souhaiter que les futurs explorateurs s'attachent
à déterminer plus complètement que nous n'avons pu le faire
nous-même l'étendue et les conditions de cette grande loi de
conductibilité, dont les conséquences semblent devoir être si
importantes pour l'étude et l'explication des phénomènes
psychiques.

TABLE ALPHABÉTIQUE

DES NOMS D'AUTEURS CITÉS DANS CET OUVRAGE

TABLE DES MATIÈRES

——

QUATRIÈME PARTIE
LES PHÉNOMÈNES SPIRITOÏDES

CINQUIÈME PARTIE
ESSAI DE GÉNÉRALISATION

ÉVREUX, IMPRIMERIE CH. HÉRISSEY ET FILS.

la seconde l'*Histoire de la magie*; la troisième, la *Clef des grands mystères*.
Chacune de ces parties, étudiée séparement, donne un enseignement complet et semble contenir toute la science ; mais pour avoir une intelligence pleine et entière de l'une, il est indispensable d'étudier avec soin les deux autres.

Dogme et rituel de la haute magie, 3° édit, augmentée d'un. *Discours préliminaire sur les tendances religieuses, philosophiques et morales des livres de M. Eliphas Lévi sur la Magie*, et d'un article sur la *Magie des campagnes et la Sorcellerie des bergers*, 2 vol. in-8 avec 24 fig. . 18 fr.

Histoire de la magie, avec une exposition claire et précise de ses procédés, de ses rites et de ses mystères. Nouvelle édition, 1 volume in-8 avec 90 figures. . . . . 12 fr.

La clef des grands mystères, *suivant Henock, Abraham, Hermès, Trismégiste et Salomon*, 1 volume in-8 avec 22 planches. . . . . 12 fr.

La science des esprits, *révélations du dogme secret des kabbalistes, esprit occulte des évangiles, appréciations des doctrines et des phénomènes spirites*. 1 volume in-8, nouvelle édition. . . . . 7 fr.

JOURNAL DE PSYCHOLOGIE
NORMALE ET PATHOLOGIQUE
DIRECTEURS

Dr Pierre JANET   Dr Georges DUMAS
Professeur au Collège de France   Chargé de cours à la Sorbonne

(Cinquième année, 1908.)

Paraît tous les deux mois par livraisons de 100 pages environ, avec figures dans le texte.
Prix d'abonnement : Un an pour tous pays : **14 fr.** Le Numéro, **2 fr. 60.**
12 fr. pour les abonnés de la *Revue philosophique.*

On s'abonne également chez tous les libraires et dans tous les bureaux de postes de la France et de l'Etranger.

REVUE PHILOSOPHIQUE
DE LA FRANCE ET DE L'ÉTRANGER

Dirigée par Th. RIBOT, Membre de l'Institut, Professeur honoraire au Collège de France.
(33° année, 1908.)

Paraît tous les mois, par livraisons de 7 feuilles grand in-8. et forme chaque année deux volumes de 680 pages chacun.

Prix d'abonnement : Un an, Paris, **30 fr.** ; départements et étranger, **33 fr.** La livraison, **3 fr.**

On s'abonne également chez tous les libraires et dans les bureaux de poste de la France et de l'Etranger.

FÉLIX ALCAN, Éditeur

LIBRAIRIES FÉLIX ALCAN ET GUILLAUMIN RÉUNIES

PHILOSOPHIE — HISTOIRE

CATALOGUE

DES

Livres de Fonds

On peut se procurer tous les ouvrages qui se trouvent dans ce Catalogue par l'intermédiaire des libraires de France et de l'Étranger.

On peut également les recevoir franco par la poste, sans augmentation des prix désignés, en joignant à la demande des TIMBRES-POSTE FRANÇAIS ou un MANDAT sur Paris.

108, BOULEVARD SAINT-GERMAIN, 108

PARIS, 6e

—

DÉCEMBRE 1907

Les titres précédés d'un astérisque sont recommandés par le Ministère de l'Instruction publique pour les Bibliothèques des élèves et des professeurs et pour les distributions de prix des lycées et collèges.

BIBLIOTHÈQUE DE PHILOSOPHIE CONTEMPORAINE

La psychologie, avec ses auxiliaires indispensables, l'anatomie et la physiologie du système nerveux, la pathologie mentale, la psychologie des races inférieures et des animaux, les recherches expérimentales des laboratoires; — la logique; — les théories générales fondées sur les découvertes scientifiques; — l'esthétique; — les hypothèses métaphysiques; — la criminologie et la sociologie; — l'histoire des principales théories philosophiques; tels sont les principaux sujets traités dans cette Bibliothèque. — Un catalogue spécial à cette collection, par ordre de matières, sera envoyé sur demande.

VOLUMES IN-16, BROCHÉS, A 2 FR. 50
Ouvrages parus en 1907 :

BOS (C.), docteur en philosophie. **Pessimisme, Féminisme, Moralisme.**
BOUGLÉ (C.), professeur à l'Université de Toulouse. **Qu'est-ce que la Sociologie?**
COIGNET (C.). **L'évolution du protestantisme français au XIXe siècle.**
CRESSON (A.), professeur au lycée de Lyon. **Les bases de la philosophie naturaliste.**
LACHELIER (J.), de l'Institut. **Études sur le syllogisme, suivies de l'observation** de Platner et d'une note sur le « Philèbe ».
LODGE (Sir Oliver). **La Vie et la Matière**, trad. de l'anglais par J. MAXWELL.
PROAL (Louis), conseiller à la Cour d'appel de Paris. **L'éducation et le suicide des enfants.** Étude psychologique et sociologique.
RAGEOT (G.). **Les savants et la philosophie.**
REY (A.), agrégé de philosophie, docteur ès lettres. **L'énergétique et le mécanisme au point de vue des conditions de la connaissance.**
ROEHRICH (E.). **L'attention spontanée et volontaire.** Son fonctionnement, ses lois, son emploi dans la vie pratique. (Récompensé par l'Institut.)
ROGUES DE FURSAC (J.). **Un mouvement mystique contemporain.** Le réveil religieux au Pays de Galles (1904-1905).
SCHOPENHAUER. **Philosophie et philosophes**, trad. Dietrich.
SOLLIER (Dr P.). **Essai critique et théorique sur l'association en psychologie.**

Précédemment publié :

ALAUX (V.). **La philosophie de Victor Cousin.**
ALLIER (R.). *La Philosophie d'Ernest Renan. 2e édit. 1903.
ARRÉAT (L.). *La Morale dans le drame, l'épopée et le roman. 3e édition.
— *Mémoire et imagination (Peintres, Musiciens, Poètes, Orateurs). 2e édit.
— Les Croyances de demain. 1898.
— Dix ans de philosophie. 1900.
— Le Sentiment religieux en France. 1903.
— Art et Psychologie individuelle. 1906.
BALLET (G.). Le Langage intérieur et les diverses formes de l'aphasie. 2e édit.
BAYET (A.). La morale scientifique. 2e édit. 1905.
BEAUSSIRE, de l'Institut. *Antécédents de l'hégél. dans la philos. française.
BERGSON (H.), de l'Institut, professeur au Collège de France. *Le Rire. Essai sur la signification du comique. 5e édition. 1908.
BERTAULD. De la Philosophie sociale.
BINET (A.), directeur du lab. de psych. physiol. de la Sorbonne. La Psychologie du raisonnement, expériences par l'hypnotisme. 4e édit. 1907.
BLONDEL. Les Approximations de la vérité. 1900.
BOS (C.), docteur en philosophie. *Psychologie de la croyance. 2e édit. 1905.
BOUCHER (M.). L'hyperespace, le temps, la matière et l'énergie. 2e édit. 1905.
BOUGLÉ, prof. à l'Univ. de Toulouse. Les Sciences sociales en Allemagne. 2e éd. 1902.
BOURDEAU (J.). Les Maîtres de la pensée contemporaine. 5e édit. 1906.
— Socialistes et sociologues. 2e éd. 1907.
BOUTROUX, de l'Institut. *De la contingence des lois de la nature. 6e éd. 1908.

Suite de la Bibliothèque de philosophie contemporaine, format in-18, à 2 fr. 50 le vol.

BRUNSCHVICG, professeur au lycée Henri IV, docteur ès lettres. *Introduction à la vie de l'esprit. 2e édit. 1900.
— *L'Idéalisme contemporain. 1905.
COSTE (Ad.). Dieu et l'âme. 2e édit. précédée d'une préface par R. Worms, 1903.
CRESSON (A.), docteur ès lettres. La Morale de Kant. 2e édit. (Couv. par l'Institut.)
— Le Malaise de la pensée philosophique. 1905.
DANVILLE (Gaston). Psychologie de l'amour. 4e édit. 1907.
DAURIAC (L.), La Psychologie dans l'Opéra français (Auber, Rossini, Meyerbeer).
DELVOLVÉ (J.), docteur ès lettres, agrégé de philosophie. *L'organisation de la conscience morale. Esquisse d'un art moral positif. 1906.
DUGAS, docteur ès lettres. *Le Psittacisme et la pensée symbolique. 1896.
— La Timidité. 4e édit. augmentée 1907.
— Psychologie du rire. 1902.
— L'absolu. 1904.
DUMAS (G.), chargé de cours à la Sorbonne. *Le Sourire, avec 10 figures. 1906.
DUNAN, docteur ès lettres. La théorie psychologique de l'Espace.
DUPRAT (G.-L.), docteur ès lettres. Les Causes sociales de la Folie. 1900.
— Le Mensonge. Étude psychologique. 1903.
DURAND (de Gros). *Questions de philosophie morale et sociale. 1902.
DURKHEIM (Emile), professeur à la Sorbonne. *Les règles de la méthode sociologique. 4e édit. 1907.
D'EICHTHAL (Eug.) (de l'Institut). Les Problèmes sociaux et le Socialisme. 1899.
ENCAUSSE (Papus). L'occultisme et le spiritualisme. 2e édit. 1903.
ESPINAS (A.), de l'Institut. *. La Philosophie expérimentale en Italie.
FAIVRE (E.). De la Variabilité des espèces.
FÉRÉ (Ch.). Sensation et Mouvement. Étude de psycho-mécanique, avec fig. 2e éd.
— Dégénérescence et Criminalité, avec figures. 4e édit. 1907.
FERRI (E.). *Les Criminels dans l'Art et la Littérature. 3e édit. 1908.
VIERENDS-GEVAERT. Essai sur l'Art contemporain. 2e éd. 1903. (Couv. par l'Ac. fr.).
— La Tristesse contemporaine, essai sur les grands courants moraux et intellectuels du XIXe siècle. 4e édit. 1904. (Couronné par l'Institut.)
— *Psychologie d'une ville. Essai sur Bruges. 2e édit. 1902.
— Nouveaux essais sur l'Art contemporain. 1903.
FLEURY (Maurice de). L'Âme du criminel. 2e édit. 1907.
FONSEGRIVE, professeur au lycée Buffon. La Causalité efficiente. 1893.
FOUILLÉE (A.), de l'Institut. La propriété sociale et la démocratie.
FOURNIÈRE (E.). Essai sur l'individualisme. 1901.
FRANCK (Ad.), de l'Institut. * Philosophie du droit pénal. 5e édit.
GAUCKLER. Le Beau et son histoire.
GELEY (Dr G.). L'être subconscient. 2e édit. 1905.
GOBLOT (E.), professeur à l'Université de Lyon. Justice et liberté. 2e éd. 1907.
GODFERNAUX (G.), docteur ès lettres. Le Sentiment et la Pensée. 2e éd. 1906.
GRASSET (J.), professeur à la Faculté de médecine de Montpellier. Les limites de la biologie. 5e édit. 1907. Préface de Paul Bourget.
GREEF (de). Les Lois sociologiques. 3e édit.
GUYAU. *La Genèse de l'idée de temps. 2e édit.
HARTMANN (E. de). La Religion de l'avenir. 5e édit.
— Le Darwinisme, ce qu'il y a de vrai et de faux dans cette doctrine. 6e édit.
HERBERT SPENCER. *Classification des sciences. 6e édit.
— L'Individu contre l'État. 5e édit.
HERCKENRATH (C.-R.-C.) Problèmes d'Esthétique et de Morale. 1897.
JAELL (Mme). L'intelligence et le rythme dans les mouvements artistiques.
JAMES (W.). La théorie de l'émotion, préf. de G. Dumas. 2e édition. 1903.
JANET (Paul), de l'Institut. *La Philosophie de Lamennais.
JANKÉLÉWITCH (Dr). *Nature et Société. Essai d'une application du point de vue finaliste aux phénomènes sociaux. 1906.
LACHELIER (J.), de l'Institut. Du fondement de l'Induction, suivi de psychologie et métaphysique. 5e édit. 1907.
LAISANT (C.). L'Éducation fondée sur la science. Préface de A. Naquet. 2e éd. 1905.

Suite de la Bibliothèque de philosophie contemporaine, format in-16, à 2 fr. 50 le vol.

LAMPÉRIÈRE (Mme A.). * Rôle social de la femme, son éducation. 1898.
LANDRY (A.), agrégé de philos., docteur ès lettres. La responsabilité pénale. 1902.
LANGE, professeur à l'Université de Copenhague. * Les Emotions, étude psycho-physiologique, traduit par G. Dumas. 2e édit. 1902.
LAPIE, professeur à l'Université de Bordeaux. La Justice par l'État. 1899.
LAUGEL (Auguste). L'Optique et les Arts.
LE BON (Dr Gustave). * Lois psychologiques de l'évolution des peuples. 7e édit.
— * Psychologie des foules. 18e édit.
LECHALAS. * Etude sur l'espace et le temps. 1895.
LE DANTEC, chargé du cours d'Embryologie générale à la Sorbonne. Le Détermi-nisme biologique et la Personnalité consciente. 3e édit. 1902.
— * L'Individualité et l'Erreur individualiste. 2e édit. 1905.
— * Lamarckiens et Darwiniens. 3e édit. 1908.
LEFÈVRE (G.), prof. à l'Univ. de Lille. Obligation morale et idéalisme. 1893.
LIARD, de l'Inst., vice-rect. de l'Acad. de Paris. * Les Logiciens anglais contemp. 5e éd.
— Des définitions géométriques et des définitions empiriques. 3e édit.
LICHTENBERGER (Henri), maître de conférences à la Sorbonne. * La philosophie de Nietzsche. 9e édit. 1900.
— * Friedrich Nietzsche. Aphorismes et fragments choisis. 3e édit. 1905.
LOMBROSO. L'Anthropologie criminelle et ses récents progrès. 4e édit. 1901.
LUBBOCK (Sir John). * Le Bonheur de vivre. 2 volumes. 10e édit. 1907.
— * L'Emploi de la vie. 7e éd. 1908.
LYON (Georges), recteur de l'Académie de Lille. * La Philosophie de Hobbes.
MARGUERY (E.). L'Œuvre d'art et l'évolution. 2e édit. 1905.
MAUXION, professeur à l'Université de Poitiers. * L'éducation par l'instruction et les Théories pédagogiques de Herbart. 1900.
— * Essai sur les éléments et l'évolution de la moralité. 1904.
MILHAUD (G.), professeur à l'Université de Montpellier. * Le Rationnel. 1898.
— * Essai sur les conditions et les limites de la Certitude logique. 2e édit. 1898.
MOSSO. * La Peur. Etude psycho-physiologique (avec figures). 3e édit.
— * La Fatigue intellectuelle et physique, trad. Langlois. 5e édit.
MURISIER (E.), professeur à la Faculté des lettres de Neuchâtel (Suisse). * Les Maladies du sentiment religieux. 2e édit. 1903.
NAVILLE (E.), prof. à la Faculté des lettres et sciences sociales de l'Université de Genève. Nouvelle classification des sciences. 2e édit. 1901.
NORDAU (Max). * Paradoxes psychologiques, trad. Dietrich. 6e édit. 1907.
— Paradoxes sociologiques, trad. Dietrich. 5e édit. 1907.
— * Psycho-physiologie du Génie et du Talent, trad. Dietrich. 4e édit. 1903.
NOVICOW (J.). L'Avenir de la Race blanche. 2e édit. 1903.
OSSIP-LOURIÉ, lauréat de l'Institut. Pensées de Tolstoï. 2e édit. 1902.
— * Nouvelles Pensées de Tolstoï. 1903.
— * La Philosophie de Tolstoï. 2e édit. 1903.
— * La Philosophie sociale dans le théâtre d'Ibsen. 1900.
— Le Bonheur et l'Intelligence. 1904.
PALANTE (G.), agrégé de l'Université. Précis de sociologie. 2e édit. 1903.
PAULHAN (Fr.). Les Phénomènes affectifs et les lois de leur apparition. 2e éd. 1901.
— * Joseph de Maistre et sa philosophie. 1893.
— * Psychologie de l'invention. 1900.
— * Analystes et esprits synthétiques. 1903.
— * La fonction de la mémoire et le souvenir affectif. 1904.
PHILIPPE (J.). * L'Image mentale, avec fig. 1903.
PHILIPPE (J.) et PAUL-BONCOUR (J.). Les anomalies mentales chez les écoliers. (Ouvrage couronné par l'Institut.) 2e éd. 1907.
PILLON (F.). * La Philosophie de Ch. Secrétan. 1898.
PIOGER (Dr Julien). Le Monde physique, essai de conception expérimentale. 1893.
QUEYRAT, prof. de l'Univ. * L'Imagination et ses variétés chez l'enfant. 3e édit.
— * L'Abstraction, son rôle dans l'éducation intellectuelle. 2e édit. revue. 1907.
— * Les Caractères et l'éducation morale. 2e éd. 1901.
— * La logique chez l'enfant et sa culture. 3e édit. revue. 1907.
— * Les jeux des enfants. 1905.

Suite de la *Bibliothèque de philosophie contemporaine*, format in-16 à 2 fr. 50 le vol.

REGNAUD (P.), professeur à l'Université de Lyon. Logique évolutionniste. L'Entendement dans ses rapports avec le langage. 1897.
— Comment naissent les mythes, 1897.
RENARD (Georges), professeur au Collège de France. Le régime socialiste, son organisation politique et économique. 6° édit. 1907.
REVILLE (A.), professeur au Collège de France. Histoire du dogme de la Divinité de Jésus-Christ. 4° édit. 1907.
RIBOT (Th.), de l'Institut, professeur honoraire au Collège de France, directeur de la *Revue philosophique*. La Philosophie de Schopenhauer. 10° édition.
— * Les Maladies de la mémoire. 20° édit.
— * Les Maladies de la volonté. 21° édit.
— * Les Maladies de la personnalité. 13° édit.
— * La Psychologie de l'attention. 10° édit.
RICHARD (G.), prof. à l'Univ. de Bordeaux. * Socialisme et Science sociale. 3° édit.
RICHET (Ch.), prof. à l'Univ. de Paris. Essai de psychologie générale. 7° édit. 1907.
RODERTY (E. de). L'Inconnaissable, sa métaphysique, sa psychologie.
— L'Agnosticisme. Essai sur quelques théories pessim. de la connaissance. 2° édit.
— La Recherche de l'Unité. 1893.
— Le Bien et le Mal. 1896.
— Le Psychisme social. 1897.
— Les Fondements de l'Ethique. 1898.
— Constitution de l'Ethique. 1901.
— Frédéric Nietzsche. 3° édit. 1903.
ROISEL. De la Substance.
— L'Idée spiritualiste. 2° éd. 1901.
ROUSSEL-DESPIERRES. L'Idéal esthétique. *Philosophie de la beauté.* 1903.
SCHOPENHAUER. * Le Fondement de la morale, trad. par M. A. Burdeau. 7° édit.
— * Le Libre arbitre, trad. par M. Salomon Reinach, de l'Institut. 10° éd.
— Pensées et Fragments, avec intr. par M. J. Bourdeau. 21° édit.
— * Ecrivains et style. Traduct. Dietrich. 1905.
— * Sur la Religion. Traduct. Dietrich. 1906.
SOLLIER (D' P.). Les Phénomènes d'autoscopie, avec fig. 1903.
SOURIAU (P.), prof. à l'Université de Nancy. La Rêverie esthétique. *Essai sur la psychologie du poète.* 1906.
STUART MILL. * Auguste Comte et la Philosophie positive. 3° édit. 1907.
— * L'Utilitarisme. 5° édit. revue. 1903.
— Correspondance inédite avec Gust. d'Eichthal (1828-1842)—(1864-1871). 1898. Avant-propos et trad. par Eug. d'Eichthal.
— La Liberté, avant-propos, introduction et traduc. par DUPONT-WHITE. 3° édit.
SULLY PRUDHOMME, de l'Académie française. * Psychologie du libre arbitre suivi de *Définitions fondamentales des idées les plus générales et des idées les plus abstraites*. 1907.
— et Ch. RICHET. Le problème des causes finales. 4° édit. 1907.
SWIFT. L'Eternel conflit. 1901.
TANON (L.). * L'Evolution du droit et la Conscience sociale. 2° édit. 1905.
TARDE, de l'Institut. La Criminalité comparée. 6° édit. 1907.
— * Les Transformations du Droit. 5° édit. 1906.
— * Les Lois sociales. 5° édit. 1907.
THAMIN (R.), recteur de l'Acad. de Bordeaux. * Education et Positivisme. 2° édit.
THOMAS (P. Félix). * La suggestion, son rôle dans l'éducation. 4° édit. 1907.
— * Morale et éducation. 2° édit. 1905.
TISSIÉ. * Les Rêves, avec préface du professeur Azam. 2° éd. 1898.
WUNDT. Hypnotisme et Suggestion. Etude critique, traduit par M. Keller. 3° édit. 1905.
ZELLER. Christian Baur et l'Ecole de Tubingue, traduit par M. Ritter.
ZIEGLER. La Question sociale est une Question morale, trad. Palante. 3° édit.

F. ALCAN, — 6 —

Suite de la *Bibliothèque de philosophie contemporaine*, format in-8.

BIBLIOTHÈQUE DE PHILOSOPHIE CONTEMPORAINE

VOLUMES IN-8, BROCHÉS

à 3 fr. 75, 5 fr., 7 fr. 50, 10 fr., 12 fr. 50 et 15 fr.

Ouvrages parus en 1907.

BARDOUX (J.). Essai d'une psychologie de l'Angleterre contemporaine. *Les crises politiques. Protectionnisme et Radicalisme.* 5 fr.

BAZAILLAS (A.), professeur au lycée Condorcet. Musique et Inconscience. *Introduction à la psychologie de l'inconscient.* 5 fr.

BELOT (G.), agrégé de philosophie. Études de morale positive. (*Récompensé par l'Institut.*) 7 fr. 50

BERGSON (H.), de l'Institut. L'Évolution créatrice. 3e édit. 7 fr. 50

DURKHEIM, professeur à la Sorbonne. Année sociologique. 10e Année (1905-1906). — P. Huvelin : Magie et droit industriel. — R. Hertz : Contribution à une étude sur la représentation collective de la mort. — C. Bouglé : Note sur le droit et la caste en Inde. — Analyses. 12 fr. 50

EVELLIN (F.), inspecteur général honoraire de l'instruction publique. La Raison pure et les antinomies. *Essai critique sur la philosophie kantienne.* (*Couronné par l'Institut.*) 5 fr.

FOUILLÉE (A.), de l'Institut. Morale des idées-forces. 7 fr. 50

HAMELIN (O.), chargé de cours à la Sorbonne. Essai sur les éléments principaux de la Représentation. 12 fr. 50

HÖFFDING, prof. à l'Université de Copenhague. Philosophes contemporains. traduction Tromesaygues. 3 fr. 75

KEIM (A.), docteur ès lettres. Helvétius, sa vie, son œuvre. 10 fr.

LYON (G.), recteur à Lille. Enseignement et religion. Études philosophiques. 3 fr. 75

RENOUVIER (Ch.), de l'Institut. Science de la morale. Nouvelle édition. 2 vol. 15 fr.

REY (A.), docteur ès lettres, agrégé de philosophie. La Théorie de la physique chez les physiciens contemporains. 7 fr. 50

ROUSSEL-DESPIERRES (Fr.). Hors du scepticisme. Liberté et beauté. 1 vol. in-8. 7 fr. 50

WAYNBAUM (Dr I.). La physionomie humaine. 5 fr.

Précédemment publiés:

ADAM (Ch.), recteur de l'Académie de Nancy. * La Philosophie en France (première moitié du XIXe siècle). 7 fr. 50

ALENGRY (Franck), docteur ès lettres, inspecteur d'académie. *Essai historique et critique sur la Sociologie chez Aug. Comte. 1900. 10 fr.

ARNOLD (Matthew). La Crise religieuse. 7 fr. 50

ARRÉAT. *Psychologie du peintre. 5 fr.

AUBRY (Dr P.). La Contagion du meurtre. 1896. 3e édit. 5 fr.

BAIN (Alex.). La Logique inductive et déductive. Trad. Compayré. 2 vol. 8e éd. 20 fr.
— * Les Sens et l'Intelligence. Trad. Cazelles. 3e édit. 10 fr.

BALDWIN (Mark), professeur à l'Université de Princeton (États-Unis). Le Développement mental chez l'enfant et dans la race. Trad. Nourry. 1897. 7 fr. 50

BARDOUX (J.). *Essai d'une psychologie de l'Angleterre contemporaine. *Les crises belliqueuses. (*Couronné par l'Académie française*). 1906. 7 fr. 50

BARTHÉLEMY-SAINT-HILAIRE, de l'Institut. La Philosophie dans ses rapports avec les sciences et la religion. 5 fr.

BARZELOTTI, prof. à l'Univ. de Rome. *La Philosophie de H. Taine. 1900. 7 fr. 50

BAZAILLAS (A.), docteur ès lettres, professeur au lycée Condorcet. *La Vie personnelle. *Étude sur quelques illusions de la perception extérieure. 1905. 5 fr.

BERGSON (H.), de l'Institut. * Matière et mémoire. 5e édit. 1908. 5 fr.
— Essai sur les données immédiates de la conscience. 6e édit. 1908. 3 fr. 75

BERTRAND, prof. à l'Université de Lyon. * L'Enseignement intégral. 1898. 5 fr.
Les Études dans la démocratie. 1900. 5 fr.

BINET (A.). *Les révélations de l'écriture, avec 67 grav. 5 fr.

BOIRAC (Émile), recteur de l'Académie de Dijon. * L'Idée du Phénomène. 5 fr.

BOUGLÉ, prof. à l'Univ. de Toulouse. *Les Idées égalitaires. 2e édit. 1908. 3 fr. 75

BOURDEAU (L.). Le Problème de la mort. 4e édition. 1904. 5 fr.
— Le Problème de la vie. 1901. 7 fr. 50

Suite de la Bibliothèque de philosophie contemporaine, format in-8.

BOURDON, professeur à l'Université de Rennes. *L'Expression des émotions et des tendances dans le langage.* 7 fr. 50

BOUTROUX (E.), de l'Inst. Études d'histoire de la philosophie. 2ᵉ éd. 1901. 7 fr. 50

BRAUNSCHVIG (M.), docteur ès lettres, prof. au lycée de Toulouse. Le sentiment du beau et le sentiment poétique. Essai sur l'esthétique du vers. 1904. 3 fr. 75

BRAY (L.) Du beau. 1902. 5 fr.

BROCHARD (V.), de l'Institut. De l'Erreur. 2ᵉ édit. 1897. 5 fr.

BRUNSCHVICG (L.), prof. au lycée Henri IV, doct. ès lett. La Modalité du jugement. 5 fr.
— *Spinoza.* 2ᵉ édit. 1906. 3 fr. 75

CARRAU (Ludovic), prof. à la Sorbonne. Philosophie religieuse en Angleterre. 5 fr.

CHABOT (Ch.), prof. à l'Univ. de Lyon. *Nature et Moralité.* 1897. 5 fr.

CLAY (R.). *L'Alternative, Contribution à la Psychologie.* 2ᵉ édit. 10 fr.

COLLINS (Howard). *La Philosophie de Herbert Spencer,* avec préface de Herbert Spencer, traduit par H. de Varigny. 4ᵉ édit. 1901. 10 fr.

COMTE (Aug.). La Sociologie, résumé par E. Rigolage, 1897. 7 fr. 50

COSENTINI (F.). La Sociologie génétique. *Pensée et vie sociale préhist.* 1905. 3 fr. 75

COSTE. Les Principes d'une sociologie objective. 3 fr. 75

— L'Expérience des peuples et les prévisions qu'elle autorise. 1900. 10 fr.

COUTURAT (L.). Les principes des mathématiques. 1900. 5 fr.

CRÉPIEUX-JANIN. L'Écriture et le Caractère. 4ᵉ édit. 1897. 7 fr. 50

CRESSON, doct. ès lettres. La Morale de la raison théorique. 1903. 5 fr.

DAURIAC (L.). *Essai sur l'esprit musical.* 1904. 5 fr.

DE LA GRASSERIE (R.), lauréat de l'Institut. Psychologie des religions. 1899. 5 fr.

DELBOS (V.), maître de conf. à la Sorbonne. *La philosophie pratique de Kant.* 1905. (Ouvrage couronné par l'Académie française.) 12 fr. 50

DELVAILLE (J.), agr. de philosophie. La vie sociale et l'éducation. 1907. 3 fr. 75

DELVOLVÉ (J.), docteur ès lettres, agrégé de philosophie. *Religion, critique et philosophie positive chez Pierre Bayle.* 1906. 7 fr. 50

DRAGHICESCO (D.), chargé de cours à l'Université de Bucarest. L'Individu dans le déterminisme social. 1904. 7 fr. 50
— Le problème de la conscience. 1907. 3 fr. 75

DUMAS (G.), chargé de cours à la Sorbonne. *La Tristesse et la Joie.* 1900. 7 fr. 50
— Psychologie de deux messies. *Saint-Simon et Auguste Comte.* 1905. 5 fr.

DUPRAT (G. L.), docteur ès lettres. L'Instabilité mentale. 1899. 5 fr.

DUPROIX (P.), prof. à la Fac. des lettres de l'Univ. de Genève. *Kant et Fichte et le problème de l'éducation.* 2ᵉ édit. 1897. (Ouv. cour. par l'Acad. franç.) 5 fr.

DURAND (DE GROS). Aperçus de taxinomie générale. 1899. 5 fr.
— Nouvelles recherches sur l'esthétique et la morale. 1899. 5 fr.
— Variétés philosophiques. 2ᵉ édit. revue et augmentée. 1900. 5 fr.

DURKHEIM, prof. à la Sorbonne. *De la division du travail social.* 2ᵉ édit. 1901. 7 fr. 50
— Le Suicide, *étude sociologique.* 1897. 7 fr. 50
— *L'année sociologique :* 10 années parues.
1ʳᵉ Année (1896-1897). — DURKHEIM : La prohibition de l'inceste et ses origines. — G. SIMMEL : Comment les formes sociales se maintiennent. — *Analyses des travaux de sociologie publiés du 1ᵉʳ Juillet 1896 au 30 Juin 1897.* 10 fr.
2ᵉ Année (1897-1898). — DURKHEIM : De la définition des phénomènes religieux. — HUBERT et MAUSS : La nature et la fonction du sacrifice. — *Analyses.* 10 fr.
3ᵉ Année (1898-1899). — RATZEL : Le sol, la société, l'État. — RICHARD : Les crises sociales et la criminalité. — STEINMETZ : Classif. des types sociaux. — *Analyses.* 10 fr.
4ᵉ Année (1899-1900). — BOUGLÉ : Remarques sur le régime des castes. — DURKHEIM : Deux lois de l'évolution pénale. — CHARMONT : Notes sur les causes d'extinction de la propriété corporative. *Analyses.* 10 fr.
5ᵉ Année (1900-1901). — F. SIMIAND : Remarques sur les variations du prix du charbon au XIXᵉ siècle. — DURKHEIM : Sur le Totémisme. — *Analyses.* 10 fr.
6ᵉ Année (1901-1902). — DURKHEIM et MAUSS : De quelques formes primitives de classification. Contribution à l'étude des représentations collectives. — BOUGLÉ : Les théories récentes sur la division du travail. — *Analyses.* 12 fr. 50
7ᵉ Année (1902-1903). — HUBERT et MAUSS Théorie générale de la magie. — *Anal.* 12 fr. 50
8ᵉ Année (1903-1904). — H. BOUGLÉ : La boucherie à Paris au XIXᵉ siècle. — E. DURKHEIM : L'organisation matrimoniale australienne. — *Analyses.* 12 fr. 50
9ᵉ Année (1904-1905). — A. MEILLET : Comment les noms changent de sens. — MAUSS et BEUCHAT : Les variations saisonnières des sociétés eskimos. — *Anal.* 12 fr. 50

Suite de la *Bibliothèque de philosophie contemporaine*, format in-8.

EGGER (V.), prof. à la Fac. des lettres de Paris. La parole intérieure. 2e éd. 1904. 5 fr.
ESPINAS (A.), de l'Institut, professeur à la Sorbonne. *La Philosophie sociale du XVIIIe siècle et la Révolution française. 1898.   7 fr. 50
FERRERO (G.). Les Lois psychologiques du symbolisme. 1895.   5 fr.
FERRI (Enrico). La Sociologie criminelle. Traduction L. TERRIER. 1905.   10 fr.
FERRI (Louis). La Psychologie de l'association, depuis Hobbes,   7 fr. 50
FINOT (J.). Le préjugé des races. 3e édit. 1908. (Récomp. par l'Institut). 7 fr. 50
— La philosophie de la longévité. 12e édit. refondue. 1909.   5 fr.
FONSEGRIVE, prof. au lycée Buffon. *Essai sur le libre arbitre. 2e édit. 1895. 10 fr.
FOUCAULT, maître de conf. à l'Univ. de Montpellier. La psychophysique. 1903, 7 fr. 50
— Le Rêve. 1906.   5 fr.
FOUILLÉE (Alf.), de l'Institut. *La Liberté et le Déterminisme. 4e édit.   7 fr. 50
— Critique des systèmes de morale contemporains. 5e édit.   7 fr. 50
— *La Morale, l'Art, la Religion, d'après Guyau. 6e édit. augm.   3 fr. 75
— L'Avenir de la Métaphysique fondée sur l'expérience. 2e édit.   5 fr.
— *L'Évolutionnisme des idées-forces. 4e édit.   7 fr. 50
— *La Psychologie des idées-forces. 2 vol. 2e édit.   15 fr.
— *Tempérament et caractère. 3e édit.   7 fr. 50
— Le Mouvement positiviste et la conception sociol. du monde. 2e édit. 7 fr. 50
— Le Mouvement idéaliste et la réaction contre la science posit. 2e édit. 7 fr. 50
— *Psychologie du peuple français. 3e édit.   7 fr. 50
— *La France au point de vue moral. 3e édit.   7 fr. 50
— *Esquisse psychologique des peuples européens. 3e édit. 1903.   10 fr.
— *Nietzsche et l'immoralisme. 2e édit. 1903.   5 fr.
— *Le moralisme de Kant et l'amoralisme contemporain. 2e édit. 1905. 7 fr. 50
— *Les éléments sociologiques de la morale. 1905.   7 fr. 50
FOURNIÈRE (E.). *Les théories socialistes au XIXe siècle. 1904.   7 fr. 50
FULLIQUET. Essai sur l'Obligation morale. 1898.   7 fr. 50
GAROFALO, prof. à l'Université de Naples. La Criminologie. 5e édit. refondue. 7 fr. 50
— La Superstition socialiste. 1895.   5 fr.
GÉRARD-VARET, prof. à l'Univ. de Dijon. L'Ignorance et l'Irréflexion. 1899. 5 fr.
GLEY (Dr E.), professeur agrégé à la Faculté de médecine de Paris. Études de psychologie physiologique et pathologique, avec fig. 1903.   5 fr.
GOBLOT (E.), Prof. à l'Université de Lyon. *Classification des sciences. 1898. 5 fr.
GORY (G.). L'Immanence de la raison dans la connaissance sensible.   5 fr.
GRASSET (J.), professeur à l'Université de Montpellier. Demifous et demirespon-
sables. 2e édit. 1908.   5 fr.
GREEF (de), prof. à l'Univ. nouvelle de Bruxelles. Le Transformisme social. 7 fr. 50
— La Sociologie économique. 1904.   3 fr. 75
GROOS (K.), prof. à l'Université de Bâle. *Les jeux des animaux. 1902.   7 fr. 50
GURNEY, MYERS et PODMORE. Les Hallucinations télépathiques. 4e édit. 7 fr. 50
GUYAU (M.). *La Morale anglaise contemporaine. 5e édit.   7 fr. 50
— Les Problèmes de l'esthétique contemporaine. 6e édit.   5 fr.
— Esquisse d'une morale sans obligation ni sanction. 8e édit.   5 fr.
— L'Irréligion de l'avenir, étude de sociologie. 11e édit.   7 fr. 50
— *L'Art au point de vue sociologique. 7e édit.   7 fr. 50
— *Éducation et Hérédité, étude sociologique. 9e édit.   5 fr.
HALÉVY (Élie), d'ès lettres. *Formation du radicalisme philosoph., 3 v., chacun 7 fr. 50
HANNEQUIN, prof. à l'Univ. de Lyon. L'hypothèse des atomes. 2e édit. 1899. 7 fr. 50
HARTENBERG (Dr Paul). Les Timides et la Timidité. 2e édit. 1904.   5 fr.
HÉBERT (Marcel), prof. à l'Université nouvelle de Bruxelles. L'Évolution de la foi catholique. 1905.   5 fr.
— *Le divin. *Expériences et hypothèses*. Études psychologiques. 1907.   5 fr.
HÉMON (C.), agrégé de philosophie. La philosophie de M. Sully Prudhomme. Préface de M. SULLY PRUDHOMME. 1907.   7 fr. 50
HERBERT SPENCER. *Les premiers Principes. Traduc. Cazelles. 9e édit.   10 fr.
— *Principes de biologie. Traduct. Cazelles. 4e édit. 2 vol.   20 fr.
— *Principes de psychologie. Trad. par MM. Ribot et Espinas. 2 vol.   20 fr.
— *Principes de sociologie. 5 vol. : Tome I. *Données de la sociologie*. 10 fr. — Tome II. *Inductions de la sociologie. Relations domestiques*. 7 fr. 50. — Tome III. *Institutions cérémonielles et politiques*. 15 fr. — Tome IV. *Institutions ecclé-siastiques*. 3 fr. 75. — Tome V. *Institutions professionnelles*. 7 fr. 50.

Suite de la Bibliothèque de philosophie contemporaine, format in-8.

Suite de la *Bibliothèque de philosophie contemporaine*, format in-8.

LYON (Georges), recteur de l'Académie de Lille. *L'Idéalisme en Angleterre au XVIIIe siècle. 7 fr. 50

MALAPERT (P.), docteur ès lettres, prof. au lycée Louis-le-Grand. *Les Éléments du caractère et leurs lois de combinaison. 2e édit. 1900. 5 fr.

MARION (H.), prof. à la Sorbonne. *De la solidarité morale. 6e édit. 1907 5 fr.

MARTIN (Fr.). *La Perception extérieure et la Science positive. 1894. 5 fr.

MAXWELL (J.), Les Phénomènes psychiques. Préf. de Ch. Richet. 2e édit. 1906. 5 fr.

MÜLLER (Max), prof. à l'Univ. d'Oxford. *Nouvelles études de mythologie. 1898 12 fr.50

MYERS. La personnalité humaine. Sa survivance après la mort, ses manifestations supra-normales. Traduit par le docteur Jankélévitch. 1905. 7 fr. 50

NAVILLE (E.), correspondant de l'Institut, La Physique moderne. 3e édit. 5 fr.
— *La Logique de l'hypothèse. 2e édit. 5 fr.
— *La Définition de la philosophie. 1894. 5 fr.
— Le libre Arbitre. 2e édit. 1898. 5 fr.
— Les Philosophies négatives. 1899. 5 fr.

NAYRAC (J.-P.). Physiologie et Psychologie de l'attention. Préface de M. Th. Ribot. (Récompensé par l'Institut.) 1906. 3 fr. 75

NORDAU (Max). *Dégénérescence. 7e éd. 1907 2 vol. Tome I. 7 fr. 50. Tome II. 10 fr.
— Les Mensonges conventionnels de notre civilisation. 7e édit. 1904. 5 fr.
— *Vus du dehors. *Essai de critique sur quelques auteurs français contemp. 1903. 5 fr.

NOVICOW. Les Luttes entre Sociétés humaines. 3e édit. 10 fr.
— *Les Gaspillages des sociétés modernes. 2e édit. 1899. 5 fr.
— *La Justice et l'expansion de la vie. *Essai sur le bonheur des sociétés. 1905. 7 fr. 50

OLDENBERG, professeur à l'Université de Kiel. *Le Bouddha, sa Vie, sa Doctrine, sa Communauté, trad. par P. Foucher, chargé de cours à la Sorbonne. Préface de Sylvain Lévi, prof. au Collège de France. 2e éd. 1903. 7 fr. 50
— *La religion du Véda. Traduit par V. Henry, prof. à la Sorbonne. 1903. 10 fr.

OSSIP-LOURIÉ. La philosophie russe contemporaine. 2e édit. 1905. 5 fr.
— *La Psychologie des romanciers russes au XIXe siècle. 1905. 7 fr. 50

OUVRÉ (H.), professeur à l'Université de Bordeaux. *Les Formes littéraires de la pensée grecque. 1900. (Couronné par l'Académie française.) 10 fr.

PALANTE (G.), agrégé de philos. Combat pour l'Individu. 1904. 3 fr. 75

PAULHAN. L'Activité mentale et les Éléments de l'esprit. 10 fr.
— *Les Caractères. 2e édit. 5 fr.
— Les Mensonges du caractère. 1905. 5 fr.
— Le mensonge de l'Art. 1907. 5 fr.

PAYOT (J.), recteur de l'Académie d'Aix. La croyance. 2e édit. 1905. 5 fr.
— *L'Éducation de la volonté. 28e édit. 1908 5 fr.

PÉRÈS (Jean), professeur au lycée de Caen. *L'Art et le Réel. 1898. 3 fr. 75

PÉREZ (Bernard). Les Trois premières années de l'enfant. 5e édit. 5 fr.
— L'Enfant de trois à sept ans. 4e édit. 1907. 5 fr.
— L'Éducation morale dès le berceau. 4e édit. 1901. 5 fr.
— *L'Éducation intellectuelle dès le berceau. 2e éd. 1901. 5 fr.

PIAT (C.). La Personne humaine. 1898. (Couronné par l'Institut). 7 fr. 50
— *Destinée de l'homme. 1898. 5 fr.

PICAVET (F.), chargé de cours à la Sorb. *Les Idéologues. (Cour. par l'Acad. fr.). 10 fr.

PIDERIT. La Mimique et la Physiognomonie. Trad. par M. Girot. 5 fr.

PILLON (F.). *L'Année philosophique, 17 années : 1890 à 1906. 16 vol. Chac. 5 fr.

PIOGER (J.). La Vie et la Pensée, essai de conception expérimentale. 1894. 5 fr.
— La Vie sociale, la Morale et le Progrès. 1894. 5 fr.

PRAT (L.), doct. ès lettres. Le caractère empirique et la personne 1906. 7 fr. 50

PREYER, prof. à l'Université de Berlin. Éléments de physiologie. 5 fr.

PROAL, conseiller à la Cour de Paris. *La Criminalité politique. 1895. 5 fr.
— *Le Crime et la Peine. 3e édit. (Couronné par l'Institut.) 10 fr.
— Le Crime et le Suicide passionnels. 1900. (Cour. par l'Ac. franç.). 10 fr.

RAGEOT (G.), prof. au Lycée St-Louis. *Le Succès. *Auteurs et Public. 1906. 13 fr. 75

RAUH, chargé de cours à la Sorbonne. *De la méthode dans la psychologie des sentiments. 1899. (Couronné par l'Institut.) 5 fr.
— *L'Expérience morale. 1903. (Récompensé par l'Institut.) 3 fr. 75

RÉGIJAC, doct. ès lett. Les Fondements de la Connaissance mystique. 1897 5 fr.

RENARD (G.), professeur au Collège de France. *La Méthode scientifique de l'histoire littéraire. 1900. 10 fr.

Suite de la *Bibliothèque de philosophie contemporaine*, format in-8.

RENOUVIER (Ch.) de l'Institut. *Les Dilemmes de la métaphysique pure. 1900. 5 fr.
— *Histoire et solution des problèmes métaphysiques. 1901. 7 fr. 50
— Le personnalisme, avec une étude sur la *perception externe et la force*. 1903. 10 fr.
— *Critique de la doctrine de Kant. 1906. 7 fr. 50
RIBERY, doct. ès lett. Essai de classification naturelle des caractères. 1909. 3 fr. 75
RIBOT (Th.), de l'Institut. * L'Hérédité psychologique. 8e édit. 7 fr. 50
— *La Psychologie anglaise contemporaine. 3e édit. 7 fr. 50
— *La Psychologie allemande contemporaine. 6e édit. 7 fr. 50
— La Psychologie des sentiments. 6e édit. 1906. 5 fr.
— L'Évolution des idées générales. 2e édit. 1904. 5 fr.
— *Essai sur l'imagination créatrice. 3e édit. 1908. 9 fr. 75
— *La logique des sentiments. 2e édit. 1907. 9 fr. 75
— *Essai sur les passions. 1907. 5 fr.
RICARDOU (A.), docteur ès lettres. * De l'Idéal. (Couronné par l'Institut.) 5 fr.
RICHARD (G.), chargé du cours de sociologie à l'Univ. de Bordeaux. *L'idée d'évo-
   lution dans la nature et dans l'histoire. 1903. (Couronné par l'Institut.) 7 fr. 50
RIEMANN (H.), prof. à l'Univ. de Leipzig. Esthétique musicale. 1900. 5 fr.
RIGNANO (E.). Sur la transmissibilité des caractères acquis. 1900. 5 fr.
RIVAUD (A.), chargé de cours à l'Université de Poitiers. Les notions d'essence et
   d'existence dans la philosophie de Spinoza. 1906. 3 fr. 75
ROBERTY (E. de). L'Ancienne et la Nouvelle philosophie. 7 fr. 50
— *La Philosophie du siècle (positivisme, criticisme, évolutionnisme). 5 fr.
— Nouveau Programme de sociologie. 1904. 5 fr.
ROMANES. *L'Évolution mentale chez l'homme. 7 fr. 50
RUYSSEN (Th.), pr. à l'Univ. de Dijon. *L'évolution psychologique du jugement. 5 fr.
SABATIER (A.), doyen honoraire de la Faculté des sciences de Montpellier. Philo-
   sophie de l'effort. Essais *philosoph*. d'un *naturaliste*. 2e édit. 1908. 7 fr. 50
SAIGEY (E.). *Les Sciences au XVIII⁰ siècle. La Physique de Voltaire. 5 fr.
SAINT-PAUL (Dr G.). * Le Langage intérieur et les paraphasies. 1904. 5 fr.
SANZ Y ESCARTIN. L'Individu et la Réforme sociale. trad. Dietrich. 7 fr. 50
SCHOPENHAUER. Aphor. sur la sagesse dans la vie. Trad. Cantacuzène. 6e éd. 5 fr.
— Le Monde comme volonté et comme représentation. 5e éd. 3 vol., chac. 7 fr. 50
SÉAILLES (G.), prof. à la Sorbonne. Essai sur le génie dans l'art. 2e édit. 5 fr.
— *La Philosophie de Ch. Renouvier. *Introduction au néo-criticisme*. 1905. 7 fr. 50
SIGHELE (Scipio). La Foule criminelle. 2e édit. 1901. 5 fr.
SOLLIER. Le Problème de la mémoire. 1900. 3 fr. 75
— Psychologie de l'idiot et de l'imbécile, avec 12 pl. hors texte. 2e éd. 1902. 5 fr.
— Le Mécanisme des émotions. 1905. 5 fr.
SOURIAU (Paul), prof. à l'Univ. de Nancy. L'Esthétique du mouvement. 5 fr.
— *La Beauté rationnelle. 1904. 10 fr.
STAPFER (P.). *Questions esthétiques et religieuses. 1906. 3 fr. 75
STEIN (L.), professeur à l'Université de Berne. *La Question sociale au point de
   vue philosophique. 1900. 10 fr.
STUART MILL. *Mes Mémoires. Histoire de ma vie et de mes idées. 5e éd. 5 fr.
— *Système de Logique déductive et inductive. 4e édit. 2 vol. 20 fr.
— *Essais sur la Religion. 3e édit. 5 fr.
— Lettres inédites à Aug. Comte et réponses d'Aug. Comte. 1899. 10 fr.
SULLY (James). Le Pessimisme. Trad. Bertrand. 2e édit. 7 fr. 50
— *Études sur l'Enfance. Trad. A. Monod, préface de G. Compayré. 1898. 10 fr.
— Essai sur le rire. Trad. Terrier. 1904. 7 fr. 50
SULLY PRUDHOMME, de l'Acad. franç. La vraie religion selon Pascal. 1905. 7 fr. 50
TARDE (G.), de l'Institut.* La Logique sociale. 3e édit. 1898. 7 fr. 50
— *Les Lois de l'imitation. 5e édit. 1907. 7 fr. 50
— L'Opposition universelle. *Essai d'une théorie des contraires*. 1897. 5 fr.
— *L'Opinion et la Foule. 2e édit. 1904. 5 fr.
— *Psychologie économique. 1902. 2 vol. 15 fr.
TARDIEU (E.). L'Ennui. *Étude psychologique*. 1903. 5 fr.
THOMAS (P.-F.), docteur ès lettres. *Pierre Leroux, sa philosophie. 1904. 5 fr.
— *L'Éducation des sentiments. (Couronné par l'Institut.) 4e édit. 1907. 5 fr.
VACHEROT (Et.), de l'Institut. *Essais de philosophie critique. 7 fr. 50
— La Religion. 7 fr. 50
WEBER (L.). *Vers le positivisme absolu par l'idéalisme. 1903. 7 fr. 50

COLLECTION HISTORIQUE DES GRANDS PHILOSOPHES

PHILOSOPHIE ANCIENNE

ARISTOTE. La Poétique d'Aristote, par HATFELD (A.), et M. DUFOUR. 1 vol. in-8. 1900. 6 fr.

— Physique, II, traduction et commentaire par O. HAMELIN. 1907. 1 vol. in-8 .... 3 fr.

SOCRATE. *Philosophie de Socrate, par A. FOUILLÉE. 2 v. in-8. 16 fr.

— Le Procès de Socrate, par G. SOREL. 1 vol. in-8...... 3 fr. 50

PLATON. La Théorie platonicienne des Sciences, par ÉLIE HALÉVY. In-8. 1895. .... 6 fr.

— Œuvres, traduction VICTOR COUSIN revue par J. BARTHÉLEMY-SAINT-HILAIRE : Socrate et Platon ou le Platonisme — Eutyphron — Apologie de Socrate — Criton — Phédon. 1 vol. in-8. 1896. 7 fr. 50

ÉPICURE. *La Morale d'Épicure et ses rapports avec les doctrines contemporaines, par M. GUYAU. 1 volume in-8. 5e édit...... 7 fr. 50

BÉNARD. La Philosophie ancienne, ses systèmes. La Philosophie et la Sagesse orientale.— La Philosophie grecque avant Socrate. Socrate et les socratiques. — Les sophistes grecs. 1 v. in-8... 9 fr.

FAVRE (Mme Jules), née VELTEN, La Morale de Socrate. In-18. 3 50

— Morale d'Aristote. In-18. 3 fr. 50

OUVRÉ (H.) Les formes littéraires de la pensée grecque. In-8. 10 fr.

GOMPERZ. Les penseurs de la Grèce. Trad. REYMOND. (Trad. cour. par l'Acad. franç.).

I, La philosophie antésocratique. 1 vol. gr. in-8 .... 10 fr.

II. *Athènes, Socrate et les Socratiques. 1 vol. gr. in-8.... 12 fr.

III. (Sous presse).

RODIER (G.), *La Physique de Straton de Lampsaque. In-8. 3 fr.

TANNERY (Paul). Pour la science hellène. In-8........ 7 fr. 50

MILHAUD (G.)* Les philosophes géomètres de la Grèce. In-8. 1900. (Couronné par l'Inst.). 6 fr.

FABRE (Joseph). La Pensée antique De Moïse à Marc-Aurèle. 2e éd. In-8. 5 fr.

— *La Pensée chrétienne. Des Évangiles à l'Imitation de J.-C. In-8. 9 fr.

LAFONTAINE (A.). Le Plaisir, d'après Platon et Aristote. In-8. 6 fr.

RIVAUD (A.), chargé de cours à l'Un. de Poitiers. Le problème du devenir et la notion de la matière, des origines jusqu'à Théophraste. In-8. 1906. 10 fr.

GUYOT (H.), docteur ès lettres, L'Infinité divine depuis Philon le Juif jusqu'à Plotin. In-8. 1906.. 5 fr.

— Les réminiscences de Philon le Juif chez Plotin. Étude critique. Broch. in-8........ 2 fr.

PHILOSOPHIES MÉDIÉVALE ET MODERNE

* DESCARTES, par L. LIARD, de l'Institut 2e éd. 1 vol. in-8. 5 fr.

— Essai sur l'Esthétique de Descartes, par E. KRANTZ. 1 vol. in-8. 2e éd. 1897. .... 6 fr.

— Descartes, directeur spirituel, par V. de SWARTE. Préface de E. BOUTROUX. 1 vol. in-16 avec pl. (Couronné par l'Institut). 4 fr. 50

LEIBNIZ. *Œuvres philosophiques, pub. par P. JANET. 2 vol. in-8. 20 fr.

— *La logique de Leibniz, par L. COUTURAT. 1 vol. in-8.. 12 fr.

— Opuscules et fragments inédits de Leibniz, par L. COUTURAT. 1 vol. in-8............ 25 fr.

— *Leibniz et l'organisation religieuse de la Terre, d'après des documents inédits, par JEAN BARUZI. 1 vol. in-8 (Couronné par l'Institut)............. 10 fr.

PICAVET, chargé de cours à la Sorbonne. Histoire générale et comparée des philosophies médiévales. In-8. 2e éd. 7 fr. 50

WOLF (M. de) Histoire de la philos. médiévale. 2e éd. In-8. 10 fr.

FABRE (JOSEPH). *L'Imitation de Jésus-Christ. Trad. nouvelle avec préface. In-8............ 7 fr.

— La pensée moderne. De Luther à Leibniz. 1908. 1 vol. in-8. 8 fr.

SPINOZA. Benedicti de Spinoza opera, quotquot reperta sunt, recognoverunt J. Van Vloten et J.-P.-N. Land. 2 forts vol. in-8 sur papier de Hollande........... 45 fr.

Le même en 3 volumes. 18 fr.

— Sa philosophie, par M.-E. BRUNSCHVICG. 1 vol. in-8. 2e éd 8 fr. 75

FIGARD (L.), docteur ès lettres. Un

médecin philosophe au XVI° siècle. La Psychologie de Jean Fernel. 1 v. in-8. 1903. 7 fr. 50
GASSENDI. La Philosophie de Gassendi, par P.-F. Thomas. In-8 1889............. 6 fr.
MALEBRANCHE. * La Philosophie de Malebranche, par Ollé-Laprune, de l'Institut. 2 v. in-8. 16 fr.
PASCAL. Le scepticisme de Pascal, par Droz. 1 vol. in-8..... 6 fr.
VOLTAIRE. Les Sciences au XVIII° siècle. Voltaire physicien, par Em. Saigey. 1 vol. in-8. 5 fr.

DAMIRON. Mémoires pour servir à l'histoire de la philosophie au XVIII° siècle. 3 vol. in-8. 15 fr.
J.-J. ROUSSEAU. Du Contrat social, édition comprenant avec le texte définitif les versions primitives de l'ouvrage d'après les manuscrits de Genève et de Neuchâtel, avec introduction par Edmond Dreyfus-Brisac. 1 fort volume grand in-8. 12 fr.
ERASME. Stultitiæ laus des. Erasmi Rot. declamatio. Publié et annoté par J.-B. Kan, avec les figures de Holbein. 1 v. in-8. 6 fr. 75

PHILOSOPHIE ANGLAISE

DUGALD STEWART. * Éléments de la philosophie de l'esprit humain. 3 vol. 12-16 .... 9 fr.
BACON. * Philosophie de François Bacon, par Ch. Adam. (Cour. par l'Institut). In-8..... 7 fr. 50

BERKELEY. Œuvres choisies. Essai d'une nouvelle théorie de la vision. Dialogues d'Hylas et de Philonoûs. Trad. de l'angl. par MM. Beaulavon (G.) et Parodi (D.). In-8. 5 fr.

PHILOSOPHIE ALLEMANDE

FEUERBACH. Sa philosophie, par A. Lévy. 1 vol. in-8..... 10 fr.
JACOBI. Sa Philosophie, par L. Lévy-Bruhl. 1 vol. in-8......... 5 fr.
KANT. Critique de la raison pratique, traduction nouvelle avec introduction et notes, par M. Picavet. 2° édit. 1 vol. in-8.. 6 fr.
— * Critique de la raison pure, traduction nouvelle par MM. Pacaud et Tremesaygues. Préface de M. Hannequin. 1 vol. in-8.. 12 fr.
— Éclaircissements sur la Critique de la raison pure, trad. Tissot. 1 vol. in-8....... 6 fr.
— Doctrine de la vertu, traduction Barni. 1 vol. in-8......... 3 fr.
— * Mélanges de logique, traduction Tissot. 1 v. in-8..... 6 fr.
— * Prolégomènes à toute métaphysique future qui se présentera comme science, traduction Tissot. 1 vol. in-8..... 6 fr.
— * Essai critique sur l'Esthétique de Kant, par V. Basch. 1 vol. in-8. 1896....... 10 fr.
— Sa morale, par Cresson. 2° éd. 1 vol. in-12......... 2 fr. 50
— L'Idée ou critique du Kantisme, par C. Piat, Dr ès lettres. 2° édit. 1 vol. in-8....... 6 fr.
KANT et FICHTE et le problème de l'éducation, par Paul Duproix. 1 vol. in-8. 1897..... 5 fr.
SCHELLING. Bruno, ou du principe divin. 1 vol. in-8....... 3 fr. 50

HEGEL. * Logique. 2 vol. in-8. 14 fr.
— * Philosophie de la nature. 3 vol. in-8............. 25 fr.
— * Philosophie de l'esprit. 2 vol. in-8............. 18 fr.
— * Philosophie de la religion. 2 vol. in-8............. 20 fr.
— La Poétique, trad. par M. Ch. Bénard. Extraits de Schiller, Goethe, Jean-Paul, etc. 2 v. in-8. 12 fr.
— Esthétique. 2 vol. in-8, trad. Bénard............. 16 fr.
— Antécédents de l'hégélianisme dans la philos. franç., par E. Beaussire. In-18. 2 fr. 50
— Introduction à la philosophie de Hegel, par Véra. In-8. 6 fr. 50
— * La logique de Hegel, par Eug. Noël. In-8. 1897.... 3 fr.
HERBART. * Principales œuvres pédagogiques, trad. A. Pinloche. In-8. 1894............ 7 fr. 50
— La métaphysique de Herbart et la critique de Kant, par M. Mauxion. 1 vol. in-8... 7 fr. 50
MAUXION (M.). L'éducation par l'instruction et les théories pédagogiques de Herbart. 2° éd. In-12. 1906................. 2 fr. 50
SCHILLER. Sa Poétique, par V. Basch. 1 vol. in-8. 1902.... 4 fr.
Essai sur le mysticisme spéculatif en Allemagne au XIV° siècle, par Delacroix (H.), professeur à l'Université de Caen. 1 vol. in-8. 1900...... 5 fr.

PHILOSOPHIE ANGLAISE CONTEMPORAINE
(Voir *Bibliothèque de philosophie contemporaine*, pages 2 à 11.)

PHILOSOPHIE ALLEMANDE CONTEMPORAINE
(Voir *Bibliothèque de philosophie contemporaine*, pages 2 à 11.)

PHILOSOPHIE ITALIENNE CONTEMPORAINE
(Voir *Bibliothèque de philosophie contemporaine*, pages 2 à 11.)

LES MAITRES DE LA MUSIQUE
Études d'histoire et d'esthétique,
Publiées sous la direction de M. JEAN CHANTAVOINE

Chaque volume in-16 de 250 pages environ..................... 3 fr. 50
*Collection honorée d'une souscription du Ministre de l'Instruction publique
et des Beaux-Arts.*

Volumes parus :
* J.-S. BACH, par André PIRRO (2e édition).
* CÉSAR FRANCK, par Vincent D'INDY (3e édition).
* PALESTRINA, par Michel BRENET (2e édition).
* BEETHOVEN, par Jean CHANTAVOINE (3e édition).
MENDELSSOHN, par Camille BELLAIGUE.
SMETANA, par William RITTER.
RAMEAU, par Louis LALOY.

En préparation : Grétry, par PIERRE AUBRY. — Moussorgsky, par J.-D. CALVOCORESSI. — Orlande de Lassus, par Henry EXPERT. — Wagner, par Henri LICHTENBERGER. — Berlioz, par ROMAIN ROLLAND. — Gluck, par JULIEN TIERSOT. — Schubert, par A. SCHWEITZER. — Haydn, par MICHEL BRENET, etc., etc.

LES GRANDS PHILOSOPHES
Publié sous la direction de M. C. PIAT
Agrégé de philosophie, docteur ès lettres, professeur à l'École des Carmes.

Chaque étude forme un volume in-8° carré de 300 pages environ, dont le prix varie de 5 francs à 7 fr. 50.

Kant, par M. RUYSSEN, chargé de cours à l'Université de Dijon. 2e édition. 1 vol. in-8 (*Couronné par l'Institut.*) 7 fr. 50
Socrate, par l'abbé C. PIAT. 1 vol. in-8. 5 fr.
Avicenne, par le baron CARRA DE VAUX. 1 vol. in-8. 5 fr.
Saint Augustin, par l'abbé JULES MARTIN. 2e édition. 1 vol. in-8. 7 fr. 50
Malebranche, par Henri JOLY, de l'Institut. 1 vol. in-8. 5 fr.
Pascal, par A. HATZFELD. 1 vol. in-8. 5 fr.
Saint Anselme, par DOMET DE VORGES. 1 vol. in-8. 5 fr.
Spinoza, par P.-L. COUCHOUD, agrégé de l'Université. 1 vol. in-8. (*Couronné par l'Académie Française*). 5 fr.
Aristote, par l'abbé C. PIAT. 1 vol. in-8. 5 fr.
Gazali, par le baron CARRA DE VAUX. 1 vol. in-8. (*Couronné par l'Académie Française*). 5 fr.
Maine de Biran, par Marius COUAILHAC. 1 vol. in-8. (*Récompensé par l'Institut*). 7 fr. 50
Platon, par l'abbé C. PIAT. 1 vol. in-8. 7 fr. 50
Montaigne, par F. STROWSKI, professeur à l'Université de Bordeaux. 1 vol. in-8. 6 fr.
Philon, par l'abbé JULES MARTIN. 1 vol. in-8. 5 fr.

MINISTRES ET HOMMES D'ÉTAT
Henri WELSCHINGER, de l'Institut. — *Bismarck. 1 v. in-16. 1900. 2 fr. 50
R. LÉONARDON. — *Prim. 1 vol. in-16. 1901................ 2 fr. 50
H. COURCELLE. — *Disraëli. 1 vol. in-16. 1901............ 2 fr. 50
H. GOURANT. — Okoubo. 1 vol. in-16, avec un portrait. 1904.. 2 fr. 50
A. VIALLATE. — Chamberlain. Préface de E. BOUTMY. 1 vol. in-16. 2 fr. 50

BIBLIOTHÈQUE GÉNÉRALE
des
SCIENCES SOCIALES

SECRÉTAIRE DE LA RÉDACTION : DICK MAY, Secrétaire général de l'École des hautes études sociales.

Chaque volume in-8 de 300 pages environ, cartonné à l'anglaise, 6 fr.

1. L'Individualisation de la peine, par R. SALEILLES, professeur à la Faculté de droit de l'Université de Paris.
2. L'Idéalisme social, par Eugène Fournière.
3. *Ouvriers du temps passé (XVe et XVIe siècles), par H. HAUSER, professeur à l'Université de Dijon. 2e édit.
4. *Les Transformations du pouvoir, par G. TARDE, de l'Institut.
5. Morale sociale, par MM. G. BELOT, MARCEL BERNÈS, BRUNSCHVICG, F. BUISSON, DARLU, DAURIAC, DELBET, CH. GIDE, M. KOVALEVSKY, MALAPERT, le R. P. MAUMUS, DE ROBERTY, G. SOREL, le PASTEUR WAGNER. Préface de M. E. BOUTROUX.
6. *Les Enquêtes, pratique et théorie, par P. DU MAROUSSEM. (Ouvrage couronné par l'Institut.)
7. *Questions de Morale, par MM. BELOT, BERNÈS, F. BUISSON, A. CROISET, DARLU, DELBOS, FOUANIÈRE, MALAPERT, MOCH, PARODI, G. SOREL (École de morale). 2e édit.
8. Le développement du Catholicisme social depuis l'encyclique Rerum novarum, par Max TURMANN.
   *Le Socialisme sans doctrines. La Question ouvrière et la Question agraire en Australie et en Nouvelle-Zélande, par Albert MÉTIN, agrégé de l'Université, professeur à l'École Coloniale.
10. *Assistance sociale. Pauvres et mendiants, par PAUL STRAUSS, sénateur.
11. *L'Éducation morale dans l'Université. (Enseignement secondaire.) Par MM. LÉVY-BRUHL, DARLU, M. BERNÈS, KORTZ, CLAIRIN, ROCAFORT, BIOCHE, Ph. GIDEL, MALAPERT, BELOT. (École des Hautes Études sociales, 1900-1901).
12. *La Méthode historique appliquée aux Sciences sociales, par Charles SEIGNOBOS, professeur à l'Université de Paris.
13. *L'Hygiène sociale, par E. DUCLAUX, de l'Institut, directeur de l'Instit. Pasteur.
14. Le Contrat de travail. Le rôle des syndicats professionnels, par P. BUREAU, prof. à la Faculté libre de droit de Paris.
15. *Essai d'une philosophie de la solidarité, par MM. DARLU, RAUH, F. BUISSON, GIDE, X. LÉON, LA FONTAINE. E. BOUTROUX (École des Hautes Études sociales). 2e édit.
16. *L'exode rural et le retour aux champs, par E. VANDERVELDE, professeur à l'Université nouvelle de Bruxelles.
17. *L'Éducation de la démocratie, par MM. E. LAVISSE, A. CROISET, Ch. SEIGNOBOS, P. MALAPERT, G. LANSON, J. HADAMARD (École des Hautes Études soc.) 2e édit.
18. *La Lutte pour l'existence et l'évolution des sociétés, par J.-L. DE LANNESSAN, député, prof. agr. à la Fac. de méd. de Paris.
19. *La Concurrence sociale et les devoirs sociaux, par le MÊME.
20. *L'Individualisme anarchiste, Max Stirner, par V. BASCH, chargé de cours à la Sorbonne.
21. *La démocratie devant la science, par C. BOUGLÉ, prof. de philosophie sociale à l'Université de Toulouse. (Récompensé par l'Institut.)
22. *Les Applications sociales de la solidarité, par MM. P. BUDIN, Ch. GIDE, H. MONOD, PAULET, ROBIN, SIEGFRIED, BROUARDEL. Préface de M. Léon BOURGEOIS (École des Hautes Études soc., 1902-1903).
23. La Paix et l'enseignement pacifiste, par MM. Fr. PASSY, Ch. RICHET, d'ESTOURNELLES DE CONSTANT, E. BOURGEOIS, A. WEISS, H. LA FONTAINE, G. LYON (École des Hautes Études soc., 1902-1903).
24. *Études sur la philosophie morale au XIXe siècle, par MM. BELOT, A. DARLU, M. BERNÈS, A. LANDRY, Ch. GIDE, E. ROBERTY, R. ALLIER, H. LICHTENBERGER, L. BRUNSCHVICG (École des Hautes Études soc., 1902-1903).
25. *Enseignement et démocratie, par MM. APPELL, J. BOITEL, A. CROISET, A. DEVINAT, Ch.-V. LANGLOIS, G. LANSON, A. MILLERAND, Ch. SEIGNOBOS (École des Hautes Études soc., 1903-1904).
26. *Religions et Sociétés, par MM. Th. REINACH, A. PUECH, R. ALLIER, A. LEROY-BEAULIEU, le baron CARRA DE VAUX, H. DREYFUS (École des Hautes Études soc., 1903-1904).
27. *Essais socialistes. La religion, l'art, l'alcool, par E. VANDERVELDE.
28. *Le surpeuplement et les habitations à bon marché, par H. TUROT, conseiller municipal de Paris, et H. BELLAMY.
29. L'individu, l'association et l'état, par E. FOURNIÈRE.

BIBLIOTHÈQUE
D'HISTOIRE CONTEMPORAINE

Volumes in-12 brochés à 3 fr. 50 — Volumes in-8 brochés de divers prix

Volumes parus en 1807

CHARMES (F.), LEROY-BEAULIEU (A.), MILLET (R.), RIBOT (A.), VANDAL (A.), de CAIX (R.), HENRY (R.), LOUIS-JARAY (G.), PINON (R.), TARDIEU (A.), Les questions actuelles de la politique étrangère en Europe. *La politique anglaise. La politique allemande. La question d'Autriche-Hongrie. La question de Macédoine et des Balkans. La question russe.* 1 vol. in-16, avec 9 cartes hors texte et 6 cartes dans le texte.   3 fr. 50

TARDIEU (A.), secrétaire honoraire d'ambassade. La Conférence d'Algésiras. *Histoire diplomatique de la crise marocaine (15 janvier-7 avril 1906).* 2ᵉ édit. 1 vol. in-8.   10 fr.

GAFFAREL (P.), professeur à l'Université d'Aix-Marseille. La politique coloniale en France (1789-1830). 1 vol. in-8.   7 fr.

MATTER (P.), substitut au tribunal de la Seine. Bismarck et son temps. III. *Triomphe, splendeur et déclin (1870-1898).* 1 vol. in-8.   10 fr.

DRIAULT (E.), agrégé d'histoire. La question d'Extrême-Orient. 1 vol. in-8.   7 fr.

EUROPE

DEBIDOUR, professeur à la Sorbonne, *Histoire diplomatique de l'Europe, de 1815 à 1878.* 2 vol. in-8. *(Ouvrage couronné par l'Institut.)* 18 fr.

DOELLINGER (I. de). La papauté, ses origines au moyen âge, son influence jusqu'en 1870. Traduit par A. GIRAUD-TEULON, 1904. 1 vol. in-8.   7 fr.

SYBEL (H. de). *Histoire de l'Europe pendant la Révolution française,* traduit de l'allemand par Mᵐᵉ DOSQUET. Ouvrage complet en 6 vol. in-8. 42 fr.

TARDIEU (A.). *Questions diplomatiques de l'année 1904.* 1 vol. in-12. *(ouvrage couronné par l'Académie française).*   3 fr. 50

FRANCE
Révolution et Empire

AULARD, professeur à la Sorbonne. *Le Culte de la Raison et le Culte de l'Être suprême,* étude historique (1793-1794). 2ᵉ édit. 1 vol. in-12. 3 fr. 50
— *Études et leçons sur la Révolution française.* 5v. in-12. Chacun. 3 fr. 50

SONDOIS (P.), agrégé d'histoire. *Napoléon et la société de son temps (1793-1821).* 1 vol. in-8.   7 fr.

CARNOT (H.), sénateur. *La Révolution française, résumé historique.* in-16. Nouvelle édit.   3 fr. 50

DRIAULT (E.), professeur au lycée de Versailles. La politique orientale de Napoléon. SÉBASTIANI et GARDANE (1806-1808). 1 vol. in-8. *(Récompensé par l'Institut.)*   7 fr.
— *Napoléon en Italie (1800-1812).* 1 vol. in-8. 1906.   10 fr.

DUMOULIN (Maurice). *Figures du temps passé.* 1 vol. in-16. 1906. 3 fr. 50

MOLLIEN (Cᵗᵉ). Mémoires d'un ministre du trésor public (1780-1815), publiés par M. Ch. GOMEL. 3 vol. in-8.   15 fr.

BOITEAU (P.). État de la France en 1789. Deuxième éd. 1 vol. in-8. 10 fr.

BORNAREL (E.), doc. ès lettres. Cambon et la Révolution française. in-8. 7 fr.

CAHEN (L.), agrégé d'histoire, docteur ès lettres. *Condorcet et la Révolution française.* 1 vol. in-8. *(Récompensé par l'Institut.)*   10 fr.

DESPOIS (Eug.). *Le Vandalisme révolutionnaire.* Fondations littéraires, scientifiques et artistiques de la Convention. 4ᵉ édit. 1 vol. in-12. 3 fr. 50

DEBIDOUR, professeur à la Sorbonne. *Histoire des rapports de l'Église et de l'État en France (1789-1870).* 1 fort vol. in-8. 1898. *(Couronné par l'Institut.)*   12 fr.
— *L'Église catholique et l'État en France sous la troisième République (1870-1906).* — I. (1870-1889), 1 vol. in-8. 1906. 7 fr. — II. (1889-1906), paraîtra en 1908.

GOMEL (G.). Les causes financières de la Révolution française. Les ministres de Turgot et de Necker. 1 vol. in-8.   8 fr.
— Les causes financières de la Révolution française ; les derniers contrôleurs généraux. 1 vol. in-8.   8 fr.
— Histoire financière de l'Assemblée Constituante (1789-1791). 2 vol. in-8, 16 fr. — Tome I : (1789), 8 fr. ; tome II : (1790-1791),   8 fr.
— Histoire financière de la Législative et de la Convention. 2 vol. in-8, 15 fr. — Tome I : (1792-1793), 7 fr. 50 ; tome II : (1793-1795), 7 fr. 50

ISAMBERT (G.). *La vie à Paris pendant une année de la Révolution (1791-1792). In-16, 1896. 3 fr. 50

MATHIEZ (A.), agrégé d'histoire, docteur ès lettres. *La théophilanthropie et le culte décadaire, 1796-1801. 1 vol. in-8. 12 fr.
— *Contributions à l'histoire religieuse de la Révolution française. In-16, 1906. 3 fr. 50

MARCELLIN PELLET, ancien député. Variétés révolutionnaires. 3 vol. in-12, précédés d'une préface de A. Ranc. Chaque vol. séparém. 3 fr. 50

SILVESTRE, professeur à l'École des sciences politiques. De Waterloo à Sainte-Hélène (20 Juin-16 Octobre 1815). 1 vol. in-16. 3 fr. 50

SPULLER (Eug.). Hommes et choses de la Révolution. 1 vol. in-18. 3 fr. 50

STOURM, de l'Institut. Les finances de l'ancien régime et de la Révolution. 2 vol. in-8. 16 fr.
— Les finances du Consulat. 1 vol. in-8. 7 fr. 50

VALLAUX (C.). *Les campagnes des armées françaises (1792-1815). In-16, avec 17 cartes dans le texte. 3 fr. 50

Époque contemporaine

BLANC (Louis). *Histoire de Dix ans (1830-1840). 5 vol. in-8. 25 fr.

DELORD (Taxile). *Histoire du second Empire (1848-1870). 6 vol. in-8. 42 fr.

DUVAL (J.). L'Algérie et les colonies françaises, avec une notice biographique sur l'auteur, par J. Levasseur, de l'Institut. 1 vol. in-8. 7 fr. 50

CAFFAREL (P.), professeur à l'Université d'Aix. *Les Colonies françaises. 1 vol. in-8. 6e édition revue et augmentée. 5 fr.

GAISMAN (A.). *L'Œuvre de la France au Tonkin. Préface de M. J.-L. de Lanessan. 1 vol. in-16 avec 4 cartes en couleurs. 1906. 3 fr. 50

LANESSAN (J.-L. de). *L'Indo-Chine française. Étude économique, politique et administrative. 1 vol. in-8, avec 5 cartes en couleurs hors texte. 15 fr.
— *L'État et les Églises de France. Histoire de leurs rapports, des origines jusqu'à la Séparation. 1 vol. in-16. 1906. 3 fr. 50
— *Les Missions et leur protectorat. 1 vol. in-16. 1907. 3 fr. 50

LAPIE (P.), professeur à l'Université de Bordeaux. *Les Civilisations tunisiennes (Musulmans, Israélites, Européens). In-16. 1898. (Couronné par l'Académie française.) 3 fr. 50

LAUGEL (A.). *La France politique et sociale. 1 vol. in-8. 5 fr.

LEBLOND (Marius-Ary). La société française sous la troisième République. 1905. 1 vol. in-8. 5 fr.

NOEL (O.). Histoire du commerce extérieur de la France depuis la Révolution. 1 vol. in-8. 6 fr.

PIOLET (J.-B.). La France hors de France, notre émigration, sa nécessité, ses conditions. 1 vol. in-8. 1900. (Couronné par l'Institut.) 10 fr.

SCHEFER (Ch.), professeur à l'École des sciences politiques. *La France moderne et le problème colonial. I. (1815-1830). 1 vol. in-8. 7 fr.

SPULLER (E.), ancien ministre de l'instruction publique. *Figures disparues, portraits contemp., littér. et politiq. 3 vol. in-16. Chacun. 3 fr. 50

TCHERNOFF (J.). Associations et Sociétés secrètes sous la deuxième République (1848-1851). 1 vol. in-8. 1905. 7 fr.

VIGNON (L.), professeur à l'École coloniale. La France dans l'Afrique du nord. 2e édition. 1 vol. in-8. (Récompensé par l'Institut.) 7 fr.
— Expansion de la France. 1 vol. in-18. 3 fr. 50
— LE MÊME. Édition in-8. 7 fr.

WAHL, inspect. général, A. BERNARD, professeur à la Sorbonne. *L'Algérie. 1 vol. in-8. 5e édit. 1908. (Ouvrage couronné par l'Institut.) 5 fr.

WEILL (G.), maître de conf. à l'Université de Caen. Histoire du parti républicain en France, de 1814 à 1870. 1 vol in-8. 1900. (Récompensé par l'Institut.) 10 fr.
— *Histoire du mouvement social en France (1852-1902). 1 v. in-8. 1905. 7 fr.
— L'École saint simonienne, son histoire, son influence jusqu'à nos jours In-16. 1896. 3 fr. 50

ZÉVORT (E.), recteur de l'Académie de Caen. Histoire de la troisième République :
  Tome I. *La présidence de M. Thiers. 1 vol. in-8. 3e édit. 7 fr.
  Tome II. *La présidence du Maréchal. 1 vol. in-8. 2e édit. 7 fr.
  Tome III. *La présidence de Jules Grévy. 1 vol. in-8. 2e édit. 7 fr.
  Tome IV. La présidence de Sadi Carnot. 1 vol. in-8. 7 fr.

ANGLETERRE

HÉTIN (Albert), prof. à l'École Coloniale. *Le Socialisme en Angleterre. In-16. 3 fr. 50

ALLEMAGNE

ANDLER (Ch.), prof. à la Sorbonne. *Les origines du socialisme d'État en Allemagne. 1 vol. in-8. 1897. 7 fr.

GUILLAND (A.), professeur d'histoire à l'École polytechnique suisse. *L'Allemagne nouvelle et ses historiens (Niebuhr, Ranke, Mommsen, Sybel, Treitschke.) 1 vol. in-8. 1899. 5 fr.

MATTER (P.), doct. en droit, substitut au tribunal de la Seine. *La Prusse et la révolution de 1848. in-16. 1903. 3 fr. 50

— *Bismarck et son temps. I. La préparation (1815-1863). 1 vol. in-8. 10 fr.
II. *L'action (1863-1870). 1 vol. in-8. 10 fr.

MILHAUD (E.), professeur à l'Université de Genève. *La Démocratie socialiste allemande. 1 vol. in-8. 1903. 10 fr.

SCHMIDT (Ch.), docteur ès lettres. Le grand-duché de Berg (1800-1813). 1905. 1 vol. in-8. 10 fr.

VÉRON (Eug.). *Histoire de la Prusse, depuis la mort de Frédéric II. in-16. 6° édit. 3 fr. 50

— *Histoire de l'Allemagne, depuis la bataille de Sadowa jusqu'à nos jours. in-16. 3° éd., mise au courant des évènements par P. Bonfoux. 3 fr. 50

AUTRICHE-HONGRIE

AUERBACH, professeur à l'Université de Nancy. *Les races et les nationalités en Autriche-Hongrie. in-8. 1898. 5 fr.

BOURLIER (J.). *Les Tchèques et la Bohême contemporaine. in-16. 1897. 3 fr. 50

*RECOULY (R.), agrégé de l'Univ. Le pays magyar. 1903. in-16. 3 fr. 50

RUSSIE

COMBES DE LESTRADE (V²⁰). La Russie économique et sociale à l'avènement de Nicolas II. 1 vol. in-8. 6 fr.

ITALIE

BOLTON KING (M. A.). *Histoire de l'unité italienne. Histoire politique de l'Italie, de 1814 à 1871, traduit de l'anglais par M. Macquart; introduction de B. Yves Guyot. 1900. 2 vol. in-8. 15 fr.

COMBES DE LESTRADE (V²⁰). La Sicile sous la maison de Savoie. 1 vol. in-16. 3 fr. 50

GAFFAREL (P.), professeur à l'Université d'Aix. *Bonaparte et les Républiques italiennes (1796-1799). 1895. 1 vol. in-8. 5 fr.

SORIN (Elie). *Histoire de l'Italie, depuis 1815 jusqu'à la mort de Victor-Emmanuel. in-16. 1888. 3 fr. 50

ESPAGNE

RAYNALD (H.). *Histoire de l'Espagne, depuis la mort de Charles III. in-16. 3 fr. 50

ROUMANIE

DAMÉ (Fr.). *Histoire de la Roumanie contemporaine, depuis l'avènement des princes indigènes jusqu'à nos jours. 1 vol. in-8. 1900. 7 fr.

SUISSE

DAENDLIKER. *Histoire du peuple suisse. Trad. de l'allem. par Mme Jules Favre et précédé d'une introduction de Jules Favre. 1 vol. in-8. 5 fr.

SUÈDE

SCHEFER (C.). *Bernadotte roi (1810-1818-1844). 1 vol. in-8. 1899. 5 fr.

GRÈCE, TURQUIE, ÉGYPTE

BÉRARD (V.), docteur ès lettres. *La Turquie et l'Hellénisme contemporain. (Ouvrage cour. par l'Acad. française). in-16. 5° éd. 3 fr. 50

DRIAULT (E.). *La question d'Orient, préface de G. Monod, de l'Institut. 1 vol. in-8. 3° édit. 1905. (Ouvrage couronné par l'Institut). 7 fr.

MÉTIN (Albert), professeur à l'École coloniale. *La Transformation de l'Égypte. in-16. 1903. (Cour. par la Soc. de géogr. comm.) 3 fr. 50

RODOCANACHI (E.). *Bonaparte et les Îles Ioniennes (1797-1816). 1 volume in-8. 1899. 5 fr.

INDE

PIRIOU (E.), agrégé de l'Université. *L'Inde contemporaine et le mouvement national. 1905. 1 vol. in-16. 3 fr. 50

CHINE

CORDIER (H.), professeur à l'École des langues orientales. *Histoire des relations de la Chine avec les puissances occidentales (1860-1902), avec cartes. 3 vol. in-8, chacun séparément. 10 fr.

— *L'Expédition de Chine de 1857-58. Histoire diplomatique, notes et documents. 1905. 1 vol. in-8. 7 fr.

CORDIER (H.), prof. à l'École des langues orientales. *L'Expédition de Chine de 1860. Histoire diplomatique, notes et documents, 1906. 1 vol. in-8. 7 fr.

COURANT (M.), maître de conférences à l'Université de Lyon. En Chine, Mœurs et institutions. Hommes et faits. 1 vol. in-16. 3 fr. 50

AMÉRIQUE

ELLIS STEVENS. Les Sources de la constitution des États-Unis. 1 vol. in-8. 7 fr. 50

DEBERLE (Alf.). *Histoire de l'Amérique du Sud, in-16, 3º éd. 3 fr. 50

QUESTIONS POLITIQUES ET SOCIALES

BARNI (Jules). *Histoire des idées morales et politiques en France au XVIIIª siècle. 2 vol. in-16. Chaque volume. 3 fr. 50
— *Les Moralistes français au XVIIIª siècle. in-16. 3 fr. 50
BEAUSSIRE (Émile), de l'Institut. La Guerre étrangère et la Guerre civile. In-16. 3 fr. 50
LOUIS BLANC. Discours politiques (1848-1881). 1 vol. in-8. 7 fr. 50
BONET-MAURY. *Histoire de la liberté de conscience (1598-1870). In-8. 2º édit. (Sous presse.)
DOURNEAU (J.). *Le Socialisme allemand et le Nihilisme russe. In-10. 2º édit. 1894. 3 fr. 50
— *L'évolution du Socialisme. 1901. 1 vol. in-16. 3 fr. 50
D'EICHTHAL (Eug.). Souveraineté du peuple et gouvernement. In-16. 1895. 3 fr. 50
DESCHANEL (E.), sénateur, professeur au Collège de France. *Le Peuple et la Bourgeoisie. 1 vol. in-8, 2º édit. 5 fr.
DEPASSE (Hector), député. Transformations sociales. 1894. in-16. 3 fr. 50
— Du Travail et de ses conditions (Chambres et Conseils du travail). In-16. 1895. 3 fr. 50
DRIAULT (E.), prof. agr. au lycée de Versailles. *Problèmes politiques et sociaux. in-8, 3º édit. 1900. 7 fr.
GUERROULT (G.). *Le Centenaire de 1789. in-16. 1889. 3 fr. 50
LAVELEYE (E. de), correspondant de l'Institut. Le Socialisme contemporain. in-16. 11º édit. augmentée. 3 fr. 50
LICHTENBERGER (A.). *Le Socialisme utopique, étude sur quelques précurseurs du Socialisme. in-16. 1898. 3 fr. 50
— *Le Socialisme et la Révolution française. 1 vol. in-8. 5 fr.
MATTER (P.). La dissolution des assemblées parlementaires, étude de droit public et d'histoire. 1 vol. in-8. 1898. 5 fr.
NOVICOW. La Politique internationale. 1 vol. in-8. 7 fr.
PAUL LOUIS. L'ouvrier devant l'État. Étude de la législation ouvrière dans les deux mondes. 1904. 1 vol. in-8. 7 fr.
— Histoire du mouvement syndical en France (1789-1906). 1 vol in-16. 1907. 3 fr. 50
REINACH (Joseph), député. Pages républicaines. In-16. 3 fr. 50
— *La France et l'Italie devant l'histoire. 1 vol. in-8. 5 fr.
SPULLER (E.).* Éducation de la démocratie. in-16. 1892. 3 fr. 50
— L'Évolution politique et sociale de l'Église. 1 vol. in-12. 1893. 3 fr. 50

PUBLICATIONS HISTORIQUES ILLUSTRÉES

*DE SAINT-LOUIS A TRIPOLI PAR LE LAC TCHAD, par le lieutenant-colonel MONTEIL. 1 beau vol. in-8 colombier, précédé d'une préface de M. DE VOGÜÉ, de l'Académie française, illustrations de RIOU. 1895. Ouvrage couronné par l'Académie française (Prix Montyon), broché 30 fr., relié amat., 35 fr.
*HISTOIRE ILLUSTRÉE DU SECOND EMPIRE, par Taxile DELORD. 6 vol. in-8, avec 500 gravures. Chaque vol. broché. 8 fr.

TRAVAUX DE L'UNIVERSITÉ DE LILLE

PAUL FABRE. Le polyptyque du chanoine Benoît. In-8. 3 fr. 50
A. PINLOCHE. *Principales œuvres de Herbart. 7 fr. 50
A. PENJON. Pensée et réalité, de A. Spir, trad. de l'allem. in-8. 10 fr.
— L'énigme sociale. 1902. 1 vol. in-8. 2 fr. 50
G. LEFÈVRE. *Les variations de Guillaume de Champeaux et la question des Universaux. Étude suivie de documents originaux. 1898. 3 fr.
J. DEROCQUIGNY. Charles Lamb. Sa vie et ses œuvres. 1 vol. in-8 12 fr.

F. ALCAN. — 20 —

BIBLIOTHÈQUE DE LA FACULTÉ DES LETTRES
DE L'UNIVERSITÉ DE PARIS

HISTOIRE et LITTÉRATURE ANCIENNES

*De l'authenticité des épigrammes de Simonide, par M. le Professeur H. HAUVETTE. 1 vol. in-8.   5 fr.

*Les Satires d'Horace, par M. le Prof. A. CARTAULT. 1 vol. in-8, 11 fr.

*De la flexion dans Lucrèce, par M. le Prof. A. CARTAULT. 1 vol. in-8. 4 fr.

*La main-d'œuvre industrielle dans l'ancienne Grèce, par M. le Prof. GUIRAUD. 1 vol. in-8.   7 fr.

*Recherches sur le Discours aux Grecs de Tatien, suivies d'une traduction française du discours, avec notes, par A. PUECH, professeur adjoint à la Sorbonne. 1 vol. in-8. 1903.   6 fr.

*Les « Métamorphoses » d'Ovide et leurs modèles grecs, par A. LAFAYE, professeur adjoint à la Sorbonne. 1 vol. in-8. 1904.   8 fr. 50

MOYEN AGE

*Premiers mélanges d'histoire du Moyen Age, par MM. le Prof. A. LUCHAIRE, de l'Institut, DUPONT-FERRIER et POUPARDIN. 1 vol. in-8.   3 fr. 50

Deuxièmes mélanges d'histoire du Moyen Age, publiés sous la direct. de M. le Prof. A. LUCHAIRE, par MM. LUCHAIRE, HALPHEN et HUCKEL. 1 vol. in-8.   6 fr.

Troisièmes mélanges d'histoire du Moyen Age, par MM. le Prof. LUCHAIRE, BEVENIER, HALPHEN et CORDEY. 1 vol. in-8.   8 fr. 50

Quatrièmes mélanges d'histoire du Moyen Age, par MM. JACQUEMIN, FARAL, BEVENIER. 1 vol. in-8.   7 fr. 50

*Essai de restitution des plus anciens Mémoriaux de la Chambre des Comptes de Paris, par MM. J. PETIT, GAVRILOVITCH, MAURY et TÉODORU, préface de M. CH.-V. LANGLOIS, prof. adjoint 1 vol. in-8.   9 fr.

Constantin V, empereur des Romains (740-775). Étude d'histoire byzantine, par A. LOMBARD, licencié ès lettres. Préface de M. le Prof. Ch. DIEHL. 1 vol. in-8.   6 fr.

Étude sur quelques manuscrits de Rome et de Paris, par M. le Prof. A. LUCHAIRE. 1 vol. in-8.   6 fr.

Les archives de la cour des comptes, aides et finances de Montpellier, par L. MARTIN-CHABOT, archiviste-paléographe. 1 vol. in-8. 8 fr.

PHILOLOGIE et LINGUISTIQUE

*Le dialecte alaman de Colmar (Haute-Alsace) en 1870, grammaire et lexique, par M. le Prof. VICTOR HENRY. 1 vol. in-8.   8 fr.

*Études linguistiques sur la Basse-Auvergne, phonétique historique du patois de Vinzelles (Puy-de-Dôme), par ALBERT DAUZAT. Préface de M. le Prof. A. THOMAS. 1 vol. in-8.   6 fr.

*Antinomies linguistiques, par M. le Prof. VICTOR HENRY. 1 v. in-8. 2 fr.

Mélanges d'étymologie française, par M. le Prof. A. THOMAS. In-8. 7 fr.

*A propos du corpus Tibullianum. Un siècle de philologie latine classique, par M. le Prof. A. CARTAULT. 1 vol. in-8.   16 fr.

PHILOSOPHIE

L'imagination et les mathématiques selon Descartes, par P. BOUTROUX, licencié ès lettres. 1 vol. in-8.   2 fr.

GÉOGRAPHIE

La rivière Vincent-Pinzon. Étude sur la cartographie de la Guyane, par M. le Prof. VIDAL DE LA BLACHE, de l'Institut. In-8, avec grav. et planches hors texte.   6 fr.

LITTÉRATURE MODERNE

*Mélanges d'histoire littéraire, par MM. FREMINET, DUPIN et DES COGNETS. Préface de M. le prof. LANSON. 1 vol. in-8.   6 fr. 50

HISTOIRE CONTEMPORAINE

*Le treize vendémiaire an IV, par HENRY ZIVY. 1 vol. in-8.   4 fr.

ANNALES DE L'UNIVERSITÉ DE LYON

Lettres intimes de J.-H. Alberoni adressées au comte I.
Rocca, par Emile Bourgeois. 1 vol. in-8. . . . . 10 fr.
La républ. des Provinces-Unies, France et Pays-Bas espa-
gnols, de 1630 à 1650, par A. WADDINGTON, 2 vol. in-8. . 18 fr.
Le Vivarais, essai de géographie régionale, par BURDIN. 1 vol. in-8. 6 fr.

*RECUEIL DES INSTRUCTIONS
DONNÉES AUX AMBASSADEURS ET MINISTRES DE FRANCE
DEPUIS LES TRAITÉS DE WESTPHALIE JUSQU'À LA RÉVOLUTION FRANÇAISE
Publié sous les auspices de la Commission des archives diplomatiques
au Ministère des Affaires étrangères.

Beaux vol. in-8 rais., imprimés sur pap. de Hollande, avec introduction et notes.

I. — AUTRICHE, par M. Albert SOREL, de l'Académie française. Epuisé.
II. — SUÈDE, par M. A. GEFFROY, de l'Institut. . . . . 20 fr.
III. — PORTUGAL, par le vicomte DE CAIX DE SAINT-AYMOUR. . . . 20 fr.
IV et V. — POLOGNE, par M. Louis FARGES, 2 vol. . . . . . . 30 fr.
VI. — ROME, par M. G. HANOTAUX, de l'Académie française. . . . 20 fr.
VII. — BAVIÈRE, PALATINAT ET DEUX-PONTS, par M. André LEBON. 25 fr.
VIII et IX. — RUSSIE, par M. Alfred RAMBAUD, de l'Institut, 2 vol.
    Le 1er vol. 30 fr. Le second vol. . . . . 35 fr.
    . . . . 20 fr.
X. — NAPLES ET PARME, par M. Joseph REINACH, dépu é. . . . . 20 fr.
XI. — ESPAGNE (1649-1750), par MM. MOREL-FATIO, professeur au
    Collège de France et LÉONARDON (t. I). . . . . 40 fr.
XII et XII bis. — ESPAGNE (1750-1789) (t. II et III), par les mêmes. . 18 fr.
XIII. — DANEMARK, par M. A. GEFFROY, de l'Institut. . . . . . 40 fr.
XIV et XV. — SAVOIE-MANTOUE, par M. Horric de BEAUCAIRE, 2 vol.
XVI. — PRUSSE, par M. A. WADDINGTON, professeur à l'Univ. de Lyon.
    1 vol. (Couronné par l'Institut.) . . . . 25 fr.

*INVENTAIRE ANALYTIQUE
DES ARCHIVES DU MINISTÈRE DES AFFAIRES ÉTRANGÈRES
Publié sous les auspices de la Commission des archives diplomatiques

Correspondance politique de MM. de CASTILLON et de MA-
    RILLAC, ambassadeurs de France en Angleterre (1537-
    1542), par M. Jean KAULEK, avec la collaboration de MM. Louis Farges
    et Germain Lefèvre-Pontalis. 1 vol. in-8 raisin. . . . . . 15 fr.
Papiers de BARTHÉLEMY, ambassadeur de France en
    Suisse, de 1792 à 1797 par M. Jean KAULEK. 4 vol. in-8 raisin.
    I. Année 1792, 15 fr. — II. Janvier-août 1793, 15 fr. — III. Septembre
    1793 à mars 1794, 18 fr. — IV. Avril 1794 à février 1795, 20 fr. —
    V. Septembre 1794 à Septembre 1795 . . . . 20 fr.
Correspondance politique de ODET DE SELVE, ambas-
    sadeur de France en Angleterre (1546-1549), par M. G. LEFÈVRE-
    PONTALIS. 1 vol. in-8 raisin . . . . 15 fr.
Correspondance politique de GUILLAUME PELLICIER, am-
    bassadeur de France à Venise (1540-1542), par M. Alexandre
    TAUSSERAT-RADEL. 1 fort vol. in-8 raisin . . . . 40 fr.

Correspondance des Deys d'Alger avec la Cour de France
    (1579-1833), recueillie par Eug. PLANTET, 2 vol. in-8 raisin. 30 fr.
Correspondance des Beys de Tunis et des Consuls de France avec
    la Cour (1577-1830), recueillie par Eug. PLANTET, 3 vol. in-8. Tome I
    (1577-1700). Epuisé. — T. II (1700-1770). 20 fr. — T. III (1770-1830).
    20 fr.

Les Introducteurs des Ambassadeurs (1589-1900). 1 vol. in-4, avec
    figures dans le texte et planches hors texte. . . . . 20 fr.

*REVUE PHILOSOPHIQUE
DE LA FRANCE ET DE L'ÉTRANGER
Dirigée par Th. RIBOT, Membre de l'Institut, Professeur honoraire au Collège de France
(32e année, 1907.) — Paraît tous les mois.
Abonnement du 1er janvier : Un an : Paris, 30 fr. — Départements et Étranger, 33 fr.
La livraison, 3 fr.
Les années écoulées, chacune 30 francs, et la livraison, 3 fr.

*REVUE GERMANIQUE (ALLEMAGNE — ANGLETERRE STATS-UNIS — PAYS SCANDINAVES)
Troisième année, 1907. — Paraît tous les deux mois (Cinq numéros par an).
Secrétaire général : M. PIQUET, professeur à l'Université de Lille.
Abonnement du 1er janvier : Paris, 14 fr. — Départements et Étranger, 16 fr.
La livraison, 4 fr.

*Journal de Psychologie Normale et Pathologique
DIRIGÉ PAR LES DOCTEURS
Pierre JANET et Georges DUMAS
Professeur au Collège de France. Chargé de cours à la Sorbonne.
(4e année, 1907.) — Paraît tous les deux mois.
Abonnement du 1er janvier : France et Étranger, 14 fr. — La livraison, 2 fr. 60.
Le prix d'abonnement est de 18 fr. pour les abonnés de la Revue philosophique.

*REVUE HISTORIQUE
Dirigée par MM. G. MONOD, Membre de l'Institut, et Ch. BÉMONT
(32e année, 1907.) — Paraît tous les deux mois.
Abonnement du 1er janvier : Un an : Paris, 30 fr. — Départements et Étranger, 33 fr.
La livraison, 6 fr.
Les années écoulées, chacune 30 fr.; le fascicule, 6 fr. Les fascicules de la 1re année, 9 fr.

*ANNALES DES SCIENCES POLITIQUES
Revue bimestrielle publiée avec la collaboration des professeurs
et des anciens élèves de l'École libre des Sciences politiques
(22e année, 1907.)
Rédacteur en chef : M. A. VIALLATE, Prof. à l'École.
Abonnement du 1er janvier : Un an : Paris, 18 fr.; Départements et Étranger, 19 fr.
La livraison, 3 fr. 50.

*JOURNAL DES ÉCONOMISTES
Revue mensuelle de la science économique et de la statistique
Paraît le 15 de chaque mois par fascicules grand in-8 de 10 à 12 feuilles
Rédacteur en chef : G. DE MOLINARI, correspondant de l'Institut
Abonnement : Un an, France, 36 fr. Six mois, 19 fr.
Union postale : Un an, 38 fr. Six mois, 20 fr. — Le numéro, 3 fr. 50
Les abonnements partent de janvier ou de juillet.

*Revue de l'École d'Anthropologie de Paris
Recueil mensuel publié par les professeurs. — (17e année, 1907.)
Abonnement du 1er janvier : France et Étranger, 10 fr. — Le numéro, 1 fr.

REVUE ÉCONOMIQUE INTERNATIONALE
(4e année, 1907) Mensuelle
Abonnement : Un an, France et Belgique, 50 fr.; autres pays, 56 fr.

Bulletin de la Société libre pour l'Étude psychologique de l'Enfant
10 numéros par an. — Abonnement du 1er octobre : 3 fr.

LES DOCUMENTS DU PROGRÈS
Revue mensuelle internationale (1re année, 1907)
Dr R. BRODA, Directeur.
Abonnement : 1 an : France, 10 fr. — Étranger, 12 fr. La livraison, 1 fr.

BIBLIOTHÈQUE SCIENTIFIQUE
INTERNATIONALE
Publiée sous la direction de M. Émile ALGLAVE

Les titres marqués d'un astérisque * sont adoptés par le Ministère de l'Instruction publique de France pour les bibliothèques des lycées et des collèges.

LISTE PAR ORDRE D'APPARITION
109 VOLUMES IN-8, CARTONNÉS A L'ANGLAISE, OUVRAGES A 6, 9 ET 12 FR.

Volumes parus en 1907

108. CONSTANTIN (Capitaine). Le rôle sociologique de la guerre et le sentiment national. Suivi de la traduction de La guerre, moyen de sélection collective, par le Dr STEINMETZ. 1 vol.   6 fr.

109. LOEB, professeur à l'Université Berkeley. La dynamique des phénomènes de la vie. Traduit de l'allemand par MM. DAUDIN et SCHAEFFER, préf. de M. le Prof. GIARD, de l'Institut. 1 vol. avec fig. 9 fr.

1. TYNDALL (J.). * Les Glaciers et les Transformations de l'eau, avec figures. 1 vol. in-8. 7e édition.   6 fr.

2. BAGEHOT. * Lois scientifiques du développement des nations. 1 vol. in-8. 6e édition.   6 fr.

3. MAREY, de l'Institut. * La Machine animale. Épuisé.

4. BAIN. * L'Esprit et le Corps. 1 vol. in-8. 6e édition.   6 fr.

5. PETTIGREW. * La Locomotion chez les animaux, marche, natation et vol. 1 vol. in-8 avec figures. 2e édit.   6 fr.

6. HERBERT SPENCER. * La Science sociale. 1 v. in-8. 14e édit.   6 fr.

7. SCHMIDT (O.). * La Descendance de l'homme et le Darwinisme. 1 vol. in-8, avec fig. 6e édition.   6 fr.

8. MAUDSLEY. * Le Crime et la Folie. 1 vol. in-8. 7e édit.   6 fr.

9. VAN BENEDEN. * Les Commensaux et les Parasites dans le règne animal. 1 vol. in-8, avec figures. 4e édit.   6 fr.

10. BALFOUR STEWART. * La Conservation de l'énergie, avec figures. 1 vol. in-8. 6e édition.   6 fr.

11. DRAPER. Les Conflits de la science et de la religion. 1 vol. in-8. 10e édition.   6 fr.

12. L. DUMONT. * Théorie scientifique de la sensibilité. Le plaisir et la douleur. 1 vol. in-8. 4e édition.   6 fr.

13. SCHUTZENBERGER. * Les Fermentations. In-8. 6e édit.   6 fr.

14. WHITNEY. * La Vie du langage. 1 vol. in-8. 4e édit.   6 fr.

15. COOKE et BERKELEY. * Les Champignons. In-8. av. fig. 4e éd. 6 fr.

16. BERNSTEIN. * Les Sens. 1 vol. in-8, av. 91 fig. 5e éd.   6 fr.

17. BERTHELOT, de l'Institut. * La Synthèse chimique. 1 vol. in-8. 8e édit.   6 fr.

18. NIEWENGLOWSKI (H.). * La photographie et la photochimie. 1 vol. in-8, avec gravures et une planche hors texte.   6 fr.

19. LUYS. * Le Cerveau et ses fonctions. Épuisé.

20. STANLEY JEVONS. * La Monnaie. Épuisé.

21. FUCHS. * Les Volcans et les Tremblements de terre. 1 vol. in-8, avec figures et une carte en couleurs. 5e édition.   6 fr.

22. GÉNÉRAL BRIALMONT. * Les Camps retranchés. Épuisé.

23. DE QUATREFAGES, de l'Institut. * L'Espèce humaine. 1 v. in-8. 13e édit.   6 fr.

24. BLASERNA et HELMHOLTZ. * Le Son et la Musique. 1 vol. in-8. avec figures. 5e édition.   6 fr.

25. ROSENTHAL. * Les Nerfs et les Muscles. Épuisé.

26. BRUCKE et HELMHOLTZ. * Principes scientifiques des beaux-arts. 1 vol. in-8, avec 39 figures. 4e édition.   6 fr.
27. WURTZ, de l'Institut *La Théorie atomique, 1 vol. in-8, 6e éd. 6 fr
28-29. SECCHI (le père). * Les Étoiles. 2 vol. in-8, avec 63 figures dans le texte et 17 pl. en noir et en couleurs hors texte. 3e édit.   12 fr.
30. JOLY. *L'Homme avant les métaux. Épuisé.
31. A. BAIN. * La Science de l'éducation. 1 vol. in-8. 9e édit.   6 fr.
32-33. THURSTON (R.). * Histoire de la machine à vapeur. 2 vol. in-8, avec 140 fig. et 16 planches hors texte. 3e édition.   12 fr.
34 HARTMANN (R.). *Les Peuples de l'Afrique. Épuisé.
35. HERBERT SPENCER. *Les Bases de la morale évolutionniste. 1 vol. in-8. 6e édition.   6 fr.
36. HUXLEY. *L'Écrevisse, introduction à l'étude de la zoologie. 1 vol. in-8, avec figures. 2e édition.   6 fr.
37. DE ROBERTY. *La Sociologie. 1 vol. in-8, 3e édition.   6 fr.
38. ROOD. * Théorie scientifique des couleurs. 1 vol. in-8, avec figures et une planche en couleur hors texte. 2e édition.   6 fr.
39. DE SAPORTA et MARION. *L'Évolution du règne végétal (les Cryptogames). Épuisé.
40-41. CHARLTON BASTIAN. *Le Cerveau, organe de la pensée chez l'homme et chez les animaux. 2 vol. in-8, avec figures. 2e éd. 12 fr.
42. JAMES SULLY. *Les Illusions des sens et de l'esprit. 1 vol. in-8, avec figures. 3e édit.   6 fr.
43. YOUNG. *Le Soleil. Épuisé.
44. DE CANDOLLE. *L'Origine des plantes cultivées. 4e éd. 1 v in-8. 6 fr
45-46 SIR JOHN LUBBOCK. * Fourmis, abeilles et guêpes. Épuisé.
47 PERRIER (Edm.), de l'Institut. La Philosophie zoologique avant Darwin. 1 vol. in-8. 3e édition.   6 fr.
48 STALLO. *La Matière et la Physique moderne. 1 vol. in-8, 3e éd., précédé d'une Introduction par Ch. Friedel.   6 fr.
49. MANTEGAZZA. La Physionomie et l'Expression des sentiments. 1 vol. in-8, 3e édit., avec huit planches hors texte.   6 fr.
50 DE MEYER. *Les Organes de la parole et leur emploi pour la formation des sons du langage. In-8, avec 51 fig.   6 fr.
51. DE LANESSAN. *Introduction à l'étude de la botanique (le Sapin). 1 vol. in-8. 2e édit., avec 143 figures.   6 fr.
52 53. DE SAPORTA et MARION. *L'Évolution du règne végétal (les Phanérogames). 2 vol. Épuisé.
54 TROUESSART, prof au Muséum. *Les Microbes, les Ferments et les Moisissures. 1 vol. in-8. 2e édit., avec 107 figures.   6 fr.
55 HARTMANN (R.). *Les Singes anthropoïdes. Épuisé.
56. SCHMIDT (O.). *Les Mammifères dans leurs rapports avec leurs ancêtres géologiques. 1 vol. in-8, avec 51 figures   6 fr.
57. BINET et FÉRÉ. Le Magnétisme animal. 1 vol. in-8. 4e édit.   6 fr.
58-59. ROMANES. *L'Intelligence des animaux. 2 v. in-8 3e édit. 12 fr.
60. LAGRANGE (F.). Physiol. des exerc. du corps. 1 v. in-8. 7e éd. 6 fr.
61. DREYFUS. *Évolution des mondes et des sociétés. 1 v. in-8. 6 fr.
62. DAUBRÉE, de l'Institut. *Les Régions invisibles du globe et des espaces célestes. 1 v. in-8, avec 85 fig. dans le texte. 2 édit. 6 fr.
63-64. SIR JOHN LUBBOCK. * L'Homme préhistorique. 2 vol. Épuisé.
65. RICHET (Ch.), professeur à la Faculté de médecine de Paris. La Chaleur animale. 1 vol. in-8, avec figures.   6 fr.
66 FALSAN (A.). *La Période glaciaire. Épuisé.
67. BEAUNIS (H.). Les Sensations internes. 1 vol. in-8.   6 fr.
68. CARTAILHAC (E.). La France préhistorique, d'après les sépultures et les monuments. 1 vol. in-8, avec 162 figures. 2e édit.   6 fr.
69. BERTHELOT, de l'Institut. *La Révol. chimique, Lavoisier. 1 vol. in-8 2e éd.   6 fr.
70. SIR JOHN LUBBOCK. * Les Sens et l'instinct chez les animaux, principalement chez les insectes. 1 vol. in-8, avec 150 figures.   6 fr.

71. STARCKE. *La Famille primitive. 1 vol. in-8. 6 fr.
72. ARLOING, prof. à l'Ecole de méd. de Lyon. *Les Virus. 1 vol. in-8, avec figures. 6 fr.
73. TOPINARD. *L'Homme dans la Nature. 1 vol. in-8, avec fig. 6 fr.
74. BINET (Alf.). *Les Altérations de la personnalité. in-8, 2 éd. 6 fr.
75. DE QUATREFAGES (A.). *Darwin et ses précurseurs français. 1 vol. in-8. 2ᵉ édition refondue. 6 fr.
76. LEFÈVRE (A.). *Les Races et les langues. Épuisé.
77-78. DE QUATREFAGES (A.), de l'Institut. *Les Émules de Darwin. 2 vol. in-8, avec préfaces de MM. Edm. PERRIER et HAMY. 12 fr.
79. BRUNACHE (P.). *Le Centre de l'Afrique. Autour du Tchad. 1 vol. in-8, avec figures. 6 fr.
80. ANGOT (A.), directeur du Bureau météorologique. *Les Aurores polaires. 1 vol. in-8, avec figures. 6 fr.
81. JACCARD. *Le pétrole, le bitume et l'asphalte au point de vue géologique. 1 vol. in-8, avec figures. 6 fr.
82. MEUNIER (Stan.), prof. au Muséum. *La Géologie comparée. 2ᵉ éd. in-8, avec fig. 6 fr.
83. LE DANTEC, chargé de cours à la Sorbonne. *Théorie nouvelle de la vie. 4ᵉ éd. 1 v. in-8, avec fig. 6 fr.
84. DE LANESSAN. *Principes de colonisation. 1 vol. in-8. 6 fr.
85. DEMOOR, MASSART et VANDERVELDE. *L'évolution régressive en biologie et en sociologie. 1 vol. in-8, avec gravures. 6 fr.
86. MORTILLET (G. de). *Formation de la Nation française. 2ᵉ édit. 1 vol. in-8, avec 150 gravures et 18 cartes. 6 fr.
87. ROCHÉ (G.). *La Culture des Mers (piscifacture, pisciculture, ostréiculture). 1 vol. in-8, avec 81 gravures. 6 fr.
88. COSTANTIN (J.), prof. au Muséum. *Les Végétaux et les milieux cosmiques (adaptation, évolution). 1 vol. in-8, avec 171 gra. 6 fr.
89. LE DANTEC. L'évolution individuelle et l'hérédité. 1 vol. in-8. 6 fr.
90. GUIGNET et GARNIER. *La Céramique ancienne et moderne. 1 vol., avec grav. 6 fr.
91. GELLÉ (E.-M.). *L'audition et ses organes. 1 v. in-8, avec grav. 6 fr.
92. MEUNIER (St.). *La Géologie expérimentale. 2ᵉ éd. in-8, av. gr. 6 fr.
93. COSTANTIN (J.). *La Nature tropicale. 1 vol. in-8, avec grav. 6 fr.
94. GROSSE (E.). *Les débuts de l'art. Introduction de L. MARILLIER. 1 vol. in-8, avec 32 gravures dans le texte et 3 pl. hors texte. 6 fr.
95. GRASSET (J.), prof. à la Faculté de méd. de Montpellier. Les Maladies de l'orientation et de l'équilibre. 1 vol. in-8, avec grav. 6 fr.
96. DEMENY (G.). *Les bases scientifiques de l'éducation physique. 1 vol. in-8, avec 198 gravures. 3ᵉ édit. 6 fr.
97. HALMÉJAC (F.). *L'eau dans l'alimentation. 1 v. in-8, avec grav. 6 fr.
98. MEUNIER (Stan.). *La géologie générale. 1 v. in-8, avec grav. 6 fr.
99. DEMENY (G.). Mécanisme et éducation des mouvements. 2ᵉ édit. 1 vol. in-8, avec 565 gravures. 9 fr.
100. BOURDEAU (L.). Histoire de l'habillement et de la parure. 1 vol. in-8. 6 fr.
101. MOSSO (A.). *Les exercices physiques et le développement intellectuel. 1 vol. in-8. 6 fr.
102. LE DANTEC (F.). Les lois naturelles. 1 vol. in-8, avec grav. 6 fr.
103. NORMAN LOCKYER. *L'évolution inorganique. 1 vol. in-8, avec 42 gravures. 6 fr.
104. COLAJANNI (N.). *Latins et Anglo-Saxons. 1 vol. in-8. 9 fr.
105. JAVAL (E.), de l'Académie de médecine. *Physiologie de la lecture et de l'écriture. 1 vol. in-8, avec 96 gr. 2ᵉ éd. 6 fr.
106. COSTANTIN (J.). *Le Transformisme appliqué à l'agriculture. 1 vol. in-8, avec 105 gravures. 6 fr.
107. LALOY (L.). *Parasitisme et mutualisme dans la nature. Préface du Pʳ A. GIARD. 1 vol. in-8, avec 82 gravures. 6 fr.

RÉCENTES PUBLICATIONS
HISTORIQUES, PHILOSOPHIQUES ET SCIENTIFIQUES
qui ne se trouvent pas dans les collections précédentes.

Volumes parus en 1907

ARMINJON (P.), prof. à l'École Khédiviale de Droit du Caire. L'enseignement, la doctrine et la vie dans les universités musulmanes
d'Égypte. 1 vol. in-8. 6 fr. 50

BRASSEUR. Psychologie de la force. 1 vol. in-8. 3 fr. 75

DANTU (G.), docteur ès lettres. Opinions et critiques d'Aristophane
sur le mouvement politique et intellectuel à Athènes. 1 vol.
gr. in-8. 8 fr.

— L'éducation d'après Platon. 1 vol. gr. in-8. 6 fr.

DICRAN ASLANIAN. Les principes de l'évolution sociale. 1 vol.
in-8. 5 fr.

HARTENBERG (Dr P.). Sensations patennes. 1 vol. in-16. 3 fr.

HÖFFDING (H.), prof. à l'Université de Copenhague. Morale. Essai sur les
principes théoriques et leur application aux circonstances particulières de
la vie, traduit d'après la 2e éd. allemande par L. POITEVIN, prof. de philos.
au Collège de Nantua. 2e édit. 1 vol. in-8. 10 fr.

JAMES (W.). * Causeries pédagogiques, trad. par L. PIDOUX, préface de
M. PAYOT, recteur de l'Académie de Chambéry. 1 vol. in-16. 2 fr. 40

KEIM (A.) Notes de la main d'Helvétius, publiées d'après un manuscrit
inédit avec une introduction et des commentaires. 1 v. in-8. 3 fr.

LABROUE (H.), prof., agrégé d'histoire au Lycée de Toulon. Le conventionnel Pinet, d'après ses mémoires inédits. Broch. in-8. 8 fr.

— Le Club Jacobin de Toulon (1800-1906). Broch. gr. in-8. 2 fr.

LANESSAN (de). L'éducation de la femme moderne. 1 volume
in-16. 3 fr. 50

LALANDE (A.), agrégé de philosophie. * Précis raisonné de morale
pratique par questions et réponses. 1 vol. in-18. 4 fr.

LAZARD (R.). Michel Goudchaux (1797-1862), ministre des Finances en
1848. Son œuvre et sa vie politique. 1 vol. gr. in-8. 10 fr.

NORMAND (Ch.), docteur ès lettres, prof., agrégé d'histoire au lycée Condorcet.
La Bourgeoisie française au XVII° siècle. La vie publique. Les
idées et les actions politiques (1604-1661). Études sociales. 1 vol.
gr. in-8, avec 8 pl. hors texte. 12 r.

PIAT (C.). De la croyance en Dieu. 1 vol. in-18. 3 fr. 50

PILASTRE (E.). Vie et caractère de Madame de Maintenon, d'après
les œuvres du duc de Saint-Simon et des documents anciens ou récents,
avec une introduction et des notes. 1 vol. in-8, avec portraits, vues
et autographe. 8 fr.

Protection légale des travailleurs (La). (3e série, 1905-1906).
1 vol. in-18. 3 fr. 50

WYLM (Dr). La morale sexuelle. 1 vol. in-8. 5 fr.

Précédemment parus :

ALAUX. Esquisse d'une philosophie de l'être. In-8. 4 fr.

— Les Problèmes religieux au XIX° siècle. 1 vol. in-8. 7 fr. 50

— Philosophie morale et politique. In-8. 1893. 7 fr. 50

— Théorie de l'âme humaine. 1 vol. in-8. 1895. 10 fr.

— Dieu et le Monde. Essai de phil. première. 1894. 1 vol. in-12. 2 fr. 50

AMIABLE (Louis). Une loge maçonnique d'avant 1789. 1 v. in-8. 6 fr.

ANDRÉ (L.), docteur ès lettres. Michel Le Tellier et l'organisation de
l'armée monarchique. 1 vol. in-8 (couronné par l'Institut). 1906. 14 fr.

— Deux mémoires inédits de Claude Le Pelletier. In-8. 1906. 3 fr. 50

ARNAUNÉ (A.), conseiller maître à la cour des Comptes. La monnaie, le
crédit et le change, 3e édition, revue et augmentée. 1 vol. in-8.
1906. 8 fr.

ARRÉAT. Une Éducation intellectuelle. 1 vol. in-18. 2 fr. 50
— Journal d'un philosophe, 1 vol. in-18. 3 fr. 50 (Voy. p. 3 et 6).
*Autour du monde, par les BOURSIERS DE VOYAGE DE L'UNIVERSITÉ DE PARIS.
   (Fondation Albert Kahn). 1 vol. gr. in-8. 1904. 5 fr.
ASLAN (G.). La Morale selon Guyau. 1 vol. in-16. 1906. 3 fr.
ATGER (F.). Hist. des doctrines du Contrat social. 1 v. in-8. 1906. 8 fr.
BACHA (E.). Le Génie de Tacite. 1 vol. in-18. 4 fr.
BALFOUR STEWART et TAIT. L'Univers invisible. 1 vol. in-8. 7 fr.
BELLANGER (A.), docteur ès lettres. Les concepts de cause et l'activité
   intentionnelle de l'esprit. 1 vol. in-8. 1905. 5 fr.
BENOIST-HANAPPIER (L.), docteur ès lettres. Le drame naturaliste en
   Allemagne. In-8. Couronné par l'Académie française. 1905. 7 fr. 50
BERNATH (de). Cléopâtre, Sa vie, son règne. 1 vol in-8. 1903. 8 fr.
BERTON (H.), docteur en droit. L'évolution constitutionnelle du
   second empire. Doctrines, textes, histoire. 1 fort vol. in-8. 1900. 12 fr.
BOURDEAU (Louis). Théorie des sciences. 2 vol. in-8. 20 fr.
— La Conquête du monde animal. In-8. 5 fr.
— La Conquête du monde végétal. In-8. 1893. 7 fr. 50
— L'Histoire et les historiens. 1 vol. in-8. 5 fr.
— *Histoire de l'alimentation. 1894. 1 vol. in-8. 5 fr.
BOUTROUX (Em.), de l'Institut. *De l'idée de loi naturelle.
   1 vol. in-8. 2 fr. 50
BRANDON-SALVADOR (Mme). A travers les moissons. Ancien Test. Talmud.
   Apocryphes. Poètes et moralistes juifs du moyen âge. In-16. 1903. 4 fr.
BRASSEUR. La question sociale. 1 vol. in-8. 1900. 7 fr. 50
BROOKS ADAMS. Loi de la civilisation et de la décadence. In-8. 7 fr. 50
BROUSSEAU (K.). Éducation des nègres aux États-Unis. In-8. 7 fr. 50
BÜCHER (Karl). Études d'histoire et d'économie polit. In-8. 1901. 6 fr.
BUDÉ (E. de). Les Bonaparte en Suisse. 1 vol. in-12. 1905. 3 fr. 50
BUNGE (C.-O.). Psychologie individuelle et sociale. In-16. 1903. 3 fr.
CANTON (G.). Napoléon antimilitariste. 1902. In-18. 3 fr. 50
CARDON (G.). *La Fondation de l'Université de Douai. In-8. 10 fr.
CHARRIAUT (H.). Après la séparation. In-12. 1905. 3 fr. 50
CLAMAGERAN. La Réaction économique et la démocratie. In-18. 1 fr. 25
— La lutte contre le mal. 1 vol. in-18. 1897. 3 fr. 50
— Études politiques, économiques et administratives. Préface de
   M. BERTHELOT. 1 vol. gr. in-8. 1904. 10 fr.
— Philosophie religieuse. Art et voyages. 1 vol. in-12. 1904. 3 fr. 50
— Correspondance (1849-1902). 1 vol. gr. in-8. 1905. 10 fr.
COLLIGNON (A.). Diderot 2e édit. 1907. In-12. 3 fr. 50
COMBARIEU (J.), chargé de cours au Collège de France. *Les rapports
   de la musique et de la poésie. 1 vol. in-8. 1893. 7 fr. 50
Congrès de l'Éducation sociale, Paris 1900. 1 vol. in-8. 1901. 10 fr.
IVe Congrès International de Psychologie, Paris 1900. In-8. 20 fr.
Ve Congrès International de Psychologie, Rome 1905. In-8. 20 fr.
COSTE. Économie polit. et physiol. sociale. In-18. 3 fr. 50 (V. p. 3 et 7).
COUBERTIN (P. de). La gymnastique utilitaire. 2e édit. In-12. 2 fr. 50
COUTURAT (Louis). *De l'infini mathématique. In-8. 1896. 12 fr.
DANY (G.), docteur en droit. *Les Idées politiques en Pologne à la
   fin du XVIIIe siècle. La Constit. du 3 mai 1793. In-8. 1901. 6 fr.
DAREL (Th.). Le peuple-roi. Essai de sociologie universaliste. In-8. 1904. 3 fr. 50
DAURIAC. Croyance et réalité. 1 vol. in-18. 1889. 3 fr. 50
— Le Réalisme de Reid. In-8. 1 fr.
DEFOURNY (M.). La sociologie positiviste. Auguste Comte. In-8. 1902. 6 fr.
DERAISMES (Mlle Maria). Œuvres complètes. 4 vol. Chacun. 3 fr. 50
DESCHAMPS. Principes de morale sociale. 1 vol. in-8. 1903. 3 fr. 50
DESPAUX. Genèse de la matière et de l'énergie. In-8. 1900. 4 fr.
— Causes des énergies attractives. 1 vol. in-8. 1902. 5 fr.
— Explication mécanique de la matière, de l'électricité et du
   magnétisme. 1 vol. in-8. 1905. 4 fr.

DOLLOT (R.), docteur en droit. Les origines de la neutralité de la Belgique (1609-1830). 1 vol. in-8. 1902. 10 fr.

DUBUC (P.). *Essai sur la méthode en métaphysique. 1 vol. in-8. 5 fr.

DUGAS (L.). *L'amitié antique. 1 vol. in-8. 7 fr. 50

DUNAN. *Sur les formes a priori de la sensibilité. 1 vol. in-8. 5 fr.

DUNANT (E.). Les relations diplomatiques de la France et de la République helvétique (1798-1803). 1 vol. in-8. 1902. 20 fr.

DU POTAT. Traité complet de magnétisme, 5e éd. 1 vol. in-8. 8 fr.

— Manuel de l'étudiant magnétiseur. 6e éd., gr. in-18, avec fig. 3 fr. 50

— Le magnétisme opposé à la médecine. 1 vol. in-8. 6 fr.

DUPUY (Paul). Les fondements de la morale. In-8. 1900. 5 fr.

— Méthodes et concepts. 1 vol. in-8. 1903. 5 fr.

*Entre Camarades, par les anciens élèves de l'Université de Paris. Histoire, littérature, philologie, philosophie. 1901. In-8. 10 fr.

ESPINAS (A.), de l'Institut *Les Origines de la technologie. 1 vol. in-8. 1897. 5 fr.

FERRÈRE (F.). La situation religieuse de l'Afrique romaine depuis la fin du IVe siècle jusqu'à l'invasion des Vandales. 1 v. in-8. 1898. 7 fr. 50

Fondation universitaire de Belleville (La). Ch. GIDE, Travail intellect. et travail manuel; J. BARDOUX, Prem. efforts et prem. année, in-16. 1 fr. 50

GELEY (G.). Les preuves du transformisme. In-8. 1901. 6 fr.

GILLET (M). Fondement intellectuel de la morale. In-8. 3 fr. 75

GIRAUD-TEULON. Les origines de la papauté. In-12. 1905. 2 fr.

GOURD. Le Phénomène. 1 vol. in-8. 7 fr. 50

GREEF (Guillaume de). Introduction à la Sociologie. 2 vol. in-8. 10 fr.

— L'évol. des croyances et des doctr. polit. In-12. 1895. 4 fr. (V. p. 3 et 8.)

GRIVEAU (M.). Les Éléments du beau. In-18. 4 fr. 50

— La Sphère de beauté. 1901. 1 vol. in-8. 10 fr.

GUEX (F.), professeur à l'Université de Lausanne. Histoire de l'instruction et de l'Éducation In-8 avec gravures, 1906. 6 fr.

GUYAU. Vers d'un philosophe. In-18 3e édit. 3 fr. 50

HALLEUX (J.). L'Évolutionnisme en morale (H. Spencer). In-12. 3 fr. 50

HALOT (C.). L'Extrême-Orient. In-16. 1905. 4 fr.

HOCQUART (E.). L'Art de juger le caractère des hommes sur leur écriture, préface de J. CRÉPIEUX-JAMIN. Br. in-8. 1898. 1 fr.

HORVATH, KARDOS et ENDRODI. *Histoire de la littérature hongroise, adapté du hongrois par J. KONT. Gr. in-8, avec gr. 1900. 10 fr.

ICARD. Paradoxes ou vérités. 1 vol. in-12. 1895. 3 fr. 50

JAMES (W.). L'Expérience religieuse, traduit par F. ABAUZIT, agrégé de philosophie. 1 vol. in-8. 2e éd. 1907. Cour. par l'Acad. française. 10 fr.

JANSSENS E). Le néo-criticisme de Ch. Renouvier. In-8. 1904. 3 fr. 50

— La philosophie et l'apologétique de Pascal. 1 vol. in-16. 4 fr.

JOURDY (Général). L'instruction de l'armée française, de 1815 à 1902. 1 vol. in-16. 1903. 3 fr. 50

JOYAU. De l'invention dans les arts et dans les sciences. 1 v. in-8. 5 fr.

— Essai sur la liberté morale. 1 vol. in-18. 3 fr. 50

KARPPE (S), docteur ès lettres. Les origines et la nature du Zohar, précédé d'une Étude sur l'histoire de la Kabbale. 1901. In-8. 7 fr. 50

KAUFMANN. La cause finale et son importance. In-12. 2 fr. 50

KINGSFORD (A.) et MAITLAND (E.). La Voie parfaite ou le Christ ésotérique, précédé d'une préface d'Édouard SCHURÉ. 1 vol. in-8. 1892. 6 fr.

KOSTYLEFF. Évolution dans l'histoire de la philosophie. In-16. 2 fr. 50

— Les substituts de l'âme dans la psychologie moderne. In-8. 1906. 4 fr.

LACOMBE (Ct de). La maladie contemporaine. Examen des principaux problèmes sociaux au point de vue positiviste. 1 vol. in-8. 1906. 3 fr. 50

LAFONTAINE. L'art de magnétiser. 7e édit. 1 vol. in-8. 5 fr.

— Mémoires d'un magnétiseur. 2 vol. gr. in-18. 7 fr.

LANESSAN (de), ancien ministre de la Marine. Le Programme maritime de 1900-1906. In-12. 2e éd. 1903. 3 fr. 50

LASSERRE (A.). La participation collective des femmes à la Révolution française. In-8. 1905. 3 fr.

LAVELEYE (Em. de). L'avenir des peuples catholiques. In-8. 25 c.

LEMAIRE (P.). Le cartésianisme chez les Bénédictins. In-8. 6 fr. 50

LEMAITRE (J.), professeur au Collège de Genève. Audition colorée et phénomènes connexes observés chez des écoliers. In-12. 1900. 4 fr.

LETAINTURIER (J.). Le socialisme devant le bon sens. In-18. 1 fr. 50

LEVI (Eliphas). Dogme et rituel de la haute magie. 2 vol. in-8. 18 fr.

— Histoire de la magie. Nouvelle édit. 1 vol. in-8, avec 90 fig. 12 fr.

— La clef des grands mystères. 1 vol. in-8, avec 22 pl. 12 fr.

— La science des esprits. 1 vol. 7 fr.

LEVY (L.-G.), docteur ès lettres. La famille dans l'antiquité israélite. 1 vol. in-8. 1905. Couronné par l'Académie française. 5 fr.

LEVY-SCHNEIDER (L.), professeur à l'Université de Nancy. Le conventionnel Jeanbon Saint-André (1749-1813). 1901. 2 vol. in-8. 15 fr.

LICHTENBERGER (A.). Le socialisme au XVIIIe siècle. In-8. 7 fr. 50

MABILLEAU (L.). *Histoire de la philos. atomistique. In-8. 1895. 12 fr.

MAGNIN (E.). L'art et l'hypnose. In-8 avec grav. et pl. 1906. 20 fr.

MAINDRON (Ernest). *L'Académie des sciences. In-8 cavalier, 53 grav., portraits, plans, 8 pl. hors texte et 2 autographes. 6 fr.

MANDOUL (J.) Un homme d'État italien: Joseph de Maistre. In-8. 8 fr.

MARGUERY (E.). Le droit de propriété et le régime démocratique. 1 vol. in-16. 1905. 2 fr. 50

MARIÉTAN (J.). La classification des sciences, d'Aristote à saint Thomas. 1 vol. in-8. 1901. 3 fr.

MATAGRIN. L'esthétique de Lotze. 1 vol. in-12. 1900. 2 fr.

MERCIER (Mgr). Les origines de la psych. contemp. in-12. 1898. 5 fr.

MICHOTTE (A.). Les signes régionaux (répartition de la sensibilité tactile). 1 vol. in-8 avec planches. 1905. 5 fr.

MILHAUD (G.) *Le positiv. et le progrès de l'esprit. In-16. 1902. 2 fr. 50

MILLERAND, FAGNOT, STROHL. La durée légale du travail. In-12. 1906. 2 fr. 50

MODESTOV (B). *Introduction à l'Histoire romaine. L'ethnologie préhistorique, les influences civilisatrices à l'époque préromaine et les commencements de Rome, traduit du russe sur MICHEL DELINES. Avant-propos de M. SALOMON REINACH, de l'Institut. 1 vol. in-4 avec 36 planches hors texte et 27 figures dans le texte. 1907. 15 fr.

MONNIER (Marcel). *Le drame chinois. 1 vol. in-16. 1900. 2 fr. 50

NEPLUYEFF (N. de). La confrérie ouvrière et ses écoles. in-12. 3 fr.

NODET (V.). Les agnosies, la cécité psychique. In-8. 1899. 4 fr.

NOVICOW (J.). La Question d'Alsace-Lorraine. In-8. 1 fr. (V. p. 4, 10 et 19.)

— La Fédération de l'Europe. 1 vol. in-18. 2e édit. 1901. 3 fr. 50

— L'affranchissement de la femme. 1 vol. in-16. 1903. 3 fr.

OVERBERGH. La réforme de l'enseignement. 2 vol. in-4. 1906. 10 fr.

PARIS (Comte de) Les Associations ouvrières en Angleterre (Trades-unions). 1 vol. in-18. 7e édit. 1 fr. — Édition sur papier fort. 2 fr. 50

PARISET (G.), professeur à l'Université de Nancy. La Revue germanique de Dollfus et Nefftzer. In-8. 1906. 2 fr.

PAUL-BONCOUR (J.). Le fédéralisme économique, préf. de WALDECK-ROUSSEAU. 1 vol. in-8. 2e édition. 1901. 6 fr.

PAULHAN (Fr.). Le Nouveau mysticisme. 1 vol. in-18. 2 fr. 50

PELLETAN (Eugène). *La Naissance d'une ville (Royan). In-18. 3 fr.

— *Jarousseau, le pasteur du désert. 1 vol. in-18. 2 fr.

— *Un Roi philosophe: Frédéric le Grand. In-18. 3 fr. 50

— Droits de l'homme. In-16. 3 fr. 50

— Profession de foi du XIXe siècle. In-16. 2e édition. 1 fr. 50

PEREZ (Bernard). Mes deux chats. In-18. 3 fr.

— Jacotot et sa Méthode d'émancipation intellect. In-18. 3 fr.

— Dictionnaire abrégé de philosophie. 1893. in-12. 1 fr. 50 (V. p. 10).

PHILBERT (Louis). Le Rire. In-8. (Cour. par l'Académie française.) 7 fr. 50

PHILIPPE (J.). Lourdes dans la théologie chrétienne, in-8. 3 fr. 50

PHILIPPSON (J.). L'autonomie et la centralisation du système nerveux des animaux. 1 vol. in-8 avec planches. 1905. 5 fr.

PIAT (C.). L'Intellect actif. 1 vol. in-8. 4 fr.

— L'Idée ou critique du Kantisme. 2° édition 1901. 1 vol. in-8. 6 fr.

PICARD (Ch.). Sémites et Aryens (1893). In-18. 1 fr. 50

PICTET (Raoul). Étude critique du matérialisme et du spiritualisme par la physique expérimentale. 1 vol. gr. in-8. 10 fr.

PINLOCHE (A.), professeur hon° de l'Univ. de Lille. *Pestalozzi et l'éducation populaire moderne. In-16. 1902. (Cour. par l'Institut.) 2 fr. 50

POEY. Littré et Auguste Comte. 1 vol. in-18. 3 fr. 50

PRAT (Louis), docteur ès lettres. Le mystère de Platon. 1 vol. in-8. 1900. 4 fr.

— L'Art et la beauté. 1 vol. in-8. 1903. 5 fr.

— Protection légale des travailleurs (La). 1 vol. in-12. 1904. 3 fr. 50
*Les dix conférences composant ce volume se vendent séparées chacune. 0 fr. 60

REGNAUD (P.). L'origine des idées et la science du langage. In-12. 1 fr. 50

RENOUVIER, de l'Inst. Uchronie, Utopie dans l'Histoire. 2° éd. 1901. In-8. 7 50

ROBERTY (J.-E.). Auguste Bouvier, pasteur et théologien protestant. 1826-1893. 1 fort vol. in-12. 1901. 3 fr. 50

ROISEL. Chronologie des temps préhistoriques. In-12. 1900. 1 fr.

ROTT (Ed.). La représentation diplomatique de la France auprès des cantons suisses confédérés. T. I (1498-1559). Gr. in-8. 1900. 12 fr. — T. II (1559-1610). Gr. in-8. 1902. T. III (1610-1626). Gr. in-8. 1906. 20 fr. (Récompensé par l'Institut.)

SABATIER (C.). Le Duplicisme humain. 1 vol. in-18. 1906. 2 fr. 50

SAUSSURE (L. de). *Psychol. de la colonisation franç. in-12. 3 fr. 50

SAYOUS (E.). *Histoire des Hongrois. 2° édit. Ill. Gr. in-8. 1900. 15 fr.

SCHILLER (Études sur), par MM. Schmidt, Fauconnet, Andler, Xavier Léon, Spenlé, Baldensperger, Dresch, Tibal, Ehrhard, Mgr Talayrach d'Eckardt, H. Lichtenberger, A. Lévy. In-8. 1906. 4 fr.

SCHINZ. Problème de la tragédie en Allemagne. In-8. 1903. 1 fr. 25

SECRÉTAN (H.). La Société et la morale. 1 vol. in-12. 1897. 3 fr. 50

SEIPPEL (P.), professeur à l'École polytechnique de Zurich. Les deux Frances et leurs origines historiques. 1 vol. in-8. 1906. 7 fr. 50

SIGOGNE (E.). Socialisme et monarchie. In-16. 1906. 2 fr. 50

SKARZYNSKI (L.). *Le progrès social à la fin du XIX° siècle. Préface de M. Léon Bourgeois. 1901. 1 vol. in-12. 4 fr. 50

SOREL (Albert), de l'Acad. franç. Traité de Paris de 1815. In-8. 4 fr. 50

TARDY (C.), de l'Institut. Fragment d'histoire future. In-8. 5 fr.

VALENTINO (D' Ch.). Notes sur l'Inde. In-16. 1906. 4 fr.

VAN BIERVLIET (J.-J.). Psychologie humaine. 1 vol. in-8. 8 fr.

— La Mémoire. Br. in-8. 1893. 2 fr.

— Études de psychologie 1 vol. in-8. 1901. 4 fr.

— Causeries psychologiques. 2 vol. in-8. Chacun. 3 fr.

— Esquisse d'une éducation de la mémoire. 1904. In-16. 2 fr.

VERMALE (F). La répartition des biens ecclésiastiques nationalisés dans le département du Rhône. In-8. 1906. 2 fr. 50

VITALIS. Correspondance politique de Dominique de Gabre. 1904. In-8. 12 fr. 50

ZAPLETAL. Le récit de la création dans la Genèse. In-8. 3 fr. 50

ZOLLA (D.). Les questions agricoles. 1894, 1895. 2 vol. in-12. Chacun. 3 fr. 50

TABLE ALPHABÉTIQUE DES AUTEURS

TABLE DES AUTEURS ÉTUDIÉS